STIFTER · WERKE UND BRIEFE

ADALBERT STIFTER
WERKE
UND BRIEFE

HISTORISCH-KRITISCHE
GESAMTAUSGABE

HERAUSGEGEBEN
VON ALFRED DOPPLER UND
WOLFGANG FRÜHWALD

BAND 1,1

VERLAG W. KOHLHAMMER
STUTTGART BERLIN KÖLN MAINZ 1978

STUDIEN

JOURNALFASSUNGEN
ERSTER BAND

HERAUSGEGEBEN
VON HELMUT BERGNER UND
ULRICH DITTMANN

INHALT

Der Condor.

Von Adalbert Stifter.

53

1. Nachtstück.

Um zwey Uhr einer schönen Junymondnacht ging ein Kater längs des Dachfensters, und schaute in den Mond. Das eine seiner Augen von dem Strahle des Nachtgestirnes schräg getroffen, erglänzte, wie ein grüner Irrwisch, das andere war schwarz, wie Küchenpech, und so glotzte er zuletzt, am Ende der Kante ankommend, bey einem Dachfenster hinein – und ich heraus. Die großen, freundlichen Räder seiner Augen auf mich heftend, schien er befremdlich fragen zu wollen: „Was ist denn das, du lieber alter Spiel- und Stubengenosse, daß du heute in die späte Nacht dein Gesicht zum Fenster hinaushältst, das sonst immer roth und gesund auf den weißen Kissen lag, und ruhig schlummerte, wenn ich bey meinen Nachtgängen vorbeykam und gelegentlich hineinsah?“

„Ey, Trauter,“ antwortete ich ihm auf die stumme Frage, „die Zeiten haben sich nun einmal sehr geändert, das siehst du – die weißen Kissen liegen unzerknittert dort auf dem Bettgestelle und der Vollmond malt die flirrenden Fensterscheiben lieblich drauf, während ich da am Simse sitzen muß und bereits die siebente Pfeife aus dem großen hölzernen Kopfe rauche. Heute Nachts geht nemlich am Himmel das seltenste und tolleste Gestirn empor, was er je gesehen; es wird zwar nicht leuchten, aber wenn nach Verdienst gerichtet wird, so ist etwas in ihm, das strahlenreicher ist, als der Mond und alle Sterne zusammengerechnet, deine glänzenden Augen nicht ausgenommen, Verehrtester!“

Er drehte dieselben, als verstünde er meine Rede, noch einmal so groß und noch einmal so freundlich gegen mich, daß sie wie Glimmerscheiben leuchteten, und die Seite seines weichen Felles gegen meine Hand krümmend und stemmend, hob er sofort sein traulich Spinnen an, während ich fortfuhr, mit ihm zu kosen: „Man sieht viel in einer langen Mondnacht, das wirst du wissen, Lieber, wenn du sonst Beobachtungsgeist besitzest, aber ich wußte es nicht, da ich nie Zeit hatte, eine so recht von Herzen anzuschauen, allein in diesem Harren und Sehnen nach dem Himmel, sintemal der gehoffte Weltkörper nicht kam, hatte ich Muße genug, die Biographie einer Frühlingsnacht zu studieren."

Da aber Alles wahr ist, was ich hier meinem lieben Freunde Hinze eröffnete, so sehe ich nicht ab, warum ich es nicht auch dem noch liebern Leser, dem dereinst dieses Blatt in die Hände fallen mag, sagen sollte, daß mich wirklich ein närrisches und unglückliches Verhängniß an dieses Fenster kettete, und meine Blicke die ganze Nacht in die Lüfte bannte. Es will fast komisch seyn, aber der Leser säße auch bey mir heroben, wenn er das vorher erlebt hätte, was ich.

Leider stieg ich schon viel zu früh auf meine Warte herauf, als noch das leidige Abendgetümmel der Menschen durch die Gassen schleppte, und eine wunderliche Dissonanz bildete zu dem lieben Monde, der bereits mit rosenrothem Angesichte dort drüben zwischen zwey mächtigen Rauchfängen lag und auf meine zwey Fenster herübergrüßte. Mählich puppte sich denn doch endlich Alles, was Mensch heißt, in seine Nachthüllen, und nur die Rufe der Schlemmer tönten hie und da herauf, wie sie ihren späten Nachtweg nach Hause nahmen, – dann hob jene Zeit an, die die Philosophen, Dichter und Kater lieben, die Nachtstille – mein vierpfotiger Freund hat eben nicht den übelsten Geschmack für die Zeit seiner Spaziergänge. – Der Mond hatte sich von den Dächern gelöset, und stand hoch im Blau, – ein Glänzen und ein Flimmern und Leuchten durch den ganzen Himmel begann, durch alle Wolken schoß Silber, von allen Blechdächern rannen breite Ströme desselben nieder, und an die Blitzableiter, Dachspitzen, Thurmkreuze waren Funken geschleudert. Ein feiner Silberrauch ging über die Dächer der weiten Stadt, wie ein Schleyer, der auf den hunderttausend schlummernden Herzen liegt. Der einzige Goldpunct in dem Meere von Silber war die brennende Lampe drüben in dem Dachstübchen der armen Waschfrau, deren Kind auf den Tod liegt.

So schön das Alles war, so wurden die Stunden doch eine nach der andern länger – die Schatten der Schornsteine hatten sich längst umgekehrt, die silberne Mondkugel rollte schon bergab auf der zweyten Hälfte ihres dunkeln Bogens – es war die tödtlichste Stille; nur ich und jenes Lämpchen wachten.

Zweymal schritt Hinze über die Dächer, ohne zu mir zu kommen. Die große Stadt unter mir in der undeutlichen Magie des Mondlichtes schwimmend, lag im tiefsten Schlummer, als sollte man sie athmen hören – und der Himmel an der gesuchten Stelle blieb glänzend einsam, wie er die ganze Nacht gewesen. Dinge, wie ein leises Fluchen, fingen an, sich in meinem Herzen zu rühren. – Es war, als würde es mit jeder Minute lautloser. – Der Mond zog sichtlich der zweyten Halbkugel zu; eine Heerde Lämmerwolken, die tief gegen Süden auf der blauen Weide gingen, wurden leise angezündet, und selbst ferne, ferne Wolkenbänke, die schon seit Abend unten am Westhimmel schlummerten, und sich dehnten, und tief in unsere Nacht hinein die Sonne Amerika's widergeschienen hatten, glommen nun vom Monde an, und durch ihre Glieder floß ein blasses Licht, als rührten sie sich leise.

Da schlug es zwey Uhr, und Hinze kam. Er war mir in dieser Nacht ordentlich bedeutsam geworden. Freylich dauerte die Unterhaltung mit ihm nicht lange, da wir beyde des Zwiespruchs bald müde waren, und jeder zu unseren Geschäften übergingen.

Das Lämpchen der Witwe war mittlerweile ausgelöscht worden, aber dafür fürchtete ich, daß eine ganz andere angezündet würde, und mein Harren umsonst war; denn im Osten kroch bereits ein verdächtiges Lichtgrauen herum, als sey's der Morgen –

auch die Luft, bisher so warm und todesruhig, machte sich auf; denn ich fühlte es schon zweymal kühl aus Osten an mein Gesicht wehen, und das Rauschen der Frühlingsgewässer wurde deutlich von den Bergen herübergetragen. –

Da auf einmal, in einem lichten Gürtel des Himmels, den zwey lange Wolkenbänder zwischen sich ließen, war mirs, als schwebe eine dunkle Scheibe – ich griff rasch um das Fernrohr, und schwang es gegen jene Stelle des Firmamentes – zwey Sterne, ein Stück Mond flatterten durch das Objectiv, ich achtete ihrer nicht, bis ich eine große schwarze Kugel erfaßte und festhielt.

Es war richtig, meine Voraussage trifft ein: Gegen den zarten Frühhimmel, so schwach roth erst, wie Pfirsichblüthe, zeichnete sich eine bedeutend große dunkle Kugel, unmerklich emporschwebend – und unter ihr an unsichtbaren Fäden hängend, im Glase des Rohres zitternd und schwankend, klein wie ein Gedankenstrich am Himmel – das Schiffchen, ein gebognes Kartenblatt, das drey Menschenleben trägt, und sie noch vor dem Frühroth herabschütteln kann, so naturgemäß, wie aus der Wolke daneben ein Morgentropfen fällt.

Cornelia, du armes verblendetes Kind! möge dich Gott retten und schirmen!

Ich mußte das Rohr weglegen; denn es wurde mir immer grauiger, daß ich durchaus die Stricke nicht sehen konnte, mit denen das Schiff am Ballone hing.

Ist nun auch die zweyte Thatsache so gewiß, wie die erste, dann ade mein Herz – dann kanntest du, und liebtest du das schönste, großherzigste und leichtsinnigste Weib!!

Ich mußte doch das Rohr wieder nehmen; aber der Ball war nicht mehr sichtbar, wahrscheinlich hatte ihn das obere jener Wolkenbänder aufgenommen, gegen dessen Grund seine Zeichnung verschwand. Ich wartete und suchte noch lange am Himmel, – fand ihn aber nicht mehr.

Mit einem seltenen Gefühle des Unwillens und der Angst legte ich das Fernrohr weg, und starrte in die Lüfte, bis eine andere, aber glühende Kugel emporstieg, und ihr strahlendes Licht über die heitere Stadt ausgoß, und auf meine Fenster, und auf einen ungeheuren, klaren, heitern, *leeren* Himmel!

54

2. Tagstück.

Der junge Mann, aus dessen Tagebuche das Vorstehende wörtlich genommen wurde, war ein angehender Künstler, ein Maler, noch nicht völlig zweyundzwanzig Jahre alt, aber seinem Ansehen nach hätte man ihm kaum achtzehn gegeben. Aus einer Fülle blonder Haare, die er noch fast knabenhaft in Locken trug, sah ein unbeschreiblich treuherziges Gesicht, weiß und roth, voll Gesundheit, geziert mit den Erstlingen eines Bartes, den er sehr liebte, und der kindisch trotzig auf der Oberlippe saß – zwey dunkelblaue schwärmerische Augen unter einer ruhigen Stirne, auf der noch alle Unschuld seiner Kindheit wohnte. Wirklich hatte er auch von dem Hause seines Vaters, der ein armer Landmann im Hochgebirge war, alle Herzenseinfalt seines Thales, und ein bedeutendes Wissen seines Kopfes in die große lasterhafte Stadt gebracht.

Und so saß er früh nach jener für ihn denkwürdigen Nacht, die er eben beschrieb, auf seiner Dachstube, die nach und nach voll warmen Morgenlichtes anquoll, rückgelehnt auf die hohe Lehne eines tuchenen altmodischen Sessels, dessen unzählige gelbe Nägel im Frühlichte einen gleißenden Sternenbogen um ihn spannten. Die Hände ruhten in dem Schooße, und die Augen schauten auf die leere Leinwand, die vor ihm auf der Staffeley stand, aber sie sannen nicht auf Bilder, sondern in ihrem tiefen schwermüthigen Feuer stand der Anfang einer Leidenschaft, die düster selig in dem Herzen anbrannte und trotzig schön in das kindliche Antlitz trat; – auf dem unbeschriebenen Blatte die ersten Lettern der großen Stadt, der Titel, daß nun ein heißes Leben beginne voll Seligkeit und Unruhe, aber fernabliegend von der friedlichen Insel seiner Kindheit.

Die Liebe ist ein schöner Engel, aber oft ein schöner Todesengel für das gläubige betrogene Herz! – Sein Nachtgenosse, Hinze, der Kater seiner Miethfrau, lag auf dem breiten Fenstersimse, und schlief in den Strahlen der Morgensonne. Nicht weit davon auf der Zeichnung eines Cherubs lag das Fernrohr. Unten in den Gassen lärmte bereits die Industrie einer großen Hauptstadt, sorgend für den heutigen Hunger und für die heutige Üppigkeit.

Während nun der Künstler so saß in seiner engen Dachstube, die ihm der Himmel mit Sonnenglanz angefüllt hatte, begab sich anderswo eine andere Scene: Hoch am Firmamente in der Einöde unbegrenzter Lüfte schwebte der Ballon und führte sein Schiffchen und die kühnen Menschen darin in dem blauen Ocean mit einem sanften Luftstrome westwärts. Rings ausgestorbene Stille, nur zeitweise unterbrochen durch das zarte Knarren des Tafftes, wenn der Ostwind an seinen Wänden strich, oder durch ein kaum hörbares Seufzen in dem seidnen Tauwerk.

Drey Menschen, ebenfalls im tiefsten Schweigen, saßen in dem Schiffe bis ans Kinn in dichte Pelze gehüllt, und doppelte grüne Flöre über die Gesichter. Durch einen derselben schimmerten die sanften Umrisse eines schönen blassen Frauenantlitzes mit großen geistvollen zagenden Augen – und somit war die zweyte Thatsache richtig, welche der nächtliche Beobachter der Auffahrt voraus geahnet hatte.

Aber, wie sie hier schiffte, war in ihr nicht mehr zu erkennen jene kühne Cornelia, die gleich ihrer altrömischen Namensschwester erhaben seyn wollte über ihr Geschlecht, und gleich den heldenmüthigen Söhnen derselben, den Versuch wagen, ob man nicht die Bande der Unterdrückten sprengen möge, und die an sich wenigstens ein Beyspiel aufstellen wollte, daß auch ein Weib sich frey erklären könne von den willkürlichen Grenzen, die der harte Mann seit Jahrtausenden um sie gezogen hatte – frey, ohne doch an Tugend und Weiblichkeit etwas zu verlieren. Sie war nicht mehr, was sie kaum vor einer halben Stunde noch gewesen war; denn Alles war anders geworden, als sie es sich gedacht hatte.

In frühester Morgendämmerung, um jeder unberufenen Beobachtung zu entgehen, ward die Auffahrt veranstaltet, und hochgehobnen Herzens stand die schöne Jungfrau dabey, als der Ballon gefüllt wurde, fast nicht bändigend den klopfenden Busen, und das ahnungsreiche Erwarten der Dinge, die da kommen sollten.

Dennoch war es ein banger Augenblick für die umstehenden Theilnehmer, als der unscheinbare Tafft zu einer riesenhaften Kugel anschwoll, die die mächtigen Taue straff spannte, mit denen sie an die Erde gebunden war. Seltsame Instrumente und Vorrichtungen wurden gebracht, und in die Fächer des Schiffes geschnallt. Ein schöner großer Mann – sonst war er sanft, fröhlich und wohlgemuth, heute blaß und ernst – ging vielmal um die Maschine herum und prüfte sie stellenweise um ihre Tüchtigkeit.

Endlich fragte er sie, ob sie auf ihrem Wunsche beharre, und auf das Ja sah er sie mit einem seltsamen Blicke der Bewunderung an, und führte sie ehrerbietig in das Schiff, bemerkend, daß er ihr nicht mit Wiederholung der Warnungen lästig seyn wolle, die er ihr vor vierzehn Tagen gemacht, da sie dieselben ohne Zweifel wohl überlegt haben werde. Er wartete noch einige Minuten, und da keine Antwort erfolgte, so stieg auch e r ein, und ein alter Mann, wahrscheinlich eine Art ergrauter wissenschaftlicher Famulus.

Einen Blick noch that Cornelia auf die Bäume des Gartens, die vermummt ins Morgengrau wie Nebelriesen dastanden – dann erscholl aus dem Munde ihres Begleiters der Ruf: „Nun so laßt im Namen Gottes den braven Condor fliegen – löst die Taue!“ Es geschah, und von den tausend unsichtbaren Armen der Luft gefaßt und gedrängt, erzitterte der Riesenbau der Kugel und schwankte eine Secunde. Dann sacht steigend zog er das Schiffchen los vom mütterlichen Grund der Erde, und mit jedem Athemzug an Schnelle gewinnend, schoß er endlich pfeilschnell senkrecht in den Morgenstrom des Lichtes empor – und im Momente flogen auch auf seine Wölbung und in das Tauwerk die Flammen der Morgensonne, daß Cornelia erschrak und meinte, der ganze Ballon brenne, denn wie glühende Stäbe schnitten sich die Linien der Schnüre aus dem indigoblauen Himmel, und seine Rundung flammte wie eine riesenhafte Sonne. Die zurücktretende Erde war noch ganz schwarz und unsichtbar – in Finsterniß verrinnend. Weit in Westen auf einer Nebelbank lag der erblassende Mond.

So schwebten sie höher und höher, immer mehr und mehr an Rundsicht gewinnend. Zwey Herzen und vielleicht auch das dritte alte, pochten der Größe des Augenblickes entgegen.

Die Erhabenheit begann nun allgemach ihre Pergamente aus einander zu rollen – und der Begriff des Raumes fing an, mit seiner Urgewalt auf die Phantasie der Schiffenden zu wirken. Sie stiegen einem Archipel von Wolken näher, die der Erde eben ihre Morgenrosen sandten, hier oben aber weißschimmernde Eisländer waren, die auf dem dunklen Strome schwimmen und mit Schlünden und Spalten dem Schiffe entgegenstarren. In diesem Augenblicke ging auf der Erde die Sonne auf, und sie wurde wieder weithin sichtbar. Es war noch das gewohnte Mutterantlitz, wie wir es oft von hohen Bergen sehen, nur lieblich schön erröthend unter dem Strahlennetz der Morgensonne, das sie um ihre Züge wob in dem Augenblicke, als sie auch die Fenster von dem Dachstübchen vergoldete, in dem der arme junge Meister saß.

„Wie weit, Coloman?“ fragte der Aëronaute.

„Fast Montblanc’s Höhe, Mylord,“ antwortete der alte Mann

am andern Ende des Schiffchens, „wohl über dreyzehntausend Fuß.“

„Gut.“

55 Cornelia sah behutsam über Bord des Schiffes, und tauchte ihre Blicke senkrecht nieder durch den luftigen Abgrund auf die liebe verlassene, nunmehr schimmernde Erde, ob sie an ihr bekannte Stellen entdecken möge – aber siehe, Alles war fremd. Die vertraute Wohnlichkeit derselben war schon nicht mehr sichtbar, und mithin auch nicht die Fäden, die uns an ein theures kleines Fleckchen binden, das wir Heimat nennen. Wie große Schatten zogen die Wälder gegen den Horizont hinaus – ein wunderliches Bauwerk von Gebirgen, wie wimmelnde Wogen, ging in die Breite und lief gegen fahle Flecken ab, wahrscheinlich Gefilde. Nur ein Strom war deutlich sichtbar, ein dünner zitternder Silberfaden, wie sie oft im Spätherbst auf dunkler Haide spinnen, und über dem Ganzen schien ein sonderbar gelbes Licht zu schweben.

Wie sie ihre Blicke wieder zurückzog, begegnete sie dem ruhigen Auge des Lords, an dem sie sich erholte. Er stellte eben ein Teleskop zu recht und befestigte es. Dieß nun war der Augenblick, in welchem wir den Ballon trafen, als wir uns aus der Stube des Künstlers entfernten. Er zog, wie wir sagten, mit einem schwachen Luftstrom aufwärts, ohne weiter zu steigen; denn schon über 40 Minuten fiel das Quecksilber in der Röhre gar nicht mehr*). Die beyden Männer arbeiteten mit ihren Instrumenten. Cornelia drückte sich tiefer in ihre Gewänder und in die Ecke ihres Sitzes. Die fließende Luft spielte um ihre Locken und das Fahrzeug wiegte sich. Von ihrem Herzen gab sie sich geflissentlich keine Rechenschaft.

---

*) Die Quecksilbersäule im Barometer steht im längeren Arme der Röhre darum höher, weil auf die Oberfläche desselben im kürzern Arme die Luft drückt und es hinaufschiebt, – weil nun in höhern Gegenden die Luft dünner ist und weniger drückt, so fällt die Quecksilbersäule. Man kann so Höhen messen.

Die Stille wurde unterbrochen durch monotone Laute der Männer, wie Einer dictirte, der Andere schrieb. Am Horizonte tauchten jetzt in nebelhafter Ferne ungeheure schimmernde Schneefelder auf, die sich Cornelia nicht enträthseln konnte. „Es ist das Mittelmeer, verehrtes Fräulein," sagte Coloman, „wir wollen hier noch einige Luftproben in unsere Fächer schöpfen und die Electricität prüfen, dann sollen Sie den Spiegel noch viel schöner sehen, nicht mehr silbern, sondern wie lauter blitzendes Gold." Hierauf folgten die bemerkten Arbeiten. Dann legte der junge Aëronaute eine Phiole mit starkem Kaffeh in ungelöschten Kalk, goß Wasser auf und wärmte so die Flüssigkeit, dann Rum dazu mischend, reichte er der Jungfrau einen Becher des heißen und erhitzenden Getränkes. Bey der großen Kälte fühlte sie die wohlthätige Wirkung wie neues Leben durch ihre Nerven fließen. Auch die Männer tranken. Dann sahen sie sich mit fragenden Blicken an, und der jüngere nickte. Hierauf fing der ältere an, Säcke mit Sand, die im Schiffe standen, über Bord zu leeren. Der Condor wiegte sich in seinem Bade und wie mit den prächtigen Schwingen seines Namensvetters hob er sich feyerlich in den äußersten Äther – und hier nun änderte sich die Scene schnell und überwältigend.

Der erste Blick war wieder auf die Erde – es war nicht mehr das wohlbekannte Vaterhaus*); in einem fremden goldenen Rauche lodernd, taumelte sie gleichsam zurück, an ihrer äußersten Stirne das Mittelmeer wie ein schmales gleißendes Goldband tragend, überschwimmend in unbekannte phantastische

*) In der Lehre von dem Lichte (Optik) wird gezeigt, daß das reine Sonnenlicht in unendlich viele Lichtsorten getheilt werden könne, welche, wenn sie ihrer Natur nach geordnet sind, im Auge den Eindruck von 6 Farben machen, die so folgen: violett, blau, grün, gelb, orange, roth; nimmt man aus obigen Farben das Blau weg, nemlich aus +violett, blau und grün, so bleibt roth, gelb, +gelb, orange, roth, welches den Gesamteindruck orange gibt. Durchscheinende Körper werfen einen Theil Licht zurück, lassen den andern durch. Die Luft erhält ihre Beleuchtung von dem von der Erde allerseits emporge-

Massen. Erschrocken wandte die Jungfrau ihr Auge zurück, als hätte sie ein Ungeheuer erblickt, – aber siehe, auch um das Schiff walleten weithin weiße, dünne, sich dehnende und regende Leichentücher – von der Erde gesehen Silberschäfchen des Himmels; – zu diesem Himmel nun floh der Blick – aber das Himmelsgewölbe, die schöne blaue Glocke unserer Erde, war ein ganz schwarzer Abgrund geworden, ohne Maß und Grenze in die Tiefe gehend**) – das Labsal, das wir so gedankenlos genießen, war hier oben ganz verschwunden, die Fülle und Flut des Lichtes auf der schönen Erde. Wie zum Hohne wurden alle Sterne sichtbar***) – winzige, ohnmächtige Goldpuncte, verloren durch die Öde gestreut – und endlich die Sonne, ein drohendes Gestirn, ohne Wärme, ohne Strahlen, eine scharf geschnittene Scheibe, aus wallendem, blähenden, weißgeschmolzenen Metalle glotzte sie mit vernichtendem Glanze aus dem Schlunde – und doch nicht einen Hauch des Lichtes festhaltend in diesen wesenlosen Räumen; nur auf dem Ballon und Schiffe starrte ein gelbes Licht, das sich gespenstig von der umgebenden Nacht abhob, und die Gesichter scharf zeichnete wie in einer laterna magica.

Und dennoch (die Phantasie begriff es kaum) war es noch unsere zarte liebe Luft, in der sie schifften, dieselbe Luft, die morgen die Wangen eines Säuglings fächelt.

Der Ballon kam, wie der Alte bemerkte, in den obern umge-

---

worfenen Licht, wovon blau wieder gegen die Erde zurückfällt, also orange durchgeht, daher die Erde vom äußern Weltraum gesehen, goldig glänzend erscheinen muß, wie die anderen Planeten. Milchglas z. B. erscheint gegen dunklen Grund gesehen (im reflectirten Licht) bläulich; gegen das Licht durchgesehen (in durchgelassenem Licht) orange.

**) Das Licht wird nur sichtbar, wenn es sich an Körpern fängt und ihre Oberfläche erleuchtet, von der es nach allen Seiten zerstreut wird – im gegenstandlosen Raume erscheint kein Licht – daher es nur auf den Welten ist, nicht zwischen denselben.

***) Daß wir am Tage die Sterne nicht sehen, macht der uns umgebende Lichtglanz – wo der fehlt, da sieht man auch bey Tag die Sterne, wie durch manche Fernröhre, aus tiefen Brunnen.

kehrten Passatstrom, und mußte mit fürchterlicher Schnelligkeit dahingehen, was das ungemeine Schiefhängen des Schiffes bewies, und das gewaltige Rütteln und Zerren an dem Tafft, der deßungeachtet keinen stärkern Laut gab, als das Wimmern eines Kindes; denn auch das Reich des Klanges war hier oben aus – und wenn das Schiff sich von der Sonne wendete, – war nichts, nichts da, als die entsetzlichen Sterne, wie Geister, die bey Tag umgehen. Jetzo nach langem Schweigen thaten sich zwey schneebleiche Lippen auf, und sagten furchtsam leise: „Mir schwindelt." Man hörte sie aber nicht. Sie schlug den Pelz dichter um sich, um dem schüttelnden Fieberfrost zu wehren. Die Männer arbeiteten noch, nur der junge Aëronaut schoß oft einen edlen, majestätischen Blick in die großartige Finsterniß und sein Herz spielte dichterisch mit der Gefahr und Größe. Nach einigen Minuten neigte er sich zu der Jungfrau und blickte ihr ins Antlitz. Sie schaute mit stillen, wahnsinnigen Augen um sich und auf den weißen Lippen stand ein Tropfen Blut*).

„Coloman," rief er, so stark es hier möglich war, „wir müssen niedergehen, der Lady ist unwohl."

Der alte Mann, nicht ein Famulus, nein, der würdevolle Lehrer des jungen Mannes in den Naturwissenschaften, stand auf von seinen Instrumenten und zeigte ein strahlendes Antlitz, wie jene alten Magier und rief mit überraschend starker Stimme: „Ich sagte dir, Richard, das Weib erträgt den Himmel nicht – die Unternehmung, so gefährlich und kostbar, ist nun unvollendet, und es war doch die schönste und ruhigste meiner Fahrten – nun es ist gut – die Jungfrau darf es nicht entgelten, lüfte nur die Klappe."

Ein jäher Zug an einer grünseidenen Schnur – und wie ein Rie-

---

*) Wenn der äußere Luftdruck geringer wird, wie in hohen Regionen, so treibt der natürliche innere Gegendruck aus zarten Gefäßen leicht das Blut auf die Oberfläche der Haut.

senfalke stieß der Condor hundert Klafter senkrecht nieder in der Luft.

Der Lord hielt die ohnmächtige *Cornelia* in den Armen.

---

56 +3. Blumenstück.

Ungefähr vierzehn Tage nach der oben beschriebenen Luftfahrt, wieder an einem schönen Morgen, saß der junge Künstler wieder auf dem altmodischen Sessel mit den gelben Nägeln, und schaute wieder auf die Leinwand, die auf der Staffeley stand; aber dießmal war sie nicht leer, sondern mit einem großen Bilde prangend, das ein schwerer Goldrahmen umfaßte. Er legte eben die letzte Hand an das Gemälde. Wer ihn gesehen hätte, wie er in Selbstvergessenheit die Augen über die gemalte Landschaft strömen ließ, der hätte gemeint, aus *ihnen* müssen die Wärme und Zärtlichkeit in das Bild geflossen seyn, die unverkennbar und reizend aus demselben hervortraten. Er arbeitete emsig und trat oft zurück, mit klugem Blicke das Ganze prüfend und wägend, was ihm noththue; und dann mit leuchtenden Wangen ward die Arbeit fortgesetzt.

Da brachte ein Diener ein gesiegeltes Blättchen, das die Bitte enthielt, heute noch die unterbrochenen Unterrichtsstunden bey *Charpentier* wieder aufzunehmen, wenn es ihm gefällig sey.

„Wohl, ich werde die Ehre haben,“ versetzte der Künstler, indem ein hohes Roth auf seine Wangen trat, der Zeuge eines Gefühles, das er in der tiefsten Falte seines Herzens verborgen trug, und in neuester Zeit mit Unwillen bekämpfte.

Um zehn Uhr desselben Vormittages, seinen leichten schwarzen Hut auf, unter dem die blonden Locken vorquollen, ging er durch das Portal eines schönen Landhauses der Vorstadt, die breite sommerliche Treppe hinauf und trat in einen Salon voll Bilder. Hier harrte er, bis eine Thür gegenüber dem Eingange sich öffnete, und eine ältliche Frau heraustrat, die ihm sogleich mit mütterlicher Freude die Hand reichte und sie herzlich drückte. „Gehen Sie nur hinein," sagte sie, „sie erwartet Sie heute mit Ungeduld. Guter, lieber Gustav, sie hat es wirklich ausgeführt, was ich Ihnen sagte, aber seitdem ist sie so gut und sanft, daß es mir oft wunderbar in das Herz geht. Gehen Sie nur hinein." –

Er trat ein. In einem großen, mit der feinsten Grazie meublirten Zimmer am Fenster saß eine junge Dame, mitten in einem Walde exotischer Blumen. Sie war sonderbarer Weise nicht in einem Maleranzuge, sondern in einem weißen Atlaskleide, dessen sanfter Glanz sich edel abhob von den dunkeln grünen Blättern der Camellien.

Sie stand auf und ging ihm entgegen. Eine Gestalt über mittlere Größe, voll sittlicher Grazie, mit einem geistvollen, blühend schönen Angesichte. Zwey große Augen schauten ihm freundlich entgegen und grüßten ihn. „Wir haben uns lange nicht gesehen – aber jetzt wollen wir recht fleißig seyn," sagte sie, und reichte ihm etwas zögernd die Hand, die er leise küßte – „ich war eigentlich heute nicht gesonnen zu malen, wie Sie sehen – aber – – – malen wir nur."

Er trat zur Staffeley, sie setzte sich; das Malen begann. Die ältliche Frau, die Amme der jungen Dame, ging leise ab und zu.

Vorerst mußte er, wie gewöhnlich, eine Kritik über die bereits vorhandene Arbeit abgeben und dann den Plan für den Fortgang. Er that beydes heute mit kürzern und lobenderen Ausdrücken als gewöhnlich, und reichte ihr artig die besetzte Palette. Sie nahm sie und sah auf die Farben nieder ohne anzufangen – dann aber hastig beginnend, setzte sie dieselben nicht mit der gewohnten Liebe und Fertigkeit, die sie in früherer Zeit weit über den Rang einer bloßen Dilettantinn erhoben hatten.

Auf einmal, da eben die Amme abgerufen wurde, sagte sie ernst, die Palette auf das Tischchen legend: „Ich muß heute mit Ihnen sprechen. Dachten Sie wohl die Zeit über an uns.“

„Ich dachte oft an unsere Unterrichtsstunden,“ erwiederte er.

„Sie haben mir einmal,“ hob sie an, ohne aufzusehen, „über mein den Männern nachgebildetes Leben ein gütiges Freundeswort gesagt.“ –

„Lassen wir das,“ unterbrach er sie, „es war eine knabenhafte Anmaßung von mir – das ist die ganze Sache.“ – –

„Jetzt antworte ich Ihnen darauf,“ fuhr sie leise fort, indem sie mit Scharlach übergossen wurde, „daß dieses Leben künftig anders werden wird – – – ich bin doch nur ein armes Weib.“ Er hob das treue blaue Auge und sah in den stolzen dunklen Sonnen einen Blick der Demuth.

Schnell wegsehend, unfähig ein schicklich Wort zu sagen, reichte er ihr die Palette, bemerkend, daß sie ihm ja keine Rechenschaft zu geben habe.

„Sie fühlen doch, daß ich es muß,“ sagte sie und nahm die Palette.

Sie malte wieder. Er saß schweigend, tief athmend an ihrer Seite und reichte ihr jedes mit Hast, wenn sie nach etwas langte, und besserte nichts aus, wie sie es auch – machte. Immer war es ihm, als kämpfe sie noch mit etwas, das sie ihm sagen wollte – aber er hatte nicht den Muth zu beginnen – die Art von Einschüchterung, die in ihrem ganzen Wesen zitterte, das sonst stolz und hochstrebend war, war ihm unsäglich rührend. – „Und,“ sagte sie endlich, mit der Palette spielend und die Farben darauf mechanisch reibend, „das wollte ich noch sagen, weil ich vom Director Euler erfuhr, daß Sie die nächste Woche Ihre Gebirgsreise antreten, so dachte ich mir, es wäre gut, wenn ich Ihnen das Obige vorher noch sagte und dann, daß Sie keinen Groll gegen mich mitnähmen, denn ich habe Sie wohl damals schwer gekränkt.“

Der Jüngling stand auf und trat heftig gegen das Fenster, hinausstarrend und mit der Riesenschlange seines Herzens ringend. – Es war eine Pause.

Dann gefaßt sich umwendend, sah er die stolze und herrische Gestalt noch immer vor dem Bilde sitzen, in sich gebückt und bescheiden, die Palette war weggelegt und beyde Hände vor die Augen gedrückt. Er saß äußerst still an ihrer Seite nieder, und blickte sie an und merkte, daß Thränen zwischen ihren Fingern vorflossen.

Da vergaß sich das übervolle jugendliche Herz – wie jene fabelhafte Blume der Wüste stand es mit einem Male in Blüthe, schauernd in der eigenen Seligkeit. – Er faßte sie sanft an der Hand, um sie abzuziehen, und sagte mit zitternder Stimme: „Liebe, theure Cornelia!“

Ihre Hand sank und zwey von Gefühl strömende, in Thränen gebadete Augen sahen in sein liebendes unschuldvolles Angesicht. Eine Lohe schlug nun von beyden Häuptern auf und über ihnen zusammen, neigte sie unbewußt gegen einander und die beyden jungen engelschönen Angesichte, in Verklärung schimmernd, wuchsen und schmolzen in dem Kuß der ersten Liebe an einander.

Der seligste Augenblick zweyer Menschenleben war gekommen – und vorüber.

Der Kranz aus Gold und Ebenholz um beyde Häupter hatte sich gelöset, und sie schauten sich scheu und selig, wie zwey Kinder an, und schwiegen lange.

Endlich begann der Jüngling: „Cornelia, was soll nun dieser Augenblick bedeuten?“

„Das Höchste, was er kann,“ erwiederte sie stolz und leise.

„Er ist wohl der schönste, den mir Gott in meinem Leben vorzeichnete,“ erwiederte er, „aber hinter der übergroßen Seligkeit ist es mir immer, als stünde ein langer großer Schmerz – ach Cornelia, wie werde ich diesen Augenblick vergessen lernen!“

„Um Gott nicht," sagte sie, „Gustav, lieber einziger Freund, den ich auf dieser weiten Erde habe, der allein mir die Wahrheit sagte, als ich mich verblendet über die Natur erheben wollte – wir wollen ihn auch nicht vergessen, ich müßte mich hassen, wenn ich es je könnte, und auch Sie – bewahren Sie mir in Liebe und Wahrheit Ihr schönes, großes, treues Herz."

Er stand auf und trat vor sie, ordentlich höher geworden, und schaute sie mit den flammenden genialen Augen an, wie ein starker Mann, und rief: „Vielleicht ist es reicher, als ich selber weiß, eben kommt ihm ein Entschluß, der mich überrascht, aber er ist gut: Morgen trete ich meine Reise an – laß uns diese Minute retten – zwey Herzen haben sich in derselben Aufloderung überrascht – in einer Aufloderung – laß nun sehen, was sie sind. Die Zukunft wird bringen, was sie muß und kann, und so gewiß die Sonne aufgeht, wird sie eines Tages die Frucht der heutigen Wunderblume beleuchten, sie sey so oder so – ich weiß nur eines – daß draußen eine andre Sonne ist, andere Bäume, andere Lüfte – und ich ein anderer Mensch – o Cornelia, es liegt mir eine ganze Welt im Herzen selig glänzend und leuchtend wie ein Sternenhimmel, und es ist mir, als sollte ich es nur ausströmen lassen in Schöpfungen durch das ganze Universum – ach und ich kann es nicht – ich kann es ja nicht einmal sagen, wie grenzenlos und unaussprechlich und wie ewig ich Sie liebe, und lieben will, so lang nur eine Faser halten mag an diesem Herzen."

57 Cornelia erstaunte über den Jüngling; er wurde vor ihren Augen immer schöner, wie Seele und Liebe in sein Gesicht trat, und sie sah ihn mit Entzücken an, wie er vor ihr stand so schön, so kräftig, schimmernd schon von künftigem Geistesleben und Geistesgröße, und doch unschuldig wie ein Knabe, unbewußt der göttlichen Flamme, Genie, die um seine Scheitel spielte.

Seele kann nur Seele lieben und das Genie nur Genie entzünden.

Cornelia war aufgestanden, und Alles, was je gut und edel

und schön war in ihrem Leben, die unbegrenzte Fülle eines guten Herzens lag in ihrem Lächeln, und sie wußte es nicht und meinte zu arm zu seyn, um sein Herz zu lohnen, und er versprach es sich innerlich, zu ringen, so lang ein Hauch des Lebens in ihm sey, bis er geistesgroß und thatengroß vor allen Menschen der Welt dastehe, um ihr nur vergelten zu können, daß sie ihr reiches Leben hingab gegen kein anderes Pfand als sein Herz.

Sie standen am Fenster, sie sahen sich mit unverhaltener Liebe an, ihr Auge allein durfte reden, aber die Lippe wurde noch blöder, als vor dem Kusse, und wurde es immer mehr, je mehr Zeit verrann. Nicht einmal ihre Hand traute er sich zu berühren.

Da trat die Amme ein und sprach gleichgültige Dinge und gab beyde sich selbst wieder.

Er vermochte es von seiner Reise und seinen Plänen zu sprechen – und als die Amme sagte, er möge doch auch schreiben, und die Gebirge und Wälder und Quellen so schön beschreiben, wie er es oft auf Spaziergängen gethan habe – da streifte sein Blick scheu auf Cornelia, und er erröthete.

Als nach langer Zeit die Amme wieder fortging, stockte das ohnehin nicht lebhafte Gespräch wieder und dieselbe Schwüle trat ein und das volle selige Herz sehnte sich in der Einsamkeit sich an der Natur zu erleichtern. –

Mit Thränen ringend sah Cornelia ihn den Hut nehmen, und sah es, wie seine Lippe im Schmerz zuckte.

„Cornelia, leben Sie wohl," sagte er.

„Reisen Sie recht glücklich," antwortete sie, und setzte fast erstickt hinzu: „Schreiben Sie einmal." Er ging und wie er sich an der Thür etwas umwandte und zurücksah, und die schöne, gütige, liebe, schmerzliche Gestalt in derselben Stellung vor den Blumen stehen sah und ihm nachblicken, da vermochte er nicht es sich zu versagen, er riß die Arme aus einander, und sie flogen sich an die Brust, sich noch einmal haltend und voll Liebe und Schmerz an die Herzen drückend. Aus seinen Augen brachen Thränen, als er die letzten Worte sagte: „Cornelia, werde ein Weib!“ Er ging.

Als er fort war, sank sie vor dem Marienbilde ihres Bettes auf die Knie und sagte weinend: „Mutter der Waisen, höre mein Gelübde, ein demüthig Blümchen will ich hinfort seyn und bleiben und es mit Freuden an sein schönes Künstlerherz stecken, und er wird wissen, wie sehr und wie unaussprechlich ihn dieses Herz liebt und ewig lieben wird.“

Sie weinte leise aber selig.

+4. Fruchtstück.

Die Leser, welche allenfalls einigen Antheil an den zwey sonderbaren Menschen genommen haben, die sie in den drey Bildern kennen lernten, und sie vielleicht gar ein wenig lieben, werden nun sämtlich wissen wollen, wie sich Alles weiter begeben. Aber hier muß ich (d. h. der Referent der Erzählung) bedauern, daß ich dem gerechten Wunsche nicht entsprechen kann, denn außer obigen Fragmenten konnte ich nichts weiter von den Beyden habhaft werden. Nur von etwas späterer Zeit ist wieder ein kleines Bildchen vorhanden, das ich gerne mittheile.

Etwa fünf oder sechs Jahre nach dem oben Erzählten begab es sich, daß ich in Paris war und beym Restaurateur einem heftigen Streit zuhörte, der sich über den Vorzug zweyer Bilder erhob, die eben auf der Ausstellung zu sehen waren. Darin aber waren die Streitenden einig, daß man so etwas in Paris noch nicht gesehen habe. Ich wurde nun neugierig und beschloß, statt morgen, gleich auf der Stelle die Ausstellung zu besuchen. Ich fand die besagten Stücke sogleich heraus, und wurde ordentlich betroffen – das war freylich noch nicht gesehen worden. Es waren zwey Mondbilder

– nein, keine Bilder, sondern wirkliche Mondnächte, aber poetische, unsäglich feenhaft gedacht und zauberisch wirkend. Immer stand eine dichte Gruppe vor den Bildern und es war wunderbar, wie selbst dem Munde der untersten Classen ein leiser Ruf des Entzückens entschlüpfte, wenn sie sie erblickten, und von der Naturwirkung getroffen wurden. Eines war eine große Stadt von oben gesehen mit einem Gewimmel von Häusern, Thürmen, Kathedralen, im Mondlicht schwimmend – das zweyte eine Flußparthie in einer schwülen electrischen wolkigen Sommermondnacht.

Ich blieb zwey Stunden vor den Bildern und dann erst sah ich im Verzeichniß nach dem Künstler. Gustav Rottberg aus Deutschland.

Unsere Leser wird es nun nicht wundern, was man sich damals in allen Salons in Paris erzählte als eine Seltsamkeit und Künstlerlaune, daß nemlich auf jedem der Bilder eine Katze vorkomme – der ehrliche, gute Hinze.

Also auf diese Weise ist dein schönes Herz in Erfüllung gegangen, dachte ich, da liegen nun seine Blüthen. Selbst ein dicker Finanzmann, ein Bekannter aus dem café royal, sagte zu mir, auf die Stücke deutend: „Sehen Sie, wie man selber in derley Schnurpfeifereyen des Luxus etwas hineinbringen kann, das uns wider Willen gefangen nimmt, daß man den Anfertiger ordentlich lieben muß. Aus dem Menschen hätte etwas Tüchtiges werden können."

Ich blieb, bis die Säle geschlossen wurden, und noch +einen Abschiedsblick auf meine Monde werfend, sah ich, wie eben der Diener der Gallerie einer Dame, die vor den Bildern des Deutschen stand, bedeutete, daß sie gehen müsse, weil zugesperrt würde. Sie lösete das Auge von den Gemälden und wendete sich um – zwey schönere Augen in einem rührenderen Feuer sah ich nie. – Sie ließ den Schleyer überfallen und ging an mir vorüber. Eine schöne bedeutungsvolle Gestalt.

55 Cornelia, hätt' ich ihr nachrufen mögen – gerade so hätte sie aussehen müssen.

Ganz Paris sprach von dem gefeyerten Künstler – aber ein Herz war in seinen Mauern, +das nicht von ihm sprach – – die hohe Frauengestalt war nach Hause gefahren in die Straße St. Honoré, und in ihrem Schlafzimmer drückte sie ihr Gesicht in die Kissen ihres Sofas und konnte nicht los werden all das leise Flimmern und Leuchten und Glitzern und Regen und Weben dieser Bilder; – die Lichter, die zarten reinen keuschen Lichter, die wie eine Seele in allen Abstufungen des Lebens, in jedem kleinsten Theilchen des Bildes schienen und es sich regen machten, schienen ihr verwundete Gefühle, die nun da durch diese Nacht schlüpfen und zittern und anklagen.

Ein Strom heißer Thränen brach aus den schönen Augen – aber man wußte nicht, waren es Thränen der Reue oder Thränen der Sehnsucht, die über den atlantischen Ocean gingen, wo nun der Künstler weilt, um in den Anden neue Stoffe für sein arbeitendes Herz zu finden! –

Feldblumen.

Von

Adalbert Stifter.

1840.

1. +Primel.

24. April 1834.

Man legt oft etwas den Menschen zur Last, was nur Schuld der +Chemie ist. Ich mache in dieser Art meine Beobachtungen. Es giebt Leute, in deren Lebensstoffen Atome sind, die zu den Metallen große Verwandtschaft haben, und den so schlimm Begabten zwingen, dieselben all' sein Leben lang mühselig zu suchen und in seine Verbindung zu bringen, welchen unschuldigen Schelm wir dann einen Geizhals heißen, andere giebt es, die eine heftige Abstoßung gegen das Ding haben, und es +sohin verschwenden müssen. Freilich giebt es noch wunderlichere Affinitäten – ich selber bin ein Fall – die allerschönsten Damen starre ich fast grob an, ja ich verfolge sie, um das Gesicht zu sehen, was mir sehr verargt werden kann; aber es ist nicht abzustellen, weil ich so zu sagen ein Schönheitsgeizhals bin. Es ist auch chemische Verwandtschaft, die sich schon unbeholfen darin äußerte, daß ich als Knabe oft mit dicken roth geweinten Augen von dem Taubenschlage herabkam, in dem ich stundenlang gekauert saß, um die schönsten Romane zu lesen, die mein seliger Vater gar so sehr verbot, weil er es lieber hatte, daß ich das Quae maribus und Simplicium leges auswendig lernte. Das that ich zwar auch, und sagte ihm das Ding der Länge nach her, aber ich hatte es millionenmal lieber, wenn ich mich aus einem schönen Ritterbuche abängstigen konnte, und mir geradezu das Herz brach, da Ludwig der Strenge sofort seine wunderschöne unschuldige Gattin hinrichten ließ, die blos verläumdet war, und die niemand retten konnte als ich, der ich aus dem Buche die ganze Schlechtigkeit ihrer Feinde gelesen hatte, aber unglücklicher Weise dreihundert

Jahre zu spät. Und wenn ich so bis zur letzten Seite auf Rettung baute und traute und endlich keine kam, so rieb ich mich fast auf vor Schmerz. Aus jenem unbewohnten und staubigen Taubenschlage trug ich in die spätesten Zeiten meine liebsten Gefühle hinüber, und wurde nach der Hand für und für kein anderer; immer suche ich noch (metaphorisch) solche Taubenschläge, spanne mich aus der Industriewelt los, und buhle um die Braut des Schönen. Wohl traf es ein, was mein liebreicher Vater oft prophezeite, daß ich über Plänen des Ungeheuren und Namenlosen +sinnend mit den Gulden und Eßwaaren in Mißverhältnisse gerathen werde, aber es thut nichts – die Dinge sind eben sehr heterogen, und mein Vetter, der Metallgeizhals würde gewiß auch in Verlegenheit gerathen, wenn er seine Schönheitssammlung aufweisen sollte.

Ich tadle den Guten nicht; denn er wird ohnedem verkannt genug und geschmäht – so wie mir auch neulich ein sehr ernster Herr nachsagte, ich sei ein Narr, der sich lieber seine Grillen ausschlagen sollte. Ei, wir können das aber nicht. Ich möchte einen echten Goldgeizhals sprechen, und ihn fragen, ob es ihm denn auch so dünke, daß das Leben keinen Dreier mehr werth sei, sobald man sein Streben daraus hinwegnimmt – – aber freilich muß ihm so sein; denn sonst wäre er ja kein Geizhals geworden, der ein so geplagter Mensch ist – wenn nicht eine geheime Seligkeit die Plage aufwäge. Der theure Mann hat es auch viel schlechter, als ich; denn ich stelle mir in der Welt nichts so schwer vor, als ein reicher Mann zu werden, da keiner das Sammelobject fahren lassen will, und überall ohnehin so wenig verbreitet ist – ich wüßte zu dem Geschäfte gar nicht anzufangen: hingegen ich danke Gott, daß mein Gegenstand so unermeßlich angehäuft ist, in Wolkenhimmeln, Gebirgen, Schlünden, Abgründen – und da erst recht – auf Höhen, im Sternenhimmel, in Gesichtern und Herzen der Menschen, in der Weltgeschichte, im Universum.

Mancher sieht sie, mancher nicht – und mancher muß ihr nachziehn sein Leben lang.

Man sieht also leicht, was mir auferlegt ist, und wie sehr ich noch vor einem ordinären Goldgeizhals begünstigt bin – ja ich denke sogar, mein Object stehe höher, als das seine: jedoch dasselbe denkt er auch wieder von mir und wir werden uns in diesem Punkte schwer vergleichen können, nur darin sind wir beide einig, und zu bedauern und zu beneiden, daß wir hastig nach unserm Götzen jagen müssen, aber auch +Freuden unter Dach tragen, von denen die Andern draußen freilich nichts wissen +und nichts begreifen.

Vor diesen andern nur macht uns diese chemische Beschaffenheit lächerlich, wenn sie einen fremden Maßstab an unser Streben legen, der dann überall nicht paßt. Oft ist es aber auch ohnedem ein Elend. So z. B. nahm ich mir unglücklicher Weise vor, unsäglich schöne Sachen zu malen – und bei jeder Arbeit dieser Art, die ich verwerfe, greife ich es ordentlich mit Händen, daß ich doch noch die wunderlichen Gestalten meines Innern werde habhaft werden können, und dann prachtvolle Dinge herstellen, über die Alt und Jung erstaunen wird – aber jetzt gelingt die Sache nur noch nicht. Es ist hart – und noch mehr darum, weil die Menschen an unser harmlos Thun schnellfertigen Tadel legen, weil sie es nicht begreifen. Was z. B. kann ein Reichsrath denken, wenn ich mir unter gewissen Hüten steif und fest das Gesicht eines klaren Engels einbilde, und von seiner Seite weg schneller zu gehen anfange, um sie zu sehen, und wieder einen Himmelszug zur Staffelei zu bringen – einen Gecken nennt er mich. Darum bin ich milder, und schreie nicht gleich Zeter, wenn mein ehrlicher Pendant einigen zweckmäßigen Hunger leidet, weil eine Prachtsumme noch rückzulegen ist, die seiner Sammlung zur wahren Zierde gereichen wird. Das einseitige Urtheil der Profanen wäre noch zu verwinden, wenn nur Vorwärtslaufen und Hungern zum Zwecke führte – aber statt Himmels- hole ich zum oftesten Fegfeuer-Züge, und er blos Blähungen, der Arme.

Angemerkt muß jedenfalls auch werden in diesem heutigen Tageblatte, daß ich mein Modell wieder gesehen habe, was ich ungefähr vor drei Monden entdeckte, und Dir als die reinste Mädchenform beschrieb, die mir je vorgekommen. Sie ist noch immer dieselbe, und heute hatte ich Gelegenheit, sie lange zu betrachten; denn sie war um zehn Uhr morgens mit einer alten Frau in der St. Annenkirche, wo sie fast eine Stunde blieb, und ich auch. Als sie +fortging, sah ich ihr nach, und wie sie die Gasse entlang schritt, da dachte ich, so müßte ein altgriechisches Marmorbild aussehen, das gehen könnte, und Augen hätte.

Sollte ich sie öfter sehen können, so will ich versuchen, mir diese Züge einzuprägen, und sie in einer glücklichen Stunde auf die Leinwand zu werfen – dann sende ich Dir ein Miniaturbild davon für Deine Sammlung schöner Menschenköpfe. Ganz eigen an ihr ist der ruhige große fromme Blick der blauen Augen. Ich habe heute die seltsamsten Gedanken über sie gehabt, die mir selber fast freventlich +vorkommen, z. B. ich möchte sie einmal beten sehen, aber nicht in der Kirche, wo sie die Augen mit den Wimpern kalt verhüllet, sondern in ihrer Kammer, wo sie einsam Gott danket, oder um Abwendung eines entsetzlichen Wehes bittet – oder ich möchte sie in Liebesfreuden schwärmen sehn, oder in Liebesschmerz das Auge zum Himmel aufschlagen – oder tanzen, eine Gebirgsparthie machen, lachen, ihren Vogel kosen, eine kleine Schwester belehren, oder wenn sie Thee anbietet, oder wenn ihr etwas sehr komisch vorkommt, und so weiter, und so weiter.

Ein Fehler von mir fällt mir eben ein, da ich von ihr rede – wie oft steht schon der gute Vorsatz in dem Tagebuche, aber nicht die Abgewöhnung – allein jetzt soll er mich gewiß nicht mehr übereilen – ich meine nehmlich meine phisiognomischen Reisen, die ich oft in Gesellschaften auf Gesichtern beginne. Manches schöne

Mädchenantlitz, dem ich +gegenübersitze, wird mir ein Van Dyksches Gemälde, in das ich mich vertiefe, bis es sich plötzlich reget, und ich erschrecke, und ihre Verlegenheit gewahre, die dann umgekehrt von meinem Gesichte der ganzen Fläche nach Besitz nimmt. Aber bei Gott, viele Tausende wissen es nicht, was alles in einem Menschenantlitze zu sehen ist, sonst könnte es ja unmöglich ein Mann über sich bringen, daß er sein Angesicht entstellt und an das Kreuz der Schmach schlägt, wie so viele thun, durch Leidenschaften, harte Bestrebungen, geistige Getränke und dergleichen. Bei Frauen ist das seltner, und fast nie in ihrer Jugend. Darum sehe ich ihre lieben Züge so gerne an, und bitte jede herzlich um Verzeihung, die ich durch mein Anstarren beleidigte, es lag wahrhaftig nicht ein Atom von Selbstsucht darinnen, oder gar jener Erbärmlichkeit, die gewohnt ist, jeder schönen Gestalt ihr geliebtes Ich aufzudringen.

Das ist eben das komisch Aergerliche bei uns Geizhälsen, daß die Anderen uns so viel Selbstsucht andichten, während wir doch (er und ich) nur die reine Form anbeten, und den materiellen Besitz endlich immer jemanden anderm lassen – er freilich etwas spät und ungerne nehmlich bei seinem Lebensende, ich aber jeden Augenblick und mit größter Heiterkeit. – Vielleicht kann ich dir gleich zwei Exemplare senden, die ausgezeichnet sind; denn Aston versprach, daß ich in den nächsten Tagen bei seiner Familie eine der größten Schönheiten sehen solle – ja die größte, wie er unumwunden erklärte, welche die Luft innerhalb der Linien Wiens athme – und daß er es so veranstalten wolle, daß ich unvermerkt ihr Bild in mein Album bekomme, da sie außer andern tausend Thorheiten auch die besitze, nie einen Maler zu ihrem Bilde sitzen zu wollen. Sie ist die vertraute Freundin seiner Töchter, denen sie, wie er sagt, den Kopf eben so albern mache, wie der ihrige ist. Jetzt kommt sie nicht, weil ihre Tante krank ist. Ihr Vorname ist Angela, dem sie wohl körperlich aber nicht geistig entsprechen soll.

Nun, ich bin neugierig – toll wäre es, wenn sie meine Antike wäre.

Wohin aber, lieber Titus (ich will jetzt ernsthaft sein), wohin kann denn ein sterblicher Mensch lieber schauen, als in ein schönes Menschenangesicht, aus dem ihm noch eine unbefleckte Seele entgegen blickt?

Eigentlich redete ich gestern schon viel über dieses Thema, und es ging mir, wie allemal, wenn ich auf mein Steckenpferd komme, ich bringe nämlich niemanden in den größten Enthusiasmus, als mich selber – und dann kömmt sofort die Schöpferlaune, wie sie Ruffo nennt, d. h. er sagt mir nach, wenn ich in derselben bin, dann ist jede elende Wolke eine herrliche Partie und aus Domestikengesichtern sehen die romantischsten Schicksale heraus. Halb hat er recht, halb schreiend unrecht. Ich +kenne einen Mann, dem ein Gebirg nur sehr viele Zentner Wacke, Gneis, Granit u. derlei enthält und noch dazu viel Wasser und Holz.

Nun, ich hatte eben gestern die Schöpferstimmung und danke Gott, daß er mir eingab, unendlich spazieren zu gehen, und Heerschau aller Schönheiten zu halten lebender und lebloser. Da waren die lichten, klaren, glänzenden Lüfte mit den wunderlichen Aprilwolken voll Sonnenblicken – das Zittern der anbrütenden Lenzwärme über den noch schwarzen +Feldern – die schönen grünen Streifen der Wintersaat dazwischen – selbst die röthlich fahlen Wälder, die an den Bergen hinanziehen, mit einem blauen Lufthauch darüber, und überall auf der farblosen Erde die geputzten Menschen wandelnd, die so gerne die ersten Gaben der schwachen Lenzsonne und der reinen Luft genießen wollten. Eine Mutter sah ich mit mehreren schönen Töchtern, die sehr jung waren, aber in allen Abstufungen bis zur Kindheit herab auf den lieben runden Wangen das Roth der Unschuld und Gesundheit trugen, das noch röther wurde, wenn man sie plötzlich ansah – ich habe diese Gattung Scham so gerne – gleichsam rothseidene Vorhänge zieht die junge Seele plötzlich vor dem fremden

Auge über, das unberufen will hineinsehn. Auch Männer sah ich viele, aber wenig, was der Leinwand werth gewesen wäre – nur einen fand ich, einen sehr jungen Mann, der mich fesselte, er zeichnete +die Aussicht in ein Album, und ich sah ihn mit Muße an – ein Gesicht voll Ernst und Güte mit klugen unschuldigen Augen, nur um den Mund erschien mir ein Zug von leisem Schmerze gleichsam eine rührende Frage nach einem jüngst verlornen Herzen.

Oft schon dachte ich bei mir: kein Mensch kann eigentlich das wunderbare Titelblatt der Seele, das menschliche Antlitz so würdigen, als ein Künstler, ein echter rechter, wie er uns oft im Ideale vorschwebte; denn der Weltmensch schaut nur oberflächlich oder selbstsüchtig, und der Verliebte verfälscht, zu sehr am irdischen Geschöpfe hangend: aber der reine einfältige Meister in seiner Werkstätte tagelang denselben zweien Augen gegenüber, die er bildet, um die er langsam und emsig die Farben aufträgt, mischet, theilet – der sieht den Finger Gottes walten; denn, wenn er es recht gemacht hat, dann wächst ihm allmälig aus den todten Farben der Geist entgegen, den Gott unbegreiflich mit diesen Formen verband, und was er doch selber gemacht hat, scheint ihm ein fremdes Gesicht und eine fremde Seele, der er Achtung schuldig sei – und oft mit einem leichten Zug des Pinsels, der ihm von ungefähr kam, tritt ein neuer Engel in die Züge, daß er selbst erschrickt und von Sehnsucht überkommen wird.

Ferner wenn er in den Bildergalerien wandelt, wo die frommen Herzen alter Meister aus den zarten Wangen leuchten, die sie bildeten, und wenn er so vor manchem seltsamen Engelsköpfchen steht, das ihn aus steifer wunderlicher Tracht so sittsam anstarrt, und wenn er sich in so verschiedene Augen senket, die Van-Dyk, Rubens, Dürer rundeten – in ihnen liegt noch jetzt dort Hoffnung und Entsagung, hier Unschuld, dann Andacht, Jugendfreude, Brautglanz, jene prahlen mit Schmuck und Reichthum, diese erzählen dem Spätling ihr unbekanntes Weh – und wenn er über diese Stoffe blickt in abenteuerlichen Mustern und Zuschnitten, solid und schwer mit den schleppenden Falten, über jene Rüstungen und Waffen der Männer mit den starken Lichtblicken, von derselben Sonne entzündet, die noch heut die Fenster dieses Saales erglänzen macht: so sieht er in ein wunderbares Stück Vergangenheit, und wenn es in dem Saale einsam ist, so ist es ihm, als flüsterten rings all die Seelen dieser Bilder durcheinander, und erzählten sich ihre Leiden und ihr Glück. Die ganze Bilderwand ist eine ausgestorbene Geisterstadt, und von den verfallenden Pallästen räth man auf die einstigen Bewohner.

Ich begreife nicht, wie die Leute in Bildersälen so laut reden können.

Und wenn er dann heraustritt in das gewöhnliche Licht der Sonne, so ist ihm selbst dieses fremd und seltsam, und er trägt durch das Treiben und Arbeiten des Tages träumerisch eine zerstückte Schönheitswelt nach Hause zu seinen Bildern, die wie Kinder seiner harren. Dann freilich, wenn sie ihn so +gehen sehen, preisen sie sich froh, daß sie nicht so sind wie er. O wäre es seiner Seele nur allemal gegönnt, von diesem Jenseits, in dem sie lichtvoll wandelt aber stumm, +auch die rechte Kunde mitzubringen, sie würden erstaunen über den verachteten Träumer, der einfältig und unklug in Weltdingen sich von ihnen betrügen läßt. Manche bringen auch die rechte Kunde, und predigen das Wort des Herrn mit feurigen Zungen, und werden hoch geehrt und angestaunt – und mit Recht – – – aber, siehe Titus, ein Prediger bin ich auch, nur ein stumm geborener!! – –

Dieses Fortspinnen derselben düster schönen Gedanken, das der zeichnende Mann in mir angeregt hatte, als ich ihn verließ, und sein seltsam schönes Angesicht neben mir gleichsam in der Luft schwimmend mit führte – dieses Fortspinnen verließ mich nicht mehr fast auf dem ganzen Spaziergange und zog die sanften Fäden planlosen Fantasirens um mein Haupt, und über die große stille Landschaft vor mir – ich ging herum ins Weite und Breite und ließ von Gedanken und Fantasieen kommen, was da wollte. Ein sanftes Eden liegt im Menschenherzen und es blühen darinnen leuchtende und dunkle Blumen. Meine gewöhnliche Frühlingstrauer stellte sich ein. Ich weiß nicht, ob die schönen allerersten Frühlingstage auch andere traurig machen. Ist es etwa die Ruhe nach den Winterstürmen, die lächelnd in der ungeheuren Bläue liegt, und darunter auch ruhig die todte Erde und das schwarze Baumgitter, das des Keimens harret - oder ist es physischer Einfluß der weichen Luft nach der Winterhärte oder beides? - - - So geht es aber immer. Ich sollte eigentlich im Frühling gar nicht herumwandeln, und doch ist gerade er die Zeit, wo ich sofort alle Geschäfte liegen lasse und herumschlendere und träume und trauere oder vielmehr mich dem linden Wiegen der lauen Luft und der angenehmen Schwermuth hingebe. Und wenn eine Depesche an Dich, ein Tagebuchblatt, Deinem Geschmacke zufolge noch mit so viel Scherzen und Lachen anhebt, so vernichtet ein solcher Spaziergang, der hinterher abgeschildert wird, alle gute Wirkung und leidige Sentimentalität reißt - aber verzeihe - es geht nicht anders - ja, wer weiß, daß der Hengley'sche Auslader*) dieses Blattes den ganzen Spaziergang glücklich ableitete, und nicht etwa morgen noch zweite und dritte schwache Funken zu gewinnen sind. Wir wollen sehen.

---

*) Ein Metallbogen, mit dem man elektrische Batterien entladet, er zieht oft bei der zweiten und dritten Berührung noch Funken.

2. Veilchen.

25. April 1834.

Heute ist weithin heiterer Himmel mit tiefem Blau, die Sonne scheint durch mein geöffnetes Fenster, das draußen schallende Leben dringt klarer herein, und ich höre das Rufen spielender Kinder. Gegen Süden stellen sich kleine Wolkenballen auf, die nur der Frühling so schön färben kann, die Metalldächer der Stadt glänzen und schillern, der Vorstadtthurm wirft goldne Funken, und ein ferner Taubenflug läßt aus dem Blau zu Zeiten weiße Schwenkungen vortauchen.

Wie keusch und einfach die Natur doch malet!

Wäre ich ein Vogel, ich sänge heute ohne Aufhören auf jedem Zweige, auf jedem Zaunpfahle, auf jeder +Scholle, nur in keinem Käfige - und dennoch hat mich der Arzt in einen gesperrt, und mir Bewegung untersagt, deshalb sitze ich nun da dem Fenster gegenüber und sehe in den Lenz hinaus, von dem ein Stück gütig zu mir hereinkommt. Auf dem Fenstersimse stehen Töpfe mit Levkojen-Pflänzchen, die sich vergnüglich sonnen und ordentlich jede Secunde grüner werden - einige Zweige aus des Nachbars Garten ragen um die Ecke, und zeigen mir wie frohe Kinder ihre kleinen, lichtgrünen, unschuldigen Blättchen.

Zwei alte Wünsche meines Herzens stehen in dem Frühlingsgedränge auch wieder auf, namentlich weil ich da in meiner Stube so allein bin, und auf dem Krankensessel wohnhaft vollauf Muße habe, Träume auszuhecken. Ich möchte eine Wohnung von zwei großen Zimmern haben mit wohlgebohnten Fußboden, auf dem kein Stäubchen liegt, sanft grüne oder perlengraue Wände, daran neue Geräthe edel, massiv, antik einfach, scharfkantig und glänzend, seidne graue Vorhänge, wie matt geschliffnes Glas, an den Fenstern in kleinen Falten gespannt, und von seitwärts gegen die Mitte derselben zu ziehen. In dem einen der Zimmer wären ungeheure Fenster, um Lichtmassen hereinzulassen und mit obigen Vorhängen für trauliche Nachmittagsdämmerung. Rings im Halbkreise auf Gestellen stünde eine Blumenwildniß, und mitten darin säße ich mit meiner Staffelei, und versuchte endlich jene Colorite zu erhaschen, die mir ewig im Gemüthe schweben, und Nachts durch meine Träume dämmern – ach jene Farbenwunder, die in Wüsten prangen, über Oceanen schweben und den Gottesdienst der Alpen feiern helfen. An den Wänden hinge ein oder der andere +Ruisdael oder ein Claude, dann ein Gauermann und +Kindergesichtchen von Ammerling. In dieses Paphos, Eldorado ginge ich dann nie anders als nur mit der unschuldigsten glänzendsten Seele, um zu malen, oder mir sonst poetische Feste zu geben. Stünden noch etwa zwischen dunkelblättrigen Tropengewächsen ein paar weiße Marmorbilder von Canova, dann wäre freilich des Vergnügens letztes Ziel und Ende erreicht.

Sommerabends, wenn ich für die Blumen die Fenster öffnete, daß ein Luftbad hereinströme, säße ich im zweiten Zimmer, das das gemeine Wohngehäuse mit Tisch und Bett und Schrank und Schreibtisch ist, nähme auf ein Stündchen Vater Hans Paul zu Handen oder schriebe, oder ginge hin und wider, oder säße weit weg von der Abendlampe und schaute durch die geöffneten Thürflügel nach Paphos hinaus, in dem bereits die Dämmerung anfinge, oder gar schon Mondenschein wäre, der im Gegensatz zu dem trübgelben Erze meiner Lampe schöne weiße Lilientafeln draußen auf die Wände legte, durch das Gezweig spielte, über die Steinbilder glitte und Silbermosaik auf den Fußboden setzte. Dann stellte ich wohl den guten Refractor von Fraunhofer, den ich auch +hätte, auf, um in den Licht- und Nebelauen des Mondes eine halbe Stunde zu wandeln, dann suchte ich den Jupiter, die Vesta und andere, dann unersättlich den Sirius, die Milchstraße, die Nebelflecken, dann neue, nur mit dem Rohre sichtbare Nebelflecken gleichsam durch tausend Himmel zurückgeworfene

Milchstraßen. In der erhabenen Stimmung, die ich hätte, ginge ich dann gar nicht mehr in das Gasthaus, sondern ......

Doch dieß führt mich auf den zweiten Wunsch, nämlich außer obiger Wohnung von zwei Zimmern noch drei daranstoßende zu haben, in denen die allerschönste, holdeste, liebevollste Gattin der Welt ihr Paphos hätte, aus dem sie zuweilen hinter meinen Stuhl träte, und sagte: diesen Berg, dieses Wasser, diese Augen hast du schön gemacht. Zu dieser Außerordentlichen ihres Geschlechtes ginge ich nun an jenem Abende hinein, statt in das lärmende Gasthaus, und führte sie heraus vor den Fraunhofer, und zeigte ihr die Welten des Himmels, und ginge von einer zur andern, bis auch sie ergriffen würde von dem Schauder dieser Unendlichkeit – und dann fingen begeisterte Gespräche an, und wir schaueten gegenseitig in unsere Herzen, die auch ein Abgrund sind, wie der Himmel, aber auch einer voll lauter Licht und Liebe – mit einigen Nebelflecken – oder wir gingen dann zu ihrem Pianoforte hinein, zündeten kein Licht an (denn der Mond gießt breite Ströme desselben bei den Fenstern herein) und sie spielte herrliche Mozart, die sie auswendig weiß, oder ein Lied von Schubert, oder schwärmte in eigenen Fantasieen herum – ich ginge auf und ab oder öffnete die Glasthüren, die auf den Balkon führen, träte hinaus, ließe mir die Töne nachrauschen und sähe über das unendliche Funkengewimmel auf allen Blättern und Wipfeln unseres Gartens, oder wenn mein Haus an einem See stünde – – – – –

Aber, du guter Gott, meine zwei Wünsche wachsen mir ja im Abspinnen so sehr an, daß sie am Ende mir drei Herzoge nicht mehr realisiren könnten. – Freilich wäre alles das sehr himmlisch, selbst wenn vor der Hand nur die zwei Zimmer da wären, auch mit etwas geringeren Bildern; denn die Herrliche, die ich mir einbilde (oder eigentlich vorbilde), wäre ja ohne dem nicht für mich leidenschaftlichen Menschen, der ich sie vielleicht täglich verletze, wenn nicht die Liebe, die mir närrischer Weise während dem Schreiben für diese Unbekannte ordentlich ins Herz wächst, mich zu einen völligen sanften Engel umwandelt.

Indessen aber stehe ich noch hier, und habe Mitleid mit meiner Behausung, die nur eine allereinzige Stube ist mit zwei Fenstern, durch die ich auf den Frühling hinausschaue, zu dem ich nicht einmal hinaus darf und an Wipfeln und Gärten ist auch nichts hinreichendes, sondern die Höhe der Stube über andern Wohnungen läßt mich wohl ein sattsames Stück Himmel erblicken, aber auch Rauchfänge genug und mehrere Dächer und ein paar Vorstadtthürme. Die südlichen Wolken stellten sich indessen zu artigen Partieen zusammen und gewinnen immer liebere und wärmere Farben. Ich will, da ich schon nicht hinaus darf, einige abzustehlen suchen, und auf der Leinwand aufzubewahren. – –

Ich schrieb das oben Stehende heute morgens und malte fast den ganzen Tag Luftstudien. Abends begegnete mir ein artiger Vorfall. Auch moralischen und sogar zufälligen Erscheinungen gehen manchmal ihre Morgenröthen vorher. Schon seit vielen Wochen ist mir die Bekanntschaft eines jungen Künstlers versprochen worden. Heute wurde er als Krankenbesuch von zwei Freunden gebracht, und siehe da, es war derselbe junge schöne Mann, den ich vor drei Tagen auf demselben Spaziergange, der mir mein fatales Halsweh zuzog, zeichnend fand. Ich erkannte ihn augenblicklich und war fast verlegen, er gab kein Zeichen, daß er auf den damaligen Spaziergänger geachtet habe, der so dreist in sein Gesicht und Studienbuch geschaut hat. Der Besuch war ein sehr angenehmer, und die Bitte um Wiederholung wurde zugesagt. Sein Name ist Lothar Disson, und sein vorzugsweises Fach die Landschaft, doch soll er auch sehr glücklich portraitiren.

3. Kleinwinziger Zentunkel.

29. April 1834.

Ein Tagebuch ist eigentlich nur für den Führer desselben interessant, und ich müßte Dich schlecht lieben, mein Titus, wenn ich Dich erbarmungslos durch alle Tage meines Kalenders schleppte. Als wir an jenem Abende auf dem Rigi mitten unter kalten Reiseexemplaren von Engländern, beide zwar so arm wie Kirchenmäuse, aber toll und lustig genug waren, und Abschiedsfeste feierten, und in unsrer Lyrik, wie jenes närrische Advokaten-Paar, das der gute verstorbene Hans vor Zeiten abschilderte, erst unsere Namen tauschen wollten, dann aber dieses sogar zu dürftig fanden, und versprachen unser ganzes künftiges Leben auswechseln zu wollen, d. h. uns gegenseitige gewissenhafte Tagebücher zu senden: als alles dieß vorfiel, konnte es doch unmöglich so gemeint sein, daß ich Dir jeden kahlen Tag übermache, der mich in dieser Hauptstadt überfällt, welche Hauptstadt mir oft genug kleinstädtisch und abgeschabt vorkömmt gegen die freie gewaltige Residenzstadt der Natur, insonderheit, da mir Deine Pyrenäenreise ganze Prachtexemplare, wahre Solitäre übersendet. Du bist wohl noch der alte Narr, und ein hiesiger Freund oder besser gesagt, nur ein Bekannter, den ich unlängst aquirirte, Anselm Ruffo, sagte, ich sei auch ein großer, aber unschädlicher, d. h. für a n d e r e, mir selber aber beständig im Lichte. Es kann sein, und wenn Du eine stichhaltige Definition eines Narren auftreibest, so sende sie schleunigst; dann läßt sich die Sache eher entscheiden, bisher wußte ich keine. Bleibe fürerst nur der liebe, gute, treue und schönheitsbegeisterte Narr, als welchen ich Dich kenne, und ich will Dich einige Millionenmal mehr lieben, als die andern gescheidten Leute. Sende fleißig Pyrenäentage, und zürne nicht, wenn Dir unser Lyoner Spediteur von mir ein Päckchen sendet, in denen nicht +jeder Tag eine Physiognomie zeigt – es hat eben nicht jeder eine.

Disson war während der Zeit wieder bei mir, und wir gefielen uns so, daß wir +nicht nur volle drei Stunden verplauderten, sondern auf den ersten Mai, falls es meine Gesundheit zuläßt, einen Spaziergang von einem ganzen Tage verabredeten.

Nun noch eins: das Haus Rothschild hat mir auf einen Wechsel unsers Lyoners dreißig Dukaten ausgezahlt, die Du anwiesest. Ich danke Dir, Du treues Herz, daß Du Deine Armuth mir zusendest, und es freuet mich sehr, daß Deine Flügel von diesem widerwärtigen Erdpeche der Bedürfnisse nicht mehr zusammengeklebt sind, wie früher uns beiden – aber sende kein Geld mehr, ich habe ohnedem genug, da, wie Du weißt, ich so wenig brauche.

Meine schlechten Bilder, selbst meine Aufsätze und wissenschaftlichen Bestrebungen werden hie und da nicht schlecht befunden, und immerhin honorirt. Insbesondere ein Engländer, Aston, von dem ich Dir, wenn ich nicht irre, schon gesagt habe, daß ich ihn fast täglich in einer Gasthaus-Abendgesellschaft, die zufällig zusammenschneite, sehe, nimmt +mich insonderheit in Protection, und will Bilder aus Wiens Umgebungen von meiner Hand haben, die er immer sehr schön findet, sobald ich eines fertig habe, ich mag ihm noch so sehr die Fehler aufdecken – nun Du weißt wohl selber, wie hoch über mir noch unser Ideal hängt, und in neuester Zeit steigt es noch immer höher hinauf.

Das Gesendete lege ich einstweilen zurück und bis August erspare ich wohl noch mehreres, und dann wird eine Alpenreise gemacht in den norischen Zweig derselben und am Ende der Großglockner bestiegen. Vielleicht, wenn der Verlauf der Bekanntschaft wie ihr Anfang ist, berede ich Lothar zur Theilnahme an dem Ausfluge. Aendert sich einmal zufällig deine +Geldlage, so lasse es ja gleich wissen; denn Du weißt, wo ein ewig brüderliches Herz für Dich schlägt.

Das heutige Tagebuchblatt ist nur dieser Brief an Dich, aber ich dachte auch nichts, als Dich. Lebe wohl.

Note zum kleinwinzigen Zentunkel. Ueberhaupt muß sich der Referent dieser Blätter das Recht ersitzen, derlei Noten an kleine Feldblumen anzuhängen, damit er in denselben sagen kann, was sich in seinem Kopfe während des bloßen Abschreibens und Sortirens der vorliegenden Actenstücke sammelt und ihn zu drücken anfängt, oder was er im Bandgras zu sagen vergessen hat. Man wird ihn anfahren, er ahme in solchen Späßen J. Paul nach, aber man irrt, es sind nur die Verhältnisse und Sachlagen dargestellt so und nicht anders. Hier muß er sagen, daß der Künstler und Philosoph etc. . . . . (ich weiß eigentlich nicht, was er ist) Albrecht *******, der die Tagebuchblätter schrieb, dieselben nicht Feldblumen betitelte, sondern daß dieser gute Gedanke von dem Referenten kam. Leider numerirte er auch das Bandgras als eine Feldblume, was zur Folge hat, daß der Leser bei der n^{ten} Feldblume eigentlich erst die $(n-1)^{te}$ hat, was er immer bedenke. Ich hoffe, die Note war nicht zu groß.

---

4. Glockenblume.

3. Mai 1834.

Ich hasse eigentlich keinen Menschen auf Gottes ganzer grüner Erde – aber da existirt ein junger Mann, der mir nachgerade zuwider wird, wie die ärgste meiner Sünden. Er ist ein begegnendes Individuum, deren fast jeder eines hat, und ich ihn, ob aber der andern ihre auch so emsig und unermüdlich sind, wie er, daran zweifle ich. Gehe ich im Prater, so sitzt er auf einer Bank, fliege ich von da ins Belvedere, so geht er schon am Rennwege herein. Wenn Dir etwa in den Pyrenäen ein langer Herr vorfällt, der kein Halstuch umhat, und allen möglichen Bart trägt, und schlechthin den Mylord spielt, der ist es und kein anderer. Es ist mir, als suche er mich ordentlich. Entweder ist er der ewige Jude, oder jener Reisende, dessen Name überall steht, oder, weil dieser gestorben sein soll, sein Geist. Es wäre das Vernünftigste, wir grüßten uns gegenseitig höflich.

Ich hätte mich weniger über ihn aufgehalten – aber am ersten Mai, da ich mit Lothar von Dornbach den so schönen Weg nach Haimbach machte und eben dort ankam, war er auch da, aber zum Glücke eben im Begriffe, in den Wagen zu steigen zu einer Dame, die schon darinnen saß, und stelle Dir vor, mein Griechenbild aus der St. Annenkirche war. Es saß noch eine alte schöne Frau bei ihr, ihre gewöhnliche Begleiterin, und dann eine junge, schlanke Gestalt, die aber einen ganzen Wolkenbruch von Schleiern über dem Gesichte hatte. Wie kommt er nun zu dieser?

Schön ist sie immer, doch gar so sehr, und nicht nur malen möchte ich diese Züge für mein Leben gerne, sondern ich bin ihr auch recht von Herzen gut, wie ihm gram.

Daß wir alle Wirthsleute fragten, wer die Abfahrenden wären, war sehr natürlich, daß es aber niemand wußte, ärgerlich.

Wir blieben fast den ganzen Nachmittag in dem lieblichen Thale, und als ich wie zur Spielerei die Wirthsfrau, ein mitteljähriges gutmüthiges Gesicht in mein Album zeichnete, so lächelte sie unbeholfen verschämt und meinte, wenn ich und der andere Herr in unsere Bücher da Gesichter und Leute abmalten, so hätten wir um zwei Stunden früher kommen sollen, als noch die zwei jungen Damen da waren, die wären der Mühe werth gewesen; denn von allen +Stadtfräulein sei noch keine so schöne da gewesen, wie Milch und Blut, und so freundlich wie zwei Engel – auch der junge Herr sei so sanft und stille, wie die andern alle nicht, die aus der Stadt kommen (außer uns beiden, die wir auch recht gutherzig aussähen) und die alte Frau habe so viel Freude über die jungen Leute, daß sie immer lächle. Die gute Wirthsfrau wurde zutraulich, und freute sich, daß sie ihr Gesicht in dem schönen großen Buche habe neben den schönen Fräuleins und vornehmen Herren, die wohl alle noch da drinnen wären – dabei sah sie neugierig die Album an, daß ich sie ihr endlich aufschlug, und ihr Erstaunen auf das höchste trieb, als sie ihr eigenes Haus fand, und die Bäume um dasselbe in netten Farben, und die Berge und den Himmel mit leibhaftigen Lämmerwolken (wie sie sie nannte) und noch dazu Leute, die unter dem Apfelbaume frühstückten – dann auf andern Blättern ihren Hund, dann den Knecht mit dem Schimmel, den blinden Zitterspieler, den Bach mit dem Stege u. s. w. Das hätte sie nie geglaubt, meinte sie; denn in diese Bücher mit dem schneeweißen Papier paßten eher die prächtigen Stadthäuser und schöne Spaziergänger und Reiter und Equipagen. Schade, da wären noch leere Blätter genug, und auf einem würde die Gesellschaft dieser schönen Fräulein recht gut Platz gehabt haben, und aus dem Fenster der Gaststube hätten wir es recht +leicht abmalen können, wie sie an dem weißen Tische mitten auf der Wiese frühstückten und scherzten. Sie wundere sich nur, daß heute, als am ersten Mai, jemand da herausgekommen sei, da ja alles bei dem Frühlingsfeste im Prater und Augarten sein werde. Wir lachten und sagten, daß es uns selber hinreichend freuen würde, wenn wir die zwei Engel konterfeien könnten. „Wer weiß es,“ versetzte die Wirthin, „Berg und Thal kommen nicht zusammen, aber die Menschen.“

„„Ja wohl,““ lachte Lothar, „„wir wollen sogar zuversichtlich hoffen, daß gerade diese zwei Engel, welche am ersten Mai anno domini 1834 in Haimbach frühstückten, dereinst noch unsre Frauen werden, und wieder eines schönen Tages in unsrer Gesellschaft da frühstücken werden, was meinen Sie dazu, Herr College?““

„„„+Top,“““ rief ich, „„„aber mir muß die Unverschleierte bleiben.“““

„Die andere ist noch schöner,“ rief die Wirthin.

Ich meinte, das sei nicht möglich, und halte mich an das Gewisse.

„„Gut,““ sagte Lothar, „„von heute binnen drei Jahren, Frau Wirthin, rüsten Sie ein wackeres Frühstück und Mittagsmahl; denn wir werden den ganzen Tag mit den zwei Engeln, unsern lieben rechtschaffenen Ehefrauen, in Haimbach zubringen. Ich nehme in Gottes Namen die Verschleierte, da ich keine von beiden von Angesicht kenne, und mich ganz auf den Geschmack unserer Frau Wirthin verlasse.““

„„„Und ich dagegen,“““ fiel ich ein, „„„will diese besagte Frau Wirthin zum Andenken an diesen Tag recht sauber auf schneeweißes Papier malen, und in einem schmucken Goldrahmen mitbringen.“““

Ei das wäre für sie alte Frau viel zu viel Ehre, vermeinte sie, und übrigens könnte ich so etwas leicht versprechen, ohne deßwegen mein Farbenzeug aufmachen zu dürfen, da zwei solche lustige Herren gewiß ohnedem schon jeder eine Fräulein Liebste in der Stadt haben würden, die schon unter den schönen Gesichtern des Buches sein werden.

Wir sahen uns beide an, und lachten; denn wahrhaftig, keiner hatte nicht im Geringsten ein derlei Wesen aufzuweisen. – Uebrigens fingen wir zwei dann selber an, die Sache weiter auszumalen, und dichteten den zwei Huldinnen eine unaussprechliche Sehnsucht nach uns an, stießen die Gläser an, ließen sie hoch leben und entwarfen Pläne, ihnen den Ehestand zu versüßen.

Nach Tische wurde gezeichnet.

Spät erst, als schon das Abendroth an allen Bergen hing, und im jungen Buchengrün von Laub zu Laub neben uns hüpfte, gingen wir selig durch die Loudonischen Anlagen nach Hadersdorf, wo wir übernachteten, weil wir am andern Tage Thiergartenpartieen malen wollten, wozu uns Lothar die Erlaubniß ausgewirkt hatte. Noch beim Einschlafen neckten wir uns mit den Vorzügen unserer neuen Liebchen ein gut Stück in die Nacht hinein und spintisirten über den Engländer, der ein Anbeter zu sein drohe.

Wir schliefen fest und zeichneten am zweiten Mai tüchtig darauf los, und rückten meilenweit in gegenseitige Bekanntschaft hinein.

Ich hätte die Sache gar nicht erwähnt, und sie gewiß heute schon vergessen, wenn ich sie eben vergessen hätte. Die Antike nimmt in meiner drolligen Fantasie seit vorgestern gehöriger Weise eine rührende Miene an, als ginge sie mich jetzt etwas an, oder sehnte sich überhaupt nach einem theilnehmenden Herzen, und dazu, bilde ich mir ein, wäre das meinige sehr tauglich. Daß ich sie nun nicht mehr mit unbefangenen Maleraugen werde anschauen, ist klar, und wenn ich sie noch acht Tage nicht sehe, so bin ich überzeugt, daß ich bei obwaltender Langeweile nicht eher raste, als bis ich ganz in sie vernarrt zu werden beginne.

Aber allen Scherz bei Seite, mein Titus, (zürne nicht, der Auslader zieht Funken), es ist etwas im Menschen, was ihm diejenigen lieb macht, von denen er lange redet, über die er +denkt und die er in nahen Verhältnissen mit sich dichtet, noch dazu, wenn es schöne Mädchen sind und ihm sein fünf und zwanzigstes Jahr zugezählt wird. Es träume mir nur einmal von irgend einer meiner schönen Bekannten, sofort kann ich sie am andern Tage nicht ohne Scheu ansehen, besonders, wenn sie mich gar hold im Traume angeschaut hatte, und sie trägt bis gegen das Mittagsessen hin meine Traumglorie um das Haupt. – Einen armen Teufel, dem ich neulich durch mäßiges +Loben zu einer kleinen Bedienstung helfen sollte, empfahl ich anfangs ordentlich, und lobte gewissenhaft – aber im Loben und Lieben ging ich endlich immer weiter, bis er als gänzliches Genie dahin ziehen konnte. Er bekam die Bedienstung, und zur Daraufgabe mich als Freund und Gönner, da ich wirklich nicht begriff, wie ich auf so viel Talente und

Kräfte bisher so wenig achten konnte. Meiner künftigen Geliebten wird dieser Zug von mir gewiß nicht schaden – zumal, da ich an Dir einen Vertrauten habe, dem ich sie vormalen kann, die Herrliche. Sei aber nicht etwa deßhalb +verstockt, und glaube mir schon zum Voraus nur die Hälfte, vielleicht bleib' ich noch unter der Wirklichkeit. Oder glaube was Du willst – – was kann denn am Ende der arme Mensch von einem andern Nebenmenschen abmalen, sich selbst vorstellen, – lieben oder hassen – als das Bild, das er sich von ihm zu machen versteht, da das Ich des Andern so wüstenweit von ihm getrennt ist, wie kaum Weltsysteme, die wir doch durch Gläser aus ihrem Himmel ziehen.

Lasse mich dem Gedanken nachhängen.

Seit der ersten Kindheit, wie viel tausend verschwimmende Gestalten von kleinen Gedanken, Ahnungen, selbst Gefühlen (den ersten Engeln, die mit uns spielen), dann Regungen und Zuckungen des Herzens bei dem Hereinbruch der Leidenschaft, ihrer Versuchungen, Wonnen, +Opfer, Schmerzen und Entsagungen – dann halbgeborne Poesien, Träume, Ideen, Kleinode von Empfindungen u.s.w., mögen das lange Leben eines Menschen durchwandeln, ohne daß uns Kunde davon wird – man denke nur an das innere namenlose Gewimmel des erwachenden Jünglings – an die langen träumenden, erinnernden, wortkargen Tage des einschlummernden Greises – an die Liebestage der schamvollen Jungfrau, an die innere unausgesprochene Traumwelt fantasiereicher Weiber überhaupt, die durchgängig mehr mit Empfindungen handeln, ohne immer das Glöckchen derselben zur Hand zu haben, was wir hingegen häufiger können und thun. In dem reichsten, wie ärmsten Menschen geht eine Bibliothek von Poesieen zu Grabe, die nie erschienen sind – nur aus den drei Stanzen, die er herausgab, machen wir eine Recension zusammen und sagen, seht, das ist der Dichter. Und glückselig der, der ein Ohr hat, auch nur die drei Stanzen recht zu hören, und sich ein schönes Bild zu machen – so hat er dann eine schöne Welt; es giebt aber Leute, die aus den wenigen Farbenkörnern, die dem Andern entspringen, nur Fratzen bilden – und diese bedaure ich – sie sagen freilich, sie kennen die Welt, aber es ist nicht wahr, sie bekennen nur wider Willen ihr kleines Innere und haben noch dazu eine Zerrwelt – – Vor dem Hohlspiegel unsrer Sinne hängt nur das Luftbild einer Welt, die wahre hat Gott allein.

Titus! Dieser Gedanke hat mich ernst gemacht!! Als wir auf dem Rigi, umgeben von dem Abendglühen der Alpen, standen und Abschied nahmen, als mein Mund an Deinem brannte, als wir uns an die Brust drückten, daß wir meinten, sie müsse brechen – was hatten wir von einander und wie nahe waren wir uns?! –

Ein Sirius sandte zwei einsame Strahlen und diese wurden auf einem andern Sirius gesehen – aber es waren zwei Weltkörper, und eine +Wucht von Leben trugen sie ungekannt durch den Weltraum. –

Oft und oft, wenn ich die ewigen Sterne sah, diese glänzenden Tropfen, von dem großen Weltenoceane draußen auf das blaue Glöcklein +hereingespritzt, das über uns Infusionsthierchen gedeckt ist, – wenn ich sie sah und auf ihnen dachte dieses Unmaß von Kräften und Wirkungen, die zu sehen und zu lieben ich hienieden ewig ausgeschlossen bin; so fühlte ich mich fürchterlich einsam auf der Insel, Erde – – und sind denn nicht die Herzen eben so einsam in der Insel, Körper? Können sie mehr einander zusenden, als manchen Strahl, der noch dazu nicht immer so freundlich funkelt, als der von den schönen Sternen? Wie jene Herzen des Himmels durch ein einziges ungeheures Band verbunden sind, durch die Schwerkraft, so sollten auch die Herzen der Erde verbunden sein durch ein einziges ungeheures Band, die Liebe – – aber sind sie es immer??

Noch sind Kriege, noch ist Reichthum und Armuth.

Was hat denn der unergründliche Werkmeister vor mit dem Goldkorn, Mensch, das er an einem öden Felsen klebt, dem gegenüber der glänzende Sand einer endlosen Küste schimmert, der +Saum eines unentdeckten Welttheils? Und wenn dereinst ein Nachen hinüberträgt, wird da wieder eine neue schönere Küste herüberschimmern?

Ich weiß nur das Eine, Titus, daß ich alle Menschen, die eine Welle dieses Meeres an mein Herz trägt, für dieß kurze Dasein lieben und schonen will, so sehr es nur ein Mensch vermag – ich werde oft getäuscht sein, aber ich werde wieder Liebe geben, auch wenn ich nicht Liebe glaube – nicht aus Schwäche, sondern aus Pflicht. Schwäche ist nur Haß und Zank, oder sie erwiedern – sie übersehen und mit Liebe rückzahlen, ist Stärke.

Es ist tief in der Nacht, lebe wohl, guter, geliebter Mensch.

---

5. Nachtviole.

11. Mai 1834.

Schon wieder muß ich die Nacht zu Hülfe nehmen und wer weiß es, ob ich sie nicht verschreibe, bis die helle Dämmerung durch meine Fenster scheinet; in dieser dithirambischen Stimmung ist an keinen Schlaf zu denken. Und sollte ich thöricht und lächerlich in höchster Potenz sein – Titus, Dir muß mein Herz offen liegen – aber es ist gehoben, lirisch, schwärmend und genugsam komisch. Ich spielte und scherzte in Haimbach mit gewissen Wünschen und Verhältnissen, und der Himmel strafte mich mit einer baroken Gewährung. Höre nur. Ich weiß nicht, ob damals, als wir beide zugleich in Wien waren, in der Mitte des Paradiesgartens ein schwarzer Convexspiegel auf einem Piedestal angebracht war – den Garten kennst Du – kurz jetzt ist ein solcher Spiegel und ein Stadttheil, das grüne Glacis und der Ring der Vorstädte steht in niedlicher Kleinheit darinnen durch die Schwärze des Spiegels in einer Art Dämmerungsdüster schwimmend. An diesem Spiegel stand, als mich heute meine gewöhnliche Frühlingsspaziersucht durch den Garten führte, ein Weib, durch ihren Bau, den ich nur von rückwärts sah, große Schönheit versprechend, und sah hinein. Ich blieb stehen und zeichnete mit den Augen die wirklich ausnehmend schöne Gestalt – deßhalb war ich fest entschlossen, auch ihr Gesicht zu sehen. Ich stellte mich ruhig hinter sie, um ihr Weggehen zu erwarten; denn mich ihr gegenüber zu stellen, war ich nicht dreist genug.

Als sie immer und immer stehen blieb, malte ich im Gedanken die lächerliche Gruppe, die wir bildeten, und hiedurch kam mir der Muth, sie zum Umsehen zu zwingen, nämlich ich sagte plötzlich: „Eine wahre Unterweltbeleuchtung schwebt über diesem kleinen Nachbilde.“ Sie sah auch um – und ich prallte fast zurück – – – Von meiner Kindheit an war immer etwas in mir wie eine schwermüthig schöne Poesie, dunkel und halbbewußt, in Schönheitsträumen sich abmühend – oder soll ich es anders nennen, ein ungeborner Engel, ein unhebbarer Schatz, den selber die Musik nicht hob – – in diesem Augenblicke hatte ich es zwei Spannen breit meinen Augen sichtbar gegenüber. –

War sie so unermeßlich schön?

Ich weiß es nicht, aber es war mir wie einem Menschen, der in dunkler Nacht wandert in unbekannter Gegend – auf einmal geschieht ein Blitz – und siehe, wunderbar vergoldet steht sein Vaterhaus und seine Kindheitsfluren vor den Augen.

Ein Blick von mir war es, ein einziger, ein heftiger, der die ganze Dichtung dieses Angesichtes in sich schlingen wollte – – dann schnell ein zweiter und dritter. Sie sah mich ernst und unverwirrt an, und ließ dann einen dichten Schleier herabfallen. In mein Angesicht flog die brennende Röthe der Scham, daß ich ihr aufgelauert hatte.

Ob ich in sie verliebt wurde? – Nein, in diese war ich es seit meinem ganzen Leben schon gewesen.

Sie ging langsam, wie eine Morgenländerin – wie jene stolze Zenobia, die Königin der Wüstenstadt, zu einer Gruppe Herren und Damen, und mischte sich unter sie – und ich auf einmal unendlich verarmt schritt aus dem Garten, und als ich die Steintreppe in die Teinfaltstraße hinabstieg, wallte mir das vorher erschrockene Herz erst recht auf, und es wurde mir, als sollt' ich sie ohne Maß und ohne Gränzen lieben. Eine Ahnung solchen Gefühles vermag Beethoven zu geben, wenn er Dir den schönsten unbekannten Demant aus dem Herzen hebt, und ihn Dir glänzend vor die eignen Augen legt.

Ich ging noch sehr lange in den lärmenden Gassen und auf den Basteien herum, und suchte erst, als schon alle Lichter brannten, meine Stube und trug das neu erworbene Bild mit hinein. Diese ist es.

Alle, die mir sonst so sehr gefielen, selbst die aus der Annenkirche – sie sind gar nicht mehr. – –

Und nun erkläre mir ein Erdenmensch die Heftigkeit eines solchen ersten Eindruckes. Es ist im Leben schon öfters dagewesen – auch zwischen Mann und Mann war es schon. Ich bin kein Kind, das sich überraschen läßt, ich bin kein Weichling, der sich Gefühle vorkokettirt (das Leben hat mich wacker durchgerüttelt): aber ihr Erscheinen in den Kreis meiner Vorstellungen wirkte wie ein Riß in dieselben. Ist es ein ästhetischer Eindruck, den ich nur verkenne? wie etwa alle Gemälde, Musiken, Dichtungen u.s.w. flach werden, sobald etwas außerordentliches dieser Art an unser Herz tritt? Aber ich sah ja Raphaeln, Guidos, Coreggios – sie waren wunderschön, aber anders. Ich sah ungewöhnlich schöne Weiber und fühlte etwas anderes – aber Schönheit war es ja nicht, was eben wirkte; denn ich erinnere mich keines Zuges ihres Angesichtes, selbst wenn ich alle Nerven des Gehirnes martere, nur das eine, das ganze Bild liegt auf ihnen, wie eingebrannt dem Spiegel meiner Augen, und wenn ich beide schließe, so sehe ich es noch immer vor mir schweben. Ich kann nicht sagen, daß ich sie liebe; denn man liebt ja nur, was man kennt – und doch ists, als wäre sie vor ungezählten Jahren in einem andern Sterne meine Gattin gewesen.

Sind das Polaritäten der Geister, sind es psychische Wahlverwandtschaften? Ist es gänzliche Narrheit?

Draußen am Himmel liegt eine schwere warme Wolkennacht, ganz ruhig – und ich bin ein heftiger, schwärmerischer Thor und trage mich selber in ein immer heißeres Gefühl hinein.

Ich mag nun Aston's versprochene Angela gar nicht einmal sehen, und werde auch gar nicht hineingehen – mir ekelt vor den sogenannten Schönheiten. Warum ich mich um sie gar nicht weiter erkundigte? – ich weiß es nicht – aber es schien mir so unwesentlich und nicht zu meiner Empfindung gehörig, daß ich auf den Gedanken nicht verfiel, und jetzt mache ich mir doch Vorwürfe, daß ich es nicht that. Du wirst wohl lächeln, daß ich wieder einmal exaltirt bin, aber siehe, es ist herrlich um ein schwärmendes, hochwallendes Herz – es sind das Augenblicke, in denen wir uns ohne Vorwurf lieben dürfen – auch die Nacht stimmt zu der Feier: ich habe den Schreibtisch an das Fenster gerückt und dasselbe geöffnet, und sternenlos schaut sie zu mir herein, aber selbst so ist sie großartig, besonders wenn, wie eben am Himmel, geheime Rüstung ist. Es schlägt zwölf Uhr, kein Lüftchen geht, die Lenznacht wird immer stiller und wärmer, immer seltner kommt an's Ohr das schwache Rollen verspäteter Wägen aus mancher träumenden Gasse, und am Rande des Horizonts lechzen die Erstlingsblitze wie flüchtige Küsse der Mitternacht.

Ich war an's Fenster getreten.

Du große, weite dämmervolle Stadt unter mir, ruhe wohl – auch ihr Herz, ein lebender, klopfender, fühlender Punkt unter den andern tausenden, pocht schlummernd in einem deiner Häuser. Ueber all die Dome und Paläste und Thürme breitet sich stumm und elektrisch der Gewitterhimmel, und brütet Fruchtbarkeit. In den Wohnungen der Menschen gehen +die Träume aus und ein, und die Nacht fördert ihr Werk. Erst hatte sie über alle Dächer sanft das große Tuch des Schlummers ausgebreitet, und als sie alles zur Ruhe gebracht und das Schweigen kam, dann lösete sie hoch über den Lagern der begrabenen Menschen von ihrer erhabenen Trauerfahne sachte eine Falte nach der andern, und ließ dieselbe endlich schwer und breit vom Himmel hängen.

Ich sah noch lange zum Fenster hinaus, und es ergriff mich, daß nun nicht ein Laut ertönte in diesem Vulkane menschlichen Treibens – selbst die Luft stand unbeweglich stille. Endlich schlug es ein Uhr Morgens, und es war, als hätte dieser leise Klang die hängende Lawine gelöset, denn gleich nach dem einen Glockenschlage wallte schlaftrunken durch den ganzen Himmelschleier das erste tiefe schwache Donnern wie ein Traumreden der schlummernden Frühlingsnacht.

So ruht wohl, alle Menschenherzen – und auch du unbekanntes Herz in deinem schönen Busen, schlummre wohl – und auch du, des fernen +lieben Reisenden, schlummre wohl!

---

6. Wiesenbocksbart.

12. Mai 1834.

Die Nacht ist vorüber gegangen und hat mancherlei geändert. Vom Himmel hat sie die Perlen der Fruchtbarkeit herabgeschüttet, und ihn gänzlich rein gefegt, daß er mit dem klaren frühen Morgengelb zu mir hereinsieht – die Schornsteine und nassen Dächer schneiden sich scharf gegen ihn, und die kühle Luft regt die Nachbarzweige, und strömt zu meinem offengebliebenen Fenster herein. – Ich schreibe noch im Bette.

Was ist es nun mit dem Menschen, wenn er heute dieser ist

und morgen jener? Auch mein Herz, wie der Himmel, ist frisch und kühl, und sucht sich auf gestern zu besinnen.

Was ist's nun weiter?

Hat die Flasche Rüdesheimer, die ich gestern zu +meinen Nachtpoesieen getrunken, die Seele so voll Sehnsucht angeschwellet – und ist sie heute leer, so wie die Flasche, die dort so wesenlos auf dem Tische steht, daß das Morgenlicht hindurch scheinet?

Was ist's nun weiter?

Ein prachtvoller Blitz, eine schöne Rakete, eine ausbrennende +Abendröthe, ein verhallendes Jauchzen, eine gehörte Harmonie, ein ausschwingendes Pendel – – – und wer weiß, was es noch alles ist.

Mein Herz ist kraftvoll, und jede Fiber daran gesund, – und Du darfst schon heute auf Scherze rechnen, lieber Titus; denn wenn auch die zauberische Armida noch im Spiegel meines Innern schwebt, so ist selbiger doch ein fester blanker Stahlspiegel, der mir das Bild hält, daß ich es untersuchen möge. Vor der Hand bleibt sie als Studie, als neue Kunstblüthe da, als schönes Bild im Odeon, wo die andern stehen. Heute muß noch versucht werden, ob ich den Eindruck nicht in Farben herstellen kann, um mir seine reine Schönheit in alle Zukunft hinüber zu retten.

Da fällt mir nun ein närrischer Gedanke ein. Außerordentlich schwärmerische Menschen, Genies, halbe Narren und dergleichen sollten gar nicht heirathen, aber die erste Liebe äußerst heiß, just bis zu dem ersten Kusse treiben – und dann auf und davon gehen. Man warte mit dem Zorne, die Gründe kommen erst. Der Halbnarr nämlich, und das Genie, und der besagte schwärmerische Mensch tragen so ein Himmelsbild der Geliebten für alle künftige Zeiten davon, und es wird immer himmlischer, je länger es seiner Phantasie vermählt ist; denn bei dieser ist es unglaublich gut aufgehoben, – die Unglückliche aber, der er so entflieht, ist eben auch nicht unglücklich; denn derlei herrliche

Menschen, wie der Flüchtling, werden meist spottschlechte Ehegemahle, weil sie über vierzig Jahre immer den ersten Kuß und die erste Liebe von ihrer Frau verlangen, und die dazu gehörige Glut und Schwärmerei – und weil er ihr nicht durch die Flucht so zuwider wird, wie er es als Ehemann mit seinen Launen und Excentricitäten würde, sondern sie sieht auch durch alle Zukunft in ihm den liebenswürdigen schönen, geistvollen, starken, göttergleichen Mann, der sie gewiß höchst beseligt hätte, wenn er nur nicht früher fortgegangen wäre. Und ist eine solche Phantasieehe nicht besser und beglückender, als wenn sie beide im Schweiß des Angesichtes an dem Joch der Ehe tragen und den verhaßten Wechselbalg der erloschenen Liebe langsam und ärgerlich dem Grabe hätten entgegen schleifen müssen. – Bei Gott, Titus, da ich auch so ein Stück eines Phantasten bin, so wäre ich im Stande, wenn ich die Unbekannte je finde, mich immer tiefer hineinzuflammen, und wenn dann einmal eine Stunde vom Himmel fällt, wo *ihr* Herz und *mein* Herz +entzündet, selig in einander überstürmen – – – dann sag' ich ihr: „Nun drücken wir auf diese Herrlichkeit noch das Siegel des Trennungsschmerzes, daß sie vollendet werde, und sehen uns ewig nicht mehr – sonst wird dieser Augenblick durch die folgende Alltäglichkeit abgenutzt, und wir fragen einst unser Herz vergeblich nach ihm; denn auch in der *Erinnerung* ist er verfälschet und abgesiecht." So spräche ich, denn mir graut es, sollte ich auch einmal die Zahl vermehren jener Gestalten von Eheleuten, wie ich viele kenne, die mit ausgeleerten Herzen blos parallel neben einander existiren, bis eines stirbt und das andere ihm ein schönes Leichenbegängniß veranstaltet. Himmel! lieber eine ächte *unglückliche* Ehe, als solch ein Zwitterding.

Zahlreiche Millionen Jungfrauen Europa's habe ich hier zu Gegnerinnen, weil ein Riesenentschluß dazu gehört, alle künftigen Himmelreiche freiwillig bei Seite zu stellen, und weil sie thöricht meinen, diese müssen erst *recht* angehen, da die Aufschrift an der Pforte schon so schön gewesen sei – aber das Prachtthor führt nur zu oft in einen artigen Garten, der sich in Steppen verflachet, oder gar in einen Sumpf vergeht. –

Groß müssen zwei Herzen sein, die dem leise nagenden Zahn der Alltäglichkeit nicht unterthan sich in ein reiches Leben schauen lassen, das nicht zu versiegen drohet, und wo die Grazie täglich in einer andern Gestalt im zweiten Herzen auf dem Throne sitzt und das erste bezaubert – – groß müssen sie sein und ohne Sünde. Dann dürfen sie getrost eingehn durch das Prachtthor, für sie führt der Garten ins Unendliche. – –

Ein närrischer Gedanke heckt den andern aus. Ein solches Ehepaar – nein, zwei, drei, vier solche Ehepaare möchte ich an einem schönen See haben, z. B. dem Traunsee, der so reizend aus schönem Hügelland ins Hochgebirge zieht. Dort baue ich zwei, drei Landhäuser fast altgriechisch einfach, mit Säulenreihen gegen den See, nur durch einen schönen Blumengarten von ihm getrennt. Aus dem Garten führen zehn breite Marmorstufen zu dem See, in dem unter Hallen die Kähne angebunden sind, die zu Lustfahrten bereit stehen. Der Garten hat Glashäuser für die Tropengewächse (sie sind ganz aus Glas mit eisernem Gerippe, nur äußerlich mit einem Drahtgitter gegen den Hagel überspannt). Auch ganz gläserne Salons fehlen in ihm nicht, daß man wie in einer Laterne mitten in der Paradiesesaussicht schwebe. Von dem Garten wieder auf zehn Stufen steigt man zur Villa, die den Eintretenden mit einer Säulenrotunde empfängt. Diese ist durch Glas zu schließen, hat an der Hinterwand Sitze und rings stehen dunkelblättrige Topfpflanzen, als da sind: Oleander, Camellien, Orangen u. s. w. Zwischen diesen glänzen Marmorbilder. Zu den Seiten dieser Halle und über ihr sind die Zimmer, zu denen breite sanfte lichte Treppen führen mit Statuen. Das ebene Dach ist ganz mit Blumen, Bäumchen und Sitzen bedeckt. Von ihm ragt der astronomische Saal empor. Auch ein paar Spiegelzimmer dürfen nicht fehlen, von dem Fußboden bis zur Decke

Spiegelebenen, im Vieleck gestellt, mit veränderlichem Neigungswinkel, daß man im lustigen Humor die Aussicht durcheinander wirren und stückweise zerwerfen kann. Der physikalische Saal ist hinten im Baumgarten. Am Hause rückwärts bilden zwei Flügel einen Hof mit +(nicht *Ställen*, sondern) *Zimmern* für die Thiere, die fast ängstlich rein gehalten werden. Man hegt deren allerlei und jede Gattung hat +ihren geräumigen Spielplatz. Der Obst- und Gemüsegarten ist sehr groß und liefert durch gute Pflege genug und erlesenes Obst in die Winterbehältnisse, Park ist keiner, weil ohnehin einer da ist, den die Natur meilenweit umhergelegt hat mit Seeen, Strömen, Alpenwässern, Matten, Felsen, Wäldern, Schneebergen u. s. w. – nur mit kunstlosen Pfaden und Ruheplätzen wird nachgeholfen, aber nur *äußerst vorsichtig*, daß ja nichts verkleinlicht werde. Die einzelnen Villen (denn die Ehepaare sind die besten Freunde) sind durch Säulengänge verbunden, in denen im Sommer die Orangerie steht.

In diesem Tusculum nun wird gelebt und eine Schönheitswelt gebaut. Der Himmel segnete die Colonie mit Weltgütern (sonst hätten sie die Villen gar nicht erbauen können) und keiner der Männer ist an ein sogenanntes Geschäft gebunden, das ihm die allerschönsten Lebensjahre wegfrißt und das Herz ertödtet, sondern jeder weiht seine Thätigkeit nur dem Allerschönsten, und sucht, so viel an ihm ist, das Reich der Vernunft auf Erden zu gründen. Wissenschaft und Kunst wird gepflegt, und jede rohe Leidenschaft, die sich äußert, hat Verbannung aus dem Tusculum zur Folge. Kurz, ein wahres Götterleben beginnt in dieser großartigen Natur unter lauter großen und sanften Menschen. Auch für ihre etwa kommenden Kinder ist mir nicht bange, sie werden schon recht erzogen werden.

Ich gehe hin, und bitte die Eheleute um des Himmels willen, sie möchten mich bei sich leben, malen und dichten lassen, als Kebsmann des Bildes meiner getrennten Zenobia, die ihrerseits wieder anderswo mit *meinem* Bild in imaginärer Ehe lebte.

Du siehst schon darauf aus, Titus, daß ich sehr bald überschnappe.

Der Gedanke von den Landhäusern ist übrigens nicht neu – nur die trefflichen Ehepaare habe ich erst jetzt dorthin stationirt. Die Villen sind schon seit anno 1830 fertig, d. h. ich suchte den Platz dazu aus, als ich im besagten Jahre den Juli, August und September an den Ufern dieses Sees zubrachte. Ich lebte damals abwechselnd fast an allen Punkten seiner Umgebung und oft ganze Tage auf ihm selber. Ja, ich muß nur meine ganze Schwäche eingestehen – (harre nur noch einen Augenblick, ich komme gleich auf etwas anderes) – ich malte das Traunkirchner Ufer dazumal, und die fertigen Villen bereits hinein. Sie stehen der Landschaft trefflich zu Gesichte. Vom Traunsteinufer gesehen sind sie weißglänzende Punkte, aber dem Näherschiffenden wachsen graziöse Säulen aus dem Wasser und flattern wieder, wie leichtfertige Bänder, in dem schwanken Spiegel. Es sind ihrer mehrere gezeichnet worden und ein Billionär, der sie etwa auf das großartigste ausführen wollte, kann täglich bei mir die Pläne und Gemälde einsehen, ja, ich wäre erbötig, dem Manne noch mehrere, die bis jetzt nur in meinem Kopfe sind, auf schönes Pristolpapier zu werfen.

Nur noch einen schwachen Neid gegen die Reichen laß mich notiren, dann gehe ich auf anderes über. Sie sind darin glücklich, daß sie ungehindert ihrem schönen Herzen folgen können, wenn sie eines haben, und ihrem Geschmacke und ihrem Kunstsinne – u. s. w. u. s. w. (Es ist ohnehin ein Gemeinplatz, den jeder Mensch schon einmal sagte.) – – – –

Nun, Freund, stehe ich Rede deiner letzten Frage und Klage, daß ich nämlich immer in Phantasieen und Späßen herumjage und in meinem Tagebuche nichts von meinen persönlichen Verhältnissen anmerke. – Liebster, ich h a b e aber gar keine persönlichen Verhältnisse. Meine Seele bin ich, d. h. eben jenes spaßige phantasirende Ding, das nebenher oft wieder gerührter ist, als kluge Leute leiden können. Willst Du aber auch von der Fassung dieses Dinges etwas wissen, so horche nur: Vier Treppen hoch liegt eine Stube (Schreib-, Wohn-, Schlaf- und Kunstgemach) – komisch sieht es genug drinnen aus. Dichter, Historiker, Philosophen, auch Mathematiker und Naturforscher liegen broschirt auf dem ungeheuren Schreibtische – dann Rechentafeln, Griffel, Federn, Messer, ein Kinderballen (mein kleiner Hund braucht ihn zum Spielen), ein Fidibusbecher, Manuscripte, Tintenklekse – – – daneben zwei bis drei Staffeleien in voller Rüstung, an den Wänden Bilder, Blumen auf den Fenstern, und noch eigens auf einem Gestelle eine Violine, die ich Abends peinige, und rings Studien, Skizzen, Papiere, Folianten (Fuggers Ehrenspiegel des Erzhauses Oesterreich mit Stichen), dann noch anderes, woraus dem Eintretenden sofort klar wird, daß hier gelehrt gelebt werde und ein Junggesellenstand sei, in welchem eine große Anzahl Gulden Jahr aus Jahr ein nicht da ist, wo aber Künste und Wissenschaften blühen, und von Gefühlen ein wahrer Luxus herrscht. – Hier nun lebt Dein Freund und Selbstbiograph, und verlegt sich auf das Schöne. Er lieset eine Menge Bücher, läuft spazieren – ja der Unglückliche geht oft drei Tage spazieren und gelangt zum Schneeberge, was dann zur Folge hat, daß er wieder drei Tage zurückspazieren muß, aber er thut es gerne, und begeht da gerade die besten Pfingstfeste seines Herzens. Dann malt er fleißig an Vormittagen und verkauft von Zeit zu Zeit ein Bild – dann wohnt er wieder einen Tag in einer Gallerie oder Bibliothek – macht Abends Besuche, oder geht gar in eine Schenke, wo ein Kränzchen Bekannte wacker plaudern und alle Wissenschaften handhaben – oder er nimmt sein Geräthe zur Hand und sitzt wochenlang auf den Bergen um Wien herum, und will dort die Natur abconterfeien. Wenn sie einen oder den andern poetischen Heros im Hofburgtheater aufführen, so sitzt der frohe Kautz schon viel zu früh im zweiten Parterre – manches Concert kann er gar nicht erwarten, in die Oper und in das Ballet geht er gar nicht, der Einseitige – und in diesem Augenblicke wird er häufig in der Gemäldeausstellung und im Paradiesgarten gesehen. In manchen Familien haben sie ihn lieb, und er geht oft hin, in andern können sie ihn nicht ganz gut leiden, und er geht auch hin, sie könnten es schon, aber Sentimentalität macht ihn zuweilen unleidlich und derselbe hat auch verschrobene Begriffe.

Nun, ich denke, hier hast Du persönliche Verhältnisse genug – aber da ich einmal im Zuge bin, so fahre ich fort. Bekannte habe ich eine Menge, worunter fast zwei Freunde sind, Lothar und der drollige alte Engländer Aston. Er scheint +mit mir einen Plan zu haben (er hat überhaupt für sein Leben gern Pläne), aber ich weiß nicht, was für einen, daß aber ein solcher in ihm in voller Blüthe steht, leuchtet wie ein Signalfeuer aus seinem ganzen Wesen. Kein Mensch auf Erden leitet, ordnet, präsidirt, dirigirt so gerne als er. „Ich bitt' euch flehentlich", sagt er, „lasset nur mich gewähren und verderbet +nichts" – dafür, wenn man ihm die Sache überläßt, darf man aber auch rechnen, daß sie bis ins Detail meisterhaft ist – nur darf es nichts wichtiges sein, das verpfuscht er. Er überrascht auch gerne und hat seine Heimlichkeiten, nur weiß man sie immer, meist aus den Schildwachen, die er mit Angst um das Geheimniß stellt. Sein Herz ist wie Gold, und ich kenne mehrere Züge des anspruchlosesten Edelmuthes von ihm. Im übrigen reitet er unterschiedliche Steckenpferde und thut seiner Kappe jährlich ein paar Schellen und sauberes Pelzwerk zu, was ihm wohl Du und ich am wenigsten verargen werden, denen gewiß derlei Glocken und Streitrosse gehörig zuwachsen werden. Und am Ende ist mir ein phantasiereicher Greis mit seinen paar obligaten Narrheiten lieber, als jene erloschenen Menschen, die sich vorgestorben sind und ihren Körper wie das leere Fach der Seele hinfristen. Gegen mich ist er väterlich warm und will mein Glück machen, da er mich wirklich mehr liebt, als ich es verdiene; denn er traut mir des Guten nicht weniger als alles zu, was mich manchmal sehr beschämt, daher, wenn ihn andere

Leute seiner Eigenheiten willen unleidlich finden oder lächerlich machen, liebe ich ihn dafür von ganzem Herzen – und kann Stunden lang mit ihm spazieren gehen und ihn gewähren lassen, wie er theils erzählt, theils Pläne darthut, theils verworrene Stücke seiner Vergangenheit herbeischiebt, und im naiven Fortplaudern (weil er sich vor mir gehen läßt) arglos eine wahre Rumpelkammer eines Herzens aufthut, worinnen Plunder und Kleinodien liegen, die nur niemand geordnet hat, weil die einzige Hand, die es konnte, und der er es mit geduldigster Liebe überlassen hätte, längst schon im Grabe liegt, die seiner Frau, deren leise schöne Schritte in der Plunderkammer oft deutlich sichtbar werden, wenn der Zufall das eine oder andere unnütze Tuch von ihnen abhebt. Diese meine Schonung seiner Eigenthümlichkeit mag ihm oft halbklar vorschweben, und eigentlich das Band zwischen uns sein; denn das Anerkennen seiner Trefflichkeit theile ich mit vielen seines Umgangs – jene Schonung mit wenigen. So gut ist er gegen mich, daß, wenn ich so schlecht wäre, seines Vermögens halber, einer seiner zwei Mädchen Liebe vorzuheucheln und sie zu gewinnen, er freudig sein Ja dazu sagen würde. Ohnehin weiß Wien nicht anders, als daß ich in die bedeutend schöne und noch dazu geistreiche Lucie (die ältere seiner Töchter) verliebt sei, und deßhalb sein Haus besuche. Man macht mir Komplimente über meinen Geschmack und lobt hinter meinem Rücken meinen Combinationsgeist und mein diplomatisches Talent, mit dem ich den Vater gewinne.

Sonderbar ist mir noch eines, was ich hier notiren muß, daß ich mich nämlich schon seit einiger Zeit mit einem Netze von Heimlichkeiten umgeben fühle, dessen Fäden ich oft sichtbarlich vor mir zu haben wähne, und wenn ich darnach greife, so ist nichts da. Gestalten von Bedeutung sind zuweilen in meinem Bereich, wiederholen sich und verlieren sich. Wünsche, die ich nie ausgesprochen habe, finde ich oft in meinem Zimmer realisirt, Nachfragen werden gehalten, Bestellungen gemacht, von denen ich nicht weiß, für wen – und so andere Dinge, die ich fühle, aber für den Augenblick nicht darstellen kann.

Das Allerverkehrteste ist aber das, daß meine unbekannte Morgenländerin, die stolze Zenobia, allerdings eine Morgenländerin ist, aber eine etwas nördliche, nämlich die russische Fürstin Fodor. Sie reiset blos durch und zwar aus Frankreich kommend, wo sie mit ihrem Gemahle das Grab ihrer Eltern besuchte, die dort vor vielen Jahren auf eine gewaltsame und geheimnißvolle Weise umgekommen sein sollen. Sie wird in einigen Tagen nach Petersburg abreisen, um die dortigen Zirkel zu verherrlichen, wo sie mit ihrem Gemahl das schönste Paar sein soll. Woher ich dieß alles weiß? – – Ja, noch mehr – während ich hier schreibe, liegt ihr äußerst gelungenes Miniaturportrait neben dem Papier auf dem Schreibtische. Niemand anders nämlich wurde mit dem Auftrage beglückt, sie lebensgroß zu malen, als Freund Lothar. Er malte sie in ihrer Wohnung und färbte sich heimlich das Miniaturbild zusammen, als einen ästhetischen Diebstahl, und lief sogleich zu mir, um damit meine Paradiesgartenschönheit, von der ich ihm erzählte, in den Grund zu bohren. Ja sogar das lebensgroße Bild verschaffte er mir zu sehen, zu welchem Zwecke er ein Mädchen der Fürstin mit +Geld und vielen Liebesworten bestach, als er meinen unsäglichen Enthusiasmus über das kleine Bild sah und sich über den witzigen Zufall des Paradiesgartens erlustigte. Die unschuldige Pinselarbeit, von der er noch dazu sagte, daß sie nicht von weitem an das Original reiche, wiederholte fast die Wirkung des Urbildes vor jenem Convexspiegel. Er ergötzte sich herzlich an meinem elektrischen Funkeln, theilte es aber nicht im mindesten, obwohl er zugab, daß diese Arbeit die schönste Belohnung seines Pinsels sei, die er je zu hoffen habe, und er wolle nun recht geduldig viele der häßlichsten Gesichter conterfeien. Er schenkte mir das Miniaturbild und ich bewahre es als Denkmal der sonderbarsten Wirkungen unserer Phantasie auf; denn die Fürstin soll hart und kalt sein, und von dem echtesten Ahnenstolz besessen – und ich trug alle Weichheit und Güte der schönsten Seele in die Züge dieses Bildes. – Wenn sie längst in ihrem Norden ist, dann nehme ich erst das Bild recht her, und dichte ihm alles an, was mir nur immer beliebt – ich wüßte nicht, wer mirs wehren könnte? Gute Nacht, Titus.

---

7. Himmelblauer Enzian.

3. Juni 1834.

Seit dem zwölften Mai gab es gar nichts, aber das Ende dieses Monats war originell genug. Das Wetter hatte sich lange genug zusammengezogen, und Anzeichen und Prophezeihungen und Ahnungen und alles ging vorher, nun ist es da – ich bin verliebt, und bei Gott, ich nehme mir vor, es ganz unmäßig zu sein, und den Becher tüchtig rasch hineinzutrinken, in den sie uns das himmlische süße Gift thun. Auch that ich schon etwas höchst Dummes – ich schrieb nämlich heute früh meinen ganzen warmen Liebestraum auf ein ungeschlachtes Pergament – d. h. Anselm Ruffo war da – und ich erzählte ihm vieles und alles, was er nicht begriff, während doch der schönste Goldschnittbogen dafür da war, Lothar, – aber der Goldschnittbogen war nirgends zu finden und die gelehrte Haut lag eben zu Handen.

Nun aber soll alles schön nach Spanien wandeln.

Am letzten Mai war ich bei Aston geladen und ging hin. Die Pastoralsymphonie wurde von lauter feurigen Verehrern des todten Meisters vortrefflich ausgeführt. Ich floh in sein Schreibkabinet, in das keine andere Beleuchtung floß, als eine sanfte Dämmerung aus einem dritten Zimmer, in welchem vier dicht bei einander stehende Lampen aus matt geschliffenem Glase die Milch ihres Lichtes ergossen. An dieses dritte Zimmer erst stieß der Salon, wo die Musik und die Gesellschaft war. Auf dem weichen weißen Sammte dieses Lichts nun wallte die Symphonie zu mir herein und brachte alle Idillen und Kindheitsträume mit, und zog die goldnen Fäden um das Herz, je länger und voller diese Töne an dasselbe heranschwollen. Wie ist diese Musik rein und sittlich gegen den leichtfertigen Jubel unserer meisten Opern! auf unbefleckten weißen Taubenschwingen zieht sie siegreich in die Seele.

Ich wäre ohne weiteres mit ihrem Ende fortgegangen, wenn dieß auf eine andere Weise möglich gewesen wäre, als mitten durch alle Anwesende, deren +Grüßen, Fragen, Anreden, Gutenachtwünschen u.s.w. mir unangenehm war. Der letzte Ton war verhallt, und sogleich ging draußen ein Brausen an und ein Sesselrücken, und ein leidiges Tanzen begann. Im Lampenzimmer wurden gar Spieltische gestellt, und bis zu mir herein drangen die Streifcorps. Sofort hob für mich die Langeweile an. Emma, die jüngere Tochter Astons, wollte, ich solle tanzen. Ich erwiederte, daß ich nicht starker Geist genug sei zu solchen Uebergängen, wie unser heroisches Jungfrauengeschlecht, das dicht am Bethoven das Tanzen nicht verachte. „Doch, und sogar zwei," sagte Emma komisch lachend, „Lucie und ihre alt-römische Freundin, die Sie heute werden kennen lernen, der weibliche Cato von Utika – oder von wo – sie sind sogar in den Garten hinabgegangen. Uebrigens," fügte sie bei, „mir hat die Symphonie sehr gefallen, aber jetzt gefallen mir sämmtliche Tänzer auch, und ich kann mit meiner Empfindung nicht so breit thun, wie mit einem steifseidenen Gewande, und so ade, Herr Aristoteles." Sie knixte ernsthaft und schwebte künstlich zwischen all den Klippen der Spieltische, wie ein graziöses Fahrzeug, hinaus in die wogende See des Tanzsaales.

Nach dem Garten hätte ich wohl auch ein Gelüsten getragen, aber ich mußte es nun aufgeben, um die zwei Freundinnen nicht zu stören, die ihn wahrscheinlich für ganz unbesucht hielten. Ich trat daher, wie gewöhnlich, Reisen durch alle Zimmer und durch die Gruppen darinnen an, und als ich im Bedientenzimmer die Pulte und Reste der Symphonie, wie ein kahles Feuerwerksgerüste, antraf, hatte ich eine Art Schmerzempfindung, wie bei dem Anblicke eines abgebrannten Hauses. Auf dem Rückwege gerieth ich zwischen die Wimpel und Fidibusse mehrerer Putzhauben, die zusammenstaken und verleumdeten.

„Beide," hörte ich sie sagen, „sind im Garten und sie macht die Lucie noch zu derselben unnatürlichen Figur wie sie selbsten ist - Gott genade dem Mann, der eine solche verschrobene . . . . " Mehr hörte und wollte ich nicht hören.

Arme Angela, dieß ist nun seit einer kleinen halben Stunde schon die zweite harte Aeußerung über Dich - noch dazu an Deinem Namenstage - so dachte ich, und nahm mir vor, sobald sie herauf käme, sie mir zeigen zu lassen und sie gerade recht mit Auszeichnung zu behandeln, namentlich auch, um die Putzhauben zu ärgern.

Ich trat wieder unter die Tanzenden - alles, - die herumfliegenden Gestalten, die glühenden Wangen und strahlenden Augen der Mädchen, das Vergnügen der zusehenden Mütter, selbst die spielenden Herren - alles nimmt in meiner Erinnerung eine rührende Gestalt an. Ich werde den Grund angeben. Als ich nämlich sattsam wie ein Komet unter diesen Wandelsternen herumgeschweift war, ließ ich mich endlich häuslich nieder vor einer Rheinweinflasche, die mir Aston immer aus Vorliebe giebt, und rief einen Bekannten herzu, der ebenfalls ein Fremdling in der Tanz- und Spielwelt war. Wir geriethen ins Plaudern, während der Tanz draußen schleifte und schwirrte und rauschte. Unser Tisch war gleichsam ein Landsitz außerhalb dieses Stadtgewühles; denn er stand im Schreibkabinette, das aber jetzt beleuchtet war. Im Zimmer daneben und im dritten (im Lampenzimmer) saßen hartnäckige Whiste. Wir hatten bereits die zweite Flasche angebrochen, und handelten den Virgil ab, die musikalischste Muse der Römer, als sich Folgendes ergab. Mein Nachbar pries seine Zartheit in der sinnlichen Malerei, in der er fast an die Griechen reiche, und citirte die Stelle als Beleg:

Tempus erat, quo prima quies mortalibus ægris
Incipit et .... et ....

Aber weder er noch ich wußten den schönen Vers zu Ende – da sagte unglaublich sanft eine weibliche Stimme hinter mir:

et dono divum gratissima serpit.

Ich sah neugierig um und – lege den größten Maßstab an mein Erschrecken – – dicht hinter meiner Stuhllehne an der Seite Luciens von unsrer Lampe scharf beleuchtet schwebt das Gesicht aus dem Paradiesgarten – dasselbe edle sanfte unbeschreiblich schöne Angesicht in der ersten Blüthe der Jugend, dieselben Augen, zwei Sonnenräder, nur darüber dämmernd die langen feinen Wimpern, wie Mondesstrahlen. Ich war aufgesprungen und starrte sie verzaubert an, während sie mit tiefem Purpur übergossen wurde.

„So schlagen Sie mich überall aus dem Felde, schöne Feindin," sagte mein Nachbar, der auch aufgestanden war und sich artig lächelnd verbeugte, „auch im Virgil sind Sie mir überlegen."

„Hier führe ich Ihnen," sprach Lucie, „meine liebste Freundin auf, die längst versprochene Angela" – und dann zu ihr gewendet – „dieß ist der bescheidene Maler der Umgebungen Wiens."

Wir verbeugten uns gegenseitig.

Mein Nachbar sprach sogleich darein und nahm sich überhaupt wie ein Bekannter Angela's.

In diesem Augenblicke trat auch Aston herbei und in seinem Angesichte war zu sehen ein Weltmeer von Freude über die gänzlich gelungene Ueberraschung, von der er alles und jedes auf seine

Rechnung setzte, was an Rathlosigkeit in meinem Gesichte mußte sichtbar gewesen sein. Freilich konnte er den Grund meiner lächerlichen Verlegenheit nicht ahnen, die mich immer von neuem erfaßte, wenn ich die in mir herumringenden Gestalten in eine erträgliche Ordnung bringen wollte. Diese also ist die verschrobene Angela, sie ist aber auch die Fürstin – und wer stand denn nun vor dem Convexspiegel – wer ist denn das lebensgroße Bild, wer das Miniaturbild? und Lothar sitzt höllischer Weise auf dem Hochschwab und malt dort Naturstudien und kann keinen Teufel aufklären – wenn er nicht gar selber im Complotte steckt und sich zu guter Zeit auf und davon gemacht hat. Im ganzen goldnen Lamm wohnt ja die Fürstin, wenn sie nicht schon davon gefahren ist, das weiß ja ganz Wien, und daß sie von dem jungen Maler außerordentlich getroffen wurde, erzählt auch ganz Wien – und daß ich das lebensgroße Bild selber im goldnen Lamme sah, schon im Rahmen, schon an den Boden der Transportkiste geschraubt, weiß ich mit Gottes Hülfe auch, – und hier steht sie im einfachsten Kleide und lächelt mich an! – In meinem Zimmer (wenn es sich nicht unterdeß in eine Kohle verwandelt hat) liegt das Miniaturbild, auf dem sie auch steht! – Dann die seltsame Lage hilft ihr auch noch, mich zum Narren zu machen, daß nämlich zweimal dasselbe ungewöhnlich schöne Gesicht allemal dicht vor meinen Augen in der Luft hing, und zauberte; statt daß es ordentlich in der deutlichen Sehweite gesessen wäre zu verständiger Betrachtung und Anschauung. Und alle machten sie so unschuldige Gesichter, als wäre auf dem ganzen Erdboden kein trübes Wässerlein – oder gelang dem Aston dieses Mal eine meisterhafte Mistification? Wenn nur die Fürstin noch da ist, so warte ich morgen tausend Stunden vor dem goldenen Lamme, daß ich sie ausfahren sehe, und Lucie (denn das Teufelchen Emma sagt nichts) muß heute noch, wenn ich sie nur ½ Secunde allein bekomme, Rede und Antwort stehen. Eine solche Aehnlichkeit zwischen zwei wildfremden Menschen ist gar ganz unmöglich, das muß ich verstehen, der schon über hundert Gesichter malte. –

So dachte ich ungefähr in dem Augenblicke, als ich vor ihr stand, was ich aber geredet habe, weiß ich nicht mehr, ersprießlich muß es nicht gewesen sein, denn sie wurde sichtlich verwirrt, und erröthete wiederholt, und Lucie machte immer größere Augen.

Aston sprang uns allen, wie ein Engel des Himmels, bei, als er die Nachricht brachte, draußen stehe alles aufgedeckt, und man warte schon auf uns zum Speisen.

Auf dem Wege ins Tafelzimmer nahm er mich am Arme, während die zwei schönen Mädchengestalten vor uns gingen, und flüsterte mir ins Ohr: „Hab' ich Ihnen mit dieser das Concept verrückt? – und sie wird Ihnen sogar zu einem Bilde sitzen, wenn es Lucien gelingt, sie vollends zu überreden; denn nur ihr, als Freundin, wolle sie ein Bild von sich als Andenken überlassen. Dann wird sie gleich lebensgroß gemacht, die Draperie wählen Sie selber, und wenn wir sie überreden, daß sie Ihnen zu Ruhm und Glück dadurch verhelfen kann, so erlaubt sie auch, daß das Bild in die Ausstellung darf, und dann ist Ihr Ruf gegründet, Freund, sie ist ein Gegenstand, durch den sich ein Künstler Ehre gewinnen kann. Die ganze Männerschaft ist verloren, wenn sie das Bild anschaut, und verliebt sich bei dieser Gelegenheit auch in den Künstler, und die Weiber werden sofort alle von +Ihnen gemalt sein wollen, weil sie meinen, sie würden dann auch so hübsch aussehen und so prachtvoll zwischen dem Goldrahmen sitzen. Wären Sie nur letzte Zeit nicht so obstinat gewesen, sie hat sogar einige Mal nach Ihnen gefragt, so hätten Sie sie schon längst sehen können; denn mein Plan war es schon vom Winter her, Ihnen mit ihr den Verstand zu zerrütten. Aber es ist nicht aller Tage Abend – ich könnte Ihnen noch allerlei Dinge sagen, aber gegebene Worte muß man halten, den Weibern weniger (da sind es meistens nur zärtliche Pollicitationen), aber einem Manne allemal."

Mittlerweile gelangten wir an den Tisch, und er setzte mich ihr gegenüber. Meine Ruhe war durch den Gang ziemlich hergestellt, und ich saß voll Gelassenheit zwischen zwei schönen angewiesenen Tischnachbarinnen nieder, um mein Gegenüber auch einmal mit Ordnung und Verstand zu betrachten, und über selbes zu richten.

Aber gefährlich blieb es; denn selbst jetzt, in dieser Prosa des Anschauens (das Himmelsbild setzte gar eine Tasse mit Rindsuppe an den Mund) verspürte ich doch gleich beim ersten Blicke wieder etwas von jener Zauberei, wie vor drei Wochen im Paradiesgarten. Ich sprach daher mit meiner Nachbarin rechts über das auserlesene Wetter, dann mit meiner Nachbarin links auch über das auserlesene Wetter (es ist aber auch wirklich auserlesen, wie es hier seit dem Jahre 1811 nicht gewesen ist, so sagen die Weinkenner), dann aß ich, reichte Teller herum, mischte mich in Gespräche und verlegte mich überhaupt auf die Unbefangenheit. Aston sah verschmitzt aus. Man sprach über die Symphonie, und stritt. Ich mischte mich ein. Auf einmal mitten in dem allgemeinen Brausen tönte wieder die unglückselig sanfte lateinische Stimme, aber dießmal deutsch – ohne Verzug lagen meine Augen drüben und begegneten einem großen unschuldig schönen Blick voll Männerernstes. Sie fing eben an, den armen Louis gegen zwei ältliche Frauen zu vertheidigen, die ihm Ueberspanntheit und Verworrenheit vorwarfen. Ein alter Herr mit schneeweißen Haaren (er hatte das Violoncell gespielt), stimmte ihr bei und ereiferte sich jugendlich für seinen Liebling, wofür ihn das schönste Augenpaar des Saales einigemal recht töchterlich lieb ansah. Der ewig alte Hader, in den man allezeit geräth, wenn man von Beethoven spricht, ob er oder Mozart vorzuziehen sei, entstand auch hier, und ward mit Hast verfochten. Alle Damen waren Mozartistinnen und ein großer Theil der Männer – Angela stand für Beethoven, unterstützt von dem greisen Violoncellisten, zwei mir unbekannten jungen Männern und mir. Lucie mischte sich nicht ein, aber Emma sehr und heftig für Mozart. Aber es war wenig zu gewinnen von beiden Seiten; denn gleich nach den ersten Worten bemächtigte sich das mit starken Herren besetzte Südende des Tisches der Frage und eine lärmende Kriegsfurie brach los. Sogleich schwieg Angela, und nur gleichsam entschuldigend und dankend wandte sie sich zu mir und sagte: „Ich bin nicht Kennerin genug, um anders als nach meinem Eindrucke zu urtheilen, aber mich reißt es hin, wo, wie in der Natur, großartige Verschwendung ist. Mozart theilt mit freundlichem Angesichte unschätzbare Edelsteine aus und schenkt jedem etwas: Bethoven aber stürzt gleich +einen Wolkenbruch von Juwelen über das Volk, dann hält es sich die Hände vor den Kopf, damit es nicht blutig geschlagen wird, und geht am Ende fort, ohne den kleinsten Diamanten erhascht zu haben."

Mir war das Urtheil aus der Seele gesprochen, aber ich war eigentlich nicht im Stande, etwas recht zu genießen, weil es in mir noch immer durch einander ging, und mir niemand gut stehen konnte, daß ich nicht jeden Augenblick mit der Frage herausfahre, ob sie denn ganz und gar und ohne weiteres die Fürstin Fodor sei, die mit ihrem Gemahle nach Rußland gehen werde; aber dieß ist ja unmöglich, denn sie ist Luciens Jugendfreundin, und ich werde sie diesen Sommer malen, aber dennoch ist sie mit jeder Linie und Tinte des Gesichtes mein Miniaturbild. Diese Doppelgängerei fing nun an, etwas Unheimliches zu gewinnen. Ich mußte sie mir hier und zugleich beim goldenen Lamm, oder gar bereits in einer polnischen Herberge schlafend denken. Das beklagenswerthe Essen nahm auch kein Ende, und da der Streit noch immer heftig währte, so konnte auch kein vernünftiges Wort aufkommen. Deßhalb blieb mir nichts, als daß ich sie mit Muße betrachtete.

Titus, sie ist wahrlich und wahrhaftig unbegreiflich schön, zumal im Profil: da zeichnet sich die schönste Linie in die Luft, welche das Weltall besitzet, und die man versucht wird sich nur ein Mal daseiend zu denken. Hinter ihr war dunkelsammtne Draperie, und bei jeder Wendung schnitt sich das hellbeleuchtete Gesicht aus rabenschwarzem Grunde. In unserm Album ist diese Linie noch nicht, sie stammt aus der schönsten Zeit des alten Perikles, und wenn sie sich dann plötzlich zu Dir wendet, und die beiden Augen auf Dich richtet, in denen etwas treuherziges und schwärmerisches ist, so wird das Bild wieder ein ganz neues, und aus der Antike springt eine romantische Shakspearsgestalt. Wenn unter dem eine thörichte und verschrobene Seele voll Albernheiten wohnt, wie Aston und jeder von ihr sagt, so ist es die schmerzlichste Ironie – und ich möchte dann den Apoll von Belvedere zertrümmern; denn was hat denn Schönheit dann für eine Bedeutung, als daß sie geradehin nur Grimm des Herzens aufrühren mag? Aber ich glaube es nun in Ewigkeit nicht. Ich wollte nur, Du könntest sie sehen, mein Titus: Eine Last dunkler Haare, daraus hervorleuchtend die weiße reine Stirne voll Sittlichkeit adlig geschnitten von zwei feinen Bogen, und darunter die zwei ungewöhnlich großen lavaschwarzen Augen, brennend und lodernd, aber mit jenem keuschen Madonnenblicke, den ich an feurigen Augen so sehr liebe, sittsam und ruhevoll – Du würdest wähnen, in dieser Klarheit müsse man bis auf den Grund der Seele blicken können – und wenn sie mit dem weichen klugen Munde doch so blöde lächelt, so meint man Pallas Athene als Kind zu sehen.

Wie ich ihr so gegenüber saß, schwoll mir das Herz wehmüthig an, und sehnsuchtsweich, und ich hatte das Gefühl, hinter allem diesem berge sich ein seltner Glanz, dem sich kein Mann nahen dürfe, als nur mit dem schönsten Geistesschmucke, sie aber stehe mit demselben unter der Menge so arm und einsam, wie eine Fremde, deren Sprache man nicht kennt. Jedenfalls muß ihre Erziehung von der gewöhnlichen abgewichen sein; denn in allen ihrem Thun war ein gewisser Zuschnitt, der etwas Exotisches hatte. Dieß gab ihr einen Schein von Unbeholfenheit oder Ziererei – besonders da sie, wie oft pedantische Gelehrte, zuweilen geradezu gegen alle gewöhnliche Tournure verstieß, wie es das seichteste Gänschen nicht gemacht hätte, während oft ein Schimmer hervorbrach, den freilich das Gänschen auch nicht machen konnte, ja ihr sogar verargte. Mir erschien sie dadurch noch reizender, wie jene Tropenblumen, die dem ersten Blicke des Nordländers fremdartig, ja lächerlich sind, dem öfteren Beschauer aber immer poetischer werden, und ihm die fernen Wunder ihres heißen Vaterlandes vordichten.

Champagner kam; denn von Astons Sitze schollen dessen Signalschüsse, und bald, da jene schlanksten aller Gläser rings gefüllt waren, tönte es: „der Namenstag hoch!" Sie stand auf und dankte, ein Knäuel von Gläsern drängte sich an ihres, um anzustoßen; sie stand mild, wie eine Märtirerin, und ließ den Wirrwar über sich ergehen. Manche kamen zwei-, dreimal, um anzustoßen, ich weiß nicht ihretwegen, oder wegen des Champagners. Endlich, wie alles in der Welt, nahm auch dieses Glockenspiel ein Ende, und sie setzte ihr Glas nieder ohne einen Tropfen zu kosten.

Auch andere Toaste brachen los, man stand schon theilweise an dem Tische, – da kamen zwei schöne Arme von rückwärts um sie geschlungen, und zogen sie küssend in eine Umarmung und in einen Glückwunsch – Lucie war es – auch Emma kam, und Rosa und Clara und Lina und wie sie alle heißen, auch die verläumdenden Putzhauben, und zogen sie in Wünsche hinein und von dem Tische hinweg.

Deinem armen Freunde war es nun, als hätte man ein Licht aus dem Saale fortgetragen, obwohl es hinlänglich lustig und laut zu werden begann. Compacte Gruppen thaten sich um die Flasche zusammen, und alle redeten wie die Apostel am Pfingstfeste, in lauter fremden Zungen, daß ein eitel Gebrause und Gesause wurde. Ein junger Mann mit dem architektonisch schönsten Gesichte, was ich je sah, schritt auf mich mit seinem Glase zu, um anzustoßen: „Auf Ihr schönes Gegenüber," sagte er, „wir zwei allein stießen vorher mit ihr nicht an." Die Thatsache war richtig und ich hatte es an ihm auch bemerkt, daß er nicht anstieß, so wie ich, und ich zwar blos aus dem Grunde, weil ich ihr nicht auch zur Last sein wollte.

Ein neues Tanzen jubelte draußen los, vom Champagner angezündet, und trieb seine hochgehenden Wogen herein in den trüben Schwemmteich von Reden, Streiten, Lachen, Scherzen, daß ein tosendes Meer um die Ohren kochte.

Ich stand auf, unendlich erleichtert, daß ich von dem Tische losgeschmiedet sei, und dem sinnverwirrenden Klingen und Schleifen und Schweifen und Reden und Brausen entfliehen könne. Mein Weg führte durch das Tanzzimmer und es kam mir vor, als seien der Paare noch einmal so viel geworden, und als würden sie ohne Ende mehr, wie sie von einer tollen Galoppe herumgeschleudert wurden immer schneller und schneller, weil einer, der auf dem armen Piano wie mit Keulen hämmerte, den Kreisel wie zur Lust immer bachantischer drehte, vom Fieber angesteckt und alles ansteckend. Ich haschte mit den Augen nach Gesichtern, und wie die Mädchen vorüberjagten mit dem wilden Wangenfeuer, unschön, mit den hartrothen Gesichtern, so fürchtete ich, auch ihres in dem Zustande zu sehen – aber es war nicht darunter. Ich war, wie allemal beim Anblicke solches Ueberschäumens bloßer Lustigkeit, traurig geworden und ging gerne weiter.

Im Lampenzimmer endlich, wo noch die Kartenruinen lagen, stand sie, aber eingewickelt in einen Ballen von Freundinnen und Feindinnen, die Glück wünschten, und von Männern, die den Hof machten. – So hat denn heute Aston, wie jener König im Evangelio, die Blinden und Lahmen und die ganze Wienerstadt, und den Erdkreis zu diesem Feste eingeladen, daß die Menschen kein Ende nehmen wollen!! Ich ging noch weiter in das nächste Zimmer, wo endlich blos drei waren, die Langeweile hatten, und setzte mich dort in einem Winkel als vierter nieder.

Ich war unsäglich traurig und konnte mich der tiefsten Melancholie fast nicht erwehren. Ich sah durch die Thüren in alle Zimmer zurück, die ich durchwandelt hatte, und lud der armen Netzhaut meiner Augen die Last aller Bilder derselben auf, den fernen schwarzen Grund der Männer im Tafelzimmer undeutlich, wogend, schwimmend im Lichterrauch – auf diesem Grunde gedreht, gewirbelt, gejagt der weiße Kranz der Galoppe, seinerseits wieder zerschnitten durch die stehenden Gestalten und Gruppen im nächsten Zimmer herwärts – durch die wieder manche ganz im Vordergrund wandelnde Gestalt bald eine schwarze, bald eine weiße Linie zog – und auf diesen Wust von Bildern und Farben, noch dazu wankend und wallend in einem betäubenden Lichterglanze, zeichnete sich ihre Gestalt, die einzig ruhige, wie in die wimmelnde zitternde Luft eine liebliche feste fata morgana.

Leider kam nun Aston zu mir herein, der mich suchte, und fing zu reden an. Er glänzte von Wein und Freude, und unterhielt sich nach seinem Ausdrucke „köstlich." Er sagte, wenn er reden dürfte, so könnte er mir Dinge sagen – Dinge – aber es werde sich alles, alles aufklären, und da irgend ein anderer Mensch, den er nicht nennen dürfe, schon einmal verrückt sei, und das eigene Unglück wolle, so werde alle Welt sehen, daß sein Plan, Daniel Astons Plan, der beste war und vom Alpha bis Omega in Erfüllung gehe. Was Angela betreffe, müsse er bemerken, daß es eben kein Wunder sei, wenn ich mich in sie verliebe, das thaten schon sehr viele, aber ein +großes wäre es, wenn sie sich wiederum in mich verliebte, obwohl er mir viel zutraue, was Weiberherzen gewinnen könne, aber sie sei auch nicht wie andere Weiber, sondern ihr Lehrer habe ihr allerlei Dinge beigebracht, die seltsam und ungewöhnlich seien – für eine gute Hausfrau tauge sie gar nicht, weil ihr alles und jedes Praktische fehle – jedoch sie wäre schon zu dressiren, da sie in allen Narrheiten, wozu sie sich gelegentlich wende, mit der musterhaftesten Ordnung und Erfolg vorgehe, nur seien leider das Dinge, die alle nichtsnutzig und gegen Herkommen und Brauch seien. „Unter uns gesagt, sie kann gar nicht einmal kochen. Aber verlieben Sie sich immerhin.“ Er wollte mich durchaus hinausführen, aber ich lehnte es entschieden ab, und war froh, als er endlich von dannen ging. Mittlerweile entführte der Tanz eine Freundin nach der andern von Angela, und sie stand zuletzt nur noch mit einem Manne im Gespräche (demselben jungen schönen Manne, der mit mir auf ihre Gesundheit angestoßen hatte). Auch Emma schwirrte einmal durch das Lampenzimmer in den Tanz, der unaufhörlich toller und toller hereintönte.

Da trat der Violoncellist zu mir und fing an, über Beethoven zu sprechen und über den guten Takt des schönen fremden Fräuleins in Beurtheilung des größten aller Tondichter.

Das schöne fremde Fräulein hatte sich indeß auf einen Divan niedergesetzt und der schöne fremde Herr stand vor ihr.

Mein Nachbar zerlegte mitten im Klingen und Singen der Tanzmusik kunstgerecht die Pastoralsymphonie, und zog mich doch zuletzt ins Interesse, weil er aus dem Tonstücke Erinnerungen zurück rief, die sich eben jetzt an mein gewitterschwüles Herz wie Engelsflügel legten, weil sie wie reine Lichtstrahlen abstanden von der rothen Pechfackel der Tanzmusik, die eben draußen in jubilirender Sinneslust geschwungen wurde. Ich sprach, endlich hingerissen, einige Sturmworte über die Symphonie, und als die Empfindung in der Stimme erkennbar war, drückte mir mein begeisterter Nachbar, wie ein Kind gerührt, beide Hände, und mir kam das Haarsilber auf seinem schönen Greisenhaupte doppelt ehrwürdig vor.

Auch er schied endlich, und als ich aufblickte, war auch sie und ihr Gesellschafter fort, vielleicht gar zum Tanze, auch meine Genossen, die drei langweilenden Gesellen waren fort, und das Zimmer stand ganz leer, nur aus dem Spiegel gegenüber starrte mein eigenes Gesicht.

Ich trat nun auch wieder in das Tanzzimmer, ob ihr denn nicht auch das Tanzen anders lasse, als den andern. Man führte jetzt eben Cotillonfiguren aus, was ich viel lieber sehe als das leere Galoppjagen – aber sie war nicht bei den Figuren. Bei einer alten Frau saß sie und redete äußerst freundlich mit ihr.

Ich weiß es nicht, was mich denn so zauberisch bindet. In ihren Augen – in der Art, sie zu heben oder zu senken, oder hinträumen zu lassen in dichterischer Ruhe – in dem Munde, wenn auf ihm das Licht des Lächelns aufgeht – selbst in der Hand, die eben jetzt wie ein weißes Apfelblüthenblatt auf ihrem schwarzseidnen Kleide lag – – in allem, in allem ist ein Stück meines eignen Herzens, was mir hier unsäglich reizender zu sinnlicher Anschauung gebracht wird.

Ich ging wieder in das leere Zimmer zurück. Fragt mich nicht, warum ich denn eine so große feierliche unabweisbare Empfindung in mir zurück trug – ich weiß es nicht. Unter allen, die da freudig hüpften und freudig zusahen, ist nur ein einzig Herz, das bitter weinen möchte. Sie ist der unschuldige Gegenstand, daß eine Empfindung in mir emporschwoll, ungeheuer, riesig, wohl- und wehmüthig, verwaist und einsam in dem Herzen liegend – mir war, als hätte ich bisher keinen Freund und keine Freundin gehabt!!

Endlich war der Tanz aus und die erhitzten Paare flutheten herein.

Jetzt mußt' ich Lucien sprechen. Sie trat auch zu mir, Angela und die hochathmende Emma am Arme führend.

Wie ganz anders sind die Worte, die man einer geliebten Gestalt in Gedanken sagt, als wenn sie dann vor uns tritt und das dumme Herz erschrocken zurücksinkt und eine Flachheit vorbringt.

Emma sagte, ich sei heute der unerträglichste Mensch, auch Lucie fand mich verstimmt. Ich entschuldigte mich, daß ich nicht tanze, und also nichts zum allgemeinen Vergnügen beitragen kann. Angela sagte, daß sie mich schon lange aus meinen Bildern und aus den Beschreibungen kenne, die ihre zwei Freundinnen von mir machten, und es sei gar nicht schön von mir, daß ich ihr fast absichtlich auswich – ich erröthete heftig und konnte es zu keiner Entschuldigung bringen. Indessen kamen wir zu einem Sitze, alle drei setzten sich und ich blieb vor ihnen stehen.

„Jetzt müssen Sie aber sehr oft kommen," sagte Lucie, „und unsere liebe Freundin kennen lernen, sie ist es wohl ein wenig werth." Hiebei sah sie der lieben Freundin zärtlich ins Gesicht und nahm ihre weiße Hand.

„Und er ist es auch erschrecklich werth," entgegnete Emma, „denn er ist der liebenswürdigste Pedant, der je einem Mädchen Langeweile machte." Unverzüglich nahm sie auch meine Hand, ihre Schwester parodirend, und legte alle vier Hände auf einander, so daß meine auf Angela's ihre kam, und denke Dir, Titus, – dieß war mir peinlich – ich zog sie fast unartig zurück. Angela zog ihre auch weg und legte sie wie dankend auf die Schulter Luciens, und hob dabei, wie eine griechische Priesterin, das schöne Haupt.

Plötzlich, als sie meiner Phantasie das Bild einer antiken Priesterin bot, fiel mir ihr Latein ein, und ich griff hastig nach diesem Gesprächsanker, mit der Bemerkung, daß es wohl ein seltener Fall sein möge, daß ein Mädchen den Virgil in der Ursprache lese.

„In gar keiner sollte man den langweiligen Menschen lesen," meinte die ewig dareinsprechende Emma –

„Als nur in der Ursprache," entgegnete Angela, „weil selbst in der besten Uebersetzung drei Viertheile verloren gehen und das vierte seelenlos bleibt." Dann zu mir gewendet, fuhr sie wie entschuldigend fort: „Ich kann aber auch sehr wenig; mein gütiger Lehrer erzählte mir eine so schöne Geschichte von den Thaten der alten Heiden, daß ich ihn bat, mich auch ihre Sprache zu lehren, von der er oft sagte, daß sie die Seele jener Völker sei. Er that es, und ich lernte auf diese Weise ein Weniges."

„Also können Sie auch griechisch?" platzte ich heraus, sie mit offnen Augen anstarrend.

Jungfräulich erröthend und fast erschrocken durch meine Hast, sagte sie verwundert: „Ja“ und sah mich immer noch verlegen an. Erst als ich ihr meine äußerste Verwunderung zeigte, sagte sie, es sei ja viel leichter als englisch, was doch die meisten Damen in Wien lernen – hiebei sah sie zweifelhaft herum, als wisse sie nicht, was da eine Spannung verursache. Mir war es, als würde ich von einem unangenehmen Gefühle überkommen.

Emma, die einen Instinkt hat, zu rechter Zeit drollig zu sein, sagte: „Sie lernt noch die Taktik, wenn Sie ihr einen Meister auftreiben.“

„Warum nicht,“ entgegnete Angela, „wenn man nicht so traurig werden müßte, daß es unter vernünftigen Geschöpfen noch eine solche Wissenschaft geben kann.“ – –

„Habe ich etwas Unschickliches gesagt?“ fragte sie plötzlich Lucien, da sie die noch immer dauernde Spannung zu merken schien.

Die sanfte Lucie nahm nun das Wort, indem sie den früher um Angela's Nacken geschlungenen Arm herabzog und die schöne Gruppe auflösete, sagend: „Sie müssen nämlich erfahren, daß unsere Freundin nicht in Wien erzogen worden ist, und auch nicht von einem Manne, der mit unsern Sitten sehr einverstanden wäre. Wenn Sie uns nicht schon geraume Zeit her so sündlich vernachlässiget hätten, so hätten Sie ihn kennen gelernt, da er die letzte Zeit fast täglich in unser Haus kam, aber eine seiner ewigen Reisen führte ihn mit seiner Schwester nach Frankreich, von wo er kaum vor September zurück sein wird. Der Vater hat ihm von Ihnen so viel Gutes gesagt, daß er für sich und seine Schwester und Schülerin und für die Tante +Ihre Bekanntschaft verlangte. Die Schülerin kennen Sie nun, der Tante werden wir Sie gleich aufführen, und auf ihn und die Schwester müssen Sie bis zum Herbst warten. Ich bin der vollsten Ueberzeugung, daß ihr euch alle gegenseitig sehr gefallen werdet.“

„O, ich auch der vollsten,“ sprach Emma drein, „da wird ein

Leben losgehen, Narren die Hülle und Fülle: Sie, er, Angela, ich, die zärtliche Schwester beginnt auch schon, der Vater obendrein, auch seine Schwester, Fräulein Natalie – die Pläne sollen sich kreuzen und mehren und verwirren, wir müssen noch mehr solches humoristisches (oder wie das Wort heißt) Zeugs herbeischaffen – Sie haben ja da einen neuen Freund angeworben, Disson, glaub' ich, heißt er, den Sie so sehr lobten – ich hoffe zu Gott, er wird doch auch einen oder den andern Sinn verkehrt haben – diesen bringen Sie auch – und in den Pirenäen reist auch einer, den Sie neulich lobposaunet haben, der muß auch herbei, und wenn der Vater so fortsammelt, dann erleben wir die lichte Freude: Auf Erhabenheit verlegt, Ueberschwenglichkeit getrieben – und zuletzt Lieb' und Heirathen aller Orten und Wegen: Sie mich, Angela ihren Lehrer, – – nein, der ist für sie zu ruhig, ich den Lehrer, Sie die Angela, Lucie den Lothar, Natalie den spanischen Reisenden – – nun, ich denke jetzt sind alle unter Dach gebracht."

Lucie, die seit dem Tode der Mutter eine Art sanfter Vormundschaft über den jungen Wildfang übte, verwies ihr lächelnd ihre unartige Uebermüthigkeit. In den lebhaften sechzehnjährigen Augen glänzte so eben ein neuer Uebermuth, aber in dem Augenblicke stob eine ganze Spreu von weißen Mädchen herbei, gefolgt von jungen Männern, die alle über den Schlußcotillon debattirten. Emma war sogleich mitten drinnen, hielt kurze Parlamentsreden und votirte unmittelbar darauf. In diesem Momente ergriff ich die Gelegenheit, endlich einmal mit meiner Paradiesgartenbegegnung hervorzukommen (vor Emma wollte ich nicht). Ich erzählte etwas falscher Weise, daß es wahrscheinlich eine russische Fürstin gewesen sei, die ich unlängst im Paradiesgarten vor dem schwarzen Convexspiegel sah, und die mit dem gegenwärtigen Fräulein die vollständigste Aehnlichkeit habe, die ich je auf Erden gefunden, darum habe es mich so sehr verwirrt, als ich heute dieselbe Gestalt und dasselbe Angesicht hinter meiner

Stuhllehne sah und sogleich als Freundin Luciens und Emma's aufgeführt bekam. „Und," schloß ich, „doppelt überraschend war es mir, weil ich das lebensgroße Bild der Fürstin auch in einem schwarzseidenen Kleide sah, wie Sie heute eines anhaben, und weil ich zu dieser Stunde ein Miniaturbild von ihr zu Hause habe, das Freund Disson von dem großen copirte – deßhalb war es mir, als sei das Bild aus dem Rahmen getreten, und sehe mich hier an. Ich erschrak noch mehr, als ich an Ihnen auch das kleine goldene Kreuzchen sah, wie sie mit einem auf der Brust abgebildet ist."

Beide Mädchen sahen sich seltsam an, als ich dieß sprach, und Angela verbarg verlegen das äußerst kleine Kreuzchen in ihrem Busen – dann aber die ernsten schönen Augen auf mich richtend, sprach sie, daß ich sie nur immerhin als ein einfaches Mädchen ansehen und behandeln möge, das nie einen Adelsbrief gehabt habe, noch je einen haben werde – –

„Außer den lilienweißen des allerschönsten und liebsten Herzens, das auf dieser Erde schlägt," rief Lucie mit sonderbarer Rührung, die mir für diese Veranlassung zu heftig vorkam, und küßte sie auf die Augen, von denen es mir auch schien, als seien sie naß geworden.

Ich hatte eine schmerzende Stelle berührt, das war klar, aber ich vermochte nicht einzulenken, und wir schwiegen einige Augenblicke. Endlich bat mich Lucie, wenn ich wieder komme, ja das Miniaturbild mitzubringen, um zu vergleichen.

Ich versprach es, und in dem Augenblicke wurde Lucie zu dem beginnenden Cotillon entführt. War ich früher verwirrt gewesen, so war ich nun, Angela allein gegenüber, vollkommen beklommen, und in der Angst trug ich ihr an, uns auch dem Cotillon anzuschließen, nicht achtend der Gefahr, daß ich durchweg lächerlich sein werde, wenn ich, ein heftiger Prediger gegen den Tanz, nun auf einmal am Ende des Festes mit ihr hereingefahren komme. Sie aber antwortete recht sanft, sie verstehe diese Tänze gar nicht zu tanzen, aber unter die Zuschauenden solle ich sie führen.

Auf dem kurzen Wege zum Tanzzimmer sagte sie äußerst leise zu mir: „Nannten Sie nicht im Paradiesgarten die Beleuchtung im Spiegel eine Unterweltbeleuchtung?“

Ich erschrak freudig! Also war es doch sie gewesen, die ich damals sah. Ich dankte ihr im Herzen auf das freudigste für den zarten Aufschluß, und hatte eben noch Zeit, ihre Frage zu bejahen, als wir schon im Gewühle waren, und sie sich zu derselben alten Frau setzte, bei der ich sie heute schon früher einmal sah.

Also war es doch sie gewesen. Das freute mich unendliche Male mehr, als ich es nur sagen kann. Welch' schöne Größe und Milde sah ich schon damals in ihrem Gesichte, und hatte also doch recht, obwohl ich meinte, ich hätte die als hart verrufene Fodor gesehen. Es freute mich doppelt, daß sie es mir sagte, und dreifach und vierfach, daß sie sich des Auftrittes noch erinnerte. Ich trat in die Vertiefung eines Fensters, um auch zuzusehen, und war um Vieles heiterer. Noch ehe der Cotillon aus war, brachte ein Diener ihr und der alten Frau (gewiß ihre Tante, der ich nun nicht aufgeführt war) Tücher und Mäntel, und nach einigen Minuten hörte ich in meinem Fenster das Rollen des Wagens, der sie fortführte. – – – –

Gütiger, heiliger Gott! welch' sanftes, schönes Fühlen legtest du in des Menschen Seele, und wie groß wird sie selbst vor dir, wenn sie Freude fühlt, in ein Herz zu schauen, es schön zu finden und zu lieben! – Die Hohe! – Das heißen sie Unnatur, was wie ein Licht der Engel um ihr Haupt fließet und es verkläret, – aber freilich ist es ihnen Unnatur, weil an ihren Köpfen nichts von einem Scheine ersichtlich wird, es seien denn einige armselige Modeflitter, die sie mit vielem Ernste hinaufstecken. – –

Ich ging auch bald nach Hause und schrieb noch lange. Um fünf Uhr Morgens legte ich mich erst nieder und sank in ein verworren wonniges Träumen.

Wenn ich mir die schöne Stimmung, in die mich das Schreiben des Obigen versetzte, nicht geradewegs verderben wollte, so schriebe ich Dir auch noch her, was ich heute für eine Unterredung mit Anselm Ruffo gehabt habe in Folge dessen, daß ich ihm von der Nacht erzählt habe, die ich Dir so eben beschrieb. Aber ich verspare es auf ein andermal, wo ich an meiner Laune ohnedem nichts zu verderben haben werde.

8. Erdrauch.

4. Juni 1834.

Ich weiß nicht, was eigentlich ein Nabob ist, und soll nächster Tage mit einem bekannt werden. Sonderbarer Weise, wie man oft vorgefaßte Meinungen über das Aussehen und den Charakter von Menschen hat, die man nie sah, so geht es einem auch oft mit Worten und Begriffen. Dieses „Nabob" ist nun so einer für mich gewesen von meiner Kindheit an. Ich stellte mir darunter immer einen Mann vor zwischen funfzig und sechzig Jahren, gut conservirt, braunen Angesichtes, ein farbiges Tuch um den Hals, einen Hut mit breiten Krempen, einen lichten, meistens gelben Rock an – einen Mann, der in irgend einem Indien Pflanzer war, alle seine Neger hintangegeben hat, und nun in Europa viel +Geld hat, das er genießet. Er ist auch meistens grob.

Ist diese Beschreibung falsch, so bitte ich sämmtliche Naböbe um Verzeihung, die sich dadurch gekränkt fühlen könnten; denn, wie gesagt, ich kenne keine Schuldefinition eines solchen Nabob – ja sogar der Name war mir von jeher fast lächerlich.

Aston, der alle Welt kennt, will uns zusammen bringen, da wir uns in Güte und in Launen gleichen sollen, wie ein Wassertropfen dem andern. Dieser Nabob war es auch, der vier Traunseeansichten von mir kaufen ließ und wieder vier Bilder aus Wiens Umgebungen bestellte. Wäre ich, meinte Aston, die Zeit her nicht immer auf so ausschweifend langen Ausflügen abwesend gewesen, so daß ich unter den paar Millionen Malen, die er ihn zu mir geschleppt, nur ein Mal zu Hause gewesen wäre, so könnte bereits alles in Ordnung sein, und mein Glück gemacht, aber so habe der Nabob fort gemußt, und alles schiebe sich auf die lange Bank. Es seien überdem Dinge dahinter, die er mir nicht sagen dürfe. Wäre die Sache ihm überlassen gewesen, so wäre alles besser und schneller gegangen, „aber," rief er aus, „dieser Mensch, so ganz vortrefflich er sonst ist, gehört unter die Menschen, die immer voll von Plänen stecken, was mir so verhaßt ist, weil sie auf keinen Rath hören, und einen nichts machen und fügen lassen, wenn es auch sonnenklar besser wäre. Nun, wir wollen sehen."

Lieber Titus, wenn der Nabob, wie ihn Aston nennt, etwa so ein Mann ist, der um sein gutes Geld auch ein Mäcenas sein will und einen armen Teufel von Künstler in Sold führen, so wird das Wohlvernehmen von kurzer Dauer sein; denn ich meine, daß bei einem solchen Seebär, wie ich mir ihn vorstelle, nicht leicht geistige Toleranz vorhanden sein wird. Daß es übrigens der gute Daniel Aston mit seinen Protektionen, mit seiner Güte und Pfiffigkeit, womit er den Gefühlen in die Schuhe hilft und Freundschaften forcirt, unsäglich gut meine, bin ich vollkommen überzeugt – auch bezüglich Angela's scheint ein zweiter Plan in ihm zu keimen, dessen Natur ich noch nicht recht erkenne, aber von Verlieben scheint er viel in sich zu haben – jedoch bei all den Geschäften, die er sich immer zum Heile der Menschheit auf den Hals ladet, und wofür ihm niemand dankt, hat er keinen Sinn für Zartheit, die +ihm dort, wo er von keinem Plane verblendet ist, doch sehr zu Gebote steht, sondern tappt zu, und benimmt sich, wie ich einst als Knabe, da ich gefangene Schmetterlinge unter Gläser einquartierte und mit dem besten Rindfleisch fütterte. Was seinen zweiten Plan betrifft, bin ich freilich auf dem besten

Wege, in seine Entwürfe zu passen, obwohl ganz ohne seine Schuld. Das merkte ich gestern selber sehr.

Ich trug nämlich das Miniaturbild zu Lucien. Sie mochte es geahnt haben; denn im Vorzimmer wurde mir durch den Diener angedeutet, ich möchte ein wenig warten, er müsse Lady Lucia rufen. Sie kam und bat mich mit ihrer eigenthümlich gewinnenden Leutseligkeit, ich möchte ihr das Bildchen einhändigen, sie würde es zu rechter Zeit vorbringen. Wir traten zu Emma und Angela ein, die im Besuchzimmer waren. Sogleich heftete sie ihre großen Augen auf Lucien und sagte: „Nun, zeige nur."

„Liebe Angela, ein wenig später wird es doch besser sein," meinte Lucie mit einem bittenden Blicke.

„Es wird wohl später sein, wie jetzt," entgegnete Angela, „weil Du es aber so wünschest, so werde ich warten."

Zögernd reichte Lucie das Elfenbein hin, und wie ein Pfeil schoß Angela's Auge darauf und darüber weg auf den Spiegel, dann erblaßte sie – Lucie sah nicht das Bild, sondern die Freundin an, und hütete jeden Zug derselben – Emma flog herbei, und den überraschten Lippen entfuhr der leise Ausruf: „Ach Gott, wie treu," und sogleich sah sie Angela an, und ich auch. Aus der weißen Rose war eine purpurrothe geworden, und so stand sie da, zitternd vor innerer Bewegung, die sie sichtlich zu bemeistern strebte. Was das mit dem Bilde bedeuten mag, Gott kanns wissen!

Ich bemühte mich, so zufällig als möglich in das anstoßende Zimmer zu gehen. Dort sah ich zum Fenster hinaus und dachte – eigentlich dachte ich gar nichts, aber ein seltsames Gefühl, ein schmerzlich süßer Antheil an dem schönen Wesen ging durch mein Inneres. Als ich zurück kam, bat sie mich wieder so ruhig, wie immer, ihr eine Copie dieses Bildes nehmen zu lassen. Mit Hast trug ich ihr das Bild selber an, nur für mich wollte ich schnell eine Copie machen, und ich war glückselig, ihr dieses Angenehme erweisen zu können.

Das Bildchen lag verkehrt auf dem Nebentische.

Die Gespräche wurden nun abwechselnd bald ins Alltägliche verschlagen, bald hoben sie sich wieder zu Besserem. Ich fühlte, daß ich heute bald gehen müsse – und ich ging.

---

9. Schwarzrothe Königskerze.

19. Juni 1834.

Ordentlich keine Zeit bleibt mir für mein Tagebuch, wenigstens nicht für den versendbaren Theil – sechzehn Tage, merke ich an dem Monatsdatum, sind unbeschrieben abgelaufen – es ist kein Vergessen auf Dich, aber keine Zeit zu dem unerträglich langsamen Schreiben bleibt übrig – im Herzen und Kopfe habe ich Dich mehr als je.

Heute in aller Schnelligkeit nur ein paar Worte, aber noch diese Woche schieße ich mir eigens einen ganzen Tag für Dich aus, um Dir einige Tonnen von dem Ocean zu senden, in dem ich jetzt schwimme.

Alles scheint Himmelstage herführen zu wollen.

Erstens brauten wir einen schönen Gedanken, d. h. wir, Lucie, Angela und ich, wollen Musik, Malerei und Lectüre treiben, und setzten hierzu gleich bestimmte Stunden fest; denn es gehört mit zu Angela's Verschrobenheiten, daß sie alles nach der strengsten Zeiteintheilung thut. Emma, die wieder alles zeitlos thut, d. h. wie es eben der Augenblick bringt, wollte mit der Pedanterei verschont bleiben, und beschloß, dabei zu sein oder nicht, wie es eben ihr Genius füge. Aston, damit er nicht ewig stört, muß nach Mittag reiten, d. h. der Arzt hat es ihm ohnedem verordnet, aber von uns wird er vollends hineingeredet, was auch sehr gelingt, da er bereits ohne unser Zuthun auf den Einfall gerieth, sich für einen Pferdekenner zu halten.

Zweitens ist mir das Amt, in das mich wohlmeinende Freunde bringen wollten, um jene Erscheinung an mir darzustellen, die man sichere Existenz nennt, glückseliger Weise abgeschlagen worden, und als ich mit dem lieben Bescheide in der Tasche nach Hause kam, so war es als hüpften mir meine Farben entgegen und sähen mich noch einmal so freundlich an: das Ultramarin aus seinem Gläschen mit seinem Feuerblau wie ein tiefer Harmonikaton – der Purpur wie Liebeslieder – die Grün wie sanfte Flöten – das Roth wie Trompetengeschmetter, und so weiter, u. s. w. Jetzt will ich nicht mehr auf Abfall und Felonie sinnen, ihr lieben, treuen, herzigen Vasallen, bis ich sterbe, und dann wird schon im Testamente stehen, daß mit euch die Hand eines närrischen Freundes, den ich jetzt noch nicht nenne, ein heiteres Bild auf meinen Sarg malen soll. Verhungern werden wir nicht, wie die guten Freunde stündlich befürchten, weil wir um so tüchtiger mit einander handtieren wollen, seit wir es gewiß wissen, daß uns nunmehro nichts auf Erden trennen kann, wie wohlgetraute Eheleute – und so wird sich wohl immer ein kleiner Nähr- und Hausstand finden, und zuletzt vielleicht noch ein gutes Stück Unsterblichkeit obendrein.

Das erste sollen Deine wunderschönen Skizzen sein, wofür ich Dir tausend Dank sage, sie freuten mich unendlich. Wir haben bereits zwei große Tafeln mit dem zartesten grauen Grunde bereiten lassen, worauf wir sie ausführen werden, Lothar den Mont Perdu und ich den schwarzen See, dessen Namen ich in Deinem Schreiben nicht lesen kann, und den Du besser geschrieben wiederholen magst. Es soll das erste und schönste Fest werden, sobald wir von unserer Reise zurück sind. Er geht nämlich im Herbste mit zum Großglockner. Ja sogar, wir werden von der Reise an zusammen wohnen und in einer Stube arbeiten, was köstliche Stunden geben soll; denn ich fange an, diesen Menschen ungemein zu lieben, und wenn erst auch Du zurück sein wirst, dann soll das wahre schöne Künstlerleben angehen, und nichts gethan werden, als nur lauter Schönes – und ein und der andere Spaß. Wir müssen unweigerlich alle drei unter einem Dache wohnen, unter einem Dache arbeiten, mit Glück und Lust nach dem Höchsten streben, jede Schmach von uns stoßen, jeden Fund schnell einander mittheilen, ein Liebchen selig im Herzen tragen und drei Hände zu schöner fester, urewiger Männerfreundschaft zusammen fügen. Wärest Du nur erst da, daß Du den sanften Lothar sähest und seine schönen Bilder, Du würdest ihn bald mehr lieben als mich selber.

Ich bin heute fast so lustig als damals, da mir mein Vater in unser abgelegenes Waldhaus das erste Farbkästchen brachte, und mir zeigte, wie man mit den prächtigen Täfelchen Reiter und Hirsche und Soldaten anfärbe – besonders gegen die Hirsche hatte ich eine Vorliebe, und wenn Du einmal meine alte Mutter besuchest, so kannst Du noch viele gelungene Exemplare sehen, schön ziegelroth von – hochgrünen Hunden heftig verfolgt. Ich bin wieder zum heiteren Kinde geworden, und möchte mit Lust heute noch Reiter und Hirsche färben – und ich thu's auch, weil ich sie dem kleinen Sandi (dem Söhnchen der Leute, wo ich zu Miethe bin) geben kann, den sie auf drei Tage glücklich machen.

Der russischen Fürstin habe ich vor dem goldenen Lamme vorgewartet, ich sah sie auch ausfahren – Angela saß in dem Wagen wie sie leibt und lebt – Jetzt ist die Fürstin längst fort, aber Angela noch da. Das Miniaturbildchen sah ich seit der Zeit, als ich mir eine schnelle Copie davon machte, weder bei Aston noch bei ihr.

Sonnenschein ist draußen, als wäre er eigens recht feierlich bestellt, und eine tiefdunkle Bläue ist am Himmel, festlich wehend, wie Fronleichnamsfahnen, und Frühsommer auf allen Hügeln prangend, leuchtend, funkelnd, daß ich noch heute die halbe Stadt umkreisen muß. Ich will meinen Stift nehmen und schönes Papier und nach Dornbach, Weidling, Kahlenberg, und weiß Gott, wo noch hin wandern.

Der lange Engländer, mein ewiger Jude, begegnet mir zu meiner Freude auch schon seit Wochen nicht mehr. Wasserfarben nehme ich in die Tasche, und in Weidling am Bache will ich zu Mittag essen und dort im Kastanienschatten male ich für Sandi Hirsche und Reiter, um einmal ein Kind zu sein und einen rechten Idyllentag herumzubringen.

Heute schreib' ich nichts mehr – morgen ein weiteres.

Spanne Dir Gott auch einen so glänzenden Sommer über Deine Berge, wie er uns hier thut – ich erlebte nie so andauernd schönes Wetter – und ein Glück ists für unser einen, daß Wien so herrliche Umgebungen hat.

Aber jetzt muß ich fort, ohne Widerrede.

Lebe mit Gott.

---

10. Ehrenpreis.

20. Juni +1834.

Um zwölf Uhr in der Nacht kam ich erst zurück und brachte Freude, Sehnsucht, Gedichte, Müdigkeit, Hirsche und Reiter genug nach Hause, Bäume und Häuser obendrein. Eben wird alles geordnet und dann zu Sandi getragen. Der Bube wird mir ordentlich lieb, weil ich ihm eine Freude zudenke, und ich machte weit mehr als ich anfangs dachte, und konnte ordentlich nicht aufhören, als ich einmal daran war, obwohl alle Kellner zuschauten. Beiläufig, Titus – es muß eine große Freude sein, Kinder zu haben, und ich würde ein Narr mit ihnen, ritte vergnügt auf einem Steckenpferde und hinge mir alles Ernstes eine Kindertrommel um.

Es ist heute Sonntag und ich will ihn, wie ich versprach, ganz für Dich ausschießen, und Dir eine Menge aufschreiben und schildern. Sonntags ist hierorts der Tag der Landpartieen, und was in der Woche am Webstuhl des Lebens keuchte, gibt sich am Sonntage der Freude, und wo möglich dem Lande hin – und an diesem Tage gilt der Vers in seinem vollen Maße:

Ergo omnis longo solvit se Teucria luctu:
Panduntur portae: – –

und aus den expansis portis strömt Wien hinaus. So will ich denn auch auf den gestrigen Spaziergang heute wieder einen machen, aber nur ganz allein mit Dir, d. h. ich will ein Stück Wiener Wald bewohnen und aus der einen oder andern Baumpartie einen Flug Brieftauben an Dich abfertigen. Ich trage zu solchem Behufe tragbares Schreibgeräthe mit mir, da ich zu delicat bin, an Dich mit Bleifeder zu schreiben, zudem muß alles, was an Dich losfliegt, gewissenhaft in mein hiesiges Tagebuch copirt werden.

Studiere Dir nur, Lieber, fleißig den Plan von Wiens Umgebungen, den ich Dir sandte, denn Du wirst noch viele Spaziergänge mit mir thun müssen, ehe Du da bist, und noch mehrere, wenn Du da bist – und es ist der Mühe werth: Stille Thäler, ganz abgeschieden – Waldeinsamkeit mit ganzen Wolken von Vögeln, die den blauen Himmel anmusiciren – Aussichten ins Hochgebirge – selbst Schluchten mit flinken Wässerlein, als wärest Du in der Wildniß, nicht etwa eine bis zwei Meilen vor einer der lebhaftesten Hauptstädte der Welt. Viele, selbst hier Geborne, kennen die eigentlichen Schätze nicht, weil sie nicht weit von den Spazierwegen abgehen, die man ihnen überall nett bahnet, aber ich will Dich schon herum zerren, wenn Du nur einmal da bist, Du weißt, ich habe ein eigenes Talent im Auffinden solcher Dinge. Und noch dazu der heurige Sommer, ewig schön, so recht für die Dichter, Maler, Spaziergeher, Weinfreunde – Himmel und ich vereinige alle diese vier Prädicate in mir.

– – – – – – – – – –

Suche auf Deiner Karte Maria-Brunn, dann wirst Du finden, daß dort ein Waldgebirg beginnt, das mit dem norischen Alpenzug zusammenhängt, und hier Wienerwald genannt wird. In einem schmalen Thale rechts von dem Dorfe Weidlingau über eine Wiese hinein sitzt in diesem Momente Dein Freund an einem hölzernen Tischchen in dem schönsten Buchenschatten und schreibt dieses für Dich. Freilich steht neben dem Tintenfasse auch ein Fläschchen Nußberger; denn das Ungeheuer eines Gesellschaftswagens hat uns etwas gerädert, und wenigstens ich muß, wie der barmherzige Samaritaner, auf die zerschlagenen Glieder das Labsal des Weines gießen, und bis jetzt tunkte ich öfter in den Wein, nämlich mit Zwieback, als in die Dinte. Es geht mir wieder wie alle Mal, wenn ich unendlich viel zu schreiben weiß, daß ich vor Fülle des Stoffes gar nicht anfangen kann, und mich blätterweise in Unbedeutenheiten umtreibe, gleichsam das Köstliche, Labende aufzuschieben, wie ein auserlesenes Confect – und am Ende kommt der Abend oder ein Regen, oder ein Besuch, und ich kann das Confect nur ruhig in der Tasche lassen. So ging es mir tausend Mal.

Durch meine Buchenzweige, die ein hereinspielender Sonnenstrahl in grünes Feuer setzt, sehe ich auf die duftgrauen Farben der Thiergartenwälder, höher hängt in dem Laubwerke das blaue Email des Himmels in tausend Stückchen zerschnitten, wie lauter Vergißmeinnicht. Ein Fink schlägt zu meiner Rechten fast leidenschaftlich, aus dem vom Walde abwärts liegenden Wirthsgarten verlieren sich einzelne Stimmen herauf von Leuten, die frühstücken und sich herumjagen, die Biene summt, ein goldner Falter weht vorüber, stahlblaue Fliegen sonnen sich auf der Tischecke, die die Sonne abschnitt, und necken sich, langbeinige Dinge schreiten auf der Bank und auf meinem Papier – und rings um mich regt, drängt und treibt tausendfaches Leben in tausendfachen Gestalten; funkelndes Geschmeide rührt sich im Grase, auf dem Wege und auf Baumstämmen, gefiederte Familien lärmen durcheinander, und Sonntagsglockenläuten kommt über das Gebirge. Die Zweige flüstern nicht, aber ein melodisches Summen irrt in ihnen von tausend Wesen, die im Sonnenstrahle spielen und arbeiten, und dieses fortgehende Summen dient als zarter Grund, auf dem sich die andere Morgenmusik geltend macht.

An diesem versteckten Waldtische sitze ich und will ihn bis nach Mittag bewohnen, nichts um mich, als die Millionen kleinen Mitwaldbewohner, die bereits alle an ihre Geschäfte gingen – und zwei liebste Gestalten, die ich mir auf den ganzen Tag geladen habe und sie stille überall mit mir herumführen will: Dich und sie. Wenn ja von dem außen schwärmenden Volke einer herein verschlagen wird, und den fremden Mann an dem abgelegenen Tische sitzen sieht, und noch dazu schreiben und die hundert Sachen rings ausgebreitet, so geht er schon sachte vorüber, weil er den Sonderling nicht stören mag.

Wie aber soll ich nun beginnen, Dir diese Tage her abzuschildern? Binde alle bis hieher von mir erhaltenen Papiere zusammen, und schreibe auf den Umschlag: „alte Geschichte" – die neue, die romantische, beginnt mit jenem Balle bei Aston. Titus, eine Rotunda, weit und ungeheuer hat sich in meinem Herzen aufgebaut, und ich trage einen neuen seligen Gott darinnen. Wärest Du nur da, oder wenigstens Lothar, der auf dem Hochschwab und Schneeberg Studien macht; denn so habe ich keine Seele zum Umgange, d. h. ich habe eine Menge, aber alle taugen nicht dazu, daß man vor ihnen ein kindisches, seliges Herz ausschütte – und so trage ich es schon Wochen lang voll und ahnungsreich in den tosenden Gassen herum, oder, wenn mich diese drücken, so suche ich das Freie und bette es in den Schatten eines Baumes, und horche seinen Blättern, die sich Sommermährchen erzählen, dann wird es so ruhig und sanft in mir, wie Sonntags auf den Feldern. – Oder ich lese eine Nacht aus, in der ich auf einen der Westberge Wiens steige, um den Tagesanbruch über der großen Stadt zu sehen, wie erst sachte ein schwacher

Lichtstreif im Osten aufblüht, längs der Donau weiße Nebelbänke schimmern, dann die Stadt sich massenweise aus dem Nachtdufte hebt, theilweise anbrennt, theilweise in einem trüben Goldrauche kämpft und wallt, theilweise in die grauesten Ferntöne schreitet, der ganze Feeenteppich durchsäet mit goldnen Sternen, blitzend von Fenstern, Metalldächern, Thurmspitzen, Wetterstangen und endlich gesäumt von dem blaßgrünen Band des Horizonts, der schwach wie ein Hauch draußen durch den Himmel ziehet. – –

Und wenn ich nicht mit der Natur umgehe, so sitze ich zu Hause und handtiere an meinen Tafeln – oft sehe ich sie stundenlang an, und habe das Gefühl, als sollt' ich wunderschöne Dinge machen – da kommen mir dann Träume von glänzenden Lüften und schönen Wolkenbildern darin, lieben fernen Bergen mit ihrem Sehnsuchtsblau, wie Heimwehgefühle, von sonnigen Abhängen, von Waldesdunkel und kühlen Wässern drinnen, und von tausend andern Dingen, die sich nicht erhaschen lassen, schattenhaft und träumerisch durch die Seele ziehend, wie Vormahnungen von unendlicher Seligkeit, die bald, bald kommen müsse. Dann male ich und lasse das Ding so gehen, wie es geht, und es ist mir, Titus, als finge manches Bild mir zu gefallen an.

Nachmittags endlich, wenn sich die Hitze mildert, gehe ich zum Essen, was, wie Du weißt, bei mir im Sommer sehr wenig ist, und dann in ein wohlbekanntes Vorstadthaus, durchschreite seinen Hof und trete in den Garten, wo zwei stille und zwei schelmische Augen mich willkommen heißen und zu einem Nestor von Apfelbaume laden, der sein Schattengesprenkel auf ihre weißen Kleider, auf den Sandweg, auf Tisch und Sessel streuet. Dort harre ich dann ruhig, bis der freundlichste aller Sommerstrohhüte durch den Flieder gewandelt kommt und dann aus ihm zu uns ein sonnenschönes Antlitz schauet, ein Antlitz, das sich täglich tiefer und süßer in meine Seele senket. Wenn sie dann den Hut weglegt, oder mit dem grünen Bande an den Baum hängt, und nun so dasteht, die ernsten Augen freundlich auf uns gerichtet, den sanften Nacken plastisch vorgebogen: so ist es eine schöne attische Muse, die uns grüßet, die im weißen Kleide vor uns steht und die Wangenrosen, die ihr von der Bewegung angeblüht sind, sanft verglühen lässet.

Endlich, mein Pilades, bin ich dort angelangt, wohin ich doch eigentlich mit meinem ganzen heutigen vorgerichteten Tage, mit meinem Waldtischchen, mit allen Einleitungen und allen Aufschiebungen ganz allein zielte: bei ihr. Nun habe ich Euch beide neben mir, und will Euch den ganzen Tag nicht entlassen und ein wahres Götterleben führen. Ihr sollt mir mit einander bekannt werden und Euch wacker lieben.

Hierzu stehen zwei Wege offen: Entweder ich kann sie Dir schlechtweg schildern, oder ich fahre fort, Dir den oben angefangenen Nachmittag vorzumalen - - und wahrlich ich thue beides. Nichts stört und hindert uns hier, der Sonnenstreifen auf dem Tische, den ich fürchtete, rückte nicht näher, sondern ist ganz weg, der Fink schweigt, die kleine Gesellschaft, die gegen meinen Platz gewandert kam, ging bescheiden vorüber, und ein einladendes Dämmern ist überall zwischen den Stämmen, nur hie und da geschnitten von einem glänzenden Streiflichtchen, das traulich herüberschaut. Ich fahre also fort:

Es ist recht lieb von ihr, daß sie, selbst wenn die Tante mitkommt, und obwohl für unsere ästhetischen und wissenschaftlichen Sitzungen bestimmte Stunden festgesetzt sind, immer früher kommt (ich natürlich ohnehin immer viel zu früh), daß noch einiges Gespräch vorher hin und wider gehen könne. Das Buch, an dem diesen Abend eben gelesen werden soll, liegt schon seitwärts, und präsentirt den grünen Einband, den alle Bücher aus Aston's Sammlung und auch Angela's ihre haben; aber kein Mensch darf es eher aufmachen, als bis die Stunde schlägt, weil wir alle das leidige Vorausnaschen nicht leiden können. Wenn aber dann der Glockenschlag fällt, dann wird bei dem eingelegten Zeichen geöffnet, und im reinen Ergusse das abgesteckte Feld durchgangen, während alles Stricken, Sticken, Nähen und anderes weibliche Lückenbüßen ruhen muß, weil die Augen auf dem Vorlesenden und die Herzen im Buche sind. Emma ist nicht immer dabei, Aston nie, er ist froh, wenn er fort kann, weil wir unpraktisches Zeugs lesen. Aber seine Freude hat er doch an unserm Treiben, und das Vergnügen mußten wir ihm lassen, daß er uns für unsere Wissenschaften ein „Pritanäum" schuf, und uns damit überraschte. Er hat es uns allen zu Danke gemacht. Drei Zimmer voll Gartengrün und Pappelschatten hat er dafür eingerichtet. Von dem Apfelbaume führt die Treppe hinan, und lieb und heiter ist es in ihnen, wie die Kunst; denn sie sehen über den Garten auf noch mehr Gärten, auf die Berge, und täglich lodert bei den großen Fenstern der Abendbrand des Himmels herein; dann schießen Goldflammen über das Glas der Bücherkästen und die grünseidenen Vorhänge dahinter, über das Clavier und die Papiere darauf streichen Laubschatten und Purpurlichter, und endlich auf das weiße Kleid und in das Antlitz der schönsten Gestalt wirft er ein ganzes sanftes Tabor von rosenfarbener Verklärung – wenn nun mitten unter dieß die Worte eines großen Todten tönen und Begeisterung anfängt, ihre Fittige zu dehnen: dann steht sachte in drei Herzen der Geist empor, den der Dichter citiren wollte, und verscheucht das lastende Gespenst, Alltäglichkeit. Kein Mensch ist schöner, als einer, in dessen Angesichte ein sittliches Entzücken brennt! Wenn aus den schwarzen Zeilen allmälig sich die übermenschlichen Gedanken heben, die einst ein gottähnliches Herz gedacht, dann habe ich ein gespanntes Angesicht gegenüber, und ich liebe es mit zagendem Herzen; denn es wird dann unnennbar schöner, der reine Demant sittlicher Freude hängt in ihren Augen, und in ihren Zügen blüht ein weiches großes Herz – aber mir tritt sie dann wie ein unerreichbarer Stern, vom Sehrohr verfolgt, in noch weitere und noch tiefere Himmel zurück.

Auch Lucie verklärt ihr Wesen in den Strahlen dieses schönen weiblichen Geistes, und aus ihrem Innern wächst ordentlich täglich sichtbarer eine höhere Gestalt hervor, an der die Weihe des ernsten Strebens sichtlich wird; denn sie ging schon seit länger her unter Angela's Leitung an die Wissenschaften der Männer und erobert sich freudig ein Feld nach dem andern. Selbst die kindische Emma wird eingeschüchtert von ihrer vorausschreitenden Schwester, sie mag es wohl fühlen, daß hinter dem pedantischen Kram, wie sie ihn nennt, wohl mehr stecke, als sie ahnte, und mancher sich gern den Anschein gäbe; denn das drückt den Ungebildeten ewig – das Wissen stellt den Menschen glänzender unter seine Brüder zurück, wie einen fremden Weisen, vor dem man Ehrfurcht hat.

Der Gedanke, daß wir statt des gebräuchlichen unersprießlichen Visitenwesens einen geistigen Umgang eröffnen sollen mit den größten Menschen, lebenden und todten, daß wir an ihnen uns erheben und vor uns selber liebenswerther werden mögen, ging von Angela aus, der jedes Leere fremd ist, darum sie in jenem Umgange, der unsern Jungfrauen eigen zu sein pflegt, linkisch und unwohl ist, und eben darum von den Visiten gehaßt und verspottet wird. Unser Thun ward schon Theegespräch und man findet es lächerlich, anmaßend, kokettirend, oder heißt uns Phantasten – aber es thut nichts; denn es ist ein ganz anderes, mein Titus, einen seltenen Menschen zu Hause unter seinen vier Wänden allein und still wegzulesen und tausenderlei zu übergehen: oder ihn vor geliebten Herzen gleichsam laut reden zu hören, sich gegenseitig sein Verständniß zu vermitteln, und an der schönen Freude in Freundesaugen seine eigne zu entzünden und reiner und begeisterter hinwallen zu lassen. Begeisterung wohnt nicht in einsamen Studierstuben, sondern nur der Fleiß, sie schwingt ihre Lohe nicht in Wüsten, sondern unter Völkern, nicht von einem einzigen, sondern von tausend Häuptern lodert sie empor – aber immer ist es einer (und selten sind solche), der die Fackel schleudert, daß sie den Brennstoff fasse. Wir nennen ihn dann ein Genie.

Selbst von den weichen Locken des sechzehnjährigen Kindes Emma spielt ihre goldne Flamme; denn als neulich eine Stelle gelesen wurde, ungefähr so lautend: „Ihr großen, seligen Geister, die wir bewundern, und zu denen wir beten, wenn der Mensch sein Glück wegwirft, weil er es kleiner achtet als sein Herz, so ist er so groß als ihr!“ und als in jedem Auge der Beifall glänzte, sprang sie auf, und in den schönen braunen Kindesaugen schimmerten die Thränen – sie stand neben mir und blickte mich liebglühend an, ich war selbst tief gerührt und wußte nicht, wie es geschah, daß ich sie an mich zog und voll Liebe meinen Mund an die Kinderknospe ihrer Lippen drückte – sie drückte heiß entgegen und schlang die Arme um meinen Nacken. Es war nur ein Moment, und gleich darauf stand sie, wie eine Purpurrose +glühend vor Scham da, die Thränen noch immer in den Augen. Uns allen schien sie in diesem Augenblicke kein Kind mehr zu sein. Ich war im höchsten Grade verlegen, da trat Lucie zu uns, nahm meine Hand und drückte sie recht herzlich, wahrscheinlich um Emma's und mein unschickliches Thun zu verschleiern – dann küßte und herzte sie die Schwester und sagte wiederholt: „Du liebes, gutes, heftiges Kind, siehst Du, welche Gewalt die Worte eines Menschen haben können, und der, welcher diese sagte, und noch andere ungeheure, die in diesem Buche stehen, war ein einfältiger Pfarrerssohn aus Baiern, der Jahre lang ungekannt war, und nichts hatte, als sein eigenes unerschöpfliches Herz, das nun auf die entferntesten Menschen und auf die entferntesten Länder wirkt, wie Predigten der Apostel und Propheten.“

Durch die Thränen schon wieder lächelnd sagte Emma zu ihr: „Du selbst bist auch so eine Prophetin und kannst das Predigen nicht lassen, und denkst gar nicht daran, daß andere auch ein

Herz haben, das seine Gefühle so gut hat, wie ihr alle, wenn man auch dieselben nicht so gelehrt sagen kann, wie ihr."

Nach diesem Zwischenspiele lasen wir (Lucie war die Vorleserin) noch das Kapitel zu Ende, und seit jenem Tage versäumt Emma keine einzige Lesung, ja sogar sie fing an, Geometrie zu lernen.

Nach solchen Abenden gehe ich dann im milden Vollmondscheine, den wir eben haben, mit einer fast unschuldigen, hochtönenden Seele durch alle möglichen Umwege in die Stadt zurück.

Zur Musik sind auch bestimmte Tage auserkohren. Daß aber da von keinem bloßen Herabschütten von Noten die Rede sein kann, begreifst Du, sondern da wird an das Pianoforte gesessen, jede Stelle des Tonstückes geprüft und um ihr Gefühl gefragt, wobei jedes seine Meinung abgiebt, wie sie vorgetragen zu werden verlangt, dann forscht man nach der Seele des Ganzen und paßt ihr die Glieder an – dann so lange Proben, bis nicht mehr die kleinste technische Schwierigkeit vorhanden ist – dann eines schönen Abends brauset ein Beethoven durch die Fenster hinaus.

Einmal war schon volle Instrumentalmusik, meistens aber wird er vierhändig auf dem Piano vorgetragen.

Angela ist auch hier wieder die Meisterin, und behandelt das Instrument so kräftig wie ein Mann. Ihr Lehrer hierin war derselbe Mann, der sie auch in dem Andern unterrichtete. Dann, wenn sie vor dem Instrumente sitzet, zieht ein neuer Geist in dieß seltsame Wesen, sie wird ordentlich größer, und wenn die Töne unter ihren Fingern vorquellen und der Geist des Meisters zu reden beginnt, so tritt ihr das schöne Herz in die Gesichtszüge wie ein schönes Auge, das sich aufschlägt – und wenn dann dieß unbegreiflich überschwengliche Tonherz, Beethoven, sich begeistert, die Thore aufreißt von seinem innern tobenden Universum, und einen Sturmwind über die Schöpfung gehen läßt, daß sich unter ihm die Wälder Gottes beugen – – und wenn der wilde geliebte Mensch dann wieder sanft wird und hinschmilzt, um Liebe klaget, oder sie fordert für sein großes Herz, und wenn hiebei ihre Finger über die Tasten gehen, kaum streifend, wie ein Kind andrücken würde, und die guten, frommen Töne wie goldne Bienen aus den vier Händen fliegen und draußen die Nachtigall darein schmettert, und die untergehende Sonne das ganze Zimmer in Flammen und Blitze setzt – und ihr gerührtes Auge so groß und lieb und gütig auf mich fällt, als wäre der Traum wahr, als liebte sie mich: dann geht eine schöne Freude durch mein Herz, wie eine Morgenröthe, die sich aufhellt – die Töne werden wie von ihr an mich geredete Liebesworte, die vertrauen und flehen, und alles sagen, was der Mund verschweigt.

Solches Thun und solche Freuden reinigen das Herz. Wir stehen dann alle viere am Fenster, wie lauter Geschwister, die keiner Schranke gegen einander bedürfen, weil kein Wunsch da ist, eine zu überspringen, sondern nur objective Liebe. Und wenn ich fortgehe, so geschah es schon, daß sie mir freiwillig, Lucie und Angela, die liebe Hand hinreichten, die Angela sogar herzlich drückend in die meine fügte, mit liebvollen, kühlen Augen mich anblickend, und sagend: „Kommen Sie morgen nicht zu spät, und gehen Sie heute in kein Gasthaus mehr.“ Sie hat nämlich einen fast übertriebenen Haß gegen diese Anstalten. Und in Wahrheit, Titus, seit ich sie kenne, ist es mir selber so, mich widert das schale Unterhaltungsuchen unsäglich an, und hier ist es ziemlich, wie in jeder großen Stadt, im Schwunge und sogar eine Abschiedsformel haben sie, die sagt: ich wünsche Ihnen gute Unterhaltung. Ich glaube, ein Bauer meines Geburtsthales schämte sich, wenn man diese Abschiedsformel zu ihm sagte, da er sich Unterhaltung nur erlaubt, aber Arbeit für ehrenvoll ansieht. Ich werde daher außer dem Mittagsessen, und manchmal Abends dem alten Aston zu lieb in einem Garten, nie in einem Gasthause gesehen.

Seit jenem Balle sind nun drei Wochen, und ich sehe sie seit der Zeit täglich – und dennoch weiß ich von ihren materiellen Verhältnissen nichts, ja nicht einmal ihren Familiennamen, sondern nur, daß sie bei Onkel und Tante wohnt, die alle Welt Onkel und Tante heißt, und die sehr reich sein sollen. Den Onkel sah ich nie, die Tante schon öfter, eine gutmüthige, aber unbedeutende alte Frau, deren Gesicht ich schon muß irgendwo gesehen haben, aber ich kann durchaus nicht herausbringen, wo. Sehr neugierig bin ich auf ihren Lehrer. Im Ganzen ist mir aber gar nicht zu Muthe, als sollte ich um Näheres über sie fragen, genug, sie ist da, und scheint von dem gütigen Schicksale mir angenähert worden zu sein, auf daß kein Herz vergessen werde, und seinen Antheil an Freude zugetheilt erhalte. Meine Stellung gegen sie ist ruhig, wie es nach der Aufregung in Folge ihres ersten Anblickes kaum zu erwarten war, aber sie ist so, jedes Scharfe und Harte entfernt sie von sich, oder es entfernt sich selber. Meine Empfindung ist sanft und stille, und es drängt mich nicht, sie ihr zu zeigen, ja sie käme mir entweiht vor, wenn sie Erwiederung verlangte.

Im Sommer ist sie meistens weiß gekleidet, und ihre Kleider, abweichend von der jetzigen Mode, reichen ohne Ausnahme bis zum Halse. Ich glaube, es thäte mir weh, wenn ich ihre nakte Schulter sähe – was ich doch bei den Hunderten, die sie täglich und gerne zur Schau tragen, nicht anstößig finde. Lucie trägt es auch so, Emma nicht, ich glaube aus Widerspruchsgeist. – –

Siehe da – der Kellner bringt schon mein herauf bestelltes Mittagsessen – nun da Ihr zwei, Du und sie, als imaginäre Wesen nichts braucht, so bleibet mittlerweile hübsch manierlich auf der Holzbank sitzen, derweilen ich aufstehen und ein wenig herumschauen und den vorliegenden kalten Braten und den schönen Salat essen werde. Dann wollen wir wieder weiter fahren und den Rest des Tages gemüthvoll verwenden. –

– – – Aber fort waret Ihr, als ich Messer und Gabel hinlegte – die Gestalten, mit materiellem Fleisch und Blut, die um den

Tisch stehen, haben Euch verscheucht – nun sehr bald das weitere, für jetzt lebe wohl, guter Titus – Aston und zwei Herren, und seine Mädchen, und Angela (die körperliche) – das steht alles vor mir und lacht mich aus, daß sie um mein Vorhaben gewußt und mich hier überfallen haben. Ich muß mit ihnen fort. Merke Dir, wo wir in unserer Geschichte geblieben sind.

Note zum Ehrenpreis. Der Leser quält sich ab über den Zusammenhang der Feldblumen mit dem Inhalt der Kapitel – es ist keiner – außer, wo doch ein kleiner ist.

---

11. Osterluzei.

22. Juli 1834.

Armer Freund, Du hast lange warten müssen – aber Du bist doch nicht immer auf der Bank gesessen? – –

Giebt es eine Liebe, die so groß, so unermeßlich, so endlos stille ist, wie das blaue Firmament? – Sie flößt eine solche ein. O mein Titus, mein guter, mein einziger Freund! mit mir ist es nun auf alle Ewigkeit entschieden. Mein werden kann sie nie, was wollte auch der ernste, ruhige, gemüthsgewaltige Cherub mit mir? aber lieben mit dem Unmaß aller meiner Kräfte – lieben bis an das Endziel meines Lebens darf ich sie, und so wahr ein Gott im Himmel ist, ich will es auch. Sie ist das reinste und herrlichste Weib auf Erden. Was sagten sie da oft für ein albernes Märlein, die wissenschaftliche Bildung zerstöre die schöne zarte Jungfräulichkeit, und die Naivetät und die Herzinnigkeit und so weiter – hier ist doch eine Wissensfülle, an die wenig Männer reichen, und doch steht eine strahlenreiche Jungfrau da – ja erst die rechte ernste Jungfrau, auf deren Stirne das Vollendungssiegel leuchtet, eine erblühte, selbstbewußte, eine würdevolle Jungfrau, vor der zaghaft jeder Schmuzgedanke verstummen muß - eure Jungfräulichkeit und Weiblichkeit, die mich sonst so entzückte, ist nur erst das Vorbild und die Anlage der rechten, und neben dieser steht sie fast wie Dummheit da - und sie ist es auch, weil sich an sie der Verführer wagt. Am Kinde entzückt das Lallen, aber der Knabe muß reden lernen. Selbst die geistvollsten Mädchen meiner Bekanntschaft, wenn sie neben ihr sind, werden ordentlich armselig, und wenn sie den Mund aufthun, so ist es doch nur jenes „Alltagsei der Einfalt," was sie legen. Selbst das naive, weibliche, jungfräuliche an ihnen erscheint mir gemacht und unnatürlich oder unreif neben dem einfachen gelassenen Sichgehenlassen Angela's, +die keinen Anspruch und Aufwand macht, und doch erkannt wird als die Königin. Es muß ein riesenhafter Geist gewesen sein, der dieses Weib erzogen hat. Ich bin sie weitaus nicht werth - aber jede andere vermag ich jetzt auch nicht mehr zu ehelichen, weil ich sie nicht zu lieben vermag, und so will ich ihr Bild bewahren als das schönste Geisterkleinod, was mir in diesem Leben begegnete. Ein tiefer Ernst sitzt mir im Herzen, und sie hob seitdem wieder manche jener erträumten göttlichen Gestalten empor, die einst mein sehnsüchtiges Herz bevölkerten, und die ich aber in die Tiefe sinken ließ, weil ich sie für wesenlose Phantome hielt, nur meiner Sehnsucht angehörend, aber sie hat auch dergleichen, und betet sie ruhig an, ohne sich weiter umzusehen, ob ihnen ein Halt zukomme im äußeren Gewerbsleben, genug in ihrer Seele, der mondlich stillen, wandeln sie wie die hohen Gestalten in der Geschichte - und daher sind sie. Ihr hat man die Heiligkeit der Phantasie, die unsere Erzieher eine Betrügerin nennen, nicht verleidet, und sie hat dessen kein Hehl, aber ihre bringt ihr auch nur heilige Gestalten. Mit einem leisen Ruck, mit einem harmlosen Wort, das wie Zufall aus ihrer innern Welt klang, ruft sie oft in meiner ein ganzes todtgeglaubtes Volk wach, und ich erkenne, daß dasselbe ja vor längster, längster Zeit in mir geherrscht hat und geleuchtet, – und wie viel mag man bei meiner verkehrten Erziehung getödtet haben, was nie mehr eine Wiederauferstehung feiern kann. Man raufte die Blumen aus und machte sehr nützliches Heu daraus. In mancher Kinderbrust blüht ein Reich der Kleinode auf, heimlich und herrlich, wie jener Schatz, der, wenn man so durch die Landschaft geht, ferne in der Mittagssonne glitzert, in die er still emporgetaucht ist, und mit Schweigen und reiner Hand gehoben werden kann, vor dem Sünder aber auf immer und ewig versinket. Und wenn einst jemand diese Blätter sollte zu Gesicht bekommen, der den Schatz noch hat, so verhülle er ihn vor den Spießgesellen – aber einst einer lieben großen Seele, einer unschuldigen, wie er, hülle er alles auf und schenk ihr alles!

Siehst Du, Titus, das ist es, was die Welt an ihr die Verschrobenheit heißt. Was sie sechzig Jahre sehen, und was ihr Vater und Großvater auch sechzig Jahre gesehen haben, das ist ihnen das Natürliche, wie verkehrt es auch sein mag, und wer sich dagegen auflehnt und ein Neues bringt, der ist ein Fremdling unter ihnen, ein Aufrührer gegen die Natur.

Ich will Dir noch einiges von ihr erzählen, höre mir gütig zu, mein Titus.

Erstens kann sie Latein und Griechisch – das Französische und Englische wird ihr nicht übel genommen.

Zweitens kann sie so viel Mathematik, als zum Verständniß einer allgemeinen Naturlehre nöthig ist, ja sie kann noch mehr, weil sie die Sternkunde verstehen wollte und nun wirklich versteht.

Drittens, daß sie Bücher über Seelenkunde und Naturrecht studierte, ward für lächerlich erklärt, sie aber meinte sonst die Weltgeschichte nicht verstehen zu können. Selbst in philosophische Sisteme steckte sie den Kopf – nur gegen Phisiologie wehrte sie sich hartnäckig, sie fürchtete Zerstörung der schönen innern

Welt. – O die ist ja gar gelehrt, ein Ausbund, sagen viele ihrer Mitschwestern, aber ich glaube, es ist bei vielen Neid, bei vielen Beschränktheit – die Männer sagen, das müsse fade sein – und dennoch schrumpft der, der es sagte, in ihrer Gegenwart ein, wenn auch nur Alltägliches gesprochen wird. Ich bewundere ihren Lehrer, wie ich Dir schon mehrfach sagte, und der mir bis längstens im August versprochen wird; denn er war es, welcher ihren schönen Geist in die ernsten Hallen der Wissenschaft führte und ihr die Bilder dieses Isistempels deutete. Darum ist ihr die Wissenschaft Schmuck des Herzens geworden, und das ist die größte und schönste Macht derselben, daß sie den Menschen mit einer heiligenden Hand berührt, und ihn als einen des hohen Adels der Menschheit aus ihrer Schule läßt – freilich bei andern bleibt es dürre liegen, wie die glänzenden Dinge, die ein Rabe in sein Nest trägt und blödsinnig darauf sitzt.

Die Sprachen lernte sie in der Kindheit – die Wissenschaften von ihrem zwölften bis ins zwei und zwanzigste Jahr (so alt ist sie jetzt) und von da noch immer fort – die Poesie trieb und treibt sie ihr ganzes Leben. Du wirst wohl nicht fragen, wo sie die Zeit hernimmt, da Du es selber warest, der mir Verschwender zuerst dieses kostbare Gut zeigte, wie zum Erstaunen ergiebig es sei, wenn man es richtig eintheilt, und keinen Theil thöricht wegwirft. Doch wirst Du begreifen, wie viel Zeit sie hatte, wenn ich Dir aus Luciens Munde berichte, daß sie eine Menge nicht kann und nicht lernte, was nicht zu können jedes Mädchen Wiens für eine Schande halten würde. Zum Beispiele: S t r i c k e n. Es war mir ein Jubel, als ich das hörte. O dieser ewige Strickstrumpf, an dem unsere Jungfrauen nagen, – es giebt nichts öderes und geistloseres, als das unendliche Fortbohren und das Zuschauen eines unglücklichen Mannes. Wohl wird es zuletzt zur Gewohnheit, und sie können so schön und frei denken, ob sie stricken oder nicht – aber es ist nicht wahr; denn welche kostbare Zeit v e r l e r n t e n sie an dem Dinge und verlernten dabei das schöne, freie Denken mit, welches Denken übrigens bei jeder fortgesetzten einförmigen Körperbewegung immer etwas von dem Charakter dieser Bewegung annimmt. Ersparniß ist es in den meisten Familien auch nicht; denn sonst müßten sie sich consequenter Weise auch die Schuhe machen und noch andere theurere Sachen – aber wo Ersparung noth that, hätten die Töchter etwas Besseres lernen können, um sich damit Strümpfe genug und alle die theurern Sachen obendrein zu verdienen. Bei ihrer sehr einfachen Art, sich zu kleiden, erspart Angela mehr, als sie für Strümpfe wird ausgeben müssen. Es ist Unglücks genug, daß bei dem Unsinne des materiellen Luxus, der sich der Welt bemächtigte, ohnehin ein so großer Theil der Menschen verdammt ist zur lebenslangen Arbeit des Körpers, daß er kaum Zeit hat, zum Himmel zu schauen, wie er so schön blau ist. Dazu hat uns Gott nicht gemacht, und Jahrtausende um Jahrtausende werden vergehen, bis wir natürlicher, d. h. geistig reicher und körperlich einfacher werden, – oder ob wir es hienieden je werden?!

Ferner das Sticken, von dem ihr Lehrer sagte, es sei die sündenvollste Zeitverschwendung; denn das endlich fertige Produkt sei kein Kunstwerk; ist es schön, so ist der Tupf schuld, nicht die Nachmacherin, meist aber bleibt es hinter dem mittelmäßigsten Gemälde zurück, und kann solches auch seiner Technik zufolge nicht erreichen, kostet aber so viel Zeit und Mühe, daß man mit derselben ein wahrer Künstler in Farben werden könnte – ferner als Geräthe dient die Stickerei nicht, da zu viel Zeit und Geld daran haftet, als daß man sie sofort ohne Umstände gebrauchen könnte, und da man Polster, Teppiche u.s.w. sehr geschmackvoll haben kann, und um weit geringere Mühe und Preise. Das Machen – und dieß ist das Traurigste – gewährt auch nicht das geringste Ersprießliche; denn man denke, wie viel schöne Gedanken und Empfindungen könnten in der Zeit durch das Herz der Jungfrau gehen und ihr geläufig werden, während sie zusammengebeugt und eingeknickt die mechanische Arbeit verrichtet und in den gefärbten Wollknäueln wirthschaftet. Ja dieses langsame todte Nachstechen von Form in Form verödet das Herz, und der Geist wird dumpf und leer. Die Nachwelt wird einmal staunen, daß die Töchter der ausgezeichnetsten Geschlechter drei Viertheile ihrer Jugend auf so geistloses Thun verwenden konnten, wodurch ein Zwitterding von Kunstwerk und Luxusstück zu Stande kommt. Das Verdienst daran war eine Million Stiche.

Dann welcher Nachtheil für die Gesundheit, wenn der blühende, drängende, treibende Jugendkörper zusammengeknickt wird, und in einer Stellung stundenlang verharret, die ihm unnatürlich ist, und im Eifer der Arbeit noch unnatürlicher gemacht wird durch vermehrtes Bücken, durch das Andrücken des Rahmens an die Brust und dergleichen.

Wirklich, Titus, dachte ich auch oft, wenn ich so eine holde aufknospende Gestalt über dem Rahmen hängen sah – du liebe arme Blume, man hat einen finstern Topf über deine Herzblätter gestürzt, daß du nichts weißt von Luft und Sonne – wenn du statt dessen diese Zeit durch in die Strahlen gestellt würdest, die aus so vielen großen Herzen der Vergangenheit auf uns herüberleuchten, wie würdest du daran deine Blüthe entfalten können – wenn du statt dessen in den Hauch Gottes gestellt würdest, der von Bergen zu Bergen weht, wie würdest du aufthun die großen frischen Blätter deiner Seele, und froh erstaunen über die Schönheit der Welt.

Freilich sagen die Guten: „Aber es freut uns, solches zu bilden und dann unsrer Hände Arbeit in der lieben Wohnung umher zu erblicken, und uns zu freuen, wenn sie dem Geräthe zur Zierde dient, und an den Werken einstens uns in die schöne Jugendzeit zurück zu zählen.“

„Ihr Lieben, Holden,“ sag ich dagegen, „ja, bildet nur, aber gleich etwas noch schöneres, wenn ihr schon den Bildungstrieb habt, etwas, das noch dazu leichter ist – lernet, daß es ein Schaffen giebt, ein Erschaffen im eignen Herzen, die Bildung dieses schönen Kunststückes, die Ansammlung und Eigenmachung der größten Gedanken, welche erhabne Sterbliche vor uns gedacht haben und uns als theures Erbstück hinterließen, ja lernet, daß ihr leicht in der wahren Kunst etwas zu machen verstehen werdet, was aus der freien Seele quillt, nicht als Aftertrieb eines fremden Stammes, und woran ihr, als an einer viel schönern Blumenkette, in eure Jugend zurück gehen könnet. Wenn ihr mir aber vorhalten könntet, es freue euch nun einmal so und nicht anders, und die Freude sei der Zweck, dann widerlege ich euch nicht mehr; denn es muß Leute geben, die an derlei Freude haben, weil sie eine höhere nicht haben können, und ich erinnere mich, einmal mit Rührung einer geistesschwachen Frau zugesehen zu haben, wie es ihr innige Freude machte, viele blaue und grüne Steine auf den Tisch zu zählen, und von ihm auf die Bank, und wieder auf den Tisch und so +weiter."

Dann haben sie ein anderes Zauberwort, mit dem sie sich tragen und alles abfertigen, die Häuslichkeit. Diese Häuslichkeit aber ist ein Hinfristen an Bändern und Kram, ein Ordnen der Hausbälle und Tafeln und Gesellschaften und ein unnöthiger Luxus an Kleidern und Geräthstücken. Freilich hat da eine Frau sammt dem ihr beigegebnen Dienstpersonale genug zu thun. Wenn aber Häuslichkeit nur heißt, Wohnung, Kleider, Speise in ordentlichem Stand zu halten, so mag sie allerdings ein Theil, und zwar ein kleiner Theil des weiblichen Berufes sein, der aber so leicht zu erfüllen ist, daß zu dem größeren und höheren noch Zeit genug übrig bleibt, da ohnehin in diesen Dingen Mütterchen Natur die größte Einfachheit vorgeschrieben hat, und die Abweichung durch Krankheiten aller Art bestrafet. Diese letzte Häuslichkeit hat Angela in hohem Grade; denn sie ist immer, obgleich einfach, doch bis zum Eigensinne rein und edel gekleidet, und zu Hause, wo sie das Regiment führt, soll es immer aussehen, wie in einer Kapelle. Einen andern schönern Theil der Weiberpflicht aber erfüllt sie wie wenige ihrer Schwestern: *Bildung des künftigen Mutterherzens*, von dem man nicht wissen kann, ob nicht ein Sokrates, Epaminondas, Grachus als wehrloser Säugling an demselben liegt, und die ersten Geisterflammen von ihm fordert und fordern darf! Wie nun, wenn sie der Sendung nicht gewachsen wäre und den Geistesriesen zu einem Nero und Octavianus verkommen ließe? Und der erste Druck in das weiche Herz giebt ihm meist seine Gestalt für Lebenlang.

Endlich selbst Vorbereitung und Erfüllung der Mutterpflicht schließt nicht den Kreis des Weibes. Ist es nicht auch seiner selbst willen da, stehn ihm nicht offen Geister- und Körperreich? Soll es nicht, wie der Mann, nur in der *Weise* anders, durch ein schönes Dasein seinen Schöpfer verherrlichen – endlich, hat es nicht einen Gatten zu beglücken und darf es ihm statt des schönen Herzens eine Wirthschaftsmaschine zubringen, die geistig genug zu sein glaubt, wenn sie nur unschuldig ist? Das ist der Knecht, der sein Talent in das Schweißtuch vergraben hat.

O Titus, Angela hat mir die Augen geöffnet über Werth und Bedeutung des Weibes – ich schaudere, welche Fülle von Seelenblüthe taub bleibt, wenn die besterzogenen dastehen, nichts in der Hand als den dürren Stengel der Wirthschaftlichkeit, und das leere schneeweiße Blatt der angebornen Unschuld, auf das, wenn nicht mehr das Mutterauge darauf fällt, wie leicht ein schlechter Gatte oder Hausfreund oder +eine Freundin seinen und ihren Schmuz schreiben kann – und die Guten merken es lange nicht, oder erst, wenn es zu spät ist, ihn wegzulöschen. Andere werden freilich unterrichtet, aber obiges Blatt wird dann eine bunte Musterkarte von unnützen Künsten und Fertigkeiten, die man rhapsodisch und oberflächlich darauf malte.

Es ist ein schweres Ding um die rechte echte Einfalt und Naturgemäßheit – zumal jetzt, wo man bereits schon so tief in die Irre gefahren ist.

Wie manche warme und großgeartete Seele in diesem Geschlechte mag darben und dürsten, so lange sie lebt – blos angewiesen an den Tand, den ihr der Herr der Schöpfung seit Jahrtausenden in die Hände giebt.

Doch genug hievon.

Komisch ist es oft, die lachende überfröhliche Emma ihr gegenüber sich bemühen zu sehen, Bänder und Kleider und Stickereien und dergleichen geltend zu machen. Sie läßt sie in allem gewähren und ist stets mild und freundlich, und am Ende merkt doch das kleine hocherröthende Trotzköpfchen, daß es widerlegt ist.

Ob es Angela weiß, wie sehr ich sie liebe, weiß ich nicht, aber vermuthe es – nur in ihrer einfältigsten Natürlichkeit kennt sie gewiß den Stachel nicht, der ewig leise fortschmerzend +mir im Herzen sitzet; denn es freuet sie, in mir einen ihr gleich gestimmten Menschen gefunden zu haben, und als solchen liebt sie mich auch, und zeigt es unverhohlen vor allen – selbst neulich in einem Kreise von Damen und Männern reichte sie mir ohne Umstände die Hand, die keiner von den Anwesenden je zu berühren wagte, und sagte, daß sie sehr erfreut sei, daß ich gekommen. Ich merkte es deutlich, wie mitleidig man diese Taktlosigkeit mit ansah. Wir reden oft stundenlang mit einander, und sachte geht dann ein Thor nach dem andern von den innern Bildersälen auf, sie werden gegenseitig mit Freude durchwandelt, ganze Wände voll quellen vor und schwärmen, und wenn dann plötzlich manche Götterform vorspringt, längst gehegt, geträumt und geliebt im eignen Innern – und wenn nun das Doppelkleinod jubelnd hervorgezogen wird, – und endlich immer mehrere und schönere derlei kommen, so steht auch in *ihrem* Auge ein so schöner Strahl der Freude, daß sie ihn vergißt zu bergen, und ihn arglos liebevoll in das meine strömen läßt. Das ist das Hohe einer naturgerecht entwickelten Seele, daß jenes kranke, sentimentale und selbstsüchtige Ding, was wir Liebe zu nennen pflegen (was aber in der That nur Geschlechtsleidenschaft ist), vor ihr sich scheu verkriecht – und das ist der Adel der rechten Liebe, daß sie vor tausend Millionen Augen offen wandelt und keines dieser Augen sie zu strafen wagt.

Luciens Geist ist ihr am verwandtesten, oder vielmehr es mögen es viele sein, jedoch sie wurden nicht wie diese zu ihr hinangebildet. Emma, wie sehr auch noch Kind, zeigt doch schon Spuren, wie unwiderstehlich das gelassen fortwirkende Beispiel eingreift. Daß man es wagt, in gewissen Kreisen, ja fast in allen, den Stab über Angela zu brechen, wirst Du wohl begreifen, unserer weiblichen Zeit steht sie weit voraus – ja sogar, da nie ein starker oder gar sündiger Affect an ihr sichtbar wird, oder jenes Aufkreischen oder Herumspringen, was Natur und Lebhaftigkeit sein soll, so nennt man sie kalt, sie, in deren Auge allein, wenn es in irgend einem Augenblick zum Verkünder ihres Innern wird, in einer Secunde mehr Dichtungsfülle liegt als in dem Herzen anderer das ganze Leben hindurch. Diese Augen verriethen mir auch etwas, was ihr Mund bisher verschwieg – nämlich, es ist mir außer allem Zweifel, daß irgend ein Weh in ihrem Leben liegt, und bei gelegentlicher Erregung auf ihr Herz drückt; denn in eben diesen Augen sah ich schon ein paar Mal zufällig erregt, nur gleichsam durchgleitend und schnell bekämpft, einen tiefen, deutlichen Blick der Trauer und Wehmuth, was um so mehr wirkt, weil sie sichtlich einen solchen Moment zu vermeiden sucht oder unterdrückt.

Sollte vielleicht das seltsame kleine Kreuzchen damit in Verbindung stehen, von dem mir Emma sagte, daß sie es immer in ihrem Busen trägt?

Ich forsche nicht, aber es erschreckte mich, als ich sie vorgestern Abends am Apfelbaume lesend fand, ich war ungehört näher gekommen, und als ich sie grüßte, schlug ein erschrockenes Auge zu mir empor, das offenbar nicht gelesen hatte, und das zu schnell in die größte Freundlichkeit überging.

Aber sei das genug – wer stellt mich auch zum Wächter fremder Augen auf?

Ferner muß ich noch schnell beifügen, lieber Titus, wenn mir dieser Tage her irgend ein Mann mit seinem spanischen Rohre begegnet und dem Goldknopf darauf, und ein westindisches Gesicht macht, so jage ich mir Schrecken ein, daß es bereits mein Nabob sei, mit dem ich zerfallen werde; denn Aston kündete ihn nun zuverlässig in „baldester Bälde“ an, und er werde auf meine Zukunft den entscheidendsten Einfluß haben. Ich verlange aber nicht im Geringsten einen derlei Einfluß. Im Uebrigen muß der Nabob bald kommen, und der Einfluß bald beginnen; denn sonst trifft er mich nicht mehr hier, da wir, Lothar und ich, unsere Gebirgsreise, von der ich Dir schon einmal gemeldet zu haben glaube, längstens in vierzehn Tagen antreten werden.

Lebe wohl.

---

12. Vergißmeinnicht und Wolfsmilch.

2. August 1834.

Ich bitte Dich, bleibe bei Deinem Vorsatze und komme bald; denn ich brauche Dich hier, wie nie in meinem Leben. Zwei bedeutende Begebenheiten machen einen Abschnitt in demselben. Lothar ist bereits zurück, und auf übermorgen ist der Postwagen nach Linz bestellt. Angela's Lehrer ist zurück, aber ich that etwas, und erfuhr etwas, was mich die Bekanntschaft dieses ersehnten Menschen kosten kann.

Am dreißigsten Juli Abends ging ich zu Aston – sie waren alle in Dornbach, ich trat in das Musikzimmer, um ihre Rückkunft abzuwarten – Angela saß am Piano, und aus der Abendröthe strömte mir eine heitere Tonflut entgegen, als ich die Thür öffnete. Sie stand sogleich auf und kam mir mit einem strahlenden Gesichte entgegen, meldend, heute morgens sei ihr Freund und Lehrer gekommen, und morgen nach Tische dürfe ich keinen Pinsel mehr berühren, sondern müsse gleich in Aston's Garten kommen, da werde er, der Onkel und Alles da sein, und sie müsse die Freude haben, zwei Menschen, wie er und ich, mit einander bekannt zu machen, „und ihr werdet euch," setzte sie hinzu, „im Fluge lieb gewinnen und dann nie mehr von einander lassen können, das weiß ich so gewiß, als es gewiß ist, daß ich schon über eine Stunde hier auf die böse Lucie warte."

Ihr Gesicht schimmerte von innerer Seligkeit, und mein Herz war schlecht genug, den Menschen um die Freude in diesen Augen zu beneiden – siehst Du, wie viel besser sie ist, als wir alle – hätte sie dieß mein häßliches Gefühl geahnet, sie hätte gewiß ihre Freude mäßiger gezeigt – aber sie traut mir geradewegs ihr eigenes schönes Herz zu.

O Titus! jetzt, wie ich davon schreibe, quellen die Empfindungen jener merkwürdigen Stunde wieder in mir empor, jener Stunde, die ich hervorrief und ewig, ewig nicht vergessen werde können. Ich sagte zu, daß ich kommen wolle, aber daß die Bewillkommnung leicht ein Abschied werden könne, da ich bereits reisefertig bin, um mit Freund Disson den Großglockner zu besuchen. – Denke Dir, Titus, wie mir ward, da ihr Gesicht, noch eben leuchtend vor Freude, bei diesem Worte mit Todtenblässe überflogen wurde – ich begriff sie heute zum ersten Male nicht.

„Wie lange bleiben Sie aus?" fragte sie hastig.

„Zwei Monate," sagte ich.

„Dann sind wir schon bei Ihrer Rückkehr in Frankreich," erwiederte sie leise, „wohin wir in vier Wochen auf immer gehen. Am Jura werden wir wohnen."

Nun war der Schreck an mir, ich starrte sie zu Tode betroffen an.

„Wußten Sie das nicht?" fragte sie.

„Ich nicht, sonst hätte ich die Reise verschoben."

Sie schwieg, und ich auch – es war ein peinlich schwüler Augenblick. Die Ankündigung meines Entschlusses, daß ich dieserwegen heuer meine Reise aufgeben wolle, hätte alles gelöset, aber es wollte schon so sein, wie es war – ich sagte ihr nichts, sondern stehend an der äußersten Marke der Empfindung, allein mit ihr, die ich plötzlich, seit einer einzigen Secunde um Millionen Male mehr liebte, ließ ich mich hinreißen, jetzt, sogleich – das Abschiedswort zu nehmen und zu geben, und morgen nur wie ein Fremder und schon Geschiedener bei der Gesellschaft zu sein – oder weiß Gott, was es war, kurz, ich weiß nicht mehr, was ich eben dachte, als ich die Worte sagte: „So geht es in meinem Leben immer, wenn ich dieses Herz an etwas hänge, so führt es mein Schicksal fort."

Ich war von ihr abgewendet, als ich die heftigen Worte sprach, weil ich ihren Anblick nicht ertrug. Da trat ein Diener Aston's ein, und meldete, sein Herr habe den Wagen geschickt und lasse das Fräulein bitten, damit in den Augarten zu fahren, wo man sie am Eingange erwarten werde. Er ging sogleich wieder ab, und ich hatte mich umgewendet und suchte scheu ihre Augen. Beide wurzelten auf dem Boden. Ich ging zwei Mal auf und nieder, dann leise zu ihr tretend, sagte ich mit unsäglich bewegter Stimme:

„Lassen Sie uns den unvermeidlichen Abschied hier sagen, denn unter vielen Blicken vermöchte ich es nicht."

Sie hob die zwei Augen auf, groß und dunkel, auf mich gerichtet, und etwas darinnen, ein großer Schmerz: da brach mir die bedrängte Brust, und ich rief von Schmerzen überwältigt: „Angela, Weib, ich habe nie etwas auf der ganzen Erde und im ganzen Leben so geliebt, wie Sie, und kann die Oede nicht fassen und nicht tragen, daß ein ganzes langes Leben vor mir liegt, worin Sie nicht sind – nicht die holde Stimme, nicht das liebe Auge und das gute engelsgleiche Herz – – waren Sie dem thörichten Menschen auch jemals ein bischen gut, d. h. anders gut, als Sie es ja mit allen Menschen, selbst den Bösen, sind?"

Sie war schneebleich geworden, und rang mit Thränen und

Unentschlossenheit. Sie trat zwei Schritte seitwärts an das Fenster. Das Gluthauge der Abendsonne lag draußen zwischen den grünen Zweigen und sah sehnsuchtsvoll herüber, und streifte ihre Gewänder, und *über* und *um* uns waren tausend Purpurlichter, und sanfte Goldtafeln legten sich auf die Wände des Zimmers – da wandte sie sich mit einemmale um und die verhaltenen Thränen brachen vor, aber sie trocknete dieselben schnell, und mit dem schönsten Blicke, den ich je in einem Menschenauge gesehen, trat sie zu mir, und sagte mit gesammelter Stimme: „Ich weiß es erst seit einer Minute, was ich jetzt weiß, und gegen Sie muß ich aufrichtig und wahr sein, Sie haben mich mein eigen Herz in dem Augenblicke kennen gelehrt – und ich weiß nicht, ist es gut, was ich thue, aber ich folge meinem Gefühle, was mir sagt, ich *müsse* es thun: – mein Herz gehört Ihnen, und ich werde Sie auch lieben, so lange ich lebe.“ – Ihre Stimme bebte ein wenig, aber das Angesicht wurde immer erleichterter und milder, als sie fortfuhr: „Ich mußte es sagen, da es so ist, und da Sie fragten: aber da es nun gesagt ist, so dürfen Sie auch für alle Zukunft darauf bauen.“ Ich stand sprachlos bei ihr und faßte schüchtern die Hand, sie aber, indem wieder plötzlich Thränen aus den schönen, großen, treuen Augen hervorbrachen, neigte freiwillig, ohne Ziererei und gütig durch die +Thränen lächelnd, die stolzen jungfräulichen Lippen zu mir, und empfing purpurig aufglühend meinen Kuß, den ich halb bewußtlos gab. Dann aber sie an das Herz ziehend sagte ich fast erstickt: „Wie, wie nur in der Welt kann ich dieses Glück begreifen und verdienen? Geliebte, Braut, Gattin . . . !“

Sie zuckte bei diesem Worte, und sich sanft losmachend, sprach sie sehr ernst: „Ein Augenblick, wie dieser, darf auch nur unter dieser Voraussetzung vorfallen, aber es ist noch ein Mensch, dem ich alles sagen muß. Morgen werden wir wieder darüber sprechen.“

Es öffnete sich ein Paradies vor mir, und hatte ich jemals in diesem Leben einen Himmel zu erwarten, in jenem Augenblicke war er mein.

Einige Minuten standen wir noch neben einander am Fenster und sahen in das Abendroth, und sprachen nichts, dann, als wieder gleichsam mahnend der Diener eintrat, nahm sie ihren Hut und sagte, sie wolle nun in den Augarten fahren, aber ich möge sie nicht dahin begleiten; denn sie würden sonst wieder sagen, das habe sich nicht geschickt. Ich führte sie an den Wagen, und da ich ihr sagte, daß ich meine Reise ganz aufgeben wolle, freute sie es sichtlich, und die Hand noch nach ihrer Art herausreichend, sagte sie: „Kommen Sie nicht später, als um vier Uhr."

Dieß waren ihre letzten Worte, und der letzte Blick. Beides schwebt mir unauslöschlich im Gedächtnisse.

Ich ging noch vor die Stadt hinaus, wie ein Träumer, fast nicht ertragend das ungeheure Glück.

Des andern Tages erwachte ich, wie ein andrer Mensch, und ich mußte es mir erst stückweise wieder vorerzählen und zurückrufen, was seitdem mit mir geworden. Zu jeder Stunde des Tages durfte ich zu Aston kommen, aber heute erschien es mir wie ein Vergehen, wenn ich früher als um vier Uhr käme – und wie lange ist es bis vier Uhr. Ich stand deßhalb auf, kleidete mich schnell an, und ging nach Schönbrunn in den Park, um dort in der Morgenluft und in dem Morgengetöne der Vögel ein paar Stunden hinzubringen. Ganz ferne über den Karpathen stand der sanftblaue Duft eines Morgengewitters, und die Luft versprach etwas mehr, als einen gewöhnlich schönen Tag.

Du kennst den Obelisk im kaiserlichen Garten, dorthin lenkte ich die Schritte, aber ich wollte eben wieder umkehren, weil ein Paar dort wandelte, das ich nicht zu stören wünschte, als mir einfiel, ich könne ja seitwärts bei der Schönbrunnennimphe vorbei oberhalb der Ruine gelangen, und sie so umgehen. Ich that es auch, und als ich oben anlangte, warf ich noch einen Blick zurück, und siehe da, ich fand, durch die Zweige sehend, das Paar unten sogar in einer Art Umarmung begriffen. Neugier hielt mich einen Augenblick fest. Er zeigte von rückwärts eine hohe, ausnehmend schöne Gestalt, schwarz gekleidet, von ihr konnte ich wenig mehr sehen, als Theile des weißen Kleides, da er sie mir fast ganz deckte. Eben, als ich weiter gehen wollte, hob sie das Gesicht von ihm empor – und, alle Heiligen des Himmels – es war Angela.

Kennst Du es, Titus, wenn einem das Herz stehen bleibt, unfähig, das weltballschwere Blut aus seinen Kammern zu heben, und wie regenbogige Finsternisse über die Augen sinken, und ein Gebirge sich auf die Brust lagert in jeder Terzie fürchterlicher, bis das arme Herz sich krankhaft erwehrt, und das Blut wie in einer Explosion in die Adern stößt – kennst Du es?!

Als sich Obelisk und Sonne und Wolken und Bäume aus dem rothen, blauen und gelben ringelnden Chaos vor meinen Augen wieder los löseten, und auch die zwei Gestalten sich wieder begränzten, – da stand sie noch vor ihm, ihn anschauend mit denselben großen, schwarzen, aufrichtigen Augen, wie gestern mich. Es half kein Sträuben, sie war es. Seinen Bewegungen nach zu urtheilen, sprach er eifrig mit ihr, in seinen Geberden war eine Art Sicherheit und Herrschaft, und ihre Gestalt sprach tiefe Erregung aus. O aller jener bethörende Zauber der Hoheit und Unschuld lag auch jetzt um sie, wie einstens immer. Ich mußte beide Augen auf eine Secunde zudrücken, um mir alles nur klar zu machen, was so unbegreiflich war. Ueber eine Stunde sprachen sie, und ich war festgebannt hinter meinem Stamme. Endlich, mit häufigem Stehenbleiben, entfernten sie sich langsam, und ich sah noch, wie er einmal beide Hände auf ihre Schultern legte, und sie beredete oder tröstete, oder dergleichen. Dann verbarg sie das Gesträuch und ich schaute in das Leere. Und als ich den Blick wieder hob, da stand der Obelisk schlank und weiß und einsam gegen die dunkelblaue Wand des Nordostgewitters, das langsam indessen heraufzuziehen begann – es war schwül geworden, kein

Vogel sang mehr im Parke, und ich drückte meine Stirne fester gegen den Stamm der Akazie.

Nun, Himmelreich!!?

O Titus! ein Gefühl, so häßlich, daß ich mich fast verachtete, kochte in mir auf, und doch rief jede Ader in mir, es sei gerecht. Siehe, das ist der Sarkasmus des Zufalls, daß unter den dreimalhunderttausend Menschen Wiens gerade ich, unter den sechs und achtzig tausend und vierhundert Secunden des Tages gerade in dieser, unter den tausend Millionen Plätzen gerade zum Obeliskus kommen mußte!! Die erste, die zweite, die dritte Secunde waren eben so viele Jahrhunderte, die ich nicht wähnte überdauern zu können, aber wie die Zeit – im Kleinen so heilsam, wie im Großen – eine nach der andern von der Brust nahm, und nur erst die ersten Teufel ein wenig niedergedrückt waren, wurde es ruhiger in meinem Herzen, und auf die unnatürliche Erregung folgte unnatürliche Abspannung. Ich blieb sitzen an der Piramide, und brütete, wie der Vormittag, der sein Gewitter braute. Nicht ein Hälmchen rührte sich, und der ganze Garten wartete gedrückt, über ihm stand schwer niederhängend die Wucht stummer, warmer, dicker Wolken, die sich rüsteten und mit leisen Regungen durch einander schoben. Mein Auge starrte entzündet hinauf, und dem Herzen thaten ordentlich weh die armen kleinen glänzenden Flöckchen, die aus dem dunklen Knäuel vorhingen – gerettete schöne Kindheitsgedanken in einem dumpfen Herzen – und immer dicker und schwerer ward Luft und Wolken, im fernen Osten ging in schiefen Streifen schon der röthlich graue Schleier des Regens nieder, da kam der Wind geflogen und der Donner rollend über alle Wipfel des Gartens, und große Tropfen fielen, und somit lösete sich die Stille am Himmel und auch in mir, ein frisches Rauschen wühlte in den Bäumen, und mischte Grün und Silber durch einander, und in mir raffte sich empor ein fester körniger Entschluß, und gab mir meine Schnellkraft wieder. Fahre wohl, Armida, fahre wohl! Ich ging nach Hause, ein prachtvoller Regen rauschte nieder, aber er freute mich, je toller er um meine Schläfe rasselte.

Den Lothar beredete ich, daß wir am 2ten August, d. i. heute noch abfahren. Gestern brachte ich mit Packen zu, war abgesperrt, und ließ niemand zu mir herein. Von der Familie Aston nahm ich schriftlich Abschied, weil ich Angela dort zu treffen fürchtete. Ich sagte in dem Briefe, daß mich am letzten Juli um 6 Uhr früh am Obelisk zu Schönbrunn etwas betroffen habe, was es mir unmöglich mache, ihn persönlich zu sehen, bei meiner Zurückkunft werde ich vielleicht manches aufklären, an die liebe Lucie und Emma gab ich viele Grüße auf.

Noch eins muß ich Dir melden. Anselm Ruffo, ein Bekannter von mir, ein kalter philosophischer Geselle, begegnete mir zufällig auf der Straße, und hing sich an mich, und sagte mir nebst vielem andern, ich möchte mich in Acht nehmen mit meinem weiblichen Umgange; denn die Dame, der ich sehr viele Aufmerksamkeiten erweise, sei stadtbekannt als die Geliebte des Engländers Graf Lorrel. Ich dankte ihm kühl für die Nachricht – sie war mir sehr gleichgültig.

Und hiemit, Titus, hast Du zwei gewichtige Aktenstücke meines Lebens – ich will noch gar nichts sagen, wie mir ist. Wenn Du Deine Herreise beschleunigen kannst, so thue es, ohnedem bangt mir oft sehr für Dich, wenn ich von den Abscheulichkeiten lese, die der spanische Bürgerkrieg erzeuget. Lebe wohl für heute! – – –

Es wird heute ewig nicht zehn Uhr, was die Stunde der Abfahrt ist. Alles ist geordnet, Lothar geht herum Abschied nehmen, und ich gehe schon tausend Mal in meinem Zimmer auf und ab. Nun, es wird auch verhallen und verklingen. Nur daß das kindische Herz sich so mag aufregen, und sich von seinen Wallungen Ewigkeit vorspiegeln, und weiß es doch, wie noch jede Bewegung ausschwang. Oder hat eine Entzückung über eine Seele vor der über die A Simphonie etwas voraus? Sind nicht beide Werke der Schönheit? Ach Gott, die A Simphonie b l i e b schön!! Siehst Du, das ist's, daß es Ideen geben darf, glänzend und höchsten Adels, und daß sie so höhnisch dürfen mißhandelt werden. Getäuschte Liebe, geäffte Anbetung ist ein altes Märchen, das immer wahr ist, und immer wieder aufgelegt wird – aber darüber sich zu härmen, ist kläglich und schwach – aber es giebt einen größern Schmerz, der meine wäre derselbe, wenn ich sie nur gekannt hätte, gekannt, wie jetzt, selbst als Gattin und Mutter, und ich hätte an dem Wunderwerke einen solchen widrigen Fleck gesehen. Nicht sie, mich habe ich verloren – oder ich bin irre an mir. Wenn blaue Lüfte, duftige Berge, schöne Wolken in meinem Auge schweben – wenn der Donner und die Flötenstimme an mein Ohr dringt – und dieß alles Wahrheit außer mir haben darf: warum lügt die Idee, die sich als gewisser aufdringt, als das ganze Pöbelgesindel der Sinne? – – Wenn das wahr ist, was meinem Thiere zusagt, kann das höhnen, was mich vergöttert? Sie selbst, trotz der schnöden Dissonanz, hat es mir wieder gezeigt: das Reale meiner innerlichsten Brust muß sein, nur mein Suchen war verfehlt.

Somit fahre wohl!! Abends geht es auf den Postwagen, und dann in Gottes urewige schuldlose Berge.

---

13. Purpurrothes Fingerhütlein.

Linz, 3. August 1834.

Zürne nicht, ich weiß alles, was Du sagst. Wenn ich Dich in der Stadt Linz getroffen hätte, und Du hättest alle meine früheren Tagebuchsblätter gelesen gehabt, so wäre Dein Rath, nicht wahrscheinlich, sondern gewiß, dieser gewesen: „Albrecht, gehe auf die Post, und gieb den letzten Groschen dafür her, daß man Dich eiligst nach Wien befördere – dann tritt vor sie und sage: Ich bin ein gehetzter Thor gewesen und drei Tage lang ein schlechter Mensch."

So geschieht es auch, der Postwagen ist bestellt, morgen um fünf Uhr früh gehe ich mit ihm wieder nach Wien. Lothar ist einverstanden und wird 8 Tage in Linz warten, bis ich selber wieder komme, oder ein Brief. Er weiß alles und erschrak fast über die Rücksichtslosigkeit meines Verfahrens. Erst einen Tag vorher sagte sie die Worte: „da es nun gesagt ist, so dürfen Sie für alle Zukunft darauf bauen," und ich glaube schon am andern Morgen darauf den Rathschlägen einer bösen blinden Leidenschaft mehr, als der ganzen klaren Sittlichkeit ihres Wesens, die mir so lange vorlag, einer Leidenschaft, die berühmt ist wegen ihrer Gemeinheit und ihrer Trugschlüsse. Sie, an allem, was gut ist, so weit über mir, gab sich mir als Braut, und vertraute mir, mir, der ich noch vor wenig Tagen jeden Mann für sie zu schlecht hielt – und in der ersten Probe sinke ich schon so schmachvoll tief. Ich schäme mich, so knabenhaft ordinär gehandelt zu haben. Eifersüchtig zu werden, alle Welt vor den Kopf zu stoßen, und auf und davon zu fahren! Setzen wir den Fall umgekehrt, was würde sie gethan haben? Entweder sie hätte gar nichts gesagt, oder etwa, warum ich so geizig bin, und eine Freundin, die ich so lieb habe, ihr vorenthalte, es wäre ja schöner, wenn ein Mensch mehr im Bunde sei, der sich unsers Lebens und Strebens freue. Ich will erschossen werden, wenn sie nicht so gehandelt hätte. Ich kann es nicht tragen, bis der Fehler gut gemacht ist – es war ja nicht Mißtrauen, Mißtrauen war es nicht, nur ganz blinde sprudelnde Eifersucht, und es soll das erste und letzte Mal sein, daß ein solch böses Geniste in mein Herz kam – es überraschte mich, und in der gänzlichen Neuheit des Dinges wußte ich mich nicht zu nehmen. Die Reue ist noch nagender als die Eifersucht selbst, und ich sehe durchaus nicht ab, wie ich die sieben Stunden, die noch bis zur Abfahrt sind, secundenweise werde hinunterfressen können, und die zwanzig Stunden der Fahrt erst. Auch verstandeslos war ich ganz und gar, hat sie nicht eine Doppelgängerin? – redet man einsam blos mit Geliebten? Kann sie nicht einen Bruder haben? Ist es nicht ganz gewiß ihr so hochverehrter Lehrer gewesen, der eben angekommen, von dem sie es gar nicht erwarten konnte, mich ihm zu zeigen – und wie sie jubelte, wie wir uns verstehen und lieben werden – und hat sie nicht etwa gerade von mir zu ihm gesprochen, und den wichtigen Schritt, den sie that, vor ihm dargelegt – daß er sie umarmte, thut Bruder und Schwester das nie? Als ich einmal der Braut eines meiner Studienfreunde auseinandersetzte, warum er sie verlassen mußte, und sie über die bösen Verläumdungen, die sein Herz von ihrem trennten, vor mir im ausgelassensten Schmerze verging: nahm ich sie da nicht, selbst gerührt, in die Arme, drückte sie an mein Herz, faßte ihre Hände, tröstete sie, und versprach, alles ins Gleichgewicht zu bringen? Wie thöricht nun, wenn er auf diese Umarmung wäre eifersüchtig geworden?

Jeder Erscheinung gehen ihre Zeichen vorher und nachher, und sie muß umringt sein von Nachbarn und Verwandten: Nie steht die glühende Abendwolke einzeln und geschnitten an dem Scheitel des blauen Mittaghimmels. Eben so ist dieser isolirte Verrath mitten in ihrem andern Leben eine Unmöglichkeit, ein Unding, eine Absurdität. Wie mußte sie meine Rohheit befremden und schmerzen, sie, die mir gestern alles gab? – –

Aber so ist es, wenn uns einmal der Nebeldämon der Leidenschaft und Unvernunft umdüstert, die nächsten Mittel erkennen wir nicht mehr, was harre ich auch des Eilwagens? – was hindert mich denn daran, sogleich ein Fischerschiffchen zu miethen, und so viel Ruderer, als hineingehen? Der Mond steht am Himmel, das Wasser geht voll – wie öft hört' ich sagen, solche Leute können in einer Nacht von Linz nach Wien fahren, und ich thue es.

14. Günster.

Linz, 7. August 1834.

„Wer des Drachen Zähne säet, der hoffe nichts Erfreuliches zu erndten.“ Es ist alles aus, und ich bin selbst Schuld daran. Ich dichtete mir einst am Traunsee ein schönes Tusculum, aus dem jede Aeußerung roher Leidenschaft Verbannung nach sich zieht – jetzt habe ich mich selbst durch solche Leidenschaft von einem schönen Tusculum verbannt. Sie muß eingesehen haben, daß sie sich in mir irrte – und sie hat sich auch geirrt.

Meine Rudersmänner flogen mit mir die Donau entlang und ich war schon um acht Uhr früh des vierten August in Nußdorf, und um neun Uhr in Aston's Wohnung. Er allein war zu Hause. Auch ihn habe ich fast verloren. Es ging mir tiefer zu Herzen, als ich je ahnete, wie ich bemerkte, daß selbst dieser Mensch, sonst die lautere Güte gegen mich, nun ernst und scheu und kalt war – aufgeschreckt aus seinem Glauben an mich. Er erzählte ruhig und ohne Vorwurf, daß Angela mit ihrem Lehrer die Morgenstunde gewählt habe, nach Schönbrunn zu fahren, auch die Tante und seine Schwester sind dabei gewesen, nur gingen sie entfernter, und da habe sie ihm ihr Verhältniß zu mir geoffenbaret. Desselben Tages Abends war alles in seinem Garten, und man wartete vergeblich auf mich, und als er in der Besorgniß, ich sei krank, einen Diener sendete, so habe dieser meine Wohnung verschlossen gefunden. Mein Abschiedsbrief habe alles aufgeklärt. Angela habe fast einen halben Tag geweint, dann aber sich aufgerichtet und gebeten, man möge nur ja recht bald abreisen. Sie selbst packte mit großer Ruhe und Stille ihre Sachen, und gestern sind sie alle nach Frankreich abgegangen. Nur die Diener packen noch einige Sachen und folgen nach. Sie hat von mir kein Wort mehr gesprochen. Lucie und Emma sind in Preßburg.

Ich schleuderte die zwei glühenden Funken, die mir bei seinem

Berichte in die Augen stiegen, seitwärts, und schüttelte ihm heftig die Hand, sagend, daß ich gewiß nicht so schlecht sei, als alles scheine, und daß ich nun in die Gebirge gehe. Etwas freundlicher fragte er um meinen Reiseplan, und ich sagte ihm denselben – und als ich fortging, küßte er mich, aber nicht so herzlich als sonst, wenn ich nur auf einige Tage verreisete.

Und nun sitze ich wieder in derselben Stube meines Gasthofes in Linz, von der ich vor kurzem mit solcher Gluth und solchen Hoffnungen nach Wien geflogen – aber mein Herz ist ganz anders: ruhig, und gelassen entzweigedrückt liegt es in der Brust – die Natur, das einzige Unschuldige, ist freundlich, wie immer – meine Fenster gehen auf den Landungsplatz und die Donau. Der Tageslärm ist verstummt, durch die Fenster schwimmt die laue Augustusnachtluft herein, und krümmt mein Licht, an dem ich schreibe, und trägt das Rauschen des Stromes mit herein und sein Plätschern an den Schiffen, die beiliegen, – drüben schlummert das Mondlicht auf den alten Waldbergen des Mühlkreises, und die Lichter der Vorstadt Urfahr strecken lange, rothe, zitternde Säulen in das Wasser. So still und mild ist alles draußen, als sei rings um lauter Glück. Es i s t auch ringsum, nur hie und da geht einer in der Welt, der sich durch Ungeschick das eigne Herz zerquetschte. Von heute an will ich ein guter Mensch werden, so gut, daß nicht ein Thierchen von mir leiden soll. Es freut mich von ihr, daß sie den Freund, an dem sie sich verrechnete, entschlossen bei Seite stellte und den Schauplatz ihrer Thorheit schnell verläßt. I h r Herz geht gewiß noch schöner aus dieser Prüfung. Schade, daß ich selbst das schöne, wiewohl unwahre Bild, das sie sich von mir gemacht haben mag, so grell zerstörte! Wer einmal Selbstmord versuchte, der geht hinfüro unheimlich unter den übrigen Menschen herum, und wer sich vor reingesitteten Wesen einer wilden Leidenschaft überläßt, der begeht sittlichen Selbstmord, und erregt die Furcht, daß er wieder einmal dasselbe Spiel beginne – und Liebe, das zarte Gewebe aus Vernunft und

Sitte, zerstört er ja ganz natürlich durch solch Beginnen, ganz natürlich!

Morgen geht die Reise von hier ab über Steier, wo wir mit zwei Reisegefährten, älteren Bekannten von mir, zusammentreffen werden, mit denen ich eigentlich diese Reise schon längst verabredet hatte. Ich werde Dir von Zeit zu Zeit aus einem und dem andern Orte ein Blättchen senden, aber es wäre recht lieb und schön von Dir, wenn Du viel eher kämest als Du vor hast.

Kennst Du nicht ein Lied von Justinus Kerner, das Alphorn? es ist, wie einer immer, wo er geht und steht, das Alphorn seiner Heimath leise, leise klingen hört, und es ihn gemahnet, als müsse er allsogleich nach dem Elternhause aufbrechen – eben wird es in einem Zimmer neben dem unsrigen von einer außerordentlich schönen Männerstimme gesungen – ach, mancher hat eine Heimath, an die ihn ein ewig tönendes Alphorn erinnern wird, aber er vermag sie nicht mehr zu erreichen. Wo in Zukunft etwas Gutes und Schönes für mich erblühen wird, werde ich es zusammenfließen lassen mit ihrem geliebten schwer gekränkten Bilde, und es treulich durch mein ganzes Leben tragen. Es ist gut, daß Lothar um mich ist, dieses kräftige dichterische Herz – – es wird schon alles gehen!!

Deine zwei gesendeten Studien haben wir noch in Wien ausgeführet, und mancher Freund und mancher Kenner sagt, sie seien schön gelungen. Lebe tausendmal wohl!

---

15. Liebfrauenschuh.

Aussee, am 15. August 1834.

Es ist heute Sonntag, und auch nicht viel mehr davon übrig. Ich will ihn größtentheils zum Schreiben an Dich verwenden. Wir fuhren von Steier bis Kirchdorf, um von dort Abends im Mondscheine nach Scharnstein zu gehen. Die zwei andern Begleiter unserer Reise sind der ganz neue med. Doctor Joseph Knar und Isidor Stollberg (kein Verwandter der Grafen). Wir blieben fast einen ganzen Nachmittag in Kirchdorf. Lothar malte das Kremsthal und Isidor und ich saßen im erquicklichen Schatten der Apfelbäume bis fünf Uhr, da kam Lothar wieder, und der Aufbruch wurde beschlossen, aber da fehlte der Doctor. Auf der Kegelbahn war er gesehen worden, auch in der Wirthsstube, im Hofe, selbst im Stalle – und jetzt war er nirgends zu finden. Erst um sechs Uhr kam er mit leuchtenden Augen, und schwor, daß er den größten Durst habe, und nicht gehen werde, bis er getrunken. Beim Wirthe Brunmaier sei er gewesen, ein Reisewagen habe ihn hinzugelockt, der auf der Gasse stand und prächtig war. Eine blutjunge Dame mit nur einem Diener habe im Wirthsgarten gewartet, bis ihre zwei Begleiter, die zu gewissen Eisenwerken in das Thal gegangen waren, zurückkämen – mit dieser Dame habe er bis jetzt streiten müssen, und sich in sie verlieben. Wir mußten lachen, als der drollige Mensch sich erbot, den schwersten Eid abzulegen, daß die Hexe Witz habe, und unter den braunsten Haaren die dunkelblauesten Augen, ja sie seien fast veilchenblau, wie gar keine in der ganzen Zoologie – sonst aber gebe sie ein Muster ab der inconsequentesten Unlogik. So verlieben sich derlei Leute.

In Scharnstein – ich habe Dir einmal gesagt, daß ich einen Menschen habe, der mir überall begegnet, einen Engländer hieß ich ihn – in Scharnstein saß er in der Wirthsstube, als wir eintraten. Fast wollte mich ein Lachen ankommen, als ich ihn sah. Ich knüpfte mit ihm Gespräche an, und fand ihn gar nicht so übel, und als er unsern Reiseplan erfuhr, so trug er sich zum Begleiter an, wenn wir es nicht übel nähmen. Es wurde einmüthig angenommen.

Wir brachen zeitlich morgens auf, natürlich alles zu Fuß. Lothar wird von Stunde zu Stunde herrlicher: wie die reine Alpennatur in seine Seele fällt, so breitet er sie himmlisch aus auf seiner Leinwand. Jede Studie, von der man meint, sie sei die beste, wird von ihrer Nachfolgerin übertroffen – und er wird schwärmerisch für diese Berge und Wolken und Seen, wie für eine Jugendgeliebte.

Ein schöner Moment war es am Freitag Nachmittag, da das kleine Thal vor Habenau skizzirt wurde. Der Platz ist wunderbar lieblich: eine heitergrüne Wiese in sanften Wellenbildungen, rechts ein dunkler Wald, hinter dem eben eine Wolke zwei schneeweiße Taubenflügel heraufschlug, vor uns die wunderlichen Felsen des Almseegebirges, und links tief zurück der große und kleine Briel die lichten Häupter in finstrer Bläue badend – kein Lüftchen – blendender Sonnenschein. Nach drei Stunden Malens stand Lothar auf und seine Wangen glänzten, wie die eines verschämten Knaben. Alle waren entzückt, nur der Engländer sah auf das Blatt, ohne eine Silbe zu verlieren. Wir blieben noch lange, und tranken aus unsern Reiseflaschen. Der Doctor blies auf seiner Stockflöte, Isidor lag im Grase auf dem Rücken und breitete die Arme auseinander. Der weiche stille, heiße Sommernachmittag hauchte nicht, und drückte sich tiefblau in seine Berge nieder.

Endlich gingen wir weiter zu den Ufern des Almseees, und an ihm fort bis zum Seehaus.

Ich konnte nichts malen, und werde es wahrscheinlich auf der ganzen Reise nicht thun können; denn der große, der drückende Schmerz über mich und das Mitleid mit ihr, der unschuldig Gekränkten, liegen wie Bergeslasten über meine Brust gedeckt, und sehen mich aus der Natur an, als hätte sie ein melancholisch Trauergewand angelegt. So saß ich auch, als alle vom Seehaus fortgegangen waren, allein vor demselben auf der Bank, und sah diese Berge an, die ich unter ganz andern Umständen zu sehen hoffte. Sie standen da in müder Tagesruhe und das späte kühle Nachmittagslicht lag auf ihnen sachte aufwärts glimmend. Im See schliefen die Wellen, und in der Luft das Echo. Italien fiel mir ein und Indien und Griechenland und Amerika, und die ganze schöne Kugel und die Meere darauf und die Palmenwälder – und daß ich all das nie in meinem Leben werde sehen können.

Mein Reisedurst brannte, wie so oft – ich stand auf und ging vom Seehaus fort ins Ungewisse, und senkte mich in meine Träume. Die Natur hielt Abendfeier, das Sonnenlicht schritt nur noch auf den höchsten Spitzen, die Luft ward immer wellenloser und stiller – ich ging südwärts gegen die Felsen – da war es, als ob das Echo, das tausendfältig in diesen Bergen schläft, traumredete, und etwas, wie Glockentöne lallte – aber Glocken können hieher ihre Klänge nicht senden, da der Ort tief einsam im Gebirge liegt – ich ging immer weiter weg von dem einschichtigen Seehause – es giebt eine Stille, kennst Du sie? in der man meint, man müsse die einzelnen Minuten hören, wie sie in den Ocean der Ewigkeit hinuntertropfen – eben von ewig fortpolternden Städten gekommen, wurde sie mir beinahe gespenstisch, und ich war fast erleichtert, als, da der Abend kam und die Dunkelheit, ein leichter kühler Hauch gegen mein Gesicht wehte, und sich zwei Blätter an einem +Schlehenstrauche neben mir rührten, aber ohne zu flüstern. Ich ging spät in das Haus zurück. Sie hatten schon zu Abend gegessen und mich und den Engländer vergeblich erwartet. Gleich nach uns sind noch zwei Fremde gekommen, und diese und die andern seien alle auf den See hinaus. Den Engländer glaubte man bei mir. Als ich gegen den See kam, konnte ich sie nicht erblicken, weil es schon zu stark dämmerte. Ich stieß einem Jäger auf, der mir sagte, er warte auf den Vollmondsaufgang. Ich that es sofort auch, und legte mich zu ihm ins Gras, und ließ mir von ihm erzählen, und wie sich seine Gebirgsmärchen, gleich Zitherklängen, entwickelten, schaute ich träumend in die phantastische Dunkelheit, in der die Gebirge hingen in immer stillere und größere Massen schmelzend, und auf den See, der stets starrer und schwärzer ward und nur hie und da mit einem schwachen ungewissen Lichtchen aufzuckte. Und immer tiefer sank Berg und Thal und See in die dunkle schlummerige Luft vor mir zurück – eine unsägliche Wehmuth war in meinem Herzen – der Jäger schwieg endlich auch, und ich hörte jetzt deutlich Lothars und des Doctors schöne Stimme von dem See her gedämpft singen – dann einen Pistolenschuß, und das darauf folgende Gewitter, das die Berge und den See im Finstern durcheinanderwühlte, und in Kreisen rollte und sich mäßigte und beschwichtigte und ausmurmelte – sein Verzittern machte mir die Landschaft nur noch unbeweglicher, wie einen schwarzen Klumpen, der in zackiger Linie den silbergrauen Himmel abschnitt. „Seht einmal auf den Röllberg," sagte mein Nachbar, und zeigte mit dem Finger in die Nacht hinaus. Ein lichter Schein stand unten an dem bezeichneten Berge – die Mondesaurora war es, ich glaubte, er selber werde jetzt aufsteigen, aber nur der Schein klomm längs der steilen Kante des Felsens, der desto dunkler gegen diesen Schimmer stand, bis der Mond endlich gerade auf dem Gipfel des Steines wie ein großes Freudenfeuer emporschlug zu dem Himmel, an dem schon alle Sterne harrten. Er trennte sich sodann und schwamm wie eine losgebundene blitzende weißglühende Silberkugel in dem dunklen Aether – und alles war hier unten wieder hell und klar – die Berge standen wieder alle da, und troffen von dem weißen niederrinnenden Lichte, das Wasser trennte sich und wimmelte von Silberblicken, ein Lichtregen ging in den ganzen Bergkessel nieder, und jedes feuchte Steinchen und jedes thauige Gräschen hatte seinen Funken. Auch das Schiff der Freunde erblickte ich jetzt und ein vierstimmiger Männerhimnus begann darauf, und der Gesang wogte gedämpft, ein Echo schleifend, von dem See herüber, und zog sich dann ferner und verklang – dann ein mattes Jauchzen – das Rollen ferner Pistolenschüsse, und dann wieder die Mondesstille.

Ihr Auge, dieser schöne Mond ihrer Herzenssonne – wo mag

dieses nun aufblicken zu seinem Schwestergestirne des Himmels? O ihr schönen Felsen und du schimmerreiches Firmament! was ist zwischen heute und jenem Abende vor zwölf Jahren, als ich das erste Mal an diesen Ufern stand, ein unschuldiger Jüngling voll ungebändigter Hoffnungen und ein unerschöpfliches Weltmeer von Vertrauen in dem Herzen – – wie viel hat sich seitdem geändert, und wie scharf einsam bin +ich heute gegen das Wogen und Wallen von Gestalten, die mich damals umgaben! Aber ein Rest ist geblieben, ein Boden, auf dem die Blumenphantasie gestanden: die feste schönheitsliebende Seele – und manch schönerer Blumenwald kann wieder einst daraus emporschießen.

„Geht schlafen, lieber Herr," sagte plötzlich der Jäger zu mir, „Ihr habt morgen einen weiten Weg, und es wird heiter und heiß sein – ich verlasse Euch, da mir der Mond schon hoch genug ist."

Ich schlafen gehen? Dazu war ich viel zu bewegt. Ich ging den See entlang, von dem jetzt Ruderschläge herkamen und bald darauf das Schiff der Freunde. Isidor sprang heraus und jubelte, und sagte, es sei eine Götternacht, und der Doctor bedauerte mich, daß ich nicht mit zu Schiffe gewesen, an diesem einen der zwei angekommenen Fremden habe er einen wahren Fund gethan, er singe einen unvergleichlichen Tenor, der sei noch immer abgegangen, Lothars Stimme sei doch nur ein Bariton, nur schade, daß die Zither, die der Fremde mitgebracht, in der dummen Eile in dem Hause vergessen worden sei. Sie gingen alle dem Hause zu, ich nicht; denn, wo sie ihr Schiff anlegten, bemerkte ich ein zweites kleines, mit diesem wollte ich ganz allein auf den See hinaus. Ich band es leicht los, und stieß ab.

Nun wurde es weit um mich – die Berge traten zurück und standen groß da in lichtnebligen Schleiern, und sanft in träumerischer Magie, und ich schwamm auf dem schönen, platten, flimmernden Elemente, und bei jedem Ruderschlage rann flüssiges

Silber um mein Schiffchen. Aus dem Seehause schallten noch die Reden meiner Reisegefährten, die schlafen gingen, und als es immer mehr, und endlich ganz stille geworden, und der Mond schon fast im Scheitel seiner blauen Halle stand – da hörte ich wieder ober mir das leise seltsame Läuten, aber es war, als fielen nur einzelne Töne unendlich ferne aus der Luft – dann schien es von dem See zu kommen, dann von dem Felsen – dann schwamm es wieder ober dem Haupte – ich ließ das Ruder sinken, und das Wasser an dem Schiffchen aussäuseln, und horchte hin – keine Glocke, eine Zither war es, und die Laute kamen von einem schwarzen Punkte aus dem Wasser, nur das Echo hatte mit den Klängen so wundersam gespielt. Ich fuhr so leise, als möglich näher, die Töne wiegten sich und schwollen, und wurden ein Gewimmel, und plötzlich sang eine Männerstimme darein, ich erkannte die Melodie, es war die Schubertsche über das Seelied von Göthe – deutlich kamen die Worte her: „Wie ist Natur so hold und gut, die mich am Busen hält" .... Ich irre nicht – es war dieselbe Stimme, die das Alphorn von Justinus Kerner sang. Mein Kahn war noch im Zuge, und glitt ohne Rudern näher, ich konnte jetzt dem Gesange Wort für Wort folgen, und folgte mit steigendem Herzen: „Aug, mein Aug, was sinkst du nieder? goldne Träume, kommt ihr wieder?" Mich fingen Erinnerungen an überwältigen zu wollen! – „Weg, du Traum, so gold du bist, hier auch Lieb' und Leben ist." Ich konnte nicht anders, ich ließ die Thränen in die Augen steigen, daß der Mond zitternd und zerblitzend drinnen schwankte – o mein Traumgold war heute auch längstens schon gekommen – und ich vermochte noch nicht zu sagen: Hier auch Lieb' und Leben ist. Das Lied ging fort und wurde groß und fromm, erschütternd einfach, wie im Kirchenstile vorgetragen – ich regte mich nicht in dem Kahne, aber als es geendet, und nur noch die Zithertöne, dieser wahre Kuhreigen der obderensischen Alpen, fortsogen und hüpften und zitterten, im Wechselgesange mit der Alpentochter Echo: fuhr ich rasch näher, und erblickte einen Kahn, wie meiner war, und drinnen saß oder lehnte vielmehr vor einem Brete, worauf er die Zither hatte, der Engländer. Seine Ruder lagen bei ihm in dem Schiffe, das bei der Stille des Wassers auf einem und demselben Punkte stehen blieb. Als er mich ansichtig wurde, streute er gleichsam ein paar Hände voll Töne, wie Goldkörner über den See, und sah mich schweigend an, der ich seinem Gesichte fast auf Spannenweite nahe gekommen war. Ich war sehr verlegen, was ich sagen sollte, als ich das wirklich schöne Angesicht vom Mondlichte beschienen, fragend auf mich geheftet sah.

„Herr," sagte ich endlich, „ich störe Sie wohl? Sie genießen schön diese ausnehmend schöne Nacht."

„Sie stören mich nicht," antwortete er, „ich war gefaßt darauf, daß Sie oder Herr Disson mich aufsuchen würden, den einen Kahn nahm ich selbstsüchtig für mich, den andern noch beiliegenden habe ich Ihnen zugedacht. Die Zither gehört gar einem ganz fremden Menschen, aber er ließ sie liegen, als alle auf den See hinausfuhren, und ich dachte, sie dürfe in solcher Nacht nicht zu Hause bleiben."

„Auf mich waren Sie gefaßt?" fragte ich erstaunt.

„Ja," sagte er, „und ich erwartete Sie hier. Daß Sie auf den See herausfahren würden, war nach Ihrer Gemüthslage zu erwarten, und daß ich Ihnen den ersten Handschlag nicht unter den Blicken aller dieser Menschen geben werde, können Sie auch ermessen" – bei diesen Worten reichte er die Hand über Bord, und sagte fast gerührt: „Wir kennen uns lange; ich bin der Freund und Lehrer einer Person, die Sie vor nicht langer Zeit noch sehr lieb hatten."

„Emil"! rief ich, und sprang auf, und wäre bald aus dem Schiffe gestürzt. Dann mit einem Sprunge war ich in seinem Kahne und wir lagen uns in den Armen – ich fast in ein krampfhaftes Schluchzen ausbrechend – er mich fest und lange an seine Männerbrust drückend.

Endlich ließen wir los, und blickten uns in die Gesichter – zwei Menschen, die sich lange suchten, geistig längst berührten, ja sich liebten und sogar körperlich schon kannten und nun sich so seltsam fanden.

„Vor allen eine Bitte," fing er wieder an, „nämlich Vertrauen, und eine kurze Zeit über keine +Fragen, die sich auf Dinge in Wien beziehen."

Schon sein Erscheinen, ja sein offenbares Aufsuchen meiner war Seligkeit und Freude für mich, und ich schlug gerne ein. Und nun erzählte er mir, daß er mich gesucht, daß er in Linz sogar eine Nacht neben mir geschlafen habe, ohne es zu wissen, und daß er erst von Aston erfahren, daß ich wieder in Wien war, was ihn unendlich gefreut, und mich gerechtfertiget habe, und daß er von Aston den Reiseplan erfahren, und mir in Scharnstein vorgewartet habe. „Also sind nicht alle nach Frankreich fort?" fragte ich. „Nein," antwortete er, „wir wollten es an dem Tage, als Sie wieder in Wien waren, und wieder so schnell abreiseten. Auf Aston's Nachricht beschloß ich sogleich, Sie aufzusuchen. Ich mußte Sie ja suchen, wie den Stein der Weisen," fuhr er lächelnd fort, „vor meiner Abreise war ich mit Aston gewiß zehn Mal bei Ihnen, ohne Sie je zu treffen."

„Der Nabob?" fuhr ich heraus.

„So heißt mich Aston meiner ostindischen Geburt wegen immer," erwiederte er.

„O Gott, o Gott, wie das alles einfach gewesen wäre," rief ich, „und wie es jetzt geworden +ist!"

„Lassen Sie nur das," sagte er, meine Hand nehmend, „ich liebe Sie schon lange und recht von Herzen . . . "

„Ich habe Sie verehrt," unterbrach ich ihn.

„Daran thaten Sie zu viel," sagte er, „und die Quelle, die unsere gegenseitigen Gefühle vermittelte, mag wohl allerorts ein wenig partheiisch gewesen sein. Lassen Sie nur jeden Kummer und geben der jungen Freundschaft ein kleines Recht, die Verzeihung von einer andern Seite wird wahrscheinlich viel leichter zu erhalten sein, als von Aston und mir. Jetzt lassen Sie uns zusammen ein Stück reisen – und vertrauen Sie mir ein wenig."

„Ganz und mit vollem Herzen," rief ich aus.

„Amen," sagte er, „und nun reisen wir zusammen, und lernen auch unsere Fehler ein wenig kennen. Vor allem ist einer gut zu machen, nämlich Ihren Kahn aufzusuchen, den Sie beim Ueberspringen in mein Schiff weggestoßen haben."

Sohin nahm er ein Ruder, und ich eines. Der Kahn war bald gefunden und an den andern angehängt, und dann unter verschiedenem Gespräche fuhren wir fast noch eine Stunde auf diesem Zauberspiegel herum, und gönnten unseren Seelen Frist, so nach und nach die ersten Fäden gegenseitig anzuknüpfen.

O wie schön, und wie anders, als vor zwei Stunden stand der Mond jetzt am Himmel, sich neigend gegen die Felsen, die im Abend standen – herabsehend auf ein erleichtert Herz, und ruhig silbern fortglänzend, weil sich ja alles und jedes auf der Erde friedlich lösen müsse – wenigstens einmal in dem Grabe.

Nach Mitternacht gingen wir schlafen, und auch hier im engen Zimmer floß das milde Licht und zeichnete auf dem Fußboden das ruhige Fensterkreuz. Ich schaute es so lange an, bis die Mohnkörner über das Haupt ausgestreut wurden, – meine Mutter, meine ferne Schwester gingen als Traumgestalten +ein-, zweimal vor dem schon halb verhüllten Gehirne vorüber – und dann kam der feste Schlaf.

Um vier Uhr weckte uns der Führer, und siehe, noch einmal sah ich den heutigen Mond, der mir so lieb geworden war; auf einem gezackten Blocke des Westen lag er vor dem Tage erlöschend, während im Morgen die Röthe flammte, und auf dem See die langen Elfenstreifen von weißen Nebeln woben. Bis wir frühstückten, uns ankleideten und rüsteten, hatte die Sonne schon alles ins Klare gebracht, und der junge Tag blitzte freudenreich auf allen Bergen. Ich wunderte mich, daß der See so klein sei, das zauberische Nachtlicht hatte mir alles in seinen Schleiern auseinander gerückt und vergrößert. Ich schaute mit frischem Morgengefühl noch einmal den Schauplatz der vergangenen Nacht an, und prägte mir das Bild dieses Seees ins Herz, um es lange nicht daraus zu lassen.

Von dem sogenannten lustigen Oertl sahen wir den See noch einmal, dann alle Berge bis Spitel zurück. Jeder warf Grüße und Küsse zurück – und unwillkührlich sah ich auf das Auge des nächtlichen Sängers – es lag im milden Ernste über der Aussicht, und war freundlich. Lothar malte, die andern sangen. Die zwei Fremden, die vom Almsee bis Aussee mit uns gehen wollten, sind Studierende, und der eine hat in leichtsinniger Lustigkeit an himmelblauem Bande seine Zither umhängen, und geht singend und pfeifend durch das Geklippe. Wir wissen bereits, daß er in Wien ein Liebchen hat, das ihm das blaue Band gegeben. Es ist eine mächtige todte Wildniß, durch die wir gingen, ein Steinmeer, und am ganzen Himmel kein Wölkchen, kein Hauch regte sich, und der Mittag sank blendend und stumm und strahlenreich in die brennenden Steine.

Um acht Uhr Abends waren wir in Aussee.

Obwohl körperlich beschwerdevoll, war es doch geistig ein schöner Wandertag gewesen, der hinter mir lag. Viele tausend Berührpunkte fand ich an Emil, und konnte freudig anknüpfen. Alle jene antike Einfachheit, aller Ernst und alle Gluth, die ich an ihr so liebte, ist auch in ihm, aber noch, schien es mir, natürlicher und freier herausgebildet, selbst Lothar erschien etwas weiblich gegen ihn, und die Studenten scheuten ihn, wie einen Professor.

Vor großer Ermüdung gingen wir sehr früh schlafen, und beschlossen, den andern Tag, eben den heutigen, hier zuzubringen. Nach dem Frühstücke sahen wir bei den Fenstern auf eine Art Platz hinaus, es war wieder schön, ja der Himmel hatte ein noch blaueres Sonntagsgewand angethan und die Sonne strahlte festlich geschmückt. Der Platz vor dem Hause war sauber gekehrt, auf der Bank unten saß ein uraltes Mütterchen, schön angezogen, wie ein Kind, ein nettes Mädchen ging vorüber, den Braten zum Bäcker tragend, und gegenüber vor einem Hause standen die Leiterwagen in einen Winkel geschoben und der Hahn stand drauf und krähte seinen Morgenruf hinaus. Landleute in ihrem Feiertagsanzuge kamen, und aus den Thälern erschienen geputzte Aelpler. Um neun Uhr gingen wir alle in die Kirche, und wohnten dem Gottesdienste bei. Nach demselben, als die Landleute vor der Kirche standen, und die Frauen nach Hause trachteten, und geschmückte Mädchen herumsahen, und der Pfarrer vorüberging und alles die Hüte abthat: da mahnte es mich heimwehmüthig, weil mir einst in meiner Eltern Thal das alles so tief feierlich erschienen war. Als wir noch aus den Fenstern sahen, so erblickten wir durch die ruhigen Gefilde überall die heimkehrenden Kirchgänger, und sonntägliche Gruppen, die an den Bergen klommen. Sie gingen nach dem Essen alle zu dem Grundelsee – ich nicht, weil mir unwohl wurde und ich mich ein wenig auf das Bett legte. Es wurde bald besser, und ich schlief ein. Als ich erwachte, saß Emil an meinem Bette. Ich war befremdet, daß er sich meinetwegen das Vergnügen versagte, da selbst meine Freunde meinen Zustand unbedenklich fanden. Er heftete die schönen Augen auf mich, indem er sagte: „Wir sind uns ja nicht fremd, aber ich hätte es auch gegen einen Fremden gethan – ja, in einem Walde Amerika's pflegte ich einmal einen fremden Hund, bis er genas – und dann freilich nicht mehr von mir ging. Uebrigens sind die, die mit Ihnen sind, Ihre Freunde nicht, sondern nur Bekannte, außer Lothar, dessen schöne Blumenseele Sie sich bewahren müssen."

Als ich aufgestanden war, schrieb er Briefe, und ich das vorliegende Blatt an Dich, bis es sehr spät Abends war.

Eben kömmt alles von dem Grundelsee zurück. Es soll sehr schön gewesen sein. Man fuhr auf dem See, und tanzte sogar im Seehaus. Der Wiener Studiosus dichtete ein Lied, und trug es aus dem Stegreif vor, dann sangen sie ein Männerquartett auf dem See, der Doctor verschoß ein Pulverhorn voll Pulver – und ans Heimgehen dachten sie erst, als, wie Lothar sagte, See und Felsen im Abend loderten, und ringsum das klangreiche Lullen und Jauchzen der Sennerinnen hallte, und auf dem Elm sogar ein Feuer brannte.

---

16. Baldrian.

Hallstadt, am 17. August 1834.

Emil eröffnete mir auf dem Wege von Aussee nach Hallstadt freiwillig, daß, wenn ich meine Reise abkürzen wolle, alles, was noch von Besorgniß in meinem Gemüthe sei, sich viel kürzer ins Klare bringen lasse. „*Augenblicklich* will ich umkehren," sagte ich, „der Großglockner hat bei meiner innern Unruhe jeden Werth für mich ohnedem schon längst verloren."

Nur eine Woche, bat er, solle ich ihm in Hallstadt schenken, er habe diese Bitte einer eigensinnigen Person versprochen, die er mir bald vorführen werde.

Es geschah auch. Wir kamen früh genug in Hallstadt an, um die Einladung Emil's annehmen zu können, mit ihm in der Gosaumühle zu essen. Er, Isidor, der Doctor, Lothar und ich fuhren in einem Kahne dahin. Auf der Gasse stand ein schöner Reisewagen und der Doctor behauptete sogleich, es sei derselbe, den er in Kirchdorf gesehen habe, und ward feuerroth – in demselben Momente hüpfte eine grüngekleidete Dame aus dem Hause, und mit den Worten: „Gott grüße Dich, Emil," nahm sie unsern Begleiter schlechtweg bei dem Kopfe und küßte ihn – und als sie uns grüßte, denke Dir meine Ueberraschung, war es dieselbe Dame, die ich einst mein Griechenbild von St. Anna nannte, dieselbe schöne blauäugige Dame, deren Angesicht ich eine Stunde lang in der

Annenkirche studierte, und die ich nachträglich einmal in Haimbach mit Emil sah – also war die andere Verschleierte damals ohne weiteres niemand anderes, als Angela, und die alte Frau die Tante.

Wie der Witz des Zufalls zuweilen spitzig sein kann!

Emil führte uns seine Schwester auf, die sich gegen den höchst verlegenen Doctor schelmisch verbeugte. Ein ältlicher Mann kam auch mit umgebundener Serviette heraus, und rief unter uns: „Na da sind sie, aber Du hast lange warten lassen, gestern den ganzen Tag saßen wir hier, und das sind vermaledeite Berge, Du mußt einen andern Wagen schaffen."

„Oheim," entgegnete Emil, „wir fahren ohnedem für dießmal nicht tiefer in die Berge. Natalie will nur, daß wir ein bischen in Hallstadt verweilen."

Natalie grüßte uns alle herzlich, als Reisegefährten des Bruders, und dann ging es an das Mittagsessen und an das Plaudern, und jeder sagte nach Tische dem andern, daß ihm die junge Dame ausnehmend gefalle.

Nachmittag fuhren wir in zwei Kähnen nach Hallstadt zurück, und richteten uns in unsern Zimmern ein, so gut es ging. Lothar und ich werden viele Punkte des Seees malen. – – –

19. August.

Verzeihe, daß ich zwei Tage an diesem Blatte nichts schrieb, es war keine Zeit. Manche Wienerin würde es übel nehmen, daß eine junge Dame mit den glänzendsten braunen Haaren, dem tiefsten schwermüthig funkelnden Augenblau, und dem vornehmsten Gesichtsovale, das noch dazu voll lauter Blüthe und Huld ist – daß diese Dame so allein (nur ein Mädchen hat sie zur Bedienung) mit jungen Männern im Gebirge herumgehen kann; aber Natalie thut das alles so schön und einzig, daß man es ganz in der Ordnung findet – überhaupt ist sie, wenn es möglich wäre, die zweite Ausgabe von Angela, dieselbe schöne sittliche Grazie, und ich glaube fast dieselbe Bildung. Wir vergingen die ganzen zwei Tage buchstäblich im Freien in den Gebirgen.

23. August.

Es ist bereits der sechste Tag, daß wir in Hallstadt sind. Emil stellte manchmal phisikalische Versuche an, während der Doctor und Isidor das Echo müde singen. Der Doctor bleibt immer, weil er in Natalie wirklich verliebt ist, und Isidor, weil ihm die ganze Sache Spaß macht.

Lothar ist nie bei uns. Er malt den ganzen Tag, und bringt von seinen einsamen Wanderungen jeden Abend himmlischere Bilder. Er ist ordentlich verwandelt in dieser schönen Bergwelt, sein Angesicht ist verklärt, sein ganzes Wesen klingt und schwebt, und er spricht nie anders, als in Bildern.

Gestern Abends vor Schlafengehen reichte mir Emil die Hand und sagte: „Wir sind im Klaren, Bruderherz, schenk dem Eigensinne der Schwester noch ein paar Tage." Er nennt mich öfter scherzweise Du, aber ich kann es nicht über das Herz bringen, ihn im Ernste darum zu bitten.

O Titus, mir ist seltsam im Umgange dieser zwei Menschen, die so einzig trefflich sind. Emil ist überall hoch und schön, wie eine große ruhevolle Alpe: sie säugt Kräuter und Blumen, trägt wehende Wälder am Busen, und das leuchtende Gletschersilber – und doch ist rings das schöne zarte Duftblau der Anmuth ausgegossen. Natalie ist dasselbe, nur als sei es noch durchsichtiger wie von einer Seeesfläche zurück gespiegelt. In Wien, umgeben von den hunderttausend Lastern und Thorheiten, war ich oft selbst nicht gut; in diesen Landschaften, unter diesen Menschen wird mein Wesen immer klarer und fester, und selbst der sanfte Schmerz, der noch immer in dem Herzen sitzt, steht verschönernd drinnen, wie jene Thräne, die man oft mitten in Kristallen findet.

Wenn es dem Doctor gelänge, Natalie zu gewinnen, so hat er in seiner Blindheit den Stein der Weisen gefunden. Er mag es fühlen; denn er wird immer scheuer gegen sie.

Wir sind noch immer in Hallstadt, und es ist, als sollte das so fort währen. Nicht eine Silbe sagte noch Natalie von Angela, und ich, wie in einem ehernen Schlosse, kerkere die Sache in meine Brust. – Lebe wohl, morgen wieder zwei Zeilen.

24. August.

Heute morgens nach neun Uhr saß ich mit dem Fernrohre auf dem Hallstädter Kirchhofe, und sah hinunter auf den See. Er warf nicht eine einzige Welle, und die Throne um ihn ruhten tief und sonnenhell und einsam in seinem feuchten Grün – und ein Schiffchen glitt heran, einen schimmernden Streifen ziehend – ich richtete das Rohr darauf, und sah – es war als träumte ich, – Aston mit seinen Mädchen sah ich. Fast ein Hinabstürzen war es von der Kirche in den Ort, und eben stiegen sie alle aus – der alte Herr in meine Arme, jubelnd, freudevoll – Emma, lachend, sprang herbei, und sagte, daß sie in ihrem ganzen langen Leben noch auf keinen Menschen so zornig gewesen sei, als auf mich – und Lucie reichte mir lächelnd die Hand, und schwieg und war freundlich, wie immer. Sie sind in Ischl, und werden noch vier Wochen dort bleiben. Wir traten alle in die obere hölzerne Gaststube, die die Aussicht auf den See bietet, und nun ging es an ein Fragen und an ein Erzählen und an ein Essen und Trinken – und kein Wort von ihr. Im Anschaun dieser geliebten Menschen und Freunde wurde mir Angela wieder so heiß lieb, wie in jenen schönen Tagen, ja noch unendlich heißer und sehnsuchtsvoller, es ist, als könnte ich nicht leben, ohne sie nur noch einmal zu sehen. Jede Miene, jeder Laut, jeder Blick zog eine Reihe jener eingesunkenen Tage hervor, die so tief und so selig zurückstanden, als lägen schon Jahre dazwischen – aber sie kamen alle, jene Tage und standen so lieb und +altbekannt vor mir, und fragten: Was thaten wir Dir, daß Du so sorglich Deine Alpen auf uns deckest?

Hundert Mal wollte ich fragen, und hundert Mal vermochte ich es nicht. Sie mußten mir es in den Augen lesen, aber keines erwähnte ihrer. Ja, als es endlich Abend geworden, und sie alle abfuhren, und mich recht freundlich nach Ischl einluden, überwältigte mich fast der Unmuth – ich ging auf unser Zimmer, und in tiefem Schmerze lehnte ich die Stirne an das Fensterkreuz und starrte hinunter – der letzte Abend verglomm auf den Bergeshäuptern und an ihren schwarzen Lenden hing bereits die Nacht. „Ist Ihnen unwohl," fragte eine unsäglich sanfte Stimme hinter mir. Emil war es, der schöne Mensch, und nie glichen seine Augen so sehr denen eines Engels – „Nichts ist mir," antwortete ich, „als, ihr thut mir alle zu sehr weh." „Wir werden es nun nicht mehr thun," sagte er sehr sanft, und bat mich, ihn auf einer Nachtfahrt auf den See zu begleiten, und dort trug er mir das brüderliche Du an. Als wir zurückgekehrt waren, gab ich ihm mein Tagebuch, weil ich ihm von nun an völlige Offenheit schuldig zu sein glaubte.

25. August.

Heute bat mich Natalie, sie ein wenig in das Strubthal zu begleiten, und sie erzählte mir Folgendes: „In den blutigsten Tagen der französischen Revolution floh nebst vielen andern auch Eduard Morus, aus Boston gebürtig, weil ihm Gefahr drohte, aus Paris, wo er Handels halber ansäßig war. Er ging nach Ostindien, wo er zum reichen Manne wurde. Seine Frau gebar ihm nach lange kinderloser Ehe schnell hinter einander vier Söhne und zwei Töchter, aber nur der älteste Sohn und die jüngste Tochter lebten. Der Knabe war zehn, das Mädchen zwei Jahre alt, als Morus starb. Die Mutter, eine Pariserin, konnte ihr Vaterland nicht vergessen, deßhalb, mit Hülfe des jüngsten Bruders ihres Gatten, machte sie ihre Habe mobil, und ging nach Paris, das inzwischen ausgetobt hatte. Es war im Jahre 1817. Das neue Paris gefiel der alten Dame nicht mehr, und eine schöne Villa in den Cevennen sollte ihr Ruheplatz werden. Er wurde es; denn noch in demselben Sommer starb sie. Jetzt zog auch der Onkel sein Vermögen aus dem ostindischen Handel und ging nach Frankreich in dieselbe Villa, und verwaltete auch das seiner zwei Bruderskinder als Vormund.

Der Knabe wurde bald mit einem Lehrer nach Paris gethan, und das Mädchen erhielt eine Gouvernante. Als er zwölf Jahre alt war, geschah es, daß er mit seinem Hofmeister auf der Reise nach der Villa in eine Schenke der Cevennen trat. Viele Leute gingen aus einer Kammer aus und ein, und machten traurige Gesichter, und als er auch hineinging, sah er einen todten Mann liegen mit jungem, blassen Gesichte und einer breiten Stirnwunde, aus der kein Blut mehr floß, und die sauber ausgewaschen war. Ueber den Leib war ein weißes Tuch gebreitet. Als er sich erschrocken wegwendete, sah er auf einer zweiten Bank eine Frau liegen, bis auf die Brust zugedeckt, diese aber und das Angesicht waren weiß wie Wachs und wunderschön, nur in der Gegend des Herzens war ein rother Fleck, ein Loch, wo, wie sie sagten, die Bleikugel hineingegangen sei. Was aber den Knaben zumeist jammerte, war ein etwa zweijähriges Kind, das bei der Frau saß und fortwährend die weißen Wangen streichelte. Des Morgens hatte man sie etwa eine halbe Meile tiefer im Walde gefunden bei einem umgestürzten und geplünderten Wagen. Das Mädchen sei unverletzt unter einem Haufen schlechter Kleider gelegen, und hatte ein sehr kleines goldnes Kreuzchen um den bloßen Hals hängen – "

„Angela," rief ich –

„Ja, unsre Angela," erwiederte sie. Ich horchte gespannt, als sie fortfuhr: „Emil ging zu dem Mädchen und liebkoste es, da lächelte ihn die Kleine an und sagte Laute, die nicht französisch waren. Der Knabe begehrte das Kind mitzunehmen, und da man ihn und seinen Oheim kannte, so ward sie ihm ohne weiteres überlassen, bis sie von ihren Angehörigen jemand reclamire. So brachten die zwei Männer das Kind auf die Villa. Nie hat sich jemand um die Waise gemeldet. Sie ward sofort meine Gespielinn und der Liebling Emils. So oft er auf Besuch da war, der oft Monate dauerte, lehrte er sie Buchstaben kennen, Blumen und Faltern nennen, und erzählte ihr Märchen. Sie horchte gerne auf ihn und begriff wunderähnlich, und liebte ihn auch am meisten. Dann sagte er ihr von fernen Ländern, in denen er geboren worden, und von den schönen Menschen, die dort wohnen. Auf einmal verlangte er selber nach Ostindien. Alle Werke über dieses Land, die er habhaft werden konnte, las er durch und entzündete sich immer mehr und mehr, ja, als er im nächsten Jahre von Paris kam, redete er zum Erstaunen des Oheims ziemlich gut die Sprache der Bramanen. In demselben Jahre starb der dritte Bruder des Vaters in Calcutta und machte eine Reise des Oheims nach Indien nöthig. Emil jauchzte über den Tod des unbekannten Oheims, weil er mit durfte. Die Mädchen kamen unter die Obhut der Tante.

Sechs Jahre blieb er aus, und als er zurückkam, war er ein Mann, stark und gütig. Auch das unscheinbare Kräutlein, Angela, war eine schöne Wunderblume geworden, so daß er betreten war bei ihrem Anblicke. Wir siedelten damals nach Wien über. Er unternahm nun ausschließlich unsere Erziehung, und erzog sich selbst dabei. Er fing die Wissenschaften an, und dichtete uns nebenbei indische Märchen vor voll fremden Dufts und Farben. Er predigte und lehrte nie, sondern sprach nur und erzählte uns, und gab uns Bücher. Wir lernten trotz Männern. Die Dichter las er vor. So wurden wir uns nach und nach wie die Jahre vergingen, immer gleicher, und für Europa eine Art exotischer Schaustücke – aber das Herz, die Seele, glaube ich, hat er an den rechten Ort gestellt – nun, Sie kennen ja jetzt alle drei. Einmal ging er wieder fort, und war zwei Jahre in Amerika. Als er zurückkam, und Angela wieder herrlicher und schöner fand, so erkohr er sie zu seiner Braut, ohne ihr jedoch etwas zu sagen, aber so sehr er sie liebte, ja eigentlich in ihr lebte und webte, so wenig war er selbstsüchtig, er wollte sie sich nicht stehlen, sondern ihr dadurch, daß er andere Männer, wo möglich bedeutsame, in ihr Bereich führte, ihre Wahlfähigkeit zurückstellen. Ja, deßhalb nahm er sie auf die französische Reise nicht mit. Aston, ein Busenfreund unsres verstorbenen Vaters, tadelte dieses Verfahren heftig – aber als Emil darauf bestand, so bestand Aston wieder darauf, daß Sie mit ihr in Berührung kämen. Das Ende ist Ihnen bekannt. Ich zürnte anfangs etwas über diesen Ausgang, aber Emil tadelte mich, und hieß gut, was sie gethan. Und nun verzeihen Sie, daß ich und Emil Sie so lange hier zurück hielten, wir wußten alles von Ihnen und waren Ihnen von Herzen gut, aber nur Ihr eifersüchtiges Auffahren schreckte uns, deßhalb ging ich sogar auch selber mit nach Hallstadt, um mit eigenen Augen zu sehen, an wen denn unsere Angela hintangegeben würde. Ich las durch ihn Ihr Tagebuch und das tilgte den letzten bösen Funken, und es ist bereits an Angela abgeschickt. Zürnen Sie nicht, ich nahm die Verantwortung auf mich; denn unter uns ist es Sitte, daß unbeschränkte Aufrichtigkeit herrscht. Emil ist der beste und stärkste Mensch. Er opferte freudig jeden Anspruch, und liebt Sie, und will nur das Glück seiner Schwester gründen. Noch dürfte es Ihnen zum Verständniß dienen, daß mein Bruder der Graf Lorrel ist; Morus, Grafen von Lorrel waren unsere Vorfahren, aber wir sind nur die Kaufleute Morus. In Wien ist man wahrlich ohne unser Zuthun dahinter gekommen. Es wird Ihnen jetzt auch ein gewisser Satz ihres Tagebuches verständlich sein, der Angela zu des Grafen Geliebten macht. In gewissem Sinne war sie es immer, und wird es bleiben.

Auch ihre Herkunft hat sich im vergangenen Sommer aufgeklärt. Sie ist die Zwillingsschwester einer russischen Fürstin, der sie so ähnlich ist, daß der Großvater der Kinder aus Scherz beiden goldene Kreuzchen umhing mit verschiedener Chiffre, daß man sie auseinander kenne. Die Fürstin wurde bei dem Großvater erzogen, und Angela auf jene unglückselige Reise mitgenommen, wo ihr Vater aus Laune unter fremdem Namen reiste und ein so unglückliches Ende nahm. Man hielt Angela für todt, als sich im vergangenen Sommer, da Fodor den Schauplatz des Mordes ihrer Eltern besuchte, gerichtlich herausstellte, daß und wo sie lebe. Die Schwestern sahen sich in Wien, und es war dieß ein bittrer Tag für Angela. Die Fürstin forderte, daß Angela hinfort den Umgang mit diesen Menschen abbreche, unter denen sie sich bisher „umtrieb“, „sie habe nicht weiter noth, als aufgelesenes Findelkind bei derlei Menschen zu verbleiben, oder als etwas noch übleres.“ Angela richtete sich auf diese Worte auf und weinte wohl einige bittre Unmuthsthränen, aber entsagte lieber der neugefundenen Schwester, die solches forderte, und entsagte auch jedem Adel und Vermögensanspruch. Sie hat nicht nöthig, einen zu machen; denn meine und Emils Habe wurde schon längst in drei gleiche Theile getheilt, und Angela's Theil ist ihr gerichtlich zugesichert, da wir ja alle drei Geschwister sind und es ewig bleiben wollen.“

Ihre Augen brachen in Thränen aus, als sie das sagte, und hinzusetzte: „Morgen werden Sie sie sehen, und desto früher, je weiter Sie ihr entgegenfahren. Sie wird heute Abends nach Gmunden kommen.“

Ich war erschüttert und gerührt, und bat sogleich, als wir zurückkamen, den Bruder Emil, mit mir aufzubrechen und nicht zu ruhen, bis wir heute noch Gmunden erreicht hätten. Er sagte es zu. Das Schiff steht bereitet. Lebe wohl.

17. Lilie.

Hallstadt, 26. August 1834.

Und nun habe ich meine Angela wieder gesehen, *auf ewig meine Angela*. Heute sind wir alle, Emil, Aston, seine Mädchen, Angela, Natalie, Lothar und ich bis tief in die Nacht bei einander gewesen, und obwohl es spät ist, so muß ich doch noch ein Stück meines lärmenden freudefunkelnden Herzens an Dich absenden. O komme nur, o komme nur – das sind Menschen!! *Du* fehlest noch, und die Villen am Traunsee – dann wäre ja der schönste einst so närrische Traum erfüllt, das schwerste ist überwunden, *die Menschen sind da*. Nur in Kürze kann ich Dir etwas senden – in Genf wirst Du wieder ein Blatt finden, das letzte, dann eile mit Windesflügeln nach Wien.

Nun etwas von unserem Wiedersehen. O Titus, komme nur, daß Du sie sehen kannst. – Athemlos ging ich mit Emil die Treppe hinan auf ihr Zimmer – nur der beigegebene Diener war da, und sagte, sie sei mit ihrem Mädchen längs des Seees gegen Altmünster gegangen. Wir gingen eilig nach – meine Augen fanden sie bald. Im gewohnten weißen Kleide wandelte sie langsam vor uns, das Antlitz auf den abendglühenden Traunstein gerichtet. Kaum zwei Schritte waren wir nur noch hinter ihr, als sie sich umsah – ganz so schön, wie ich gedacht hatte, war ihr Benehmen – nur eine Secunde stockte sie, dann, nur Freude, die schöne, die herrliche Freude, der Schmuck des Menschenangesichtes, glänzte aus ihren Augen, als sie uns die Hand reichte – nicht eine Ahnung des Vorwurfes in den heitern Mienen.

„Ich habe Unrecht gethan, Angela," sagte ich, indem ich ihre Hand hielt und in ihre Augen sah. Fast ihren Bruder vernachlässigend wandte sie sich ganz zu mir, und meinem Blick voll Sanftmuth begegnend sagte sie: „Nicht Unrecht thaten Sie, nur übereilt geurtheilet haben Sie, und sich recht viel Weh bereitet – ich will es durch noch mehr Liebe gut zu machen suchen, daß ich die Ursache war."

„Nein," rief ich, „ich kann nur durch die grenzenloseste Liebe schwach vergelten, daß einmal bittere Tropfen durch mich in diese Augen stiegen – und, Angela, ich will es auch, so lange in mir ein Hauch des Lebens ist."

„Liebe verbricht nichts," antwortete sie, „sondern nur der Haß – und Liebe vergilt nicht, sondern nur die Gerechtigkeit – Liebe ist da, weil sie da ist, und beglückt so Geber, wie Empfänger – ich bin erst recht glücklich geworden, als ich Sie so lieb gewonnen. Lassen Sie mir auch die Tropfen, sie waren nicht bitter – und ich gäbe sie jetzt durchaus nicht mehr zurück. Eines aber haben Sie zu büßen, daß Sie mir die Freude, die ich selbstsüchtig ganz allein haben wollte, verdarben, nämlich Euch beide einander im Triumphe zuzuführen, und zu sehen, wie Schritt um Schritt einer den andern an sich reißen wird – und nun kommen sie beide und haben am Almsee die schönste Nacht gefeiert, während die arme Schwester sich in Wien mit Ausmalungen abquälen mußte: wo werden sie jetzt sein, was werden sie thun, wie viel werden sie schon gesprochen haben, wie gefallen sie sich . . . . "

„Aber nun sei herzlich und tausend Mal gegrüßt," fiel Emil ein, „hier hast Du beide, und betrachte sie nur, wie sie sich schon gut sind, und es täglich noch mehr werden wollen, und nun gehen wir nicht mehr aus einander, Natalie und die Astons und wir, und geliebt es Gott, noch einer – das soll ein schönes Leben geben, wie er es in seinen Traunseevillen dichtete."

Ich erröthete, weil mir einfiel, daß sie so eben mein Tagebuch gelesen haben. Sie fühlte es augenblicklich und sagte freundlich: „Wenn wir in den Gasthof kommen, werde ich Ihnen alle meine geheimsten Schriften einhändigen."

Der erste Augenblick war nun überstanden – wir gingen weiter den See entlang, und immer leichter und immer traulicher lösete sich das Band der Rede, bis alles war wie einst, wenn ich mit ihr manche Stunde so recht in den dichterischesten Schwärmereien herumwandelte. Emil war mir kein fremdes Element, ihr ohnehin nicht, ja es war, als gehörte er eben so, wie er ist, dazu. Die Reden wurden immer wärmer und begeisterter, und die Herzen gaben sich immer reiner und unverhüllter. Drei glücklichere Menschen mochten an diesem Abende gewiß nicht in den Mauern der reizenden Uferstadt gewesen sein. Wir gingen erst in unser Gasthaus, als schon zwei Sternenhimmel leuchteten, einer über, einer unter dem See. Als Emil und ich in unserem Zimmer waren, trat ich an das Fenster, das auf den See sah, und bat Gott sonst um gar nichts, als: nur jetzt möchte er den Himmel nicht einfallen lassen.

Ehe wir schlafen gingen, that ich etwas, was seit Jahren das albernste war, was ich erdenken konnte. Ich trat nämlich beklommen zu Emil und sagte, daß ich es für meine Pflicht halte, ihm zu eröffnen, daß meine Vermögensumstände geringe seien, und ich seiner Ziehschwester daher nur ein sehr bescheidenes Loos anbieten könne – und es drücke mich dieser Gedanke schon lange her – – –

Er sah mich befremdet an, dann sagte er lächelnd: „Da hast Du Dir einen netten Zopf in dem alten Europa geflochten, und hängest ihn Dir heute Abends vor mir ehrbar an – und stehst da, daß ich Dich auslachen soll! Nicht wahr, wenn Du in den See fällst und ertrinken willst, und ich ziehe Dich mit äußerster Gefahr meines Lebens heraus, so dankest Du mir, und es freut Dich, und Du erscheinest Dir nicht gedemüthigt – aber wenn ich sage: das Glück und der Fleiß meines Vaters hat mir so viel zugeführt, daß ich und andere ein schönes Vernunftleben führen können, wie es Gott nach unserer Lage fordern kann, und wenn ich sage, da liegt so viel übrig, daß wir es gar nicht verbrauchen können, bleibe da, und nimm Antheil an dem Geistesleben, das wir gesellig beginnen wollen, und an den Thaten, wodurch wir das Reich des Guten zu erweitern streben wollen: so sitzest Du da und fühlest

Dich gedrückt – warum? weil sie alle ihr Leben lieber für den andern wagen als ihr Geld, weil alles mittheilbar ist, nur kein Vermögen – außer in Almosen – und weil sie dieses mit Stolz und so geben, daß der Empfänger gedemüthigt wird. Haben Dich die 30 Dukaten Deines Titus beleidiget? Nein! weil Du ihm zurück vergelten kannst? Nun also, wenn ich Dich aus dem See gezogen hätte, dann müßte ich auch aus Zartheit hineinfallen, daß Du mich wieder herauszögest? Wir sind eine Familie, Angela und Du gehöret auch dazu und diese Familie hat so und so viel Mittel – oder bist Du Deinem Vater, Oheim, entfernten Vetter u.s.w. . . . auch unterthänig, weil Du etwa eine Million von ihm geerbt hast? Nicht – weil das herkömmlich ist – – – Uebrigens arbeite, verdiene, thue, was Du willst, bringe ihr redlich das Küchengeld nach Hause – – noch ehe wir von Deinem Dasein wußten, war für den künftigen Gatten Angela's die Hälfte ihres Vermögens zur Verfügung gestellt, er sei reich oder arm. Es läßt Dir naiv, aber ich habe es von Dir nicht erwartet, daß Du mit dieser Last angefahren kommen wirst. Wir wollen es den Mädchen verheimlichen, sie müßten Dich auslachen."

„So höre einmal auf," rief ich aus, „ich begreife schon, Du drolliger Mensch – und wahrhaftig, es kömmt auch etwas wie Scham über mich."

„Lothar scheint derselbe Narr zu sein," fuhr er fort, „er quält sich sichtbar ab – und dennoch, als der Doctor Natalien den Hof machte, konnte sie nichts eiligeres thun, als ihr Herz an die frommen schönen Künstleraugen Lothars wegzugeben – ich habe es gleich bemerkt, er nicht, sondern er ringt und malt, und malt in jedes Bild deutlicher seine Liebe hinein. Nun, es wird sich finden. Dadurch, daß Natalie diesen Menschen wählte, hat sie ihrem schönen Wesen die Krone aufgesetzt, und dann, Albrecht, sollen Deine Villen auferstehen. Bringe nur bald auch den Titus."

Die Bemerkung über Lothar war mir nicht neu – ich hatte sie

in der Stille auch +gemacht – und mein Tagebuch muß ihm eher Vorschub als Abbruch gethan haben.

Heute fuhren wir schon um vier Uhr über den See, in der Lambath wartete der Wagen, und Aston und alle, und dann wurde der ganze herrliche Tag in Ischl verlebt.

Wir bleiben alle noch drei Wochen in dem Gebirge, und dann geht es wieder vorläufig nach Wien.

---

18. Gundelrebe.

Wien, 18. September 1834.

Ich *muß* Dir noch dieß Blättchen senden, ehe ich Dich an meinem Herzen habe. Es freut mich etwas gar zu sehr. Aston hat es geordnet, der Plan ging von allen aus. Mein Paphos, mein Eldorado, meine zwei Zimmer, wie ich sie einst dichtete, sind leibhaftig und in Wahrheit da. Aston um 50 Jahre jünger vor Freude und Emil führten mich aus meiner Stube heute hin und ich schreibe schon dieses darinnen. Die Staffelei, die Tropenpflanzen, die Bilder, die Statuen, die grauen Vorhänge, die Geräthe, das Fernrohr (aber es ist ein Plößl), alles, alles ist da, und wie ich so recht freudig war, wie ein Kind und dem guten jubilirenden Aston die Hände drückte, machte er sich los, riß eine unbemerkte Tapetenthüre auf, und dahinter stand lächelnd Angela und Lucie, und Natalie und Emma, und hinter ihnen die drei Zimmer, wie sie gewünscht wurden, mit dem Piano, und der Glasthür und dem Balkone und dem Garten – alle Mädchen lachten und freuten sich, und alle mußten den alten Aston küssen; denn er *allein* hat alles gemacht und ordnen lassen, und kein Auge durfte es früher sehen als heute. Nur eins ist noch +vor den drei Zimmern, nämlich noch ein großes, freundliches Speisezimmer und eine Tafel stand schon gedeckt, bereitet, das Mahl zu empfangen, das heute hier, in meiner Wohnung eingenommen werden sollte – und Angela kann doch kochen – das ganze Mal hat sie gerüstet – o Titus, wie schön, wie unsäglich reizend läßt der hochgeistigen Gestalt die liebe Wirthlichkeit, die Schürze, die Schlüssel, das hausmütterliche Auge, und die höhere Wangenröthe von der Bewegung und Arbeit – sie war selbst so sehr freudig und neckisch, daß sie ordentlich irdischer wurde, und ich den Muth bekam, bei einer gelegenen Secunde ihre Wange zu küssen, was ich seit jenem ersten Abend nicht gewagt hatte, sie litt es, und sah mich mit leuchtenden Augen an, und enteilte. Lothar und Natalie sind auch ein Paar. O komme nur, komme, daß ich Dich nur einmal fassen kann und fast an mir zerdrücken; sonst werde ich noch vor Freuden närrisch.

---

19. Himmelsröschen.

Wien, 1. Mai 1835.

Die Gundelrebe war das letzte Tagebuchblatt Albrechts, und das Himmelsröschen ist ganz von mir, d. h. von dem Sammler und Referenten der obigen Blätter – und das Himmelsröschen hätte mit Fug eine Vorrede abgegeben, wenn nicht alles dadurch verrathen worden wäre. Deßhalb folgt es jetzt. Am ersten Mai anno domini 1835 war zu Haimbach ein großes Frühstück. Es war da: erstens ein junger, schöner, höchst geistvoller Mann mit ernsten Augen und muthigem Antlitz, Albrecht, der Schreiber obiger Blätter; an seiner Seite war Angela, sein wohlgetrautes Eheweib, eine vollendete Minerva. Item ein zweites junges Ehepaar: Lothar und Natalie, Albrecht zeichnete sie in seinen Blättern ohnedem sehr gut. Tertio Emil und Lucie, kein Ehepaar, sondern gute Freunde. Ferner ein sonnverbrannter, feurig blickender

Mann mit mehr Lockenwald als Jupiter Olimpicus, aber etwas klein und stämmig: der Titus aus den Pirenäen. Ihm zur Seite saß – nicht sein Weib – sondern Jungfrau Emma, frisch herumblickend voll trotziger Gesundheit. Item Onkel und Tante; und zuletzt Aston, zu dem sich kein weiblicher Gesponse vorfand, man müßte nur die Wirthin rechnen, die freudig und verschämt lächelnd herumging und alle Hände voll zu thun und ihres Wunderns und Gesegnens kein Ende hatte; denn ganz oben am Ende des Tisches im schönsten Goldrahmen prangend steht ihr sehr gelungenes Conterfei auf „schneeweißem Papier" in netten Farben ausgeführt, wie es Albrecht in der Glockenblume versprochen hatte.

So war also jener Scherz schon in einem Jahre in Erfüllung gegangen, nur verkehrt, Lothar hatte das Griechenbild und Albrecht die Verschleierte gewonnen. Und dem damaligen Scherze zu lieb wurde das heutige Frühstück veranlaßt, um die Prophezeihung so wahr als möglich zu machen.

Der Leser dieser Zeilen vergesse ja nicht, wenn er einmal nach Haimbach kömmt, sich von der Frau Wirthin das Bild, das sie heilig aufbewahrt, zeigen zu lassen; denn es ist ein wahres Meisterwerk in Aquarell.

Ich saß jenes gesegneten Tages aus purem blinden Zufall in Haimbach, und diesem Zufalle verdankt der Leser die ganze obige Geschichte; denn weiß Gott, wie es kam – die Leutchen alle gefielen mir so sehr, und ich etwa ihnen auch, daß sich eine Gasthausbekanntschaft entspann, und dann gar ein Mitihnenfahren, und sofort eine nähere bis heute fortgesetzte Freundlichkeit und ein Umgang, und lieb wäre es mir, wenn ich eines schönen Tages die liebholdeste Emma zum Altare führen könnte. So geschah es auch, daß obige Tagebuchblätter in meine Hände kamen, und mit ihnen die Erlaubniß, sie sämmtlich den freundlichen und artigen Lesern vorlegen zu dürfen. Noch einen Rath füge ich in Schnelle bei, bevor wir scheiden (ich war ja durch das ganze

Werk manierlich, und redete dem Albrecht nur zwei Mal in seine Blätter), also der Rath ist dieser: „Wer etwa diese Zeit her Lust hat, den Traunsee zu besuchen, der warte noch zwei Jahre, wenn es angeht; denn dann sind die zwei wunderschönen Landhäuser schon fertig, die ganz nach Albrechts Angabe am Traunkirchnerufer werden aufgeführt werden, als Wohnsitz der obigen Frühstückgesellschaft - wenn nicht bis dahin ein anderer Plan gefaßt wird, etwa am Jura zu wohnen, oder in Neuseeland, oder sonst wo, was von so excentrischen Köpfen nicht zu wundern wäre."

Und so, lieber Leser, gehabe dich wohl!

Wien, am 30. Juni 1840.

Das Haidedorf.

Von Adalbert Stifter.

105 1. Die Haide.

Im eigentlichen Sinne des Wortes ist es nicht eine Haide, wohin ich den lieben Leser und Zuhörer führen will, sondern weit von hier ein traurig liebliches Fleckchen Landes, das sie die Haide nennen, weil seit unvordenklichen Zeiten nur kurzes Gras darauf wuchs, und dünne stehend, die Schwarzföhre, an deren Stämmen hie und da Wollflöckchen hingen, von den wenigen Schafen und Ziegen, die zeitweise hier herumgingen. Ferner war noch da die Wachholderstaude, und sehr selten die Birke – im Weitern aber kein anderer Schmuck, man müßte nur die fernen Berge hieher rechnen, die ein wunderschönes blaues Band um das mattfärbige Gelände zogen.

Wie es aber des Öftern geht, daß tiefsinnige Menschen, oder solche, denen die Natur allerley wunderliche Poesie und seltsame Gefühle in das Herz gepflanzt hatte, gerade solche Orte aufsuchen und liebgewinnen, weil sie da ihren Träumen und innerem Klingklang nachgehen können, so geschah es auch auf diesem Haideflecke. Mit den Ziegen und Schafen nemlich kam auch sehr oft ein schwarzäugiger Bube von zehn oder zwölf Jahren, eigentlich um dieselben zu hüten, aber wenn sich die Thiere zerstreuten – die Schafe, um das karge, aber würzige Gras zu genießen, die Ziegen hingegen, für die im Grunde kein passendes Futter da war, mehr ihren Betrachtungen überlassen und der reinen Luft, nur so gelegentlich den einen oder andern weichen Sprossen pflückend – fing er inzwischen an, Bekanntschaft mit den allerley Wesen zu machen, welche die Haide hegte, und schloß mit ihnen Bündniß und Freundschaft. Es war da ein etwas erhabener Punct, an dem sich das graue Gestein, auch ein Mitbesitzer der Haide, reichlicher vorfand und sich gleichsam emporschob, ja sogar mit einer am Gipfel überhängenden Platte ein Obdach und eine Rednerbühne bildete. Auch der Wachholder drängte sich dichter an diesem Orte, sich breit machend in vielzweigiger Abstammung und Sippschaft, nebst manch schönblumiger Distel. Bäume waren aber gerade hier weit und breit keine, weßhalb eben die Aussicht weit schöner war, als an andern Puncten, vorzüglich gegen Süden, wo das ferne Moorland, so ungesund für seine Bewohner, so schön für das entfernte Auge, blauduftig hinaus schwamm in allen Abstufungen der Ferne. Man hieß den Ort den Roßberg, aus welchen Gründen mag Gott wissen; denn seit Anbeginn entsann sich kein Mensch, daß man hier je Pferde gesehen habe, welche überhaupt ein für die Haide zu kostbares Gut waren.

Hieher nun wanderte unser kleiner Freund am allerliebsten, wenn auch seine Pflegebefohlenen weit ab in ihren Berufsgeschäften fortgingen, da er aus Erfahrung wußte, daß keines die Gesellschaft verließ, und er sie am Ende alle wieder zusammen fand. Ja das Suchen selber bot ein Interesse, das sich steigerte, wenn er sie recht lange nicht fand. Hier gründete er sein Reich. Unter dem überhängenden Blocke bildete er nach und nach durch manche Zuthat, und durch mühevolles Weghämmern mit spitzigen Steinen einen Sitz, anfangs für Einen, dann füglich für drey geräumig genug, auch ein und das andere Fach wurde vorgefunden oder hergerichtet, oder andere bequeme Winkel und Stellen, wohin er seinen leinernen Haidesack legte, und sein Brot und die unzähligen Haideschätze, die er oft hieher zusammentrug. Gesellschaft war im Übermasse da, vorerst die vielen großen Blöcke, die seine Burg bildeten, ihm alle bekannt, jeder anders nach Farbe und Gesichtsbildung, der unzähligen kleinen gar nicht zu gedenken, die oft noch bunter und farbenfeuriger waren. Er classificirte die Großen nach ihrer Stellung, je nachdem sie ihn durch Abenteuerlichkeit entzückten, oder durch

Gemeinheit ärgerten – die Kleinen liebte er alle. Dann war der Wachholder ein widerspänstiger Geselle, unüberwindlich zäh in seinen Gliedern, wenn er einen köstlichen Hirtenstab sollte fahren lassen, und rings starrend von Nadeln, aber auch in allen Ästen strotzend von Gaben der Ehre, die er Jahr aus, Jahr ein den reichlichen Haidegästen auftischte, die Milliarden grüner und blauer Beeren. Dann waren die wundersamen Haideblümchen, glutfärbig oder himmelblau brennend zwischen dem sonnigen Gras des Gesteines, oder jene unzählbaren kleinen zwischen dem Wachholder, die ein weißes Schnäbelchen aufsperren mit einem gelben Zünglein darinnen, auch manche Erdbeere war hie und da, selbst zwey Himbeersträuche, und sogar zwischen den Steinen sprossend eine lange Haselruthe. Böse Gesellschaft fehlte wohl auch nicht, die er von seinem Vater aus gar wohl kannte, wenn sie auch noch so schön war, nemlich hie und da, aber sehr sparsam, die Einbeeren, die er nur schonte, weil sie so glänzend schwarz waren, so schwarz, wie gar nichts auf der ganzen Haide, seine Augen ausgenommen, die er freylich nicht sehen konnte.

Fast sollte man von der belebten Gesellschaft nun gar nicht mehr reden, so viel ist schon da – aber dieselbe ist erst vollends ausgezeichnet, ich will von den tausend und tausend goldenen, rubinenen, smaragdenen Thierchen und Würmchen gar nichts sagen, die auf Stein, Gras und Halm kletterten, rannten und arbeiteten, weil er von Gold, Rubinen und Smaragden noch nichts sah, außer was der Himmel und die Haide zuweilen zeigte; – aber von Andern muß gesprochen werden: da war einer seiner Günstlinge ein schnarrender purpurflügliger Springer, der dutzendweise vor ihm aufflog, und sich wieder hinsetzte, wenn er sein Gebiete durchreisete – da waren dessen unzählbare Vettern, die größeren und kleineren Heuschrecken, in mißfarbiges Grün gekleidete Heiducken, aber lustig und rastlos zirpend und schleifend, daß an Sonnentagen ein zitterndes Gesinge längs der ganzen Haide war. – Dann die Schnecken mit und ohne Häuser, braune und gestreifte, gewölbte und platte, und zogen silberne Straßen über das Haidegras oder seinen Filzhut, auf den er sie gern setzte – dann die Fliegen aller Sorten, summende, singende, piepende, blaue, grüne, glasflüglige – dann die Hummel, die schläfrig vorbeytönte, – die Schmetterlinge, besonders ein kleiner mit himmelblauen Flügeln, auf der Kehrseite silbergrau mit gar anmuthigen Äuglein, dann noch ein kleinerer mit Flügeln wie eitel Abendröthe – dann endlich war noch da die Ammer, und sang an vielen Stellen; die Goldammer, das Rothkehlchen, die Haidelerche, daß von ihr oft der ganze Himmel voll Kirchenmusik hing, der Distelfink, die Grasmücke, der Kibitz und andere und wieder andere. Alle ihre Nester lagen in seiner Monarchie, und wurden aufgesucht und beschützt. Auch manch rothes Feldmäuschen sah er schlüpfen, und schonte sein, wenn es plötzlich still hielt, und ihn mit den glänzenden erschrockenen Äuglein ansah. Endlich waren noch Sonnenstrahlen genug auf der Haide, und die wundersamsten Wolken über derselben, deren er oft einen ganzen Himmel voll hatte. Von Wölfen oder andern staatsgefährlichen Bösewichtern war seit den Urzeiten aller seiner Vorfahren keiner erlebt worden, manches eyersaufende Wiesel ausgenommen, das er aber mit Feuer und Schwert verfolgte.

Inmitten all' dieser Herrlichkeiten stand er, oder ging, oder sprang oder saß er – ein herrlicher Sohn der Haide; aus dem tiefbraunen Gesichtchen voll Güte und Klugheit leuchteten in blitzendem, unbewußten Glanze die pechschwarzen Augen, voll Liebe und Kühnheit, und reichlich zeigend jenes gefahrvolle Element, was ihm geworden, und eben in der Haideeinsamkeit zu sprossen begann, eine dunkle, glutensprühige Phantasie. Um die Stirne war eine Wildniß dunkelbrauner Haare, kunstlos den Winden der Fläche hingegeben. Wenn es mir erlaubt wäre, so würde ich meinen Liebling vergleichen mit jenem Hirtenknaben aus den heiligen Büchern, der auch auf der Haide vor Bethlehem sein

Herz fand und seinen Gott, und die Träume der künftigen Königsgröße. Aber so ganz arm, wie unser kleiner Freund, war jener Hirtenknabe gewiß nicht, denn des ganzen lieben Tages Länge hatte er nichts, als ein tüchtig Stück schwarzen Brotes, wovon er unbegreiflicherweise seinen blühenden Körper und den noch blühenderen Geist nährte, und ein klares kühles Wasser, das unweit des Roßberges vorquoll, ein Brünnlein füllte, und dann flink längs der Haide forteilte, um, mit andern Schwestern vereint, jenem fernen Moore zuzugehen, dessen wir oben gedachten. Zu *guten* Zeiten waren auch ein oder zwey Ziegenkäse in der Tasche. Aber *ein* Nahrungsmittel hatte er in einer Güte und Fülle, wie es der überreichste Städter nicht aufweisen kann, einen ganzen Ocean der heilsamsten Luft *um* sich, und eine, Farbe und Gesundheit reifende Lichtfülle *über* sich. Abends, wenn er heimkam, wohin er sehr weit hatte, kochte ihm die Mutter eine Milchsuppe oder einen köstlichen Brey aus Hirse. Sein Kleid war ein halbgebleichtes Linnen. Weiter hatte er noch einen breiten Filzhut, den er aber selten aufthat, sondern meistens in seinem Schlosse an einem Holznagel hing, den er in die Felsenritze geschlagen hatte.

106 Dennoch war er stets lustig, und wußte sich oft nicht zu halten vor Frohsinn. Von seinem Schlosse oder Königssitze aus herrschte er über die Haide und über alle ihre Wesen, aber höchst freundlich und mild. Theils durchzog er sie weit und breit, theils saß er hoch oben auf der Platte oder der Rednerbühne, und so weit das Auge gehen konnte, so weit ging die Phantasie mit, oder noch weiter, und überspann die ganze Fernsicht mit einem Fadennetze von Gedanken und Einbildungen, und je länger er saß, desto dichter kamen sie, so, daß er oft am Ende selbst ohnmächtig unter dem Netze steckte. Furcht der Einsamkeit kannte er nicht, ja, wenn recht weit und breit kein menschliches Wesen zu erspähen war, und nichts als die heiße Mittagsluft längs der ganzen Haide zitterte, dann kam erst recht das ganze

Gewimmel seiner innern Gestalten daher, und bevölkerte die Haide; nicht selten stieg er dann auf die Steinplatte, und hielt sofort eine Predigt und Rede – unten standen die Könige und Richter und das Volk und die Heerführer, und Kinder und Kindskinder, zahlreich wie der Sand am Meere, er predigte Buße und Bekehrung – und alle lauschten auf ihn – er beschrieb ihnen das gelobte Land, verhieß, daß sie Heldenthaten thun würden, und wünschte zuletzt nichts sehnlicher, als daß er auch noch ein Wunder zu wirken vermöchte. Dann stieg er hernieder, und führte sie an, in die fernsten und entlegensten Theile der Haide, wohin sie wohl eine Viertelstunde zu gehen hatten, zeigte ihnen nun das ganze Land der Väter, und nahm es ein mit der Schärfe des Schwertes. Dann wurde es unter die Stämme ausgetheilt, und jedem das Seinige zur Vertheidigung angewiesen. Oder er baute Babylon, eine furchtbare und weitläufige Stadt, aus den kleinen Steinen des Roßberges, und verkündete es den Heuschrecken und Käfern, daß hier ein gewaltiges Reich entstehe, das Niemand überwinden kann als Cyrus, der morgen oder übermorgen kommen werde, um den gottlosen König Belsazer zu züchtigen, wie es ja Daniel längst vorhergesagt habe. Oder er grub den Jordan ab, d.i. den Bach, der von der Quelle floß, und leitete ihn andere Wege. Oder er that das Alles nicht, sondern entschlief auf der offenen Fläche, und ließ über sich einen bunten Teppich der Träume weben. Die Sonne sah ihn an, und lockte auf die schlummernden Wangen eine Röthe, so schön und so gesund, wie an gezeitigten Äpfeln, oder so reif und kräftig, wie an der Lichtseite vollkörniger Haselnüsse, und wenn sie endlich gar die hellen großen Tropfen auf seine Stirne gezogen hatte, dann erbarmte es sie des Knaben, und sie weckte ihn mit einem heißen Kusse.

So lebte er nun manchen Tag und manches Jahr auf der Haide, und wurde größer und stärker, und in das Herz kamen tiefere, dunklere und stillere Gewalten, und es ward ihm wehe und sehnsüchtig, und er wußte nicht, wie ihm geschah. Seine Erziehung hatte er vollendet, und was die Haide geben konnte, das hatte sie gegeben, der reife Geist schmachtete nun nach seinem Brote, dem Wissen, und das Herz nach seinem Weine, der Liebe. Sein Auge ging über die fernen Duftstreifen des Moores, und noch weiter hinaus, als müsse dort draußen Etwas seyn, was ihm fehle, und als müsse er eines Tages seine Lenden gürten, den Stab nehmen, und weit, weit von dannen gehen, um es sich zu suchen.

Glücklicher Natursohn – der Leser erlaube mir die Bemerkung – Glücklicher Natursohn! Diejenigen werden deine Lage begreifen, und selig zurückfühlen, die nicht das Unglück hatten, schon in zartester Kindheit von einer Rotte Meister umrungen worden zu seyn, die täglich an ihnen erzogen, ohne zu erkennen das Bedürfniß und das schöne Gold des Kinderherzens. Die Wiese, die Blumen, das Feld und seine Ähren, der Wald und seine unschuldigen Thierchen sind die ersten und natürlichen Gespielen und Erzieher des Kindes, weil sie auch kindlich sind. Überlaß nur deinen kleinen Engel seinem eignen innern Gotte, und halte bloß die Dämonen ferne, und er wird sich wunderbar erziehen und vorbereiten; – dann, wenn das fruchtbare Herz hungert nach Wissen und Gefühlen, dann schließ ihm auf die Größen der Welt und des Menschen und Gottes.

Und somit laßt uns Abschied nehmen von dem Knaben auf der Haide.

---

2. Das Haidehaus.

Eine gute Wegestunde von dem Roßberge stand ein Haus, oder vielmehr eine Hütte, am Rand der Haide, seitab jeder Straße menschlichen Verkehrs ganz allein, und gleichsam selber auf einer zweyten Haide stehend. Es war ganz aus Holz, faßte zwey Stuben und ein Hinterstübchen, alles mit mächtigen braunschwarzen Tragebalken, daran manch Festkrüglein hing mit einem schönen Trinkspruche bemalt.

Die Fenster licht und geräumig, sahen gegen die Haide. Das Haus war umgeben von Stall, Schoppen und Scheune. Es war auch ein Gärtlein vor demselben, worin Gemüse wuchs, ein Hollunderstrauch und ein alter Apfelbaum stand, weiter ab waren noch drey Kirschbäume und unansehnliche Pflaumengesträuche. Ein Brunnen floß vor dem Hause, kühl aber sparsam, aus starkem Holzschaft in eine Kufe aus einem einzigen Haidestein gehauen.

In dem Hause war es sehr einsam geworden, es wohnten nur ein alter Vater und eine alte Mutter darinnen, und eine noch ältere Großmutter, und alle waren sie traurig; denn er war fortgezogen weit in die Fremde, der es mit seiner jugendlichen Gestalt belebt hatte, und den sie alle drey so sehr liebten. Freylich spielte noch ein kleines Schwesterlein an der Thürschwelle; aber sie war noch gar zu klein, und fragte ewig, wohin denn der Bruder F e l i x gegangen sey, und wann er wieder kommen werde. Weil der Vater die kleinen Feld- und Wiesengründe um die Hütte besorgen mußte, so war ein anderer Ziegenknabe genommen worden; allein dieser legte auf der Haide Vogelschlingen, trieb immer sehr früh nach Hause und schlief bald nach dem Abendessen ein.

Es war ein traurig schöner Tag gewesen, an dem er fortgezogen war. Sein Vater war ein verständig stiller Mann, der ihm nie ein Scheltwort gegeben hatte, und seine Mutter liebte ihn wie ihren Augapfel, und aus i h r e m Herzen, dem er oft und gerne lauschte, sog er jene Weichheit und Phantasiefülle, die sie hatte, aber zu nichts anwenden konnte, als zu lauter Liebe für ihren Sohn. Den Vater ehrte sie als den Oberherrn, und darum auch, weil er sich Tag und Nacht so plagte, um den Unterhalt herbeyzuschaffen, da die Haide karg war, und nur gegen große Mühe sparsame Früchte trug, namentlich wenn Gott ein heißes Jahr über dieselben herabsandte. Darum lebten sie in einer friedsamen Ehe und liebten sich pflichtgetreu von Herzen, und standen einander in Noth und Kummer bey. Der Knabe sah und kannte daher nie jenen giftigen Mehlthau für Kinderherzen: Hader und Zank, außer wenn ein oder der andere stößige Bock Irrsal stiftete in der kleinen Republik seiner Mitbrüder, dem er es seiner Unvernunft halber nicht übel nahm; aber den er sogleich mit tüchtigen Püffen seiner kleinen Faust zu Paaren trieb, was das böseste Thier von ihm, und nur von ihm allein, gutwillig litt, weil es wohl wußte, wie er ihm zu andern Zeiten wieder ein wohlwollender und zuversichtlicher Camerade war; der Vater liebte ihn wohl auch, und gewiß nicht minder stark, als die Mutter, aber nach der Verschämtheit gemeiner Stände zeigte er diese Liebe nie, am wenigsten dem Sohne; doch man konnte sie gut erkennen an der Unruhe, mit der er aus- und einging, und an den Blicken, die er häufig nach Osten that, wenn der Knabe zufällig einmal Abends später von der Haide kam, als gewöhnlich, und der Bube wußte dieses Alles gar wohl.

Von solchen Eltern hatte er keinen Widerstand zu erfahren, als er den Entschluß aussprach, in die Welt zu gehen, und zu schauen, wie sie sey, weil er durchaus fürder nicht mehr zu Hause zu bleiben vermöge. Ja der Vater hatte seit Langem schon wahrgenommen, wie der Knabe sich in Einbildungen und Dingen abquäle, die ihm selber von Kindheit an nie gekommen waren, und die er deßhalb für Geburten der Haideeinsamkeit hielt, und auf deren Abhülfe sann. Die Mutter zwar merkte nichts Seltenes an ihrem Sohne, weil eigentlich ohnehin *ihr* Herz in dem seinen schlug; allein sie willigte doch in seine Abreise, aus einem dunkeln Instincte, daß er da ausführe, was ihm noth thue.

107 Noch *eine* Person mußte gefragt werden, nicht von den Eltern, sondern von ihm: *die Großmutter*. Er liebte sie zwar nicht so wie die Mutter, sondern ehrte und scheute sie vielmehr; aber sie war es auch gewesen, aus der er die Anfänge der Fäden zog, aus welchen er vorerst seine Haidefreuden webte, dann sein Herz und sein ganzes zukünftiges Schicksal. Weit über die Grenze des menschlichen Lebens schon hinausgeschritten, saß sie, wie ein Schemen, hinten am Hause im Garten an der Sonne, ewig einsam, und ewig allein in der Gesellschaft ihrer Todten, und zurückspinnend an ihrer innern, ewig langen Geschichte. Aber so wie sie da saß, war sie nicht das gewöhnliche Bild unheimlichen Hochalters, sondern wenn sie oft plötzlich ein oder das andere ihrer innern Geschöpfe anredete, als ein lebendes und vor ihr wandelndes, oder wenn sie sanft lächelte, oder bethete, oder mit sich selbst redete, wundersam spielend in Blödsinn und Poesie, in Unverstand und Geistesfülle: so zeigte sie gleichsam, wie eine mächtige Ruine, rückwärts auf ein denkwürdiges Daseyn. Ja der Menschenkenner, wenn hier je einer hergekommen wäre, würde aus den wenigen Blitzen, die noch gelegentlich auffuhren, leichtlich erkannt haben, daß hier eine Dichtungsfülle ganz ungewöhnlicher Art vorübergelebt worden war, ungekannt von der Umgebung, ungekannt von der Besitzerinn, vorübergelebt in dem schlechten Gefäße eines Haidebauerweibes. Ihre gemüthreiche Tochter, die Mutter des Knaben, war nur ein schwaches Abbild derselben. Sie hatte in ihrem ganzen Leben voll harter Arbeiten nur ein einziges Buch gelesen, die Bibel, aber in derselben las und dichtete sie siebenzig Jahre.

Jetzt that sie es nicht mehr, verlangte auch nicht mehr, daß man ihr vorlese; aber ganze Prophetenstellen sagte sie oft laut her, und in ihrem Wesen war Styl und Typus jenes merkwürdigen Buches ausgeprägt, so, daß zuletzt selbst ihre gewöhnlichste +Redeweise etwas Fremdes und Romanhaft-Poetisches zeigte. Dem Knaben erzählte sie die heiligen Geschichten. Da saß er nun oft an Sonntagnachmittagen gekauert an dem Hollunderstrauch – und wenn die Wunder und die Helden kamen, und die fürchterlichen Schlachten und Gottesgerichte – und wenn sich dann die Großmutter in die Begeisterung geredet, und der alte Geist die

Ohnmacht seines Körpers überwunden hatte, – und wenn sie nun anfing, rückgesunken in die Tage ihrer Jugend, zärtlich und schwärmerisch zu reden mit einem Wesen, das er nicht sah, und in Worten, die er nicht verstand, aber tiefergriffen instinctartig nachfühlte, und wenn sie um sich alle Helden der Erzählung versammelte, und ihre eigenen Verstorbenen einmischte, und nun Alles dramatisch skizzenhaft durch einander reden ließ: da grauete er sich innerlich entsetzlich ab, und um so mehr, wenn er sie nicht mehr verstand; allein er schloß alle Thore seiner Seele weit auf, und ließ den phantastischen Zug eingehen, und nahm des andern Tages das ganze Getümmel mit auf die Haide, wo er Alles wieder nachspielte.

Dieser Großmutter nun wollte er also sein Vorhaben deuten, damit sie ihn nicht eines Tages vielleicht zufällig vermisse, und sich innerlich kränke, als sey er gestorben.

Und so – an einem frühen Morgen, stand er neben den Eltern reisefertig vor der Thür, sein dürftig Leinenkleid an, den breiten Hut auf dem Haupte, den Wachholderstab in der Hand, umgehängt den Haidesack, in welchem zwey Hemden waren und Käse und Brot. Eingenäht in die Brusttasche hatte er fünf Gulden Geld, das ganze Vermögen des Hauses.

Die Großmutter, immer die erste wach, kniete bereits, nach ihrer Sitte, inmitten der Wiese an ihrem Holzschemel und bethete. Er warf einen Blick auf den Haiderand, welcher schwarz den lichten Morgenhimmel schnitt, trat dann zur Großmutter und sagte: „Liebe Mutter, ich gehe jetzt, lebet wohl und bethet für mich!“

„Kind, du mußt auf die Schafe achten,“ sagte sie, „der Morgenthau ist kühl.“

„Nicht auf die Haide, Großmutter, gehe ich, sondern fort weit in das Land, um zu lernen, um tüchtig zu werden, wie ich es euch ja gestern Alles sagte.“ – „Ja du sagtest es,“ erwiederte sie, „du sagtest es Kind – ich habe dich mit Schmerzen geboren, aber dir auch Gaben gegeben, zu werden, wie einer der alten Propheten und Seher – ziehe mit Gott, aber komme wieder, Jacobus." – So aber hieß ihr Sohn, der auch einmal fortgegangen, vor mehr als sechzig Jahren, aber nie wieder zurückgekehrt war. Er ließ sie in dem Irrthum, und wandte sich gegen die Eltern – am Hals der Mutter hing er, und sie, heiß weinend, küßte ihn auf beyde Wangen, und schob ihm noch ein Silberstück zu, das allerletzte, aber er nahm es nicht; dem Vater reichte er die Hand, dieser machte ihm ein Kreuz auf die Stirne, auf den Mund und die Brust, und als hiebey seine rauhe Hand zitterte, und um den harten Mund ein heftiges Zucken ging, da hielt sich der Knabe nicht mehr – mit einem Thränengusse warf er sich an die Brust des Vaters, und dessen linker Arm umkrampfte ihn eine Secunde, dann ließ er los, und schob ihn gegen die Haide. Die Mutter aber rief, er möge noch einmal eintreten und doch klein Schwesterlein gesegnen, die man in ihrem Bettlein ganz vergessen hatte. Drey Kreuze machte er über den schlafenden Engel, dann schritt er schnell hinaus, und trotzig vorwärts gegen die Haide.

„So ziehe mit Gott, unschuldiger Mensch, und bringe nur wieder das Kleinod, was du so leichtsinnig fortträgst!"

Als er an den Roßberg gekommen, ging die Sonne auf, und schaute in zwey treuherzige, zuversichtliche, aber rothgeweinte Augen. Am Haidehause spiegelte sie sich in den Fenstern, und an der Sense des Vaters, der mähen ging.

3. Das Haidedorf.

Des ersten Abends war es öde, und das Herz that ihnen weh, als sie zu Bette gingen, und auf seine leere Schlafstelle sahen. Um denselben Menschen, der vielleicht eben jetzt noch auf dürrer Heerstraße wandernd, von keinem beachtet, von den meisten verachtet wurde, brachen fast zwey unverkünstelte Herzen im entlegenen Haidehause, daß sie ihn von nun an auf immer entbehren sollten, und sie drückten den Schmerz in sich, weil er schamhaft und unbeholfen sich nicht gegen das Andere zu äußern verstand. Aber es kam ein zweyter Tag, und ein dritter und vierter, und jeder spannte denselben glänzenden Himmelsbogen über die Haide, und funkelte nieder auf die Fenster und das altergraue Dach des Hauses, eben so freundlich und lieblich, wie als er noch da gewesen. Die Arbeit und Freude des Landmannes, durch Jahrtausende einförmig, und durch Jahrtausende noch unerschöpft, zog auch hier geräuschlos und magisch ein Stück ihrer uralten Kette durch die Hütte, und an jedem ihrer Glieder hing ein Tröpflein Vergessenheit.

Die Großmutter trug nach wie vor ihren Holzschemel auf die Wiese, und bethete daran, und sie und klein Marthe fragten täglich, wann denn Felix komme. Der Vater mähte schon Roggen und Gerste – die Mutter machte Käse und band Garben – und der fremde Ziegenbube trieb täglich auf die Haide. Man wußte von Felix nichts.

Die Sonne ging auf und ging unter, die Haide wurde weiß und wurde grün, der Hollunderbaum und der Apfelbaum blühten vielmal – und klein +Marthe war groß geworden, und ging mit, um zu heuen und zu ernten, aber sie fragte nicht mehr – und die Großmutter, ewig und unbegreiflich hinauslebend, wie ein vom Tod vergessener Mensch, fragte auch nicht mehr, weil er ihr entfallen war, oder sich zu ihren heimlichen Phantasiegestalten gesellte.

Die Felder des Haidebauers besserten sich nachgerade, als ob der Himmel seine Einsamkeit segnen und vergelten wollte, und es wurde ihm so gut, daß er schon manchen Getreidesack aufladen, und mit schönen Ochsen fortführen konnte, wofür er dann einige Thaler Geldes und Neuigkeiten von der Welt draußen heimbrachte. Einmal kam auch ein Schreinergeselle mit seinem

Wanderpack zu Vater Niclas, dem Haidebauer, und brachte Gruß und Nachricht von Felix und sagte, daß er in der großen, weit entfernten Hauptstadt ein schmucker und fleißiger Student sey, und gar eines Tages Caplan an der großen Domkirche werden könne. Der Schreinergeselle wurde über Nacht gut gehalten in dem Haidehause, und ließ eitel Freude zurück, als er des andern Tages in entgegengesetzter Richtung von dannen zog. So kam es, daß jeden Jahres ein- oder zweymal ein Wandersmann den Umweg über die Haide machte, dem schönen, freundlichen und handsamen Burschen zu Liebe, der gern einen Gruß an sein liebes Mütterchen schicken wollte. Ja sogar einesmal kam einer geschritten, und conterfeyte das Häuschen samt dem Brunnen, und Flieder und Apfelbaum.

Auch andere Veränderungen begannen auf der Haide sich zu 108
begeben. Es kamen einmal viele Herren und vermaßen ein Stück Haideland, das seit Menschengedenken keines Herrn Eigenthum gewesen war, und verkauften es einem alten Bauersmanne, der darauf mit vielen Söhnen und Leuten ein Haus zimmerte, und anfing, den vermessenen Fleck urbar zu machen. Er brachte fremdes Korn, und im nächsten Jahre wogte ein grüner Ährenwald zunächst an Vater Niclas Besitzungen, wo voriges Jahr nur Schlehen und Liebfrauenschuh blühten. Der alte Bauer war ein freundlicher Mann, ein Mann vieler Kenntnisse, und theilte gern seinen Rath und seine Hülfe an die früheren Haidebewohner, und hielt gute Nachbarschaft mit Vater Niclas. Sie fuhren Beyde nun gar in die Stadt, und verkauften dort ihr Getreide weit besser, und am Getreidemarkt und im goldenen Rosse waren die Haidebauern wohlbekannt und gelitten. Nach und nach kamen noch neue Ansiedler, auch eine Straße wurde von der Grundherrschaft über die Haide gebahnt, so, daß nun manchmal des Weges ein vornehmer Wagen kam, deßgleichen man noch nie auf der Haide gesehen. Auch des alten Bauers Söhne bauten sich an, und einer, sagte man sich ins Ohr, werde wohl schön Marthens Ge-

sponse werden. Und so, ehe sieben Jahre ins Land gingen, standen schon fünf Häuser mit Ställen und Scheunen, mit Giebeln und Dächern um das kleine, alte, graue Haidehaus, und Felder und Wiesen und Zäune gingen fast bis auf eine Viertelstunde gegen den Roßberg – und am St. Pancratiustage hatte Vater Niclas die Freude, zum Richter des Haidedorfes gewählt zu werden – er der erste seit Erschaffung der Welt, der solch Amt und Würde auf diesem Flecke bekleidete. –

Wieder waren Jahre um Jahre vergangen, die Obstbaumsetzlinge, zarte Stangen, wie sie der alte Nachbarsbauer gebracht und an Niclas mitgetheilt hatte, standen nun schon als wirthliche Bäume da, und brachten reiche Frucht und manchen Sonntagstrunk an Obstwein in die Häuser – Marthe war an Nachbars Benedict verheirathet, und sie trieben eigene Wirthschaft. – Die Haide am Roßberge und fortwärts noch so öde, wie vor, war wieder weiß und wieder grün geworden; aber des Vaters Haare blieben weiß, und die Mutter fing bereits an, der Großmutter ähnlich zu werden, die allein unverwüstlich und unveränderlich blieb, immer und ewig am Hause sitzend, ohne sterben zu können, eine träumerische Reliquie, gleichsam als warte sie auf Felixens Rückkehr. Aber Felix schien, wie einst Jacobus, verschollen zu seyn auf der Haide. Seit drey Jahren kam keine Kunde und kein Wandersmann – in der Hauptstadt, wo gar Benedict war, um ihn zu suchen und zu Lieb'-Marthens Hochzeit zu laden, war er nicht mehr zu finden, und im Amte sagten ihm die Kanzleyherrn aus einem großen Buch, er sey außer Landes gegangen, vielleicht gar über das Meer. Der Vater hörte schon auf, von ihm zu reden, Marthe hatte ein Kindlein, und dachte nicht an ihn, die Haidedörfler kannten ihn nicht, und liebten ihn nicht, als Einen, der da einmal davongegangen – die Großmutter fragte nur bisweilen nach Jacobus – aber das Mutterherz trug ihn unverwischt und schmerzhaft in sich seit dem Tage, als er von dannen gezogen, und an ihrem Busen geweint hatte – und das Mutterherz trug ihn Abends in das Haus, und Morgens mit auf die Felder – und das Mutterherz war es auch allein, das ihn erkannte, als einmal am Pfingstsamstag durch die Abendröthe ein wildfremder, sonnverbrannter Mann gewandert kam, den Stab in der Hand, das Ränzlein auf dem Rücken, und stehen blieb vor dem Haidehause. „Felix!“ „Mutter!“ ein Schrey und ein Sturz an das Herz! der schönste Platz eines Sohnes, selbst, wenn er graue Haare trägt, das Herz seiner Mutter, das Kleinod, das er nie verliert, und dessen das Universum nur eines für ihn hat. Das alte Weib brach an ihm fast nieder vor Schluchzen, und er, vielleicht seit Jahren keiner Thränen gewöhnt, ließ strömen den Bach seiner Augen, und hob sie auf zu sich, und drückte sie und streichelte ihre grauen Haare, nicht sehend, daß Vater und Schwester und das halbe Dorf um sie Beyde stand.

„Felix, mein Felix, wo kommst du denn her?“ hatte sie ihn schon zweymal gefragt:

„Von Jerusalem, Mutter, und von der Haide des Jordans. – Gott grüß' euch Vater, und Gott grüß' euch Großmutter! Jetzt bleib' ich lange, recht lange bey euch, und gefällt's Gott, vielleicht auf immer.“ Er schloß den zitternden Vater an's Herz, und dann die alte Großmutter, die fast schamhaft und demüthig bey Seite stand, und dann noch einmal den Vater, den schönen, alten, braunen Mann mit den schneeweißen Haaren, den er mit noch dichten dunklen Locken verlassen hatte, und der doppelt liebenswerth dastand, durch die unbehülfliche Verlegenheit, in die er dem stattlichen Sohne gegenüber gerieth, – das Mutterherz aber, sich immer ihres unverjährbaren Ranges bewußt, zeigte nichts dem Ähnliches, hing die ganze Zeit über an seinem Angesichte, und glänzte, und schäumte fast über vor Freude und Stolz. Endlich, als sich sein Herz in etwas gesättigt, und der Taumel gelöst, fragte er mit Augen und Mund: aber wo – – – und suchte am Boden; allein die Mutter führte ihm ein blühendes Weib vor, mit hellen blauen Augen, ein Kind auf dem Arme, wie eine Madonna, deren er in Welschland gesehen - er erkannte klein Marthe in dem Kinde, aber getraute sich fast nicht, die Mutter zu küssen, die ihrerseits auch blöde und liebend ihn ansah - endlich grüßten und küßten sie sich herzinnig als Geschwister, und der ehrliche Benedict reichte ihm die Hand und sagte, wie er ihn vor zwey Jahren so emsig in der ungeheuersten Entfernung gesucht habe. „Da war ich im Lande Egypten," sagte Felix, „und ihr hättet mich auch dort kaum erfragt, denn ich war in der Wüste."

Auch die Bauern und ihre Weiber und Kinder, alt und jung, die sich alle, ohne eine Ausnahme, vor des Richters Hause einfanden, und ehrbar neugierig dastanden, grüßte er Alle, und reichte theils die Hand, oder lüftete den Reisehut.

Endlich trat man in das Haus, nach Haidesitte, viele Nachbarn mit, wo er anfing, Geschenke und Berichte auszupacken. Auf der Gasse wurde es stille und fast Alle suchten zeitig und freudig ihre Schlafstellen, und die rothen Pfingstwolken leuchteten noch lange über dem Dorfe.

4. Der Haidebesuch.

Es waren zwey Jahre vergangen seit der Rückkehr des Sohnes Felix, und von jener Freude ist seitdem manche Blume verdorrt und verkommen; denn der gute fröhliche Haideknabe mußte in den Städten und Ländern viel des Unglücks erlebt haben, von dem jetzt sein Herz stille geworden, und traurig dabey. Er ging, wie einst, auf die Haide, und blieb tagelang aus, aber er hatte ja jetzt dort nichts zu thun, und er that auch nichts dort, als herumgehen oder stundenlang sitzen in seinem ehemaligen Schlosse, vor dessen Steinsitz er sich ein hölzernes Tischchen hatte zimmern lassen. Zwar schaute er mit den großen, sanften glänzenden Augen immer unsäglich-heiter und freundlich die Mutter an, wenn er zurückkehrte und auf sein Stübchen ging, das er einstweilen bewohnte, bis sein kleines Haus, das er sich hart am Haiderande aus Steinen aufführen ließ, fertig wäre – aber die Mutter sah ihm doch besorgt nach; denn es *mußte* irgend ein Weh in ihm seyn, das er nicht entdeckte, weil sie ihn schon manchmal im Garten sinnend sah, und das Auge seltsam blickend, als schaue es nach Innen. Dabey war er aber so gut, wie ein Kind, und scherzte auch mit den Kindern, und blickte so heiter, oft *selig* um sich. Auch sein Ansehen sprach kein Weh aus, er war geworden was er versprach, ein schöner, ein herrlicher Mann, das Antlitz noch sonnendunkler als einst auf der Haide, die Locken schön geworfen und die hohe Stirne wie die eines Kriegsgottes, und die Augen, einst die ehrlichen, offenherzigen, ewig beweglichen Augen des Haidebuben, waren noch glänzender geworden, und fast noch viel größer, aber ruhig und ernst, selbst streng, wenn er auf etwas tief dachte.

Gleich am ersten Tage war er nach dem Roßberge gegangen, und freute sich, daß er Alles unverändert wieder gefunden, nur die Haselruthe hatte der damalige neue Ziegenbube abgeschnitten, und um den Stumpf herum waren bloß mehrere unschöne Wasserschößlinge. Dann Abends, und in den folgenden Abenden hatte er ihnen Vieles erzählt, wie es ihm gegangen, bis er in die große Stadt gelangt sey, wo er die hohen Herren kennen gelernt habe und ihre Bücher, gedient und sich Geld erworben, und dann Student geworden sey, und wie es ihm des Weitern immer besser ergangen, und er viele fremde, ferne und seltsame Länder gesehen, vor allen die heiligen Stätten, wo Abraham, Moses und Christus gewandelt und von wannen er auch etwas Erde und Blumen gebracht hatte.

Am zehnten Tage nach seiner Ankunft war ein großer Koffer *109*
durch den Postbothen gekommen, aus welchem er erst die rechten Geschenke für Vater, Mutter, Großmutter und Schwester hervorsuchte. Stoffe zu Kleidern, morgenländische Tücher, dann

allerley Merkwürdigkeiten, abenteuerliche Federn und Eyer, Waffen und Steine. Auch eine Kiste war gekommen, in der lauter Bücher waren, welche die Großmutter mit stumpfer Neugier ansah.

Das hatte der Vater gleich in den ersten Tagen abgesehen, daß ihm in Felix kein Gehülfe seiner Arbeiten zurückgekehrt sey, und sich auch sofort, obwohl mit Schmerzen, dieser Hoffnung entschlagen; er bemerkte auch, obwohl später als die Mutter, das unbegreifliche Umhergehen und Hinbrüten und Nichtsthun seines Sohnes.

So waren die zwey Jahre vergangen, wie wir oben sagten, Felix hatte schon längst sein Haidehaus bezogen, und war oft darin tagelang eingeschlossen, oder blieb auf der Haide, und saß zuweilen bis spät in die Nacht auf dem Roßberge. Und wenn er dann in das Dorf herabkam, zu den Eltern und zu den Kindern der Schwester, freundlich, wie immer, so war er der Einzige, der es nicht merkte, wie ihn manches Auge ängstlich anblickte, ob ihm auch wohl sey, daß er es der Einsamkeit vertraue. Er trug wieder das leinene Haidekleid, wie eher, nur reinlich und von schönerem Schnitte. Statt des breiten Filzhutes war ein Barett oder ein Strohhut gekommen. Mit der Großmutter verkehrte er häufig, und war der Einzige, der sie zum flüssigen Reden zu bringen verstand, und auch der Einzige, welcher ihre Reden verstand; auch las er ihr, der hundertjährigen Schülerinn, zuweilen aus einem Buche vor, und redete mit ihr darüber, und hatte eine Geduld mit ihrem Geschwätze, daß es kein Mensch begriff. – Eins war es namentlich, was den Vater in Gedanken setzte, in Gedanken, die kamen, obwohl er sie floh, nemlich: wo denn Felix seinen Verdienst hernehme, denn Geld, wenn auch wenig, habe er immer, und gebe immer eines der Mutter, vorzüglich der Schwester, und sogar manchem armen Haidebewohner, obwohl sie ihn mit unheimlichen Augen ansahen, da er ihnen ein Räthsel war. Vorzüglich bemerkte der Vater, daß er im vorigen Herbste ganz ungewöhnlich allein blieb, und brütete, und sichtlich angegriffen war und sich innerlich abkämpfte – darauf aber fortreiste, fünf Wochen ausblieb, und dann mit vielen Geschenken und Gelde und über alle Maßen lustig nach Hause kehrte; auch die Mutter hatte es bemerkt, ohne Arges zu denken; aber keines getraute sich zu fragen, und er war so unbefangen, als errathe er nicht im Geringsten, daß er Gegenstand der Neugierde war.

Schon fing das Gemüth des Vaters an, tief bekümmert zu seyn um den Sohn, den einstigen Liebling seines Herzens, daß er krank oder geistesirre – oder – oder – er legte die harte schwielenvolle Hand an die Stirne, und sah gegen den Himmel, welcher schon seit Wochen hell und leuchtend wie in keinem der früheren Jahre über der Haide stand, zu demselben leuchtenden Himmel, der ihm einst täglich seinen gesunden, fröhlichen, unschuldigen Knaben von der Haide sandte, zu dem Himmel, weil er keinem Menschen, selbst seinem Weibe nicht, den Gedanken sagen wollte, den er nicht ausdachte. Aber am heiligen Pfingstfeste, bis wohin noch sechs Wochen waren, und wo er gerade vor zwey Jahren gekommen war, nahm er sich vor, wolle er ihn fragen, und sich Alles deuten lassen. Auch dem Dorfe war er Gegenstand der Neugier und Scheu, während dessen er immer schöner zu werden schien, und wenn auch manchmal blässer, doch ordentlich geistig verklärter, als heimlicher Abgott, verborgen getragen im Herzen manch einer jungen Dirne der Haide.

Wohl kam Pfingsten näher und näher, aber zu der Schwüle, die unbekannt und unsichtbar über dem Herzen und Hause des Richters hing, gesellte sich noch eine andere über dem ganzen Dorfe drohend, ein Gespenst, das mit unhörbaren Schritten nahte; – nemlich eben jener glänzende Himmel, zu dem Niclas vor drey Wochen geblickt hatte, vielleicht er allein im ganzen Dorfe, war seit der Zeit immer ein glänzender geblieben, und nun schauten wohl hundert Augen ängstlich nach ihm. Felix ging eines Nachmittags von der Haide dem Dorfe zu, und war heiter, weil er schöne Steine und Schneckenhäuser gesammelt hatte und sie seinen Schwesterkindern bringen wollte, als er zum ersten Male bemerkte, wie denn heuer gar so herrliches Wetter sey; denn eben stand über der verwelkenden Haide eines jener prächtigen Phänomene, wie er es wohl öfters, auch in den morgenländischen Wüsten, aber nie so schön gesehen, nemlich das Wasserziehen der Sonne; – aus der ungeheuern Himmelsglocke, die über der Haide lag, wimmelnd von glänzenden Wolken, schossen an verschiedenen Stellen majestätische Ströme des Lichtes, und aus einander fahrende Straßen am Himmelszelte bildend, schnitten sie von der gedehnten Haide blendend goldene Bilder heraus, während das ferne Moor in einem schwachen, milchichten Höhenrauch verschwamm. So war es diese Tage oft gewesen, und der heutige schloß sich, wie seine Vorgänger; nemlich zu Abends war der Himmel gefegt und zeigte eine blanke, hochgelb schimmernde Kuppel. Er ging zu der Schwester, und spät Abends, ja Nachts, ging er zurück in sein Haus, und bemerkte jetzt auch, wie man im Dorfe geklagt, daß die Halme des Kornes so dünne standen, so zart, die wolligen Ähren pfeilrecht emporstreckend wie ohnmächtige Lanzen.

Am andern Tage war es schön, und immer schönere Tage kamen und schönere. Alles und jedes Gefühl verstummte vor der furchtbaren Angst, die täglich stieg in den Herzen der Menschen. Nun waren auch gar keine Wolken mehr am Himmel, sondern ewig blau und ewig mild lächelte er nieder auf die verzweifelnden Menschen. Auch ein anderes Phänomen sah man jetzt oft auf der Haide, das sich wohl früher auch mochte ereignet haben, was aber Niemand bemerkte, jetzt aber, wo viele tausend und tausend Blicke nach dem Himmel gingen, wurde es von den Haidebauern als unglückweissagender Spuk betrachtet: nemlich ein Waldes- und Höhenzug, weit jenseits der Haide gelegen, und durchaus von ihr aus nicht sichtbar, stand oft sehr deutlich am Himmel, daß ihn nicht nur Alles sah, sondern, daß man sich auch die einzelnen Rücken und Gipfel einander zu nennen und zu zeigen vermochte

– und wenn es im Dorfe hieß, der Spuk sey wieder zu sehen, so ging Alles hinaus und schaute ihn an, und er blieb manchmal stundenlang stehen, bis er schwankte, sich in Längen- und Breitenstreifen zog, sich zerstückte, und mit eins verschwand*).

Die Haidelerche war verstummt; aber dafür tönte bey Tag und auch in den warmen thaulosen Nächten das ewige einsame Zirpen und Wetzen und Schleifen der Heuschrecken über der +Haide, und der Angstschrey des Kibiz. Das flinke Wässerlein ging nur mehr wie ein dünner Seidenfaden über die graue Fläche, und das Korn und die Gerste im Dorfe standen fahlgrün und wesenlos in die Luft, und erzählten bey jedem Hauche derselben mit leichtfertigem Rauschen ihre innere Leere. Die Baumfrüchte lagen klein und mißreif auf der Erde, die Blätter waren staubig, und der Blümlein war keines mehr auf den Rainen, die sich wie schlechtgerathener, nachgemachter Papierrasen zwischen den Feldern hinzogen.

Es war die äußerste Zeit. – Man flehte mit Inbrunst zu dem verschlossenen Demantgewölbe des Himmels. – Wohl stand mancher Wolkenberg wieder tagelang am südlichen Horizont, schön von der Sonne beleuchtet, und nie noch wurde ein so stoffloses Ding, wie eine Wolke, von so vielen Augen angeschaut, so sehnsüchtig angeschaut, als hier, – selbst gemeinsame Bittgänge wurden angestellt um die Felder – aber wenn es Abend wurde, erglühte der Wolkenberg purpurig schön, zerging, und lösete sich in lauter wunderschöne zerstreute Rosen am Firmamente auf, und verschwand – und die Millionen freundlicher Sterne besetzten den Himmel.

So war Freytag vor Pfingsten gekommen, die weiche blaue Luft schien ein blanker Felsen geworden. Vater Niclas war Nachmittags über die Haide gekommen, das Bächlein war nun auch versiegt, das Gras bis auf eine Decke von schalgrauem Filze ver-

*) Fata morgana.

schwunden, nicht Futter gebend für ein einzig Kaninchen; nur der unverwüstliche und unverderbliche Haidesohn, der mißhandelte und verachtete Strauch, der Wachholder, stand mit eiserner Ausdauer da, der einzige lebhafte Feldbusch, die grüne Standarte der Hoffnung, denn er bot freygebig gerade heuer eine solche Fülle von den größten blauen Beeren, so überschwenglich, wie es sich seither keines Haidebewohners Gedächtniß entsinnen konnte – deßhalb dachte Richter Niclas daran, die Ältesten zu rufen, und gleich von morgen gemeinsam sammeln, und dann nach Rath und Einsicht austheilen zu lassen, nach Art des Bedürfnisses, daß keine der kostbaren Beeren verloren gehe, und im furchtbaren Winter, der bevorstehe, jeder Hausmann sich nährende Sulzen davon sieden könne. So ging er weit und breit und betrachtete die Ernte, die keiner gesäet, und auf die keiner gedacht, und fand sie immer ergiebiger und immer reicher, sich, weiß Gott, auf welche Ferne erstreckend – und wie sein Herz immer leichter und freudiger wurde, ob des so nahe liegenden und so unbegreiflich mißkannten Nahrungsmittels – so fielen ihm gleich die armen tausend Thiere ein, die dadurch werden in Nothstand gesetzt seyn – aber Gott der Herr wird ihnen eingeben, dachte er, wohin der Krammetsvogel fliegen, das Reh laufen müsse, um andere Beeren zu finden.

110 So kam er bis unter die Felder, er nahm eine Scholle und zerdrückte sie, aber sie ging unter seinen Händen wie Kreide aus einander – und das Getreide, vor der Zeit Greis, fing schon an, sich zu einer imaginären Ernte zu bleichen. – Wohl standen Wolken am Himmel, die in langen milchweißen Streifen tausendfasrig und verwaschen die Bläue durchstreiften, fast immer Vorboten des Regens; aber er traute ihnen nicht, weil sie schon drey Tage da waren, aber immer wieder verschwanden, als würden sie eingesogen von der unersättlichen Bläue. Auch manch anderer Hausvater ging händeringend zwischen den Feldern, und als es Abend geworden, und selbst zerstückte Gewitter um den Rand

des Horizontes standen, und sich gegenseitig Blitze, wie leuchtende Grüße zusandten – so sah Felix, der von dem Roßberge kam, selbst die halbgestorbene Großmutter mitten in dem Felde knien, und mit emporgehobenen Händen bethen, als sey sie durch die allgemeine Noth zu Bewußtseyn und Kraft gelangt, und als sey sie die Person im Dorfe, deren Wort vor allen Geltung haben müsse, im Jenseits.

Die Wolken wurden dichter, aber blitzten nur und regneten nicht. Wie Vater Niclas zwischen die Zäune bog, sah er seinen Sohn, der einherging, wie ein Seliger, und ein schimmerndes Antlitz zeigte, wie der Mond, welcher eben aufging, und das Elend beleuchtete.

„Guten Abend, Felix," sprach er, „du gibst noch nicht die Hoffnung auf, wie ich sehe?"

„Welche Hoffnung, Vater?"

„Gibt es hier noch eine andere, als die der Ernte?"

„Der Ernte?" sagte der Sohn, „wohl gibt es noch eine andere, Vater, und vielleicht hat meine schwache Kraft etwas gethan, ihre Erfüllung zu beschleunigen," und indem er scharf und lange von allen Seiten zum Himmel sah, fuhr er fort: „ich denke, es wird längstens übermorgen regnen." –

„Möge es Gott geben, Felix, und sich übermorgen noch manch Anderes eben so lösen."

„Amen," sagte der Sohn, „ich begleite Euch zur Mutter."

Pfingstsamstags Morgen war angebrochen, und der ganze Himmel hing voll Wolken; aber noch war kein Tropfen gefallen. So ist der Mensch, gestern gab Jeder die Hoffnung der Ernte auf, und heute glaubte er, mit einigen Tropfen wäre ihr geholfen. Die Weiber und Mägde standen auf dem Dorfplatze und hatten Fässer und Geschirre hergebracht, um, wenn es regne, und der Dorfbach sich fülle, doch auch heuer, wie sonst, ihre Festtagsreinigungen vornehmen zu können, und feyerliche Pfingsten zu halten. Aber es wurde Nachmittag, und noch kein Tropfen war gefallen, obwohl sich auch die Wolken nicht verzogen. Gegen sechs Uhr Abends begab sich eine andere Scene so seltener Art, daß sie sogar Aller Gedanken vom Regen ablenkte. Es fuhren nemlich rasch und mit Getümmel vier Wagen in das Dorf, prachtvoll und groß, wie man sie niemals gesehen, und schöne Stadtherren und Damen saßen darinnen. Man hielt auf dem Platze, und ein junger, großer Mann im ersten Wagen fragte unter die Weiber hinein: „Wo wohnt der Dichter?"

Sie sahen sich Alle verlegen an: „Um wen fragt er?"

„Ich verlange zu wissen, in welchem Hause der Dichter wohnt."

„Da seyd Ihr irre gefahren," sagte endlich eine muthige Bäuerinn, „ein solcher wohnt gar nicht in dem Dorfe."

„Ruft den Richter."

Vater Niclas trat herbey.

„Es wohnt in eurem Orte ein berühmter Schriftsteller?"

Niclas schüttelte den Kopf, dann sagte er schüchtern: „Wenn Ihr etwa Einen meint, der da immer schreibt, und kein Mensch weiß, was, so mag es wohl mein armer Sohn seyn, den Ihr suchet; dieser sitzt Tagelang auf dem Roßberg und schreibt, ich allein, sein bekümmerter Vater, bin ihm nachgegangen und hab' es erforscht. Seit er eure Städte gesehen, ist er untauglich zur Arbeit. Ihr möget mit Schreiben ihm wohl schon etwas zu verdienen gegeben haben?" fragte Niclas mit hochrothem Gesichte und verhaltenem Athem.

„Ja wohl, Vater," sagte der Mann im Wagen, „und ich denke es fürder zu thun, so lange ein Hauch in meinem Leben ist. Jetzt aber zeigt mir die Wohnung Eures Sohnes, und folgt uns dahin."

In demselben Augenblicke trat Felix herbey. Das ganze Dorf stand bereits um den Wagen und schaute, er drängte sich durch, und starrte wohl drey Secunden in den Wagen, dann gleichsam zurückprallend rief er laut: „Vater, Mutter! Leute! seyd ehrerbietig, tretet zurück; das ist der König." –

„Wozu ist er gekommen, und wo ist Scepter und Krone?“ rief die Großmutter.

„Ja, es ist der König,“ sagte Benedict, „und ich sah ihn auch mit Scepter und Krone, wie er auf dem Felde die Siegeskreuze austheilte, und alles Volk seiner Hauptstadt zusah – und Jener im andern Wagen ist sein Feldherr, der jenen schweren Krieg von uns wandte, drum trägt er auch den schönen großen Stern.“

„Wie alt ist die Frau?“ fragte der König.

„Hundert und zehn Jahre,“ sagte Niclas, „die Großmutter dieses meines Sohnes.“

„Nun, Großmutter, gebt mir die Hand,“ sagte der König. „Zu euerm Enkel bin ich gekommen, er ist auch ein König und Held – ein König der Herzen, der regieren wird, so lang eines schlägt – seht, er ist auf eurer Haide und in den Wüsten des Morgenlandes ein großer Dichter geworden, einer der ist wie die Seher der Alten – und zu ihm sind wir gekommen, meine Königinn und ich, um ihm Ehre zu erzeigen.“

„Ist er ein solcher!“ rief jubelnd die uralte Frau, „so hab' ich es immer vorausgewußt, und ich habe ihn dazu gemacht, denn ich habe die goldenen Tropfen aus dem Buche der Bücher in sein Herz geworfen, denn er war immer weich wie Wachs, und hochgesinnt wie einer der Helden.“

„Thatet Ihr das, so habt unsern Dank, und den der Welt dafür,“ sagte der König, „aber zeigt mir auch seine Mutter.“

Mütterlein stand ohnedem am Wagen, und schwindelnd und übertäubt, versuchte sie ungeschickte Knixe. Niclas stand ganz rathlos.

„Und nun,“ fuhr der König fort, zu Felix gewendet, der todtenbleich bey Seite stand, „edler Meister, tretet hervor.“

Die Königinn hatte ein Fach geöffnet, und daraus auf ein Kissen, das ein Hofherr hielt, ein Pergament gelegt, und ein klein Stück gestreiftes Seidenband. Beydes wurde ihm gereicht.

„Wir reihen euch ein," sagte der König sehr ernst, „den Edlen unseres Landes; – bleibt dessen werth, und dieses Band, unsern Orden des +Geistes, tragt von heut jedes Tages am Herzen. Und von mir selbst," fuhr er lächelnd fort, „nehmt für eure orientalischen Perlen diese europäischen Steine." Hiebey gab er ihm ein kleines Goldkästchen mit funkelnden Steinen besetzt. Lieb Mütterleins weinende Augen funkelten herrlicher als die Steine der Dose – und Großmutter blickte so stolz, als hätte sie die Perlen des Orients gedichtet.

Aber Felix stand da, hochglühend wie die Sonne des Morgens, auf Vater, Mutter und Volk schauend, ein geehrter und ein gerechtfertigter +Mann, und indem seine Wange noch mehr erglühte, wandte er sich an den König mit den Worten: „König und Herr! nimm das zurück; aber willst Du mich ehren, so höre eine Bitte: Gott, der strenge Richter und Herr, hat uns verschlossen den Schooß seiner Wolken, und die Ernte Dieser verschmachtet; laß ihnen reichen ein wenig des Kornes aus Deinen Kammern, daß sie Winters nicht Hunger leiden, und des Heues aus Deinen Scheunen, daß ihre Thiere nicht verkommen; – dann will ich hinausgehen auf die Haide, und Gott bitten, daß er mir, Dir zum Lohne, ein noch viel herrlicheres Werk in das Herz und in die Feder sage, als das arme Buch, deßwillen Du gekommen."

Die ganze Dorfbevölkerung fiel bey diesen Worten auf die Knie und ein Schluchzen wurde hie und da hörbar.

„Nimm das und auch deine Bitte ist erhört, auch dein geschriebenes Gesuch in dieser Sache ist an uns gelangt, man sandte es uns auf unsern Jagdsitz nach, und deßhalb wählten wir den heutigen Tag zur Herfahrt, um gleich zwey angenehme Geschäfte abzuthun," so sagte der König, und blickte freundlich auf den schönen Mann – „Aber steht Alle auf," fuhr er fort, „und bethet zu Gott; seht, da oben über euren Häuptern hängt sein Segen, er kann in einer Nacht mehr thun, als alle Könige der Erde in ihrem ganzen Leben; ich will es versuchen, er aber wird helfen."

Aber kein Mensch stand auf, und ein Schluchzen und Weinen ging durch die ganze Versammlung.

Da gab der König erschüttert das Zeichen der Abfahrt.

Jetzt erst drängte sich Alles um Felix den Retter, und pries und lobte ihn, und staunte ihn an – und im Triumphe wurde er nach Hause geführt, während Jeder froh war, ihm die Hand zu reichen und sie zu drücken.

Jedes Herz legte sich erleichtert dieses Pfingstsamstages Abends zu Bette, und als sich des andern Morgens die Augen öffneten, war der ganze Haidehimmel grau, und ein dichter, sanfter Landregen träufelte nieder.

Der

Hochwald.

Von

Adalbert Stifter.

1.

Waldburg.

An der Mitternachtseite des Ländchens Oesterreich zieht ein Wald an die dreißig Meilen lang seinen Dämmerstreifen westwärts, beginnend an den Quellen des Flusses Thaia, und fortstrebend bis zu jenem Gränzknoten, wo das böhmische Land mit Oesterreich und Baiern zusammenstößt. Dort, wie oft die Nadeln bei Kristallbildungen, schoß ein Gewimmel mächtiger Joche und Rücken gegen einander, und schob einen derben Gebirgsstock empor, der nun den drei Landen weithin sein Waldesblau zeigt, und ihnen allerseits wogiges Hügelland und strömende Bäche absendet. Er beugt, wie seines Gleichen öfter, den Lauf der Bergeslinie ab, und sie geht dann mitternachtwärts viele Tagereisen weiter.

Der Ort dieser Waldesschwenkung nun, vergleichbar einer abgeschiednen Meeresbucht, ist es, in dessen Revieren sich das begab, was wir uns vorgenommen zu erzählen. Vorerst wollen wir es kurz versuchen, die zwei Punkte jener düsterprächtigen Waldesbogen dem geneigten Leser vor die Augen zu führen, wo die Personen dieser Geschichte lebten und handelten, ehe wir ihn zu ihnen selber geleiten. Möchte es uns gelingen, nur zum tausendsten Theile jenes schwermüthig schöne Bild dieser Waldthale wieder zu geben, wie wir es selbst im Herzen tragen seit der Zeit, als es uns der immer gütige Himmel gönnte, gerade dort den uns allen bestimmten Jugendtraum zu träumen, den Traum, der eines Tages aus den tausend Herzen e i n e s – oft nicht besser und nicht schlechter als die andern – hervorhebt, und es als unser

Eigenthum für alle Zukunft als einzigstes und schönstes in die Seele prägt, und dazu die Fluren, wo es wandelte, als ewig schwebende Gärten in die dunkle warme Zauberphantasie hängt! –

Wenn sich der Wanderer von der alten Stadt und dem Schlosse +Krumau, dieser grauen Wittwe der verblichenen Rosenberger, westwärts wendet, so wird ihm zwischen unscheinbaren Hügeln bald hier bald da ein Stück Dämmerblau hereinscheinen, Gruß und Zeichen von draußen ziehendem Gebirgslande, bis er endlich nach Ersteigung eines Kammes nicht wieder einen andern vor sich sieht, wie den ganzen Vormittag, sondern mit eins die ganze blaue Wand von Süd nach Norden streichend, einsam und traurig. Sie schneidet einfärbig mit breitem verticalem Bande den Abendhimmel, und schließt ein Thal, aus dem ihn wieder die Wasser der Moldau anglänzen, die er in +Krumau verließ, nur noch jugendlicher und näher ihrem Ursprunge. Im Thale, das weit und fruchtbar ist, sind Dörfer herumgestreuet, und mitten unter ihnen steht der kleine Flecken Oberplan. Die Wand ist obgenannter Waldesdamm, wie er eben nordwärts beugt, und daher unser vorzüglichstes Augenmerk. Der eigentliche Punkt aber ist ein See, den sie ungefähr im zweiten Drittel ihrer Höhe trägt.

Dichte Waldbestände der eintönigen Fichte und Föhre führen stundenlang vorerst aus dem Moldauthale empor, dann folgt, dem Seebache sacht entgegensteigend, offenes Land – aber es ist eine wilde Lagerung zerrissener Gründe, aus nichts bestehend, als tief schwarzer Erde, dem dunklen Todtenbette tausendjähriger Vegetation, darauf viele einzelne Granitkugeln liegen, wie bleiche Schädel von ihrer Unterlage sich abhebend, da sie vom Regen blosgelegt, gewaschen und rund gerieben sind. – Ferner liegt noch da und dort das weiße Gerippe eines gestürzten Baumes und angeschwemmte Klötze. Der Seebach führt braunes Eisenwasser, aber so klar, daß im Sonnenscheine der weiße Grundsand glizzert, wie lauter röthlich heraufflimmernde Goldkörner. Keine Spur von Menschenhand, jungfräuliches Schweigen. –

Ein dichter Anflug junger Fichten nimmt uns nach einer Stunde Wanderung auf, und von dem schwarzen Sammte seines Grundes hinausgetreten, steht man an der noch schwärzern Seeesfläche.

Ein Gefühl der tiefsten Einsamkeit überkam mich jedesmal unbesieglich, so oft und gerne ich zu dem märchenhaften See hinauf stieg. Ein gespanntes Tuch ohne eine einzige Falte liegt er weich zwischen dem harten Geklippe, gesäumt von einem dichten Fichtenbande, dunkel und ernst, daraus manch einzelner Urstamm den ästelosen Schaft emporstreckt, wie eine einzelne antike Säule. Gegenüber diesem Waldbande steigt ein Felsentheater lothrecht auf, wie eine graue Mauer, nach jeder Richtung denselben Ernst der Farbe breitend, nur geschnitten durch zarte Streifen grünen Moses, und sparsam bewachsen von Schwarzföhren, die aber von solcher Höhe so klein herabsehen, wie Rosmarinkräutlein. Auch brechen sie häufig aus Mangel des Grundes los, und stürzen in den See hinab, daher man über ihn hinschauend der jenseitigen Wand entlang in gräßlicher Verwirrung die alten ausgebleichten Stämme liegen sieht in traurigem weiß leuchtendem Verhack die dunklen Wasser säumend. Rechts treibt die Seewand einen mächtigen Granitgiebel empor, Blokenstein geheißen, links schweift sie sich in ein sanftes Dach herum, von hohem Tannenwald bestanden, und mit einem grünen Tuche des feinsten Moses überhüllet.

Da in diesem Becken (buchstäblich) n i e ein Wind weht, so ruht das Wasser unbeweglich, und der Wald und die grauen Felsen, und der Himmel schauen aus seiner Tiefe heraus, wie aus einem ungeheuern schwarzen Glasspiegel. Ueber ihm steht ein Fleckchen der tiefen eintönigen Himmelsbläue. Man kann hier tagelang weilen und sinnen und kein Laut stört die durch das Gemüth sinkenden Gedanken, als etwa der Fall einer Tannenfrucht oder der kurze Schrei eines Geiers.

Oft entstand mir ein und derselbe Gedanke, wenn ich an diesen Gestaden saß, als sei es ein unheimlich Naturauge, das mich hier ansehe – tief schwarz – überragt von der Stirne und Braue der Felsen, gesäumt von der Wimper dunkler Tannen – drinn das Wasser regungslos, wie eine versteinerte Thräne.

Rings um diesen See, vorzüglich gegen Baiern ab, liegen schwere Wälder, manche nie besuchte einsame Thalkrümmen sammt ihrem Bächlein zwischen den breiten kolossalen Rücken führend, manche Felsenwand schiebend mit tausend an der Sonne glänzenden Flittern, und manche Waldwiese dem Tagesglanze unterbreitend, einen schimmernden Versammlungssal des mannigfachsten Wildes.

Dieß ist der eine der zwei obbemerkten Punkte, lasset uns nun zu dem andern übergehen. Es ist auch ein Wasser, aber ein freundliches, nehmlich das leuchtende Band der Moldau, wie es sich darstellt von einem Höhenpunkt desselben Waldzuges angesehen, aber etwa zehn Wegestunden weiter gegen Sonnenaufgang. Durch die duftblauen Waldrücken noch glänzender, liegt es geklemmt in den Thalwindungen, weithin sichtbar, erst ein Lichtfaden, dann ein flatternd Band, und endlich ein breiter Silbergürtel, um die Wölbung dunkler +Waldesbusen geschlungen – dann, bevor sie neuerdings schwarze Tannen- und Föhrenwurzeln netzt, quillt sie auf Augenblicke in ein lichtes Thal hervor, das wie ein zärtlich Auge aufgeschlagen ist in dem ringsum trauernden Waldesdunkel – es trägt dem wandernden Waldwasser gastliche Felder entgegen, und grüne Wiesen, und auf einer derselben, wie auf einem Sammtkissen, einen kleinen Ort mit dem schönen Namen Friedberg. – Von da, nach kurzem Glanze, schießt das Wellensilber wieder in die Schatten erst des Jesuiterwaldes, dann des +Kienberges, und wird endlich durch die Schlucht der Teufelsmauer verschlungen.

Der Punkt, von dem aus man fast so weit als es hier beschrieben, den Lauf dieser Waldestochter übersehen kann, ist eine zerfallende Ritterburg, von dem Thale aus wie ein luftblauer Würfel anzusehen, der am obersten Rande eines breiten Waldbandes schwebet. Friedbergs Fenster sehen gegen Südwesten auf die Ruine, und dessen Bewohner nennen sie den Thomasgipfel oder Thomasthurm, oder schlechthin St. Thoma, und sagen, es sei ein uraltes Herrenschloß, auf dem einst grausame Ritter wohnten, weßhalb es jetzt verzaubert sei und in tausend Jahren nicht zusammenfallen könne, ob auch Wetter und Sonnenschein daran arbeite.

Oft saß ich in vergangnen Tagen in dem alten Mauerwerke, ein liebgewordenes Buch lesend, oder blos den lieben aufkeimenden Jugendgefühlen horchend, durch die ausgebröckelten Fenster zum blauen Himmel schauend, oder die goldnen Thierchen betrachtend, die neben mir in den Halmen liefen, oder statt all dem blos müßig und sanft empfindend den stummen Sonnenschein, der sich auf Mauern und Steine legte – – oft und gerne verweilte ich dort, selbst als ich das Schicksal derer noch nicht kannte, die zuletzt diese wehmüthige Stätte bewohnten.

Ein grauer viereckiger Thurm steht auf grünem Weidegrunde, von schweigendem zerfallenem Außenwerke umgeben, tausend Gräser, und schöne Waldblumen, und weiße Steine im Hofraume hegend, und von außen umringt mit vielen Platten, Knollen, Blöcken, und andern wunderlichen Granitformen, die ausgesäet auf dem Rasen herumliegen. Keine Stube, kein Gemach ist mehr im wohnbaren Zustande, nur seine Mauern, jedes Mörtels und Anwurfes entkleidet, stehen zu dem reinen Himmel empor, und tragen hoch oben manche einsame Thüre, oder einen unzugänglichen Söller, nebst einer Fensterreihe, die jetzt in keinem Abendroth mehr glänzen, sondern eine Wildniß schöner Waldkräuter in ihren Simsen tragen. – Keine Waffen hängen an den Mauerbögen, als die hundert goldnen Pfeile der schief einfallenden Sonnenstrahlen, – keine Juwelen glänzen aus der Schmucknische, als die schwarzen befremdeten Aeuglein eines brütenden Rothkehlchens, – kein Tragebalken führt vom Mauerrande sein Dach empor, als manch ein Fichtenbäumchen, das hoch am Saume im Dunkelblau sein grünes Leben zu beginnen suchet, – Keller, Gänge, Stuben – alles Berge von Schutt, gesucht und geliebt von mancher dunkeläugigen Blume. Einer der Schutthügel reicht von innen bis gegen das Fenster des zweiten Stockwerkes empor. Dem, der ihn erklimmt, wird ein Anblick, der, obwohl im geraden Gegensatz mit den Trauerdenkmalen ringsum, dennoch augenblicklich fühlen läßt, daß eben er den Vollendungscirkel um das beginnende Empfinden lege, nehmlich: über alle Wipfel der dunklen Tannen hin ergießt sich dir nach jeder Richtung eine unermeßne Aussicht, strömend in deine Augen und sie fast mit Glanz erdrückend – dein staunender und verwirrter Blick ergeht sich über viele, viele grüne Bergesgipfel in webendem Sonnendufte schwebend, und geräth dann hinter ihnen in einen blauen Schleierstreifen – es ist das gesegnete Land jenseits der Donau mit seinen Getreidehängen und Obstwäldern – bis er endlich auf jenen ungeheuren Halbmond trifft, der den Gesichtskreis einfasset: die norischen Alpen. – Der große Briel glänzt an heiteren Tagen wie eine lichte Flocke am Himmelsblaue hängend, – der ⁺Traunstein zeichnet eine blasse Wolkenkontur in den Kristall des Firmamentes – der Hauch der ganzen Alpenkette zieht wie ein luftiger Feeengürtel um den Himmel, bis er hinausgeht in zarte, kaum sichtbare Lichtschleier, drinnen weiße Punkte zittern, wahrscheinlich die Schneeberge der ferneren Züge.

Dann wende den Blick auch nordwärts: da ruhen breite Waldesrücken und steigen lieblich schwarzblau dämmernd ab gegen den Silberblick der Moldau – westlich blauet Forst an Forst in angenehmer Färbung, und manche zarte schön blaue Rauchsäule steigt fern aus ihnen zu dem heiteren Himmel auf. Es wohnet unsäglich viel Liebes und Wehmüthiges in diesem Anblicke. –

Und nun, lieber Wanderer, wenn du dich satt gesehen hast, so gehe jetzt mit mir zwei Jahrhunderte zurück, denke weg aus dem

Gemäuer die blauen Glocken, und die Maslieben und den Löwenzahn, und die anderen tausend Kräuter; streue dafür weißen Sand bis an die Vormauer, setze ein tüchtig Buchenthor in den Eingang und ein sturmgerechtes Dach auf den Thurm, spiegelnde Fenster in die Mauern, theile die Gemächer, und ziere sie mit all dem lieben Hausrath und Flitter der Wohnlichkeit – dann, wenn alles ist wie in den Tagen des Glückes, blank, wie aus dem Gusse des Goldschmiedes kommend – – dann geh mit mir die mittlere Treppe hinauf in das erste Stockwerk, die Thüren fliegen auf – – – –

Gefällt dir das holde Paar?

Es sind die Töchter Heinrichs des Wittinghausers, in dessen Wohnung du dich befindest – so hieß vor Zeiten das Schloß, ehe es von einem in der Nähe erbauten und nun ebenfalls verfallenden Kirchlein den Namen St. Thoma erhielt. –

Die jüngere sitzt am Fenster und stickt, und obwohl es noch früh am Morgen ist, so ist sie doch schon völlig angekleidet und zwar mit einem mattblauen Kleide nach der so malerischen Form, wie wir sie noch hie und da auf Gemälden aus der Zeit des dreißigjährigen Krieges sehen. Alles ist nett. Aermel und Mieder schließen reinlich, jede Falte der Schleppe liegt bewußtvoll, jede Schleife sitzt wohlberechtigt, und jede Buffe gilt, und über dem Ganzen des Trachtenbaues schwebt als Giebel ein schönes Köpfchen, über und über blondlockig, und schaut fast wunderselig jung aus der altväterischen Kleiderwolke. Man sieht es offenbar, sie hat hohe Freude an ihrem Anzuge, und hat ihn auch deßwegen schon ganz und gar an. Zu den blonden Locken stehen seltsam die dunkelbraunen, fast schwarzen Augen, wenn sie mit ihnen gelegentlich erschrocken oder neugierig oder muthwillig emporleuchtet – aber dann liegen sie so rein und rund in ihrem Rahmen, daß man sieht, wie die junge Seele, unberührt von Schmerz und Leidenschaft, noch so arglos zutäppisch durch ihre Fensterlein herausschaut, weil die Welt gar so groß und prächtig ist. Den Locken nach ist sie älter, als achtzehn, den Augen nach jünger, als vierzehn Jahre. Vielleicht steht sie mitten.

Die ältere ist noch nicht angezogen. Sie sitzt in einem weißen Nachtkleide auf einer Art von Divan, auf dem sie viele Papiere und Pergamentrollen ausgebreitet hat, in denen sie herumsuchet. Eine Fülle äußerst schwarzer Haare ist aufgelöset und schneidet in breitem niedergehendem Strome den faltenreichen Schnee des Nachtgewandes. Das Gesicht ist fein und geistreich, nur etwas blaß, daher die Augen desto dunkler daraus vorleuchten, da sie den Haaren entsprechend sind, tief schwarz, und fast noch größer, als die braunen der Schwester.

Das Zimmer ist das Wohn- und Schlafgemach der Mädchen; denn in seiner Tiefe stehn die zwei aus Eichenholz geschnitzten Bettgestelle, jedes überwölbt mit einem seidenen Baldachin und umlegt mit blühenden Teppichen, – Sessel und Schemel stehen verschoben, als eben gebraucht und zum Theil bedeckt mit Stücken weißen Nachtzeuges. Die Betschemel stehen jeder in einer andern Fensterbrüstung, daß sich die betenden Schwestern nicht sehen können; denn die Andacht ist verschämt, wie die Liebe. Auf dem Putztische ist nur ein hoher schmaler Spiegel und echte Schmuckstücke. Es ist noch sehr früh am Morgen, wie die langen Schatten und die Silberblitze an den thaufeuchten Tannen draußen zeigen. Der Tag ist ganz heiter, die Alpenkrone liegt in den zwei Fenstern, wie in einem Rahmen, und ein glänzender Himmel spannt sich darüber weg.

Die am Fenster stickt emsig fort und sieht nur manchmal auf die Schwester. Diese hat mit einmal ihr Suchen eingestellt, und ihre Harfe ergriffen, aus der schon seit länger einzelne Töne, wie träumend fallen, die nicht zusammenhängen, oder Inselspitzen einer untergesunkenen Melodie sind.

Plötzlich sagte die jüngere: „Siehe, Clarissa, wenn du auch die Melodie verbergen willst, ich kenne doch das Lied, das du schon wieder singen möchtest. – “

Die Angeredete, ohne zu antworten, sang mit leiser Stimme die zwei Verse:

„Da lagen weiße Beine,
Die gold'ne Kron' dabei."

Dann ließ sie ab vom Spiele, und ohne die Harfe wegzustellen sah sie durch die Saiten in das unschuldige Angesicht der Schwester.

Diese erwiederte mit den guten runden Augen den Blick, und sagte dann fast schüchtern: „ich weiß nicht, das Lied ist mir so unheimlich, es ahnt einen unglückliches an – und der Inhalt ist so schauerlich – – auch weißt du ja, daß es der Vater nicht gerne höret, daß du gerade dieses Lied singest – – "

„Sieh, und dennoch hat es einer gedichtet, der sehr sanft und gut war," fiel die ältere Schwester ein.

„So hätte er gleich lieber ein sanfteres und freundlicheres dichten können," erwiederte die jüngere, „denn ein Lied muß gut und hold sein, daß man es liebet, und nicht fürchtet, wie dieses." Clarissa sah bei diesen Worten mit einer so gütigen Zärtlichkeit auf die Schwester, fast wie eine Mutter, und sagte: „o du gutes Ding, du treuherziges, wie bist du noch gar so jung – – – jene Furcht, jenes Schauern ist ja eben der Abgrund unsers Gewissens, und versöhnt zuletzt zu gedoppelter Güte."

„Nein, nein," antwortete die andere, „ich bin lieber gleich von Anfange gut. Ein Lied muß bei mir lieb und hell sein, wie der heutige Tag, kein Wölkchen, so weit du schauen magst, lauter Blau und lauter Blau, das reinste und freundlichste Blau. Deine Melodieen sind jetzt immer wie Nebel und Wolken, oder gar wie Mondschein, der wohl auch schön ist, aber bei dem man sich doch fürchtet."

„O die vielgeliebten, schwebenden, webenden Wolken," entgegnete Clarissa, „wie sie aufblühn in der Oede des Himmels, um die Berge glänzen und träumen, verhüllen und umarmen, sich vermählen und trennen, schimmernde Paläste bauen, massenweis sich sonnen, und Abends so lieb roth entbrennen, wie schlafmüde Kinder – – – O Johanna, liebes Mädchen, wie bist du noch dein eigner Himmel, tief und schön und kühl: aber es werden in ihm Düfte emporsteigen, – der Mensch giebt ihnen den Mißnamen Leidenschaft – du wirst wähnen, sie seien wonnevoll gemalt, Engel wirst du sie heißen, die sich in der Bläue wiegen – aber schwüler wird es, heiße Blitze zucken, warme Regen, deine Thränen, sinken nieder, – aus ihnen baut sich jener Verheißungsbogen, der so schön schimmert und den man nie erreichen kann – – – der Mondschein ist dann hold und unsre Melodieen weich – – Kind, es giebt Freuden auf der Welt von einer Ueberschwenglichkeit, daß sie unser Herz zerbrechen könnten – – und Leiden von einer Innigkeit – – o sie sind so innig!! – "

Johanna stand schnell auf, ging zu ihrer Schwester und küßte sie unsäglich zärtlich auf den Mund, indem sie beide Arme um ihren Hals schlang und sagte: „So bist du, ich weiß es, dein Herz thut dir weh, liebe Schwester, aber denke, der Vater liebt dich, der Bruder, ich, und gewiß alle Menschen, weil du so gut bist, aber sprich nicht so – singe lieber, singe alles, selbst das von dem König. Ich weiß, daß du heute schon seit Aufstehens daran dachtest."

Clarissa küßte sie zweimal recht innig entgegen auf die Kinderlippen, an deren unbewußter schwellender Schönheit sie wie ein Liebender Freude hatte, und sagte dann lächelnd: „Schaffe dir keine Sorgen, liebes Herz, ich werde fleißig mit dir arbeiten, daß unser Vater Vergnügen an den schönen Blumen habe, die unter deinen Händen erwachsen." Sie setzte sich an die entgegengesetzte Seite des Stickrahmens, und während Johanna an den Blumen arbeitete, begnügte sie sich den Grund auszufüllen. Sie sprachen noch vielerlei, dann schwiegen sie – dann sprachen sie wieder, aber immer blieb als Grundton die Innigkeit zweier herzlieben Geschwister, wobei jedoch die ältere eine Art sanfter Vormundschaft ausübte. Die Kleine hatte etwas auf dem Herzen, so schien es; denn sie holte schon einige Male aus – aber jetzt nahm sie sich einen Anlauf, und brachte einen kühnen Wildschützen daher, von dem sie gehört habe, daß er die westlichen Wälder zu seiner Wohnung erkohren, die damals ungleich größer waren, als jetzt. Es seien von ihm die sonderbarsten Gerüchte im Umlaufe. Sie erzählte, daß sie gestern gehört habe, daß er mit keiner andern Kugel als einer geweihten erschossen werden könne, und daß er in der Nacht mit Männern Unterredungen habe, die gar nicht von Fleisch und Blut sind.

Clarissa widersprach diesem, und meinte, derlei dichte der Aberglaube dazu, wahrscheinlich gäbe es gar nicht einmal einen solchen Mann, da sich das Volk nur so gern in schaurigen Berichten gefalle.

„Wohl, wohl giebt es einen solchen,“ fiel Johanna eifrig ein.

„Und wenn auch,“ antwortete Clarissa, „so ist er gewiß nicht das, wofür man ihn hält.“

„O vielleicht ist er etwas noch viel ärgeres – weißt du von jenem unglücklichen Müller in Spitzenberg – den hat er erschossen.“

„Rede doch nicht so freventlich nach, was nicht erwiesen ist. Jener Müller ließ sich zu Kundschaft in dem schwedischen Heere gebrauchen, deßhalb sei er erschossen worden.“

„Ja, so hat man vermuthet, aber Niemand kann es erweisen – und daß ich es dir nur gestehe – ich habe gestern Abends zugehört, als der Jägerbursche, der dem Vater den Brief vom Ritter brachte, in der Gesindestube von diesem Manne erzählte. Er ist groß und stark wie ein Baum, trägt einen wilden Bart, und geht Tagereisen weit mit seiner langen Flinte durch die Wälder. Von den Menschen, die hier im flachen Lande wohnen, haben ihn noch wenige gesehen, aber der Jägerbursche sah ihn schon so nahe, wie ich dich – und er und kein anderer habe den Mord verübt. Man fand den Müller im Parkfriedergehölze beim Muttergottesbilde, wo sich die Wege theilen, und keine einzige Wunde an seinem Leibe, als das Loch der kleinen Kugel durch die Schläfe, und kein Mensch, als nur dieser Wildschütze gebrauche so kleine Kugeln. Dann sagte er noch etwas, das aber zu gottlos ist, als daß es wahr sein könnte.“

„Nun?“

„Daß dieser Mann sein Gewehr nur los schießen dürfe, und er treffe doch immer den, den er sich denke.“

„Wie magst du nur solchen Reden zuhören,“ sagte Clarissa sehr erregt, „das ist blinder leerer Frevel. Wie könnte denn Gott, der allmächtige Herr des Weltalls, solche böse Wunder zulassen, wenn er wollte, daß wir noch fürder seinen Einrichtungen trauen sollten, wie es ja doch unsre Pflicht und unsere Freude ist.“

„Ich habe es ja auch nicht geglaubt,“ sagte Johanna treuherzig, „aber da ich so zuhörte, und sah, wie unsere Mägde fast erbleichten, so schauderte es mich auch, und trotz dem, daß ich gehen wollte, horchte ich doch wieder auf seine Worte hin. Er hat alles so lebendig beschrieben, auch die Wälder alle dort oben, unermeßlich und undurchdringlich, so daß unsere nur Gärten dagegen sind, ein schöner schwarzer Zaubersee soll in ihrer Mitte ruhen, und wunderbare Felsen und wunderbare Bäume um ihn stehen, und ein Hochwald, in dem seit der Schöpfung noch keine Axt erklungen, zieht von ihm Tagereisen in die Weite und Breite. Der Jäger sagte, daß er wohl bisher noch nicht so tief hineingedrungen sei, um zu dem Wasser zu gelangen, aber nächstens würde er es thun, und da trägt er auch einen geweihten silbernen Knopf bei sich, um den Wildschützen und Mörder niederzuschießen, sobald er ihn ansichtig wird; denn gegen Blei ist er fest.“

„Warum that er es denn nicht schon,“ sagte Clarissa, „da er ihn, wie du sagst, schon öfters sah? – Siehst du, du bist ein arglos Närrchen, und der Bursche ist ein prahlender Schalk, der euch gern schaudern machte, daß er als desto größerer Held erscheine.

An deiner Stelle hätte ich gar nicht zugehöret. Jener Mann ist wohl nur ein harmloser Schütze – oder es existirt ganz und gar kein solcher, denn alle, die je mehr oder minder tief in jene Waldländer geriethen, fanden eine schöne Wildniß voll gesunder Blumen, Kräuter und herrlicher +Bäume, die Wohnung unzähliger fremder Vögel und Thiere, aber nicht das mindeste Verdächtige."

„Aber in den Glöckelbergen schwemmte der Bach erst neulich die Knochen eines Eberkopfes aus, in denen die kleine Kugel steckte."

„Nun laß gehen," sagte Clarissa lächelnd, „über dem Gewimmel deiner Wälder, Seeen und Knochen und +Jäger hat dir diese Rose ein häßlich Eck bekommen."

Johanna, eben in dem Alter des größten Wucherns der Räuber- und Zauberphantasieen, wollte nicht so leicht ablassen, jedoch Clarissa ließ sich nicht mehr hinlenken, und so kam das Gespräch auf die Stickerei, da Johanna die angegriffne Rose vertheidigte, und wurde mit jener Logik fortgeführt, die sie jetzt auf Tanz und Sterbefälle bringt, jetzt auf Kriegrüstungen, Lavendel, Eingesottenes und Kometen. Wie des Blutes Welle aus dem Herzen hüpfet, springt das leichte Gedankengeschwader mit, die Kinderzunge plaudert sie heraus, das runde Auge schaut uns groß und freundlich an – und unser Herz muß sie mehr lieben, als alle Weisheit der Weisen. So über alle Maßen kostbar ist das reine Werk des Schöpfers, die Menschenseele, daß sie, noch unbefleckt und ahnungslos des Argen, das es umschwebt, uns unsäglich heiliger ist, als jede mit größter Kraft sich abgezwungene Besserung; denn nimmermehr tilgt ein solcher aus seinem Antlitz unsren Schmerz über die einstige Zerstörung – und die Kraft, die er anwendet, sein Böses zu besiegen, zeigt uns fast drohend, wie gerne er es beginge – wir bewundern ihn, aber mit der natürlichen Liebe quillt das Herz nur d e m entgegen, dem kein Arges existirt. Daher sagte vor zweitausend Jahren jener E i n e: „Wehe dem, der eines dieser Kleinen ärgert.“ Und wenn wir so die zwei schönen Angesichte gegenüber sehen, ihre Worte hören, jedes ein durchsichtiger Demant, gefaßt in das Silberklar der Blicke, so däucht uns das einfache Gemach, obgleich umlegt mit Geräthen täglichen Gebrauches, dennoch geweiht und rein, wie eine Kirche.

Die Sonne hatte sich allbereits über den Wald geschwungen, der Vormittag glänzte und funkelte über den schweigenden Wipfeln, und ein lichter Sonnenstreifen begann sich gemach über die Stickerei zu legen – siehe, da pochte es draußen ehrbar leise an die Thür, Einlaß heischend. Johanna sprang auf, und öffnete eilig den noch vorgeschobenen Riegel. Es trat sofort ein Mann herein freundlich Willkommen bringend – der Vater der Mädchen, der in ihr Morgengemach so bescheiden und ehrfürchtig eintrat, wie ein Fremder. Er war damals schon in den Jahren, aber ein wunderschöner Greis, eine Gestalt, als träte sie aus einem Rahmen Van Dyk's – in schwarzen Sammt gekleidet, hoch und stattlich, weißen Hauptthaares und eines Bartes, der glänzend auf die schöne breite Greisenbrust herniederwallte, – ein Auge, stark gewölbt und sprechend unter einer felsigen, gefurchten Stirne – so hob sich die Erscheinung fast in jene Zeit der Seher und Propheten hinüber, eine Ruine gewaltiger Männerkraft und Männergröße, eine Ruine, jetzt nur noch beschienen von der milden Abendsonne der Güte, wie ein stummer Nachsommer nach schweren lärmenden Gewittern – wie der müde Vollmond auf den Garben des Erndtefeldes – – die stille, milde, tiefe Güte. Er war eine der wenigen damals noch sichtbaren Figuren des abgeblühten Ritterthums, so unpassend für seine Mitwelt, wie eine Zeitlose auf der plattgeschornen Herbstwiese, da die andern Blumen alle längst in die Scheunen gesammelt sind.

Beide Kinder hängen an seinen Augen. Er heißt sie fortsticken – und da sie es thun, weilt sein Blick ungesehen auf ihnen mit Ernst und Liebe. Er besieht die Arbeit und lobt sie, frägt dieses und jenes und weiß immer eine Antwort, die wie Oel in ihre Herzen fließet.

Da die Mutter der Mädchen schon vor zehn Jahren gestorben war, so war es um so rührender, den alten Mann unter den mutterlosen Töchtern zu sehen - es ist eine Art von Zartheit darinnen, wie er mit ihnen umgeht, um ihnen das verlorne Mutterherz zu ersetzen. Vorzugsweise beschäftiget er sich mit der jüngeren, als sei sie es noch am bedürftigsten.

Nachdem er sie befragt, ob sie in ihrem kleinen Haushalte etwas benöthigten, ob keine Farbe der Stickerei auszugehen drohe, ob ihre Kleider und Stoffe in gutem und prunkendem Stande seien, ob keine Magd oder Zofe etwas verschuldet, oder ob sie sonst nichts vermißten oder wünschten - und als er auf all dieß lauter „Nein“ oder lauter „guter, lieber Vater“ zur Antwort erhielt, so lächelte er, und sagte, er habe gleichwohl die schönsten und seltensten Dinge aus der Stadt Augsburg zum Ansehen und Aussuchen verschrieben, und wie er der festen Hoffnung sei, daß sie binnen jetzt und acht Tagen da sein müssen, und daß er Ehre und Freude damit einlegen werde. Sie mögen sich bis dahin nur recht mit Wünschen und Vorspiegelungen rüsten, was noth thäte, und was man vielleicht, wäre es dabei, wählen würde, und was nicht. Ferner, als ob er ein Bitteres und Ungewünschtes vor seinem eigenen Herzen noch hinausschieben möchte, ging er in all ihre Kleinigkeiten ein, und nahm ernsthaften Antheil - - an Johannens Hühnern, an ihrem Rehe und Schwarzkehlchen, an ihren Fensterblumen - an Clarissens Harfe und Zeichenbüchern, an Briefen und Befinden entfernter Freundinnen - und zuletzt that er an Blondköpflein die Frage, ob sie wohl nie ihr Abendgebet verschlummere, wie noch vor kurzen Jahren, wo man sie oft vom Söller oder Gartenanger rothgeschlafen auflas, und bei noch schimmernder Abendsonne mühselig entkleidete - und als er endlich gar beide mit Rührung fragte, ob sie denn auch allemal im Gebete der verstorbenen Mutter gedächten: so ahnete es ihnen wohl, daß er etwas auf dem Herzen trage, was er sich scheue, ihnen zu eröffnen; denn es war eine der holdesten Blüthen an dem kraftvollen Greise, daß er, wie ganze und starke Menschen so oft, mit der Sorge des Vaters um seine Töchter auch fast eine Scheu vor ihnen darlegte, wie ein Geliebter, der seinen Gegenstand hochschätzt, und da ihre Verehrung und Hochachtung noch unbegränzter war, so hingen ihre Augen wohl mit Aengstlichkeit an seinen Mienen, aber keine getraute sich zu fragen. Die Liebe, in jeder Gestalt ist scheu, wie die Tugend, und die Ehrfurcht zaghafter, als selbst die Furcht. Er verstand sie, wie sie ihn verstanden hatten.

Mit Sorgsamkeit, daß er es nicht zerknittere, nahm er ein Stück eines gefalteten Weißzeuges von einem Sessel, rückte denselben näher an Fenster und Stickrahmen, und setzte sich den Mädchen gegenüber, scheinbar noch immer, als thäte er es der Behaglichkeit willen, weniger die Mädchen, als vielmehr sich selbst mit einem Anscheine von Unbefangenheit täuschend.

„Ich glaube," begann er, „ihr habt schon vernommen, daß der Ritter gestern von seinem Jagdausfluge zwar nicht selbst zurückgekommen, aber einen Boten mit einem Schreiben gesandt habe. Sie waren sehr glücklich und eine ganze Fracht von Wild ist unterwegs, auch kann er nicht genug Lobes sagen, wie schön und still und wie abgeschlossen und unzugänglich jene Waldesgärten sind, in denen er nun schon über vier Wochen dem Jagdvergnügen obliegt. Es ist fast wehmüthig zu lesen, wie schwer sie Abschied davon nehmen – er sagt: Kein Hauch, keine Ahnung von der Welt draußen dringt hinein, und wenn man sieht, wie die prachtvolle Ruhe Tagereisen weit immer dieselbe, immer ununterbrochen, immer freundlich in Laub und Zweigen hängt, daß das schwächste Gräschen ungestört gedeihen mag, so hat man schwere Mühe, daran zu glauben, daß in der Welt der Menschen schon die vielen Jahre her der Lärm des Krieges und der Zerstörung tobe, wo das kostbarste und kunstreichste Gewächs, das

Menschenleben, mit eben solcher Eil' und Leichtfertigkeit zerstört wird, mit welcher Müh' und Sorgfalt der Wald die kleinste seiner Blumen hegt und auferziehet. Denkt nur, einen schönen Felsenberg haben sie gefunden, der über den Wald emporragt, von wo aus man unser Schloß erblicken kann, sie meinen, von unserm rothen Eckzimmer müssen wir denselben sehen können. Wir wollen heute noch im rothen Eckzimmer das Sehrohr aufstellen, und sehen, ob wir den Felsenstock entdecken können, der der Blokenstein heißt – oder wäre es nicht gar noch schöner, ehe der Winter kömmt, geradewegs selber einen Spaziergang in jene anmuthigen Wildnisse zu machen?"

Ein zu Tode erschrockener Blick schlug aus den Augen Johanna's gegen den Vater empor, und traf auf das freundliche fragende Vaterauge. Er stand auf und ging einige Male unruhig im Zimmer auf und nieder, dann vor sie tretend, die mit Angst jede seiner Bewegungen hütete, sagte er ernst und liebreich: „Johanna, liebes furchtsames Reh – – und dennoch muß es sein, wir werden alle zusammen jene Wälder besuchen – – antworte noch nicht – – es thut Noth, Kinder, daß ich euch eröffne, was wir diesen Sommer fürgesorget haben. Dieser Brief ist aus Rosenberg, hier einer aus Goldenkron, dieser von Prag, dieser aus Meißen und endlich einer aus Baiern. Ich habe euch stets mit Nachrichten aus den Kriegsfeldern verschont, daß euer Herz nicht mit Dingen beleidiget werde, die ihr lieber nicht wisset, aber ich habe ein Netz über alle Kriegsplätze gesponnen, daß ich stets Kenntniß der schwebenden Sachlage und Voraussicht der künftigen behielt – es geschah zu Frommen des Vaterlandes, und zu eurem Schutze, wie es ja Gott zu meiner lieben väterlichen Pflicht gemacht. Man bereitet noch vor Winter eine Unternehmung gegen die oberen Donauländer, deren rechter Flügel bestimmt ist, über unsere Berge zu gehen – diese Schweden kennen meinen Namen gar wohl – und auch wenn sie ihn nicht kennten, so ist aller Grund zu glauben, daß sie unser Haus mitfegen werden und die ersten Schneeflocken des künftigen Winters werden wahrscheinlich auf seine schwarzgebrannten Mauertrümmer fallen – mag es – das Haus werden wir wieder aufbauen, und für euch habe ich nach bester Meinung gesorgt. Wie ich es mit Geld und Geldeswerth veranstaltet, werde ich später darlegen – jetzt, was wichtiger – von euch. Es liegt ein Platz im Hochwalde, ich kenne ihn längst, so einsam, so abseit alles menschlichen Verkehres, daß kein Pfad, kein Fußtritt, keine Spur davon erspählich ist, überdem unzugänglich an allen Seiten, außer einer, die zu verwahren ist – sonst aber wundersam lieblich und anmuthsreich, gleichsam ein freundliches Lächeln der Wildniß, ein beruhigender Schutz- und Willkommensbrief. Auf diesem Platze steht ein Haus, das ich diesen Sommer zimmern ließ, allbereits schön und wohnlich für euch eingerichtet; denn dort werdet ihr wohnen, bis es hier wieder hergestellt und gefahrlos ist. Kein Mensch kennt dessen Dasein; denn die es zimmerten, sind mir dreifach gebunden: vorerst weil ich sie in Eid und Pflicht nahm, dann weil sie mir als Unterthanen seit Jahren mit Liebe zugethan gewesen, und endlich, weil ich nur solche Leute wählte, die mir zufällig vor längerer Zeit schon ihre ganze Barschaft eingehändigt, daß ich sie als Depositum neben meinem Eigenthume schütze, bis die Kriegsgefahr vorüber. Diese werden sich wohl hüten, durch Verletzung ihres Eides mir Schaden zuzuwenden. Sie wurden alle über einen sehr steilen Felsenweg dahingeführt, der aber nun durch gesprengte Steine unzugänglich ist. Wir werden einen weiteren Weg durch bisher unbetretenen Wald einschlagen, wo ich es viel bequemer vermuthe, da der Boden eben ist, und der Ritter meint, der Wald müsse dort sehr dünne sein, daß man sogar vielleicht reiten könne. Wo es sodann beschwerlicher wird, dort werden wir von einem Führer, der eines anderen Weges von seiner Heimath herüber kommen wird, erwartet werden, und für euch wird eine Sänfte bereitet sein. Der Wald, wenn auch Urwald, ist so schön und traulich, wie bei uns, und Menschen werdet ihr die ganze Zeit eures Aufenthaltes daselbst nicht sehen, außer die zu euch gehören. So habe ich gesorgt, und ich glaube, daß es gut sei. – – Und nun, Kinder, redet."

Beide, todtenstille, sahen ihn an.

„Nun, Johanna," sagte er lächelnd, „thut es dir so leid um deine Stube hier? Sieh, die dortige ist gerade so gebaut, und so eingerichtet wie die – – Nun?"

Mit ordentlicher Mühe preßte sie schüchtern die Worte heraus: „Aber ein Mörder und Wildschütze ist dort."

Der Vater zuckte bei diesen Worten empor, und sagte, aber sehr gelassen und fest: „Es ist keiner dort. Leid ist es mir aber sehr, äußerst unangenehm ist es mir, daß das widersinnige Gerücht auch in eure Stube Eingang gefunden. Es ist keiner dort, glaubt es mir; denn die drei ganzen Monate, die der Ritter abwesend war, hat er mit Felix den Wald weit und breit durchsucht, und bei allen seinen Randwohnern und in allen Köhler-, Holzschläger- und Forsthütten um Grund oder Ungrund jener Gerüchte geforscht – es war überflüssige, aber zu unsrer eignen Beruhigung unternommene Vorsicht; kein Gedanke irgend eines solchen Mannes ist dort, selbst nicht die Sage von ihm, die nur müßig in unsrer Gegend schweifte – aber sehr unlieb ist es mir um euch, denn es wird unnöthig eure Phantasie beschweren. Glaubst du denn, Johanna, du abtrünnig Mädchen, dein Vater werde dich zu Räubern und Mördern führen? und wenn ein Wildschütze dort ist, so ist es ein schöner alter Mann, der zu eurer Bedienung gehören wird, und den du bald so lieben wirst, wie deinen eignen Vater. Seid wohlgemuth, meine Kinder, ihr werdet von eurem neuen Wohnorte sehr traurig scheiden, und wenn wir euch verkünden werden, daß dieses Schloß wieder neu und blank herausgeputzt ist, wie vorher nie, so wird wohl auch aus dem freudigen Auge ein Thränlein auf die holde Stelle fallen, von der ihr scheidet. Werfet das Unkraut getrost aus eurem Herzen, und bedenket, daß in einem Monate hier die Kriegslager rauchen werden, und Waffentosen und wüstes Handwerk statt der Harfenklänge in diesem Gemache schallen. Seid heiter und rüstet euch. In acht Tagen wollen wir den Weg antreten. Oder wüßtet ihr noch etwas gegen den Vorschlag?"

Sie wußten wohl beide nichts, aber „wohlgemuth" waren sie auch nicht, sondern, wie immer, erkannten sie seine Absicht als gut, und versprachen, in einigen Tagen zur Reise vollkommen vorbereitet zu sein. In dem schönen heiteren Morgenzimmer, schwimmend im sanften Glanze der Vormittagssonne, geweiht durch die Anwesenheit zweier Engel, und angeschaut von der ruhigen Naturfeier draußen, war nunmehr mit einem Male ein düstrer Flor herniedergelassen, hinter dem drei beklommene Gesichter standen; der Vater wegen der Mädchen, diese wegen der Sache, und wie auch jedes rang nach Unbefangenheit, so war sie eben deßhalb ungewinnbar.

Demgemäß trat er an das Fenster, und schaute emsig nach dem Wetter, damit nur die erste Befangenheit der Mädchen sich etwas lüften möge, und als sollte er die Himmelsschäfchen zählen, die eben vom Süd heraufzukommen begannen, so lange und sorglich sah er nach ihnen, die Hand ob den Augen haltend. Die Mädchen – es ist wunderbar, was für ein Zauber der Beruhigung in geliebten treuen Augen liegt – zwei Blicke waren es nur in die gegenseitige Güte derselben – – und Johannens Angst, eben noch riesig und unbesiegbar, war alle ganz und gar verflogen. Der Vater kam lächelnd von dem zweiten Fenster herüber, und sagte, wenn sie heute den Waldfelsen und nebstbei auch die schöne ferne anstrebende Waldmauer sehen wollten, in der, wie in einer Nische, ihr hölzern Waldschloß stehe, so müßte dieß bald geschehen, und er werde auch deßhalb das Sehrohr vorläufig im rothen Zimmer aufstellen; denn, trügen nicht alle Zeichen, so käme gewiß heute noch ein Gewitter – er sah schelmisch nach Johanna, deren Lippen, schon wieder in allem Purpur prangend, ein leises, leises Lächeln zu hegen und zu bergen suchten, das er gleichwohl sah und kannte. Es gehörte nehmlich zu seinen Schwächen, Gewitter zu prophezeihen, und wenn nach zehn ausgebliebnen eines eintraf, so überzeugte sich niemand fester von der Untrüglichkeit seiner Symptome als er selber. Ob er aber heute solche Symptome an dem spiegelreinen Himmel entdeckte, oder sich in der Trefflichkeit seines Herzens nur derlei hervorgelogen, um Reiz zur Heiterkeit zu wecken – – wer könnte es entscheiden – genug er war vergnügt, daß er die Pein der ersten Spannung aus den ihm lieben Angesichtern schwinden sah, und wohl wissend, daß, wenn er sie verlasse, er sie eben gegenseitig in die besten Hände gebe, schritt er heiter und scherzend der Thüre zu. „Clarissa," rief er noch, die Klinke in der Hand haltend, „du wirst wieder mit deinem Anzuge die Ewigkeit brauchen – übereil' dich deßhalb nicht – ich habe vorher noch ein Geschäft, und wenn ihr fertig seid, mögt ihr gelegentlich in die rothe Stube kommen, und es mir sagen lassen, – aber eilt deßhalb nicht."

Und somit zog er die Thür hinter sich zu.

Einzige geliebte Menschen! Ob ihnen auch der Vater die Ewigkeit ihres Anziehens selbst in den Mund legte, als Gelegenheit sich zu vertrauen und zu besprechen, so waren sie doch zu unschuldig, ihn zu verstehen, sondern sie sputeten sich maßlos, um nur irgend einen Anzug zu Stande zu bringen, daß er nicht zu lange warten dürfe.

Nur ein einziges Mal hatten sich die Schwestern, als er fort war, umarmt und zwei, drei heiße Küsse auf die Lippen gedrückt, als feste kräftige unzerreißbare Versicherungen und Siegel gegenseitigen Schutzes und Beisammenbleibens.

So wundergleich ist die Macht der Liebe, daß ihr Strahl, wenn er bei Gefahr und Noth aus demantnem Auge bricht, sogleich eine eherne Mauer von Zuversicht um unser Herz erbauet, wenn er gleich aus den Augen eines zagen Mädchens kömmt, das selber alles Schutzes bar und bedürftig ist.

Freudigkeit, Zutrauen, ja sogar Lustigkeit, Scherzen und Neugierde war aus jenen Küssen in die Herzen der Mädchen gekommen, und sie lachten, wenn sie in der übertriebnen Eile des Anziehens etwas verhasteten und abgeschmackt erzielten.

Kein Sehrohr war aufgestellt, kein Vater war in der rothen Stube, als sie endlich fertig waren und dahin eilten, nur hörten sie, als sie über den Gang zum Söller gingen, auf dem sie ihn vermutheten, seine Stentorstimme aus dem großen Saale schallen und zwar so heftig, als sei er gar sehr zornig oder hielte eine Predigt. Johanna konnte es sich nicht versagen, und lüftete ein ganz klein wenig den schweren Eichenthürflügel - - „Nur herein da," rief sogleich seine Stimme, „nur herein, da ihr einmal wider Vermuthen schon fertig seid, so seid ihr hier willkommen und vonnöthen."

Sie traten ein. Im großen, schweren, vergoldeten Sessel von funkelrothem Samte saß der Freiherr, den langen weißen Bart herabfallend auf die goldnen Ketten und Gnadenzeichen des Kaisers, die er alle umgethan hatte, rückgestreift den schwarzen Aermel des Gewandes, und mit der bloßen Hand den Goldknopf des Sessels fest gefasset. Vor ihm, doch nicht auf dem Teppich um den Sessel, sondern auf dem Marmorpflaster standen zwei verzagte und demüthige Gestalten: die Speisewirthin oder Beschließerin des Freiherrn und ein Mann, jung und milchbärtig, in dem Johanna sogleich den Jägerburschen erkannte, den der Ritter gesandt hatte.

„Tretet hieher, meine Töchter," fuhr er fort, „so, und nun nehmt Platz in diesen Sesseln - - und du, jetzt rede: wo und wie hast du, zwanzig Meilen in der Runde, den Wildschützen und Mörder gesehen?"

„Wildschützen," antwortete der Bursche, „sind freilich bald hier, bald da . . . ."

„Keine Ausflucht," rief der Freiherr, „kein Sandkorn, kein Atom von Lüge - - wo sahest du ihn?"

„Gesehen habe ich ihn so recht eigentlich nicht . . . ."

„Wer sah ihn?

„Man erzählt . . . . . .“

„Nichts von Erzählen, geradezu, wer hat ihn gesehen?“

„Ich kann mich nicht so ganz mehr erinnern, aber reden hörte ich gar oft von ihm.“

„Gut, so nenne augenblicklich Namen und Wohnort dessen, der von ihm redete.“

„Ja wer zuletzt redete, ich weiß nicht, war es . . . .“

„Zuletzt oder zuerst oder mitten – – nenne nur irgend einen – aber siehe zu!!“

Fast lächerlich war es, wie der Waidmann in Verlegenheit und Angst die Augen verdrehte, und sichtbar gerne gelogen hätte, wenn es nur in etwas klar gewesen wäre, wie weit es rathsam sei, aber im Sinnen darnach verging die Zeit, und das sah er wohl ein, je mehr deren verging, um so weniger ward ihm dann geglaubt.

Der alte Ritter machte eine furchtbare Miene. Johanna kämpfte mit Lachen, und Clarissa sah bittend auf ihn.

„Gab der Ritter dir Auftrag in dieser Sache?“ fuhr der unbarmherzige Frager fort.

„Nein.“

„So hast du auf eigne Faust gelogen!“

„Ach – – fast ja.“

„Wo hast du den silbernen Knopf, weise auf!“

„Mein Großvater hatte einmal einen . . . . .“

„Und deine Großmutter nähte ihn ihm an das Wams,“ fuhr der Freiherr lachend heraus – „jetzt geh, trolle dich auf das Eiligste fort, und ihr, Frau Schnattergans, die ihr ihn ausfragtet, und das Wunder ausbreitetet, geht mit +ihm. – – “

„Nun, nun, Sebastian, bin ich denn so furchtbar,“ rief er mit sanfterm Tone dem Burschen nach, „daß du dich so linkisch fortsputest – lasse dir unten einen Becher Wein geben – oder meinetwegen zwei. Jetzt geh.“

Das Paar schleifte aus dem Saale, und der Freiherr wendete sich äußerst vergnügt an die Mädchen mit den Worten: „Nun, meine lieben und schönen Beisitzerinnen – – ei ihr seid ja bald fertig geworden, schau wie schön, nun wollen wir zusammen in das rothe Zimmer gehen und das Sehrohr aufstellen.“

Und so geschah es.

2.

Waldwanderung.

Es sind noch heut zu Tage ausgebreitete Wälder und Forste um das Quellengebiet der Moldau, daß ein oder der andere Bär keine Seltenheit ist, und wohl auch noch ein Luchs getroffen wird: aber in der Zeit unserer Erzählung waren sie noch über alle jene bergigen Landstriche gedeckt, auf denen jetzt gereutet ist und die Walddörfer stehen mit ihren kleingetheilten Feldern, weißen Kirchen, rothen Kreuzen, und Gärtchen voll blühender Waldbüsche. Wohl acht bis zehn Wegestunden gingen sie damals in die Breite, ihre Länge beträgt noch heute viele Tagereisen.

An dem Laufe eines frischen Waldwassers, das so klar wie flüssiges Glas unter naßgrünen Erlengebüschen hervorschießt, führt ein gewundenes Thal entlang, heut zu Tage ein reinlicher Weg gegen das Holzdorf Hirschbergen, das seine malerischen hölzernen Waldhäuser zu beiden Seiten des Baches auf die Abhänge herumgestreut hat, die mit Matten der schönsten Bergkräuter prangen, und mit mancher Herde, deren Geläute mit einzelen Klängen sanft emporschlägt zu der oben harrenden Stille der Wälder. Damals aber war weder Dorf, noch Weg, sondern nur das Thal und der Bach, jedoch diese noch schöner, noch frischer, noch jungfräulicher, als jetzt, besetzt mit hohen Bäumen der verschiedensten Art, nur an der einen Seite des Wassers sehr dünne stehend, so daß sich der grüne Rasen, wie ein reines Tuch zwischen den Stämmen dahinzog, ein Teppich, weich genug selbst für den Fuß einer Königstochter. Aber kein Fuß, schien es, hat seit seinem Beginne diesen Boden berührt, als etwa der leichte Tritt eines Rehes, wenn es zu dem Bache trinken kam, oder sonst zwischen den Stämmen und Sonnenstrahlen lustwandeln ging. Heute aber war der Tag gekommen, wo die Heerschaar der Gräser und Blümlein dieses Rasens ungleich ihren tausendjährig stillen und einsamen Ahnherren, zum erstenmal etwas anderes sehen sollten, als Laubgrün und Himmelsblau, und etwas anderes hören, als das Gemurmel der Wellen.

Klare, liebliche, silberhelle Menschenstimmen - Mädchenstimmen - drangen zwischen den Stämmen vor, unterbrochen von dem theilweisen Anschlage eines feinen Glöckleins - - Gleichsam wie lauschend dem neuen Wunder hielt die Wildniß den Athem an, kein Zweig, kein Läubchen, kein Halm rührte sich - die Sonnenstrahlen traten ungehört auf das Gras, und prägten grüngoldne Spuren - die Luft war unbeweglich, blank und dunkelblau - nur der Bach von seinem Gesetze gezwungen sprach unaufhörlich fort, flüchtig über den Schmelz seiner Kiesel schlüpfend wie über eine bunte Glasur. - Näher und näher klangen Stimmen und Glöcklein - plötzlich sprang eine Gestalt vor - elfig, wie einst Libussa's Mutter, in schneeweißem Kleide saß sie auf schneeweißem Pferdlein, das so zartfüßig wie ein Reh kaum den Rasen eindrückend, halb hüpfend, halb spielend seine Last wie eine schwebende Feder zwischen den Stämmen hervortrug - zwei Demanten leuchteten voran, neugierig das fernere Geheimniß des Waldes suchend - Johanna's Augen waren es, die heiter, glänzend, freudig vorausflogen, um die Schönheit des Tages und die ausnehmende Lieblichkeit des Plätzchens vorweg zu genießen - auch das Pferdchen, Luft gewinnend zwischen den hochschaftigen weitstehenden Bäumen, spielte neckisch vorwärts, baumelnd und neigend mit Kopf und Hals, als wollte es zu eigener Freude recht oft das silberne Glöcklein erklingen lassen, das es an himmelblauem Bande um den Nacken trug. Hinter Johannen erschien nun auch Clarissa, auf einem ähnlich gezäumten Pferde, das aber hellbraun und ohne den kindischen Schmuck des Glöckleins war. Sie trug ebenfalls ein weißes Kleid.

Auch der stattliche alte Ritter wurde sofort sichtbar und ihm zur Seite ein schöner blonder Jüngling, oder vielmehr fast noch ein Knabe, der oben öfter angeführte Felix, der Bruder der Mädchen, beide zu Pferde, und endlich noch ein fünfter Reiter, ein hoher Mann mit sprechendem Antlitze, nachlässig edel sein Pferd zwischen den schlanken Waldsäulen vorwärts geleitend, - und, wie es schien, in seine dunklen Augen nachdenklich einprägend die so schönen vor ihm schwebenden schuldlosen, aber auch schutzlosen Gestalten.

Die Waldblumen horchten empor, das Eichhörnchen hielt auf seinem Buchenast inne, die Tagfalter schwebten seitwärts, als sie vordrangen, und die Zweiggewölbe warfen blitzende grüne Karfunkel und fliegende Schatten auf die weißen Gewänder, wie sie vorüber kamen, der Specht schoß in die Zweige, Stamm an Stamm trat rückwärts, bis nach und nach nur mehr weiße Stückchen zwischen dem grünen Gitter wankten - und endlich selbst die nicht mehr - aber auch der Reiter tauchte in die Tiefe des Waldes, und verschwand, und wieder nur der glänzende Rasen, die lichtbetupften Stämme, die alte Stille und Einöde und der dareinredende Bach blieben zurück, nur die zerquetschten Kräutlein suchten sich aufzurichten und der Rasen zeigte seine zarte Verwundung. - Vorüber war der Zug - unser lieblich Waldplätzchen hatte die ersten Menschen gesehen.

Immer entlang dem Waldbache, aber seinen Wassern entgegen geht der Zug sich vielfach windend und biegend, um den tiefer hängenden Aesten und dem dichteren Stande der Bäume auszuweichen. - Sie betrachten und vergnügen sich an den mancherlei

Gestaltungen des Waldes, die vielzweigige Erle geht am Wasser hin, die leichte Buche mit den schönfarbigen Schaften, die feste Eiche, die schwanken Halme der Fichten stehen gesellig, und plaudern bei gelegentlichen Windhauchen, die Espe rührt hiebei gleich alle ihre Blätter, daß ein Gezitter von Grün und Silber wird, das die Länge lang nicht auszutaumeln und auszuschwingen vermag – der alte Ahorn steht einsam und greift langarmig in die Luft – die Tannen wollen erhabne Portiken bilden, und die Büsche, Beeren und Ranken, gleichsam die Kinder, sind abseits und zurück in die Winkel gedrängt, daß mitten Raum bleibe für hohe Gäste. Und diese sind auch gekommen. Frei und fröhlich ziehen sie das Thal entlang.

Wer die Gesichter der Mädchen ansieht, wie sie doppelt rein und zart neben dem dunklen Grunde des Waldlaubes dahinschweben, wie sie blühend und vergnügt aus dem wallenden weißen Schleier des Kopfschmuckes herausblicken – der hätte nicht gedacht, daß sie sich noch kürzlich so sehr vor diesen Wäldern fürchteten und scheuten. Johanna blieb fast immer an der Spitze, und wie sie, ihrem Temperamente gemäß, sich vorher unmäßig fürchtete, so freute sie sich auch jetzt unmäßig – und von dem zarten Roth, das sie sich beim Abschiede vom Hause in die Augen geweint hatte, war keine Spur mehr sichtbar. Die Pracht und Feier des Waldes mit allem Reichthume und aller Majestät drang in ihr Auge und legte sich an ihr kleines Herz, das so schnell in Angst, aber auch so schnell in Liebe überfloß – und jeder Schritt gab ihrer Einbildungskraft neuen Stoff, war es nun ein seltsamer Strauch, mit fremden glühend rothen Beeren überschüttet, oder war es ein mächtiger Baum von ungeahneter Größe – oder die schönen buntfarbigen Schwämme, die sich an Stellen schoben und drängten, oder war es ein plötzlich um eine Ecke brechender Sonnenstrahl, der die Büsche vor ihr in seltsames grünes loderndes Feuer setzte, und aus unsichtbaren Waldwässerchen silberne Funken lockte, – oder war es endlich dieser oder jener Ton, der als Schmelz, oder Klage, als Ruf oder Mahnung aus der Kehle eines Waldvogels tief aus den ferneren geahneten Waldschosen drang, – alles fiel in ein schon aufgeregtes empfangendes Gemüth. Clarissa's edles Angesicht lag lieblich ruhevoll dem Himmel offen, der zwischen den Aesten festlich wallend sein Blau hereinhängen ließ, und erquicklich seine Luft um ihre lieben sich färbenden Wangen goß – – wie ein schöner Gedanke Gottes senkte sich gemach die Weite des Waldes in ihre Seele, die dessen unbewußt in einem stillen und schönen und sanften Fühlen dahinwogte. Selbst der alte Freiherr fühlte sich in der freien Luft wie gestählt, und von einem frischen Hauche seiner Jugend angewehet.

So ritten sie alle vorwärts, und wenn auch die Bäume und Gesträuche oft stellenweise sich zusammendrängten, und sich ihnen entgegenstellten, so fanden sie doch immer wieder einen Ausweg, der sie vorwärts geleitete, tiefer und tiefer in das Thal hinein, das die Wiege des ihnen begegnenden Baches war.

Der Vater, wo es die Stellen zuließen, ritt gerne an die Seite der Mädchen und sprach und kosete mancherlei mit ihnen. Felix war bald vorne bei den Schwestern, bald hinten bei dem nachdenklichen Reiter.

Endlich wurde der Boden so ansteigend, und der Waldbestand so dichte, daß das Weiterdringen immer beschwerlicher ward, bis sie zuletzt zu einem Felsen gelangten, der jede weitere Aussicht zu verstellen schien: aber eben dieser Felsen war auch das glücklich erreichte Ziel, das sie vor der Hand mit ihrer Wanderung anstrebten, auch war der Gegenstand, den sie hier antreffen sollten, bereits allen Augen sichtbar. Ein alter Mann saß in der Nachmittagssonne an dem glänzenden Gestein, und hatte den Kopf in seine Hände gestützt, als schlummere er oder denke nach. Zu seiner Seite lag ein Feuergewehr und ein langer Waldstock. Die Mädchen stutzten, und eine heftige Furcht schien Johannen zu fassen, obwohl sie wußte, daß man einen Führer erwarte. Bei dem Annähern der Reitergesellschaft, insbesondere der zögernden Mädchen stand er auf und entblößte sein Haupt, indem er den breiten beschattenden Hut von demselben herabzog – schneeweiße Haare wallten den Blicken der Mädchen entgegen, zurückweichend von einer Stirne, die hoch und schön gewölbt, aber tiefbraun und von den Linien des Hochalters gefurcht war – zwei große treuherzige Augen sahen zu ihnen hinauf, in ihrer Schwärze seltsam abstechend gegen die zwei schneeweißen Bogen, die sich über ihnen spannten. – Auf den harten Wangen lag Sonnenbrand, Alter und Gesundheit.

Von aller Furcht erlöset erwiederte Johanna zierlich seinen Gruß, und bei dem zweiten und dritten Blicke mußte sie ihm schon gut sein – eine solche eherne Einfalt und Güte prägte sich in der ganzen Gestalt aus, wie er dastand und sie alle mit den klugen Augen ansah.

Man war nach und nach abgestiegen, und der alte Herr trat auf den Erwartenden zu, schüttelte ihm die Hand, die der andere ohne Zögern dargereicht hatte und sagte freudig: „Gott grüße dich, Gregor, Gott grüße dich tausendmal, so haben wir uns doch noch einmal in diesem Leben gesehen – aber, Knabe, alt sind wir geworden, seit wir in dem Jungwalde zum letzten Male mit einander jagten – alt, alt – – ."

Freilich waren sie alt geworden, das sahen die jungen Begleiter alle, die seitwärts standen, und sämmtlich ihre Blicke auf die zwei Greise hefteten – es war ein schöner Anblick, wie sie dastanden, beide so ungeheuer verschieden und beide doch so gleich. Der Freiherr, wie gewöhnlich, im schwarzsamtnen Kleide, der andere in dem gröbsten grauen Tuche, der Freiherr, obwohl gebräunten und gefurchten Antlitzes, doch fast mädchenhaft weiß gegen die dunkle Sonnenfarbe des andern, ein Stubenbewohner gegen den Genossen des Mittagsbrandes und des Sturmes, der eine ein Sohn der Waffen, einst geführt mit Grazie und Kraft, jetzt zum Danke von ihnen geschmückt, der andere ein Bruder des Felsens neben ihm, siebenzig Jahre ist Regen und Sonnenschein vergeblich auf sie gefallen, sie sind beide nur ein wenig verwittert – der eine mit dem Anstand der Säle, der andere mit dem der Natur: aber schön sind sie beide, und ehrwürdig beide, beide der Abglanz einer großgearteten Seele, und das Haarsilber liegt mit all der Unschuld des Alters auf ihrem Haupte.

„Ja," erwiederte Gregor, „wir mögen wohl um eine Handvoll Jahre gealtert sein, Herr, – eure braunen Haare sind seitdem auch alle ganz weiß geworden. Ich bin sehr erfreut, euch noch einmal zu sehen, ihr waret damals ein freundlicher zugänglicher Herr."

„Und du ein lustiger, goldtreuer Jäger, siehe das habe ich nie vergessen, und wie mir der Knabe da von dir erzählte, daß er dich in dem Walde gefunden, und daß du ihn so lieb habest, so erfreute sich mein altes Herz darüber, und ich dachte, er wird wohl des Vaters nicht vergessen haben, und deßhalb, Gregor, gebe ich dir meine Kinder in den Schutz – Gott gab mir den Gedanken, dich dazu auszuwählen als alten, wohlbekannten Freund und Kameraden. Siehe, diese zwei Mädchen sind mein, sie werden dir recht gut sein, und die Hand und das Haupt ehren, so über ihnen wacht."

Des alten Mannes Augen erglänzten, wie von einem melancholischen Strahle der Freude, als es dieses hörte, und seine Blicke, wie zwei Adler, gegen die Mädchen kehrend, sagte er: „Sie sind zwei schöne Waldblumen, es wäre Schade, wenn sie verkämen" – und er konnte seine Augen ordentlich gar nicht zurückziehen, als ihnen die sanften glänzenden Blicke der zwei schönen Wesen vor ihm begegneten.

„Tritt näher, Johanna," sagte der Freiherr, „und reiche diesem Manne die Hand, er wird nun längere Zeit bei euch leben."

Johanna that es augenblicklich, der alte Mann reichte die seine fast verschämt zögernd hin, und es war eine barocke Vermählung, ein lieblicher Gegensatz, als sich ihre weiche kleine Hand, wie eine Taube in die Felsen seiner Finger duckte – auch Clarissa reichte ihm ungeheißen ihre schöne Rechte, und auch Felix und der fremde Ritter hießen ihn willkommen.

Der alte Jäger hatte sichtliche Freude an den +Mädchen, das sah man an der Art, wie er dem Freiherrn alle die Anstalten auseinandersetzte, die er zum Weiterkommen getroffen habe. Von hier aus sollen die Pferde zurückgeschickt werden, sobald des Freiherrn Beauftragter eingetroffen, dann gehe man über den Hirschfelsen zu Fuß, und jenseits warte schon eine zweisitzige Sänfte für die Jungfrauen, die Männer müssen sie alle zu Fuße begleiten.

Als er noch sprach, kamen drei Männer über den Felsen herüber, die den Freiherrn ehrerbietig grüßten. Sie waren die bestellten. Sofort wurden ihnen die Pferde übergeben mit der Weisung sie zurück zu führen bis Pernek und dort auf weitere Verordnung zu warten. Johanna umarmte fast ihr kleines weißes Rößlein, und dieses, als betrübe es sich um seine Herrin, ging traurigen Auges und gesenkten Hauptes hinter seinem Führer.

Man nahm an dem Felsen ein kleines Mahl, und eine andere Wanderung begann nun. Der Schutz des Vaters und des fremden Reiters, den der Freiherr immer blos mit dem Namen „Ritter" anredete, hörte auf, und es begann der des alten Jägers, dem der Freiherr mit vielem Lachen erzählte, wie ihn seine thörichte Tochter Johanna für einen furchtbaren Wildschützen gehalten, der in dem entsetzlichen Walde sein Unwesen treibe – und wie sie ihn nun mit so freundlichen Augen ansehe, und in den Wald nun begierig wie in eine liebliche grüne Fabel eindringe. Nur ein kurzer, für Sänften ungangbarer Felsensteig war zu erklimmen, und sie traten wieder auf einen Rasenplatz hinaus, wo zwei Männer mit einer Sänfte harrten. Die Mädchen stiegen ein, und mit dem alten Jäger an der Spitze schlug die Gesellschaft einen Weg ein, der mit dem Thale der Hirschberge einen rechten Winkel bildete.

Die Nachmittagsonne war schon ziemlich tief zu Rüste gegangen und spann schon manchen rothen Faden zwischen den dunklen Tannenzweigen herein von Ast zu Ast springend, zitternd und spinnend durch die vielzweigigen Augen der Himbeer- und Brombeergesträucher – daneben zog ein Hänfling sein Lied wie ein anderes dünnes Goldfädchen von Zweig zu Zweig, entfernte Berghäupter sonnten sich ruhig, die vielen Morgenstimmen des Waldes waren verstummt, denn die meisten der Vögel arbeiteten, oder suchten schweigend in den Zweigen herum. Manche Waldlichtung nahm sie auf und gewährte Blicke auf die rechts und links sich dehnenden Waldrücken und ihre Thäler, alles in wehmüthig feierlichem Nachmittagsdufte schwimmend, getaucht in jenen sanftblauen Waldhauch, +den Verkünder heiterer Tage, daraus manche junge Buchenstände oder die Waldwiesen mit dem sanften Sonnengrün der Ferne vorleuchteten. So weit das Auge ging, sah es kein ander Bild als denselben Schmelz der Forste, über Hügel und Thäler gebreitet, hinausgehend bis zur feinsten Linie des Horizontes, der draußen am Himmel lag, glänzend und blauend, wie seine Schwester, die Wolke. Selbst als sie jetzt einen ganz baumfreien Waldbühel erstiegen hatten, und der alte Gregor der wundervollen Umsicht halber sogar die Sänfte etwas halten ließ: ging der Blick wohl noch mehr ins Weite und Breite, aber kein Streifchen, nur linienbreit wurde draußen sichtbar, das nicht dieselbe Jungfräulichkeit des Waldes trug. – Ein Unmaß von Lieblichkeit und Ernst schwebte und webte über den ruhenden dämmerblauen Massen. – Man stand einen Augenblick stumm, die Herzen der Menschen schienen die Feier und Ruhe mit zu fühlen; denn es liegt ein Anstand, ich möchte sagen ein Ausdruck von Tugend in dem von Menschenhänden noch nicht berührten Antlitze der Natur, dem sich die Seele beugen muß, als etwas Keuschem und Göttlichem, – – und doch ist es zuletzt wieder die Seele allein, die all ihre innere Größe hinaus in das Symbol der Natur legt.

Die Gemüther der Mädchen, wie sie so dasaßen in ihrer Sänfte und wie zwei Engelsbilder aus einem Rahmen herausschauten, erweiterten sich und hoben sich, und fast war alle Sorge um zu Hause verlassene Erdengüter von ihnen abgefallen – die Blumen ihrer Herzen, die Augen, schauten glänzend hinaus in die schöne Welt, und waren selbst schöner als sie – auf ihrem schmalen Brettchen mußten sie jede den einen Arm um die andere schlingen, und die Herzen, die sich fast gegenseitig schlagen hörten, hätten sich gerne noch fester an einandergedrückt, um sie nur zeigen zu können, die unbegränzte Fülle von Liebe und Güte, die sie zu einander hatten.

Der alte Gregor tupfte endlich mit der Hand an den Sänftenrand, und zeigte rechts hinüber auf einen machtvollen schwarzblau hereingehenden Waldrücken, von grauen Felsenbändern schräge gestreift, die aber kaum sichtbar waren in dem Funkeln und Dämmern der Luft. – „Seht," sagte er, „das ist das Ziel unserer Reise, und wir müssen heute noch fast bis auf zwei Drittel gegen seine Schneidelinie hinauf. Der Platz hier hat etwas wunderlich Zuthuliches, und ich wußte, daß er euch gefallen müsse, aber die Sonne neigt sich der Wand zu, und wir müssen +weiter."

„Ja, ja," fuhr er fort, als man die Sänfte wieder aufgenommen hatte, und die andere Seite des Waldhügels hinabging – „ja, ja, schöne Jungfrauen, der Wald ist auch schön, und mich dünkt manchesmal, als sei er noch schöner, als die schönen Gärten und Felder, welche die Menschen machen, weil er auch ein Garten ist, aber ein Garten eines reichen und großen Herrn, der ihn durch tausend Diener bestellen läßt, in ihm ist gar kein Unkraut, weil der Herr jedes Kräutlein liebet und schätzt – er braucht auch ein jedes für seine vielen tausend Gäste, deren manche lecker sind, und ganz Apartes verlangen. – Sehet, da habe ich draußen, es sind wohl zwölf Wegestunden von hier – da habe ich auch einen Garten, wo Suppenkräutlein wachsen und anderes – dann sind ein paar Kühe, viele Ziegen, auch Hafer- und Gerstenfelder – jetzt gehört alles meinem Enkel – der pflegt und hegt es – – aber wenn ich damals, vor zwanzig, dreißig Jahren, von meinem Hauswesen so des Sonntags in den Wald herauf ging in die Länge und Weite immer tiefer und immer tiefer, so allerlei sinnend, oft auf das Wild gar nicht einmal Acht habend, so war das ein lieblicherer anmuthigerer Tag, als die ganze andere Woche und öfter wollte es mich bedünken, als hätte ich da eine schönere Vesper gefeiert, als die hinaus in die Nachmittagskirche, aber auch in das Schenkhaus gegangen sind; denn seht, ich habe mir immer mehr und mehr ein gutes Gewissen aus dem Walde heimgetragen. Es kann ja auch nicht anders sein; – denn wie ich nachgerade muthiger wurde, und weiter und weiter hereinkam, auch mehr Zeit hatte, da mein Sohn Lambrecht das Hauswesen überkam – sehet, da +fing ich an, allgemach die Reden des Waldes zu hören, und ich horchte ihnen auch, und der Sinn ward mir aufgethan, seine Anzeichen zu verstehen, und das war lauter prachtvolles und geheimnißreiches und liebevolles von dem großen Gärtner, von dem es mir oft war, als müsse ich ihn jetzt und jetzt irgendwo zwischen den Bäumen wandeln sehen. – – Ihr schaut mich mit den schönen Augen seltsam an, Jungfrau – aber ihr werdet, wenn ihr länger hierbleibt, schon auch etwas lernen; denn eure Augen sind schön und klug. In allem hier ist Sinn und Empfindung, der Stein selber legt sich um seinen Schwesterstein, und hält ihn fest, alles schiebt und drängt sich, alles spricht, alles erzählt und nur der Mensch erschaudert, wenn ihm einmal ein Wort vernehmlich wird. – Aber er soll nur warten, und da wird er sehen, wie es doch nur lauter liebe gute Worte sind.“ – –

Johanna sah mit unverhohlenem Erstaunen in das Antlitz des alten Waldsohnes, und es begann ihr ordentlich immer schöner zu werden. Man war mittlerweile wieder ins Thal zu einem rauschenden springenden Bache gekommen, und Gregor mußte sein Gespräch abbrechen, weil er hier wieder Anordnungen behufs des Weitergehens zu machen hatte.

„Vater, Vater," sagte Johanna leise, „welch einen seltsamen Menschen habt ihr uns hier beigegeben!"

„Kind, dieß ist ein Kleinod der Wüste," erwiederte der Vater, „niemand weiß dieß weniger, als er selber, du wirst oft auf seine Worte horchen wie auf die Klänge silberner Glocken, du wirst von ihnen vieles lernen – und er wird euch eine Stimme der Wüste sein, wenn ihr ferne von der Heimath in der Einsamkeit leben müsset. Wir haben vor Jahren manche Tage mit einander verlebt, damals war er kühner und feuriger, aber die wunderlichen Gedanken seines Herzens spannen sich schon damals, wie ein seltsamer ausländischer Frühling, aus ihm heraus, und wenn wir so oft einen langen Nachmittag mit einander allein zu einem fernen Jagdzuge gingen, und er zutraulich wurde, und das Band seiner Reden und Phantasieen lösete, so warf er Blüthen und Bäume, Sonne und Wolken durcheinander, und abentheuerlich Glauben und Grübeln, daß es mir oft nicht anders war, als würde aus einem alten schönen Dichtungsbuche gelesen. Manche höhnten ihn, und gegen diese verschloß er wie mit Felsen den Quell seiner Rede, aber ich habe ihn jederzeit geliebet, und er mich auch. Er war es, der mir einst den schönen einsamen Platz zeigte, zu dem wir eben auf der Wanderung sind, und den vielleicht kein Mensch weiß, und er ist es auch, der nicht um Geld und Geldeswerth, sondern ebenfalls aus alter Liebe zu mir und neuer zu euch, wenn ihr sie nicht verscherzet, sich entschlossen hat, die Zeit eures Waldaufenthaltes bei euch zu wohnen, um mit dem Reichthume seiner Erfahrungen zu eurem Schutze behülflich zu sein."

Der Gegenstand, von dem die Rede war, trat indessen wieder hervor, als ziehe es ihn zu der Gegenwart der lieblichen Wesen, die ihm anvertraut werden sollten. Der Bach, an dem man jetzt entlang und ihm entgegen stieg, war nicht das klare Waldwasser aus dem Thale der +Hirschberge, sondern ein wild einherstürzender schäumender Bergbach mit goldbraunem durchsichtigem

Wasser. Man ging immer an seinen Ufern, und die Männer mit der Sänfte gingen rüstig von Stein auf Stein, wie sie so weiß auf dem schwarzmoorigen Grunde umherlagen, von dem Wasser geschwemmt und gebleicht. Das Land stieg sanft der blauen Waldwand entgegen, auf die Gregor gezeigt hatte. Man eilete sichtlich; denn am Rande der Wand, die, wie man ihr näher kam, immer größer und kühler emporstieg, spielten schon die Strahlen der Abendsonne in breiten Strömen herein, und legten einen mattrothen Goldschein weithin auf die gegenüberliegenden Waldlehnen. Am kühlblauen Osthimmel wartete schon der Halbmond. Der Boden fing an sehr merklich emporzusteigen und wilder und wilder zu werden. Manch zerrißner Baumstamm stand an ihrem Wege – mancher Klotz war in das Wirrsal der Ranken und Schlingkräuter geschleudert, um dort zu vermodern, oder auch öfter kamen sie zwischen manneshohen Farrenkräutern durch, oder Himbeergesträuchen, die oft mit Beeren bedeckt waren, von ferne zu sehen, als hätte man ein rothes Tuch über sie gebreitet.

Da sie gelegentlich wieder an einer Espe vorüberkamen, deren Blätter, obwohl sich kein Hauch im ganzen Walde rührte, dennoch alle unaufhörlich zitterten, so sagte Clarissa zu dem Alten, wenn er die Zeichen und die Sprache der Wälder kenne und erforsche, so wisse er vielleicht auch, warum denn gerade dieser Baum nie zu einer Ruhe gelangen könne, und seine Blätter immer taumeln und baumeln müssen.

„Es sind da zwei Meinungen," entgegnete er, „ich will sie euch beide sagen. Meine Großmutter, als ich noch ein kleiner Knabe war, erzählte mir, daß, als noch der Herr auf Erden wandelte, sich alle Bäume vor ihm beugten, nur die Espe nicht, darum wurde sie gestraft mit ewiger Unruhe, daß sie bei jedem Windhauche erschrickt und zittert, wie jener ewige Jude, der nie rasten kann, so daß die Enkel und Urenkel jenes übermüthigen Ahnherrn in alle Welt gestreut sind, ein zaghaft Geschlecht, ewig bebend und flüsternd in der übrigen Ruhe und Einsamkeit der Wälder. Darum schaute ich als Knabe jenen gestraften Baum immer mit einer Art Scheu an, und seine ewige Unruhe war mir wie Pein. Aber einmal, es war Pfingstsonntags Nachmittag vor einem Gewitter, sah ich (ich war schon ein erwachsener Mann) einen ungemein großen Baum dieser Art auf einer sonnigen Waldblöße stehen, und alle seine Blätter standen stille, sie waren so ruhig, so grauenhaft unbeweglich, als wären sie in die Luft eingemauert, und sie selber zu festem Glase erstarrt – es war auch im ganzen Walde kein Lüftchen zu spüren und keine Vogelstimme zu hören, nur das Gesumme der Waldfliegen ging um die sonnenheißen Baumstämme herum. Da sah ich mir denn verwundert den Baum an, und wie er mir seine glatten Blätter, wie Herzen, entgegenstreckte auf den dünnen, langen, schwanken Stielen, so kam mir mit eins ein anderer Gedanke: wenn alle Bäume, dacht' ich, sich vor dem Herrn geneigt haben, so that es gewiß auch dieser, und seine Brüder; denn alle sind seine Geschöpfe, und in den Gewächsen der Erde ist kein Trotz und Laster, wie in dem Menschen, sondern sie folgen einfach den Gesetzen des Herrn und gedeihen nach ihnen zu Blüthe und Frucht – darum ist nicht Strafe und Lohn, sondern sie sind ihm alle geliebt – und das Zittern der Espe kommt gewiß nur von den gar langen und feinen Stielen, auf die sie ihre Blätter, wie Täfelchen stellt, daß sie jeder Hauch lüftet und wendet, worauf sie ausweichen und sich drehen, um die alte Stellung wieder zu gewinnen. Und so ist es auch; denn oft hab' ich nachher noch ganz ruhige Espen an windstillen Tagen angetroffen, und darum an anderen, wo sie zitterten, ihrem Geplauder mit Vorliebe zugehört, weil ich es gut zu machen hatte, daß ich einstens so schlecht von ihnen gedacht. Darum ist es aber auch ein sehr feierlicher Augenblick, wenn selbst sie, die so Leichtfertige, ganz ruhig ist, es geschieht meistens vor einem Gewitter, wenn der Wald schon harret auf die Stimme Gottes, welche kommen und ihnen Nahrung herabschütten wird. Sehet nur, liebe Jungfrauen, wie schmal der Fuß ist, womit der Stiel am

Holze, und das Blatt am Stiele steht, und wie zäh und drehbar dieser ist – – sonst ist es ein sehr schönes Blatt."

Bei diesen letzten Worten hatte er einen Zweig von einer der Espen gerissen und ihn Clarissen hingereicht.

„Es ist ein Zeichen, daß wir eine schöne Nacht bekommen," fuhr er fort, „da diese Zweige so munter sind, vor dem Nachtregen werden sie gerne ruhiger."

„Kommen wir denn in die Nacht?" fragte Johanna.

„Wenn es auch geschähe," antwortete der Jäger, „so steht ja schon dort am Himmel der aufnehmende Mond, der so viel Licht giebt, daß gute und achtsame Augen genug haben. Aber ich denke, daß wir ihn gar nicht mehr brauchen werden."

Das Laubholz wurde seltener und die ernste Tanne und Fichte zog ständeweis gegen die Bergbreiten – der rothe Sterbeglanz des Tages auf dem jenseitigen Joche ging langsam gegen die Bergschneide empor und aus dem Thale hoben sich die blauen Abendschatten – der Halbmond wurde jede Minute sichtlich glänzender an seinem bereits stahlblauen Osthimmel. Der Freiherr drängte sich durch Farrenkraut und Schlinggewächse, um an der Seite der Sänfte zu bleiben. Felix war mit dem Ritter in tiefem Gespräche begriffen, und ziemlich weit hinten geblieben. Der Bach war stellenweise gar nicht mehr sichtbar und hörbar, weil er unter übergewälzten Felsenstücken hinfloß.

So mochte die Wanderung noch eine halbe Stunde gedauert haben, und eine dichtere Finsterniß blickte schon aus den Tiefen der +Fichtenzweige, die sich so dicht drängten, daß sie häufig die Sänfte streiften – da blitzte es sie mit einem Male durch die Bäume, wie glänzendes Silber an, sie stiegen einen ganz kleinen Hang nieder, und standen an der weitgedehnten Fläche eines flimmernden Wassers, in dessen Schoße bereits das zarte Nachbild des Mondes wie ein blödes Wölklein schwamm. Ein leises Ach des Erstaunens entfuhr den Mädchen, als sie den schönen See erblickten, da sie derlei in dieser Höhe, die sie erstiegen zu haben meinten, gar nicht vermutheten – ein flüchtig Schauern rieselte durch Johanna's Glieder, da dieß ohne Zweifel jener Zaubersee sei, von dem sie gehört hatte. – Die hohen Tannen, die dem Ufer entlang schritten, schienen ihr ordentlich immer größer zu werden, da sie gemach und feierlich den einfärbigen Talar der Abenddämmerung angethan und von ihren Häuptern fallen ließen, wodurch sie massenhafter und somit größer wurden, – die jenseitige Felsenwand zeichnete sich schwach silbergrau, wie ein zartes Phantasiebild, in die Luft, zweifelhaft, ob sie nicht selbst aus Luft gewoben sei; denn sie schien zu schwanken, und sich rhythmisch zu neigen, aber es waren nur die Wasser, die sich abendlich bewegten.

Der Vater hieß die Mädchen aussteigen, und mit Freuden verließen sie das enge tragbare Gefängniß. Ein Floß lag am Gestade, und trug ein erhobenes Gerüste mit Sitzen für die Gesellschaft. Man bestieg ihn, und die zwei Sänftenträger, und noch zwei andere Männer, die man bei dem Floße stehend vorgefunden, lenkten das Fahrzeug in den See hinaus gerade auf die Felsenwand zu. Die Waldmassen traten zurück und verschränkten sich dem Auge nach und nach zu einer hohen dichten schwarzgrünen Mauer, die das Wasser umfängt – die Felsenwand trat näher, und stieg so mauerrecht aus dem See empor, daß man nicht absah, wie zu landen sein werde, da wohl kein handgroß Steinchen dort liegen möge, um darauf stehen zu können: allein zu größter Ueberraschung in diesem Lande der Wunder that sich den Mädchen auch hier wieder eines auf: wie man der Wand sich näherte, wich sie zurück, und legte ein wunderbar liebliches Rasenland zwischen sich und den See, auf dessen schönem Grüne die Mädchen nun auch ein geräumiges hölzernes Haus stehen sahen, nach Art der Gebirgshäuser gebaut – und alle seine Fenster schimmerten sie gastlich silbern an, schwach erglänzend von dem Scheine der weißen aufblühenden Rosenknospe des Mondes.

Das Reiseziel war erreicht. Weibliche Diener der Mädchen

stürzten gegen das Ufer, Hand und Kleider ihrer holden Gebieterinnen küssend, und voll Freude, daß sie endlich gekommen. Das sämmtliche Dienstpersonale, das aus zwei Mägden und drei Knechten bestand, wurde einige Tage vorher mit der größten Mühseligkeit über die Felsenrücken herüber gebracht, da man den weiteren, aber leichteren Weg durch den Urwald noch nicht wußte, den Gregor für den Freiherrn ausgekundschaftet. Mit freundlichen Worten dankten die Mädchen den Sänftenträgern und Ruderern, und dann, der Freiherr Johannen, der Ritter Clarissen am Arme nehmend, führten sie dieselben die Treppe hinan in eine Art Tafelzimmer, wo für Alle, die Diener und Träger mit eingeschlossen, ein Abendmahl bereitet stand. Nach Beendigung desselben, und tausend Gutenachtwünschen führte der Freiherr mit schmerzlich freudigen Gefühlen seine Töchter in die zwei für sie bestimmten Gemächer. Ein Ruf der Ueberraschung und ein doppeltes Umschlingen der schönen Arme lohnte ihn; denn bis zum Erschrecken ähnlich waren die Zimmer denen, die sie zu Wittinghausen bewohnt hatten. Der Vater küßte beide auf die Stirne, wünschte ihnen eine friedensreiche gute erste Nacht und ging zur Thüre hinaus – die Mägde wurden sogleich entlassen – und nun, als die Thüre verriegelt war, gleichsam als hätte ein Hemmniß bisher die Fluth gewaltsam zurückgehalten, brach sie vor: die Mädchen stürzten sich in die Arme, Herz an Herz verbergend, ja fast vergrabend in einander, und sich anpressend die zarten Siegel der Lippen so heiß, so inbrünstig, so schmerzlich süß, wie zwei unglückselig Liebende und fast eben so trennungslos. – – – Also ist es wahr, die Heimath, das gute Vaterhaus ist preisgegeben und verloren, all ihr früher Leben ist abgeschnitten, sie selbst wie Mitspieler in ein buntes Märchen gezogen, alles neu, alles fremd, alles seltsam und dräuend – in dem drohenden Wirrsal kein Halt, als gegenseitig die warmen Lippen, das treue Auge und das klopfende Herz.

Aber als bei den Mädchen Thränen und Kosen in Ruhe übergegangen, traten sie auf den Balkon, der vor ihren Fenstern lief, heraus, und blickten noch, eh sie schlafen gingen, in die kühle beruhigende Nacht. Der See lag zu ihren Füßen, Stücke schwarzer Schatten und glänzenden Himmels unbeweglich haltend, wie erstarrte Schlacken - der Wald dehnte seine Glieder weithin im Nachtschlummer, die feuchten Mondesstrahlen spannen von Berg zu Berg, und in dem Thale, woher die Wanderer gekommen sein mochten, blickte ruhender Nebel auf.

Gute Nacht ihr lieben schönen fürchtenden Herzen - gute Nacht!

3.

Waldhaus.

Des andern Tages Morgens nahm der Vater, der Bruder und der Ritter Abschied. Der Freiherr erklärte, daß er es für Pflicht halte, zu seinem Schlosse zurückzukehren, um es, falls es nur eine streifende Rotte berührte, gegen selbe zu halten, oder wenn ein Hauptcorps einträfe, es ehrenvoll und vielleicht vortheilhaft zu übergeben, und dadurch, daß er sich der kriegerischen Ehre der Schweden als Gefangenen überliefere, die Forschung nach andern Bewohnern des Schlosses zu vereiteln, da es niemandem einfallen werde, weiter nach Mädchen zu fragen, wenn der Gebieter der Burg in ihren Händen sei. Felix, trotz der Bitten der Schwestern und des Vaters, konnte nicht bewogen werden, sich von letzterem zu trennen. Was die beweglichen Güter, Geld und Geldeswerth, anlangte, eröffnete ihnen der Freiherr, daß er dasselbe dem Schoße der Erde anvertraut habe, und daß, wenn man von dem Muttergottesbilde an der großen Buche im Wittinghauser Forste abwärts stiege, und den Stein der neunten Stufe aufhöbe, dort in einer blechernen Kapsel sich Auskunft darüber vorfände. Er eröffnete ihnen dieses, falls Gott etwas menschliches über ihn verhänge – Mitwisser seien übrigens nur noch Felix und der Ritter.

Und somit, schloß er, mögen sie ihn durch unmäßige Trauer nicht betrüben: ihr größter Schutz sei ihre Einsamkeit. Er lasse ihnen drei Knechte zurück, welchen sie jede Art Aufträge hinsichtlich des Herbeischaffens von Lebensmitteln ertheilen könnten, Gregor's zweiter Enkel werde von Zeit zu Zeit Botschaften zwischen hier und Wittinghausen tragen, und nebst andern unter der Leitung Gregor's stehen, daß, sobald sich etwas verdächtiges an der Waldgränze ereigne, es demselben sogleich angezeigt werde; denn er besitze Mittel in seiner Kenntniß der Wälder sie immerhin zeitweise an Orte zu führen, wo sie vor einer vorübergehenden Gefahr sicher wären. Zu ihrer noch größeren Beruhigung lege er ihnen außer der gänzlichen Abgeschiedenheit noch die feste Lage ihres Hauses vor Augen: rückwärts ist die unzugängliche Seewand, links des Hauses stürzt der Blokenstein mit einem vorspringenden Pfeiler senkrecht in das Wasser, und rechts, wo der See umgangen werden könne, ist der Paß durch eine künstliche Seebucht abgegraben, und noch durch einen Verhau der größten Tannen geschützt, so daß der Zugang nur über den See möglich ist. Selbst für den Fall, daß sich ein Haufe bis in diese Einöden verschlüge, wisse Gregor einige Stunden von hier in den höchsten Klippen nur ihm zugänglich eine Höhle, wo er sie verbergen könnte, bis die Gefahr vorüber. Zwei Flöße, ein größerer und kleinerer, auf jedem ein kugeldichtes Häuschen, stehen zu ihrer Verfügung, aber nie soll einer am jenseitigen Ufer selbst nicht für Augenblicke liegen bleiben, auch sollten sie die Spaziergänge nie über ihren Rasenplatz zwischen See und Felsenwand ausdehnen, ohne daß sie Gregor davon in Kenntniß setzen, oder er sie begleitet. Sei auch alle diese Vorsicht übertrieben, so diene sie zu seiner Beruhigung, daß er sich nicht sagen dürfe, er habe etwas vergessen, was vielleicht noth thäte. Gegen wilde Thiere brauchten sie ohne Furcht zu sein. Das sei das Merkwürdige dieser Wälder, daß man nie in ihnen einen Wolf getroffen, Luchse seien höchst selten, und nur in den dichtesten Beständen – und wenn ja ein Bär sie ansichtig würde, so sei er ein zu gutgeartet Thier, als daß er nicht vor ihnen auf das Eiligste davon liefe, dieß habe er selbst in seinem langen Leben wohl ein Dutzend Mal gesehen – zudem sei ihnen Gregor's Büchse immer zur Hand. So, denke er, seien sie hinlänglich geschützt, wenn nicht ein Wunder geschieht, und dieses stehe in Gottes Hand, die uns hier und überall erreichen kann. Dann trug er ihnen noch auf, vorsichtig mit dem Lichte umzugehen, da alles von Holz sei, deßwegen habe er auch die Küche abseit des Hauses in das steinerne Häuschen verlegt, damit von dieser Seite keine Gefahr entstehe. In der Kiste, die noch im Speisezimmer stehe, finden sie Stoffe von Seide, Wolle und Linnen, sie mögen zerschneiden und arbeiten, wie sie wollen, Nadeln und Nähzeug liege auch im Vorrathe dabei, nebstdem Bänder und Schleifen, auch Bücher, Papiere, Farben und bunte Dinte – in der dreieckigen Kiste ist die Harfe, er hoffe, daß sie keinen Schaden gelitten haben werde, als man sie mit Stricken über Felsen herablassen mußte – zurück wolle er sie über das Hirschenthal bringen lassen – der Ritter lasse auch sein Fernrohr da, daß sie zuweilen auf den Blokenstein steigen, und damit gegen Wittinghausen sehen, ob es noch auf seinem Waldrande schwebe, wie ein blaues Wölklein, das glänzend herübergrüßt von dem Vater.

Bei diesen Worten traten ihm fast die Thränen in die Augen, er küßte und segnete sie – Felix mit krampfhaftem Zucken seines Gesichtes umarmte und drückte sie ans Herz – seitwärts stand der räthselhafte Begleiter ihrer Reise, der Ritter, von dem wir erst jetzt, wie er Clarissen dunkel und düster anstarrt, bemerken, daß er eigentlich ein sehr bedeutungsvoller Mann sein müsse, nicht mehr ganz jung, doch liegen unter der gedankenvollen

Stirne zwei Flammen von Augen brennend und geistvoll, und von jener tiefen Schwärze, die Männern so gut steht, wenn es drinnen ungewiß lodert, halb Kühnheit und halb Schwermuth. Clarissa wendete scheu ihr Auge aus der Umarmung des Bruders gegen ihn und da sie auf seinen offenen starren Blick traf, zuckte der ihrige secundenlang zu Boden, dann das edle wahre Auge, so schwarz oder schwärzer als seines, freundlich lieb und fest auf ihn richtend, reichte sie ihm die Hand und sagte, sie danke ihm recht herzlich und recht vielmal, daß er seine Kraft und Zeit so lange her verwendet habe, um das sicher und gut ins Werk zu führen, was ihnen jetzt Schutz gewähren werde – sie wünsche sehnlich, ihm durch Thaten ihren Dank zeigen zu können. – – – Johannens Augen ruhten mit höchster Spannung auf den Lippen des Ritters, allein diese öffneten sich ruhig und sagten die schönen Worte: „Ich that, was ich that, weil ihr und Johanna gut seid, es würde mich betrüben, sännet ihr auf Vergeltung. Handelt so oder so, es wird immer das Rechte sein."

Man schwieg eine Secunde von allen Seiten, dann reichte Johanna dem Ritter auch die Hand mit den Worten: „Lebt recht wohl, guter und freundlicher Mann, und kommt sehr bald wieder."

„Ich dank' euch, schöne Muhme," antwortete er lächelnd, „aber das Bald liegt in Gottes Hand, da ich wieder zu dem kaiserlichen Heere gehe, und erst kommen kann, wenn wir den Feldzug fröhlich beendet."

Noch ein Umarmen, ein Schütteln der Hände zwischen Vater und Geschwistern – die Männer verließen das Gemach – im nächsten Augenblicke waren sie am Strande, und die Mädchen sahen lange vom Balkone nach, wie die drei Gestalten auf dem Flosse stehend, langsam dem Wasser entlang schwebten, bis sie im entgegenliegenden Tannenwald verschwanden, und gleich darauf die zwei Knechte mit dem leeren Flosse zurückfuhren. – –

Seltsam und beklemmend mußte es ihnen freilich sein, wenn

sie die ersten Tage aufwachten, und die Morgenröthe ihre frühesten Lichtströme hereingoß über lauter Wald und lauter Wald – erbrausend von der Musik des Morgens, darunter nicht ein Ton, wie wir sie von Kindheit an gewohnt sind unter Menschenwohnungen zu hören, sondern ein Gethue und Gepränge, ein Rufen und Heischen, ein Erzählen und Jauchzen – und darein oft plötzlich von dem nächsten Tannenaste wie ein gesprochen Wort herabfallend, daß man erschrocken hinsah, aber nur ein fremdartiger Vogel schritt auf seinem Aste mit dem Kopfe blödsinnig nickend wie zum Einverständnisse mit dem Hinaufschauenden. – Aus den Thälern nahe und ferne wie Rauchsäulen stiegen indessen die Opfer der Morgennebel empor und zerschnitten die schwarzen breitgelagerten Massen. – Etwas Seltsames geschah Johannen schon am ersten Tage nach ihrer Ankunft – – sie erwachte nehmlich schon bei dem frühesten Tagesgrauen, und neugierig, um den See auch bei Tage zu betrachten, schlich sie sich bei dem Lager der noch tief schlummernden Schwester leise vorbei, und ging auf die hölzerne Gallerie des Hauses hinaus – da zum Erschrecken nahe stand ein Hirsch am Fichtensaume in dem seichten Wasser, ein schöner großer Hirsch, ihr gerade gegenüber am Ufer, wo der Verhau war. Verwundert, betroffen und wohlgefällig sah sie auf das edle Thier, das seinerseits auch mit den unbeweglichen neugierigen Augen herüberglotzte auf das neue Wunderwerk der Wildniß, auf die weiße in der Morgenluft schwebende Gestalt und ihre bannenden Augen – das Haus mochte ihn weniger beirrt haben – mehrere Secunden dauerte die Situation, bis Johanna sich neigte, worauf er den Kopf leicht erschrocken zurückwarf, sich langsam wendete und zurück in die Gebüsche schritt, die Thautropfen von ihnen in den See schüttelnd.

Ihren Garten, so hießen sie nehmlich den großen Rasenplatz um das Haus, hatten sie bald durchwandert und durchforscht. Es war eine glänzend grüne natürliche Waldwiese, wie ein halber

Mond herausgeschnitten aus dem See und der Felsenwand, der Morgen- und Mittagsonne offen liegend, und nur im späten Nachmittage von der Seewand beschattet, während die Fichtengehäge jenseits des Seees in düsterem Spätlichte glänzten. Gegen das Land hin erhob sie sich etwas, bis die ungeheuren senkrechten Felsen aus ihr emporstiegen, zwischen ihren Schluchten ein Paar mächtige Ströme von Steingerölle hervorschiebend gegen den weichen grünen Teppich des Rasens. In der Nähe des Hauses, gegen die Wand schreitend, stand eine Gruppe von Buchen und riesenhaften Ahornen, deren Grün sehr hold abstach gegen das Düster der Fichten und Schwarzföhren. In ihrem Schatten waren Tischchen und Bänke angebracht. Zu erwähnen ist noch eine eiskalte Quelle in einer Felsvertiefung stehend von solcher Durchsichtigkeit, daß, wenn das Gestein naß war, man nicht wußte, wo die Luft aufhöre und das Wasser beginne. Ihr Abfluß ging als kleines Bächlein unter einem Steine hervor und durchschnitt quer die Wiese, dem See zueilend.

So war diese Stelle nicht umsonst von dem Vater „wundersam lieblich und anmuthsreich“ geheißen, eine warme windstille Oase, geschützt von Felsen und See, und bewacht von der ringsum liegenden heiligen Einöde der Wildniß.

Das Haus war, wie man sie noch heute in jenen Gegenden sieht, aus Holz, hatte ein Erdgeschoß und ein Stockwerk, eine ringsum laufende Gallerie und ein flaches Dach. Sonst war es viel geräumiger, als die, welche die heutigen Walddörfer bilden. Gleich neben dem Eingange lag Gregor's Stube, der auch die Schlüssel führte, weiter hinten die der Knechte, und die Kammern der Vorräthe. Im ersten Stock war ein Speisezimmer, und zwei Zimmer der Mädchen, nebst einem Vorzimmer für die Mägde. Alles war auf das vorsorglichste eingerichtet, nicht die kleinste Kleinigkeit, von Männern oft selten beachtet, aber für Mädchen von großem Werthe, fehlte hier, und täglich entdeckten sie neuerdings, daß der Vater oft dahin vorgesehen hatte, wohin sie selbst bisher noch nicht gedacht. Der Schmerz, die Furcht, das Ungewohnte ihrer Lage in den ersten Tagen stellte und fügte sich allgemach, und somit begannen sie schüchtern und vorsichtig nach und nach die Entdeckungsreisen in ihrem Gebiete und fingen an für dasselbe Neigung und Herz zu gewinnen.

Ihr erstes Unternehmen über die Gränze ihres Besitzthumes hinaus und zwar über den See, war, um den Blokenstein zu besteigen, und mit dem Rohre gen Wittinghausen zu sehen. Gregor und die drei Knechte, alle bewaffnet, mußten mitfahren, dann, als sie ausgestiegen, einer mit dem Flosse zwanzig Schritte weit vom Ufer harren, die übrigen sie begleiten. Gregor lächelte gutmüthig über diese kriegerischen Anstalten und ließ sie gewähren. Er führte sie um den Seebusen vom Landungsplatze aus herum und von rückwärts auf den Blokenstein, so daß sie, als sie nach einer Stunde seinen Gipfel erreichten, meinten, ihr Haus liege ihnen gerade zu Füßen, und ein ausgelassenes Steinchen müsse auf sein Dach fallen. – Das Fernrohr wurde ausgepackt und an dem Stumpfe einer verkrüppelten Birke befestiget – – aller Augen aber waren schon vorher in die Weite gegangen – eine glänzende Wüste zog der heitere Himmel hinaus über alle Wälder weg, die wie riesenbreite dunkle blähende Wogen hinauslagen, nur am äußersten Horizonte gesäumt von einem Hauche eines fahlen Streifens – es waren die bereits reifenden Kornfelder der Menschen – und endlich geschlossen von einem rechts in das Firmament ablaufenden Duftsaume – – – – siehe der geliebte kleine Würfel, wie ein blauer Punkt schwebt er auf seinem Rande, Johanna's Herz wogte in Freude und Schmerz – – Clarissa kniete mittlerweile vor dem Rohre und rückte und rückte, das sah sie gleich, daß es ein ungleich besseres sei, als das des Vaters, jedoch finden konnte sie damit nichts. Bis zum Erschrecken klar und nahe stand alles vor sie gezaubert, aber es war alles wildfremd – abentheuerliche Rücken und Linien und Vorsprünge gingen wie Träume durch das Glas – dann farbige Blitze – dann blau und blau und blau – – sie rührte die Schraube, um es zu verlängern – dann führte sie es dem Saume eines dunklen Bandes entlang – plötzlich ein schwacher Schrei: zitternd im Runde des wunderbaren Glases stand das ganze Vaterhaus, klein und zart, wie gemalt, aber zum Staunen erkennbar an Mauern, Erkern, Dächern – ja die Fenster meinte man durchaus sehen zu müssen. Johanna sah auch hinein – blank, unversehrt, mit glänzendem Dache stand es in der Ruhe des Himmels. O wie schön, wie freundlich! Auch der alte Gregor sah durch das zaubernde, ihm unerklärliche Rohr, und in seinen Mienen war erkennbar, wie er höchlich darnach rang, das Ding begreifen zu können. Auch die Knechte ließ man hineinsehen und freute sich an ihrem Erschrecken und Staunen. Man getraute sich fast nicht etwas zu rücken, aus Furcht, das theure Bild zu verlieren, aber Clarissa zeigte ihnen bald, wie man es machen müsse, um es immer wieder zu finden. Sie konnten sich nicht ersättigen, immer das eine und das eine anzusehen – da es ihren Augen: schien es auch ihrem Herzen näher, und sie waren fast zu Hause – so ruhig und so lieb stand es da, und so unverletzt – Freude, Wehmuth, Sehnsucht stieg so hoch, daß man sich das Versprechen gab, sehr oft, ja jeden ganz heitern Tag heraufsteigen, und durchsehen zu wollen. Endlich fing man doch an, auch anderes zu suchen und zu prüfen. Der fahle Streifen am Horizonte war das erste, und deutlich zeigte sich, daß es angebautes Land mit Erndtefeldern war – dann wurden die Waldberge, dann der See und endlich gar das Haus versucht. Alles war gar so schön und gar so reinlich.

Nach langem Aufenthalte auf dem Felsen beschloß man die Rückkehr und das Rohr wurde von Gregor mit Achtsamkeit und sogar mit einer Art Scheu in sein ledernes Fach gepackt, und mit der größten Obhut getragen. Auf dem Rückwege trug sich nichts Merkwürdiges zu. Sie fanden ihren Floß warten, stiegen ein, fuhren über, und der Tag endete, wie alle seine bisher erlebten Vorgänger mit einer glühenden Abendröthe, die sie nie anders, als auf den gegenüber liegenden Wäldern flammen sahen, während der See eine ganz schwarze Tafel vor ihre Fenster legte, nur zeitweise von einem rothen Blitze durchzuckt.

Dieser ersten Wanderung folgten bald mehrere und mehrere, die immer kühner und weitschichtiger wurden, je mehr sie die Ruhe und Sicherheit des Waldes kennen lernten. Von dem Vater war bereits zweimal beruhigende Botschaft gekommen, auch, wenn sie den Blokenstein bestiegen, und durch das Rohr sahen, das ihnen das liebste Kleinod geworden, so stand immer dasselbe schöne, reine, unverletzte Bild des väterlichen Hauses darinnen, so daß Johanna einmal den kindischen Wunsch äußerte, wenn man es doch auch von der anderen Seite sehen könnte. Zuweilen, wie Kinder, kehrten sie das Rohr um, und freuten sich, wenn ihr Haus, winzig, wie ein Stecknadelkopf meilenweit draußen lag, und der See wie ein kleines Glastäfelchen daneben.

Ein paar Gewitter hatten sie erlebt, denen einige traurige graue Regentage folgten. Sie brachten dieselben im Zimmer zu, an all ihren Stoffen und Kleidern schneidend, und nähend und ändernd, und da schon Tage und Wochen vergangen waren, ohne daß sich das mindeste Böse einstellte, ja da draußen alles so schön und ruhig lag, als wäre nirgends in der Welt ein Krieg, und sogar nach des Vaters letzter Nachricht der Anschein war, als würde über Wittinghausen gar niemal etwas kommen: so erheiterten und stillten sich wieder ihre Gemüther, so daß die Erhabenheit ihrer Umgebung Raum gewann, sachte ein Blatt nach dem andern vorzulegen, das sie auch gemach zu verstehen begannen, wie es ihnen Gregor oft vorhergesagt – auch Scherz und Muthwille stellte sich ein: Johanna beredete einmal die Schwester ihren schönsten Kleiderschmuck sich gegenseitig anzulegen – und wie sie es gethan und nun sich vor den Spiegel stellten, so überkam ein leichtes Roth die edlen feinen Züge Clarissens wegen dieser mädchenhaften Schwäche, während die Augen Johanna's vor Vergnügen funkelten.

Der alte Gregor hatte seine Freude an ihrem Muthe, er begann sie von Tag zu Tag lieber zu gewinnen, und wie sich ihre Herzen wie zwei Sterne des Waldhimmels, immer lieber und freundlicher gegen ihn neigten, so ging auch das seine in diesen sanften Strahlen immer mehr und mehr auf – bis es dastand, großartig schön, wie das eines Jünglings, ruhend in einer Dichtungs- und Phantasiefülle, üppig, wuchernd, schimmernd, wie jene Tropenwildnisse, aber eben so unbewußt, so ungepflegt, so naturroh und so unheimlich, wie sie. Seinen ganzen Lebenslauf, seine ganze Seele hatte er dem Walde nachgedichtet, und paßte umgekehrt auch wieder so zu ihm, daß man sich ihn auf einem andern Schauplatze nicht denken konnte. Daher dichtete er auch seinen Schutzbefohlnen sich und ihre Einöde vor in solch wunderlicher zauberhafter Art und Gestalt, daß sie auch ihnen zu reden begann, und sie sich immer wie inmitten eines Märchens zu schweben vorkamen.

Aber vielmehr sie waren ein Märchen für die ringsum staunende Wildniß: wenn sie z. B. an dem See saßen, lange weiße Streifen als flatternde Spiegel ihrer Gewänder in ihn sendend, der gleichsam seine Wasser herandrängte, um ihr Nachbild aufzufassen – so glichen sie eher, wenn sie ein Wanderer erblickt hätte, zwei zart gedichteten Wesen aus einer nordischen Runensage, als menschlichen Bewohnern dieses Ortes – – oder wenn sie an heißen Nachmittagen zwischen den Stämmen wandelten, angeschaut von den langstieligen Schattenblumen des Waldes, leise umsummet von seltsamen Fliegen und Bienen, umwallt von den stummen Harzdüften der Fichten, jetzt eine Beere pflückend, jetzt auf einen fernen Waldruf horchend, jetzt vor einem sonnigen Steine stehen bleibend, auf dem eine fremde Falter saß und ihre Flügel breitete – so hätte er sie für Elfen der Einöde gehalten, um so mehr, wenn er die Geister- und Zaubergeschichten gewußt hätte, die ihnen Gregor von manchen Stellen des Waldes erzählte, wodurch vor ihrer Phantasie er, sie, und die Umgebung in ein

Gewirre von Zauberfäden gerieth – – oder wenn sie in der bereits milder werdenden Herbstsonne auf ihrer Wiese am Rande des Gerölles saßen, auf irgend einem grauen Felsblocke ausruhend, Johanna das kinderlockige Haupt auf den Schoß ihrer Schwester gelegt, und diese mit klarem liebreichen Mutterauge übergeneigt, in einem Gespräche des sichersten Vertrauens versunken – und wenn dem Siegel des Mundes das Herz nachfloß, und sie schweigend saßen, die schönen Hände in einandergelegt, wie zwei Liebende, bewußtvoll ruhend in der gränzenlosen Neigung des Andern, und wenn Johanna meinte, nichts auf Erden sei so schön, als ihre Schwester, und Clarissa, nichts sei so schuldlos, als Johanna: so ist mir, als sollte ich meinen, die prangende Wüste um sie schweige aus Ehrfurcht, und die tausend kleinen Glimmertäfelchen der Steinwand glänzen und blitzen nur so emsig, um einen Sternenbogen um die geliebten Häupter zu spannen. – – –

Oder noch märchenhafter war es, wenn eine schöne Vollmondnacht über dem ungeheueren dunklen Schlummerkissen des Waldes stand, und stille, daß nichts erwache, die weißen Traumkörner ihres Lichtes darauf niederfallen ließ, und nun Clarissens Harfe plötzlich ertönte – man wußte nicht woher, denn das lichtgraue Haus lag auf diesen großen Massen nur wie ein silbergrauer Punkt – und wenn die leichten einzelnen Töne wie ein süßer Pulsschlag durch die schlafende Mitternachtluft gingen, die weithin glänzend, elektrisch, unbeweglich auf den weiten schwarzen Forsten lag: so war es nicht anders, als ginge sachte ein neues Fühlen durch den ganzen Wald, und als regte er sich leise – das Reh trat heraus, die schlummernden Vögel nickten auf ihren Zweigen und träumten von neuen Himmelsmelodieen, die sie morgen nicht werden singen können, – und das Echo versuchte sogleich das goldne Räthsel nachzuhallen. – – Und als die Harfe längst schwieg, das schöne Haupt schon auf seinem Kissen ruhte – so horchte noch die Nacht, der senkrecht stehende Vollmond hing lange Strahlen in die Fichtenzweige, und säumte das

Wasser mit stummen Blitzen – indessen ging die Wucht und Wölbung der Erde, unempfunden und ungehört von ihren Bewohnern, stürmend dem Osten zu – der Mond wurde gegen Westen geschleudert, die alten Sterne mit, neue zogen in Osten auf – – – und so immer fort, bis endlich mitten unter ihnen am Waldrande ein blasser milchiger Lichtstreifen aufblühte – ein frisches Lüftchen an die Wipfel stieß – und der erste Morgenschrei aus der Kehle eines Vogels drang! – – –

4.

Waldsee.

Es waren schon viele Tage und Wochen vergangen – Erwarten und Fürchten, keines war um die Breite eines Haares vorgerückt. – In gleicher Schönheit, so oft sie es suchten, stand das Vaterhaus in dem Glase ihres Rohres, in gleichem tiefen Frieden lagen die an ihren Wald gränzenden bewohnten Länder, obgleich sie recht gut wußten, daß draußen, wohin ihr Blick nicht mehr reiche, der Qualm des Krieges liege, der jeden Augenblick an ihrem Horizonte sichtbar werden könne.

Ihr Garten, der Wald, unbekümmert um das, was draußen vorging, förderte sein Werk für diesen Sommer, ja er hatte es fast abgethan; denn die milde Spätsonne goß schon ihr Licht trübselig auf die bunten, gelben und rothen Herbststreifen, die sich durch das Duftblau der Wälder hinzogen – – da geschah es eines Tages, daß die zwei Mädchen und Gregor an dem Ufer des Seees saßen. Sie waren ziemlich weit von ihrem Hause entfernt, gerade jener Stelle gegenüber, wo ein Vorsprung der Blokensteiner Wand in den See steigt, ihre Waldwiese von dem andern Lande trennend.

Die Knechte waren schon seit drei Tagen um Lebensmittel aus und wurden Abends zurückerwartet. Die Sonne des Nachsommers war so rein, so warm und einladend, daß das Herz sich traulich hingab – die zwei Mägde waren in das Gebirg gegangen, um Brombeeren zu suchen, und unsere kleine Gesellschaft, nachdem sie Gregor über den See geschifft und dann an schönen Stellen herumgeführt hatte, saß jetzt der lauen Luft genießend in angenehmer Müdigkeit auf einem großen Steine, um den die Gluth rothen Herbstgestrippes und dichter Preißelbeeren zu ihren Füßen prangte, und die langen Fäden des Nachsommers glänzten. Sie sahen auf ihr leeres Haus und auf die graue Steinwand hinüber, während ihnen Gregor erzählte, der ebenfalls von der feierlich stillen Pracht, mit der, wie gewöhnlich, der Nachsommer über die Wälder gekommen war, befangen, in immer romantischere und schwermüthigere Weisen versank.

Johanna fragte ihn, wie es denn gekommen, daß er diesen See entdeckt habe, den so hoch oben gewiß niemand vermuthe, und von dem er ihnen auch sage, daß wenige Menschen von seinem Dasein wissen.

„Es wissen ihn auch wenige," erwiederte der alte Mann, „und suchen ihn auch nicht, da sie nicht Grund dazu haben, und die von ihm Ahnung haben, hüten sich wohl, ihn aufzusuchen, da sie ihn für ein Zauberwasser halten, das Gott mit schwarzer Höllenfarbe gezeichnet und in die Einöde gelegt hat. Nun was die schwarze Farbe betrifft, so mag es wohl damit nur die Ursache haben, daß die dunklen Tannen und Berghäupter aus ihm wiederscheinen – wäre er draußen im ebenen Lande, so wäre er so blau, wie ihre Teiche, auf die nichts, als der leere Himmel schaut – und was die Einöde anlangt, so weiß ich nicht, ob ihn Gott an ein schöner Plätzchen hätte legen können, als dieses. Ich kenne ihn schon über vierzig Jahre, und habe ihn in dieser Zeit nur zwei Menschen gezeigt, eurem Vater, da wir beide noch jung waren, und da ich alt geworden, einem jungen Manne, den ich lieb gewonnen, und mit ihm manches Wild geschossen habe. Hinsicht seiner Entdeckung aber, liebe Jungfrau, war es so: Seht, da ich ein Bube war von zwölf, dreizehn Jahren oder darüber, da waren noch größere und schönere Wälder als jetzt – Holzschläge waren gar nicht zu sehen, diese traurigen Baumkirchhöfe, weil nahe des Waldlandes wenig Hütten standen, und diese ihr Brennholz noch an den Feldern bald in diesem, bald in jenem Baume fanden, den sie umhieben, und man merkte nicht, daß einer abgehe. Damals gingen auch die Hirsche oft in Heerden gegen unsere Wiesen, und man brauchte sie nicht in den Wäldern aufzusuchen, wenn man einen schießen wollte. – – "

Bei diesen Worten unterbrach er sich, und plötzlich zu Clarissen gewendet, sagte er: „Wollt ihr, Jungfrau, eine der schönen gelbgestreiften Schwungfedern, so schieße ich euch das Thier herab, ich glaube, ich werde reichen," er zeigte hiebei in die Luft, und die Mädchen sahen einen schönen Geier mit gespannten Flügeln hoch über dem See schweben. Er schien gleichfalls ohne alle andere Absicht zu sein, als sich in der ausnehmend klaren lauen sonnigen Herbstluft zu ergehen; denn auf seinen Schwingen ruhend, die Gabel des Schweifes wie einen Fächer ausgebreitet, ließ er sich gleiten auf dem Busen seines Elementes, langsame Kreise und Figuren beschreibend, während Schwung- und Ruderfedern oft zierlich gedreht im Sonnenscheine spielten, und die Fittige nur nach langen Zwischenräumen zwei bis drei leichte Schläge thaten. Die Mädchen bewunderten die zarte Majestät dieses Naturspieles; sie hatten nie dieses mächtige Thier in solcher Nähe gesehen, und baten daher einmüthig, dem schönen Vogel nichts zu Leide zu thun.

„Freilich ist er ein schönes Thier," antwortete der Jäger, „und daß sie ihn draußen ein Raubthier heißen, daran ist er so unschuldig, wie das Lamm, er ißt Fleisch, wie wir alle auch, und er sucht sich seine Nahrung auf, wie das Lamm, das die unschuldigen Kräuter und Blumen ausrauft. Es muß wohl so Verordnung sein in der Welt, daß das eine durch das andre lebt. Nun seht ihn nur recht an, wie er sich langsam dreht und wendet, und wie er stolzieret – er wird nicht so bald dieses Wasser verlassen, ich sah es öfter, daß sie gerne über solchen Stellen schweben, als schauten sie sich in einem Spiegel. In der That aber wartet er blos auf die verschiedenen Thiere und Vögel, die an das Wasser trinken kommen."

Sie sahen nun eine Zeit lang den Vogel schweigend an, wie er in großem Bogen langsam dem See entlang schwebte, und immer kleiner ward – wie ihn rechts hohe Tannen ihrem Auge entrückten – und wie er dann wieder groß und breit dicht ob ihnen durch die dunkle Luft hervorschwamm. Endlich da sich seine Zirkel und Linien näher an die gegenüber liegende Wand verloren, schwächte sich auch das Interesse an ihm, und Johanna fragte wieder, wie es sich mit der Entdeckung des Seees ergeben?

„Das war nun so," entgegnete Gregor, „ich habe euch schon gesagt, daß weit von hier ein Haus und ein Feld sei, wo ich und meine Enkel leben, und wo mein Vater und Großvater gelebt haben, und das sagte ich auch, daß einmal viel größere Wälder waren, als heute. Damals kam nie einer herauf; denn sie fürchteten die Einöde und entsetzten sich vor der Sprache der Wildniß – da waren nun auch solche, bei denen die Sage ging, es sei irgendwo ein schwarzes Zauberwasser in dem Walde, in welchem unnatürliche Fische schwimmen, und um das eine verwunschene graue Steinwand stehe, und es seien lange Gänge, darinnen alles flimmert von Gold und Silber, schönen Geschirren und rothen Karfunkeln, wie ein Kopf so groß. Vor vielen hundert und hundert Jahren hat ein heidnischer König aus Sachsen, der vor dem frommen Kaiser Karl floh, sich und seine Schätze in diese Felsen vergraben, und bei seinem Tode sie verzaubert, daß man weder Thor noch Eingang sehen kann – nur während der Passionszeit, so lange in irgend einer Kirche der Christenheit noch ein Wörtlein davon gelesen wird, stehe sie offen – da mag jeder hineingehen und nehmen, was er will: aber ist die Zeit um, dann schließen sie sich, und behalten jeden innen, der sie versäumt."

Johanna sah hinüber auf die Wand, und es war ihr, als rührten sich die Felsen.

„Nun, sagte man nicht, daß sich jemand einmal hinein gewagt habe?" fragte Clarissa.

„Ei freilich," erwiederte der Jäger, „da erzählte mir meine eigne Großmutter, daß es wirklich wahr sei, daß nicht weit von dem Berge, wo die drei Sessel stehen, ein solcher See liege, und daß auch einmal vor vielen hundert Jahren ein Mann, der auf dem +Schestauer Hause zu Salnau wirthschaftete, aber viel Fluchens und arge Werke trieb, deßwegen auch seines Gutes nichts vor sich bringen konnte, am Charfreitage, als alle Christen vor dem Grabe des Herrn beteten, heraufgestiegen sei, und damit sie mehr der Schätze tragen können, auch sein Söhnlein mitgenommen habe – wie sie nun eintraten, befiel das unschuldige Kind ein Grausen, daß es rief: „„Vater, Vater, sieh die glühenden Kohlen, geh heraus!"" – – aber diesen hatte der böse Feind geblendet, daß er unter den Karfunkeln wählend und wühlend seiner Zeit nicht wahrnahm, bis der Knabe wie mit Windesruck an dem See stand, und gerade sah, wie der Fels mit Schlagen und Krachen sich schloß und den unseligen Vater lebendig darinnen behielt. Den Knaben befiel Entsetzen, er lief, als ob alle Bäume hinter ihm her wären, bergab, und die heilige Jungfrau lenkte seine Schritte auch so, daß er sich glücklich nach Hause fand. Er wuchs heran, wurde gottesfürchtig und fastete jedes Charfreitages bis die Sterne am Himmel standen – war auch gesegnet in seinen Feldern und in seinem Stalle. Seitdem hat man nirgends gehört, daß einer in den Berg gedrungen."

Man sah schweigend auf die graue Wand hinüber, und auch Clarissen war es jetzt, als rühre sie sich und die grünen Tannen stehen als Wächter und flüstern mit einander.

Der Geier war noch immer in der Luft sichtbar sanft kreisend und schwimmend, oder oft secundenlang so unbeweglich stehend, als wäre er eine in diesem Dome aufgehängte geflügelte Ampel.

Gregor fuhr fort: „Ich war damals ein Bube, und Großmutter wußte viele solche Geschichten. Da steht auch ein Berg drei Stunden von hier – in der uralten Heidenzeit saßen auf ihm einmal drei Könige und bestimmten die Gränzen der drei Lande Böheim, Baiern und Oesterreich – es waren drei Sessel in den Felsen gehauen, und jeder saß in seinem eigenen Lande. Sie hatten vieles Gefolge, und man ergötzte sich mit der Jagd, da geschah es, daß drei Männer zu dem See geriethen, und im Muthwill versuchten, Fische zu fangen, und siehe Forellen, roth um den Mund und gefleckt wie mit glühenden Funken, drängten sich an ihre Hände, daß sie deren eine Menge ans Land warfen. Wie es nun Zwielicht wurde, machten sie Feuer, thaten die Fische in zwei Pfannen mit Wasser und stellten sie über. Und wie die Männer so herumlagen, und wie der Mond aufgegangen war, und eine schöne Nacht entstand, so wurde das Wasser in den Pfannen heißer und heißer und brodelte und siedete und die Fische wurden darinnen nicht todt, sondern lustiger und lustiger – und auf einmal entstand ein Sausen und ein Brausen in den Bäumen, daß sie meinten der Wald falle zusammen, und der See rauschte, als wäre Wind auf ihm, und doch rührte sich kein Zweig und keine Welle, und am Himmel stand keine Wolke, und unter dem See ging es wie murmelnde Stimmen: es sind nicht alle zu Hause – zu Hause . . . . da kam den Männern eine Furcht an, und sie warfen alle die Fische ins Wasser. Im Augenblicke war Stille, und der Mond stand recht schön an dem Himmel. Sie aber blieben die ganze Nacht auf einem Steine sitzen, und sprachen nichts, denn sie fürchteten sich sehr, und als es Tag geworden, gingen sie eilig von dannen und berichteten alles den Königen, die sofort abzogen, und den Wald verwünschten, daß er eine Einöde bleibe auf ewige Zeiten.“

Er schwieg, und die Mädchen auch.

„Sehet, schöne Jungfrauen," fuhr er nach einer Weile fort, „dieß alles rieselte mir damals gar sonderbar durch die Gebeine und mit Grauen und mit Begierde sah ich immer seitdem auf den blauen Wald hinauf, wie er so geheimnißvoll und unabsehlich längs des schönen lichten Himmels dahin zog. Ich nahm mir vor, sobald ich ein Mann sein würde, den schönen zauberhaften See und die Heidenwand aufzusuchen. Mein Vater und die Leute lachten mich aus, und meinten, das sei eitel Fabel und Narrheit mit diesem Wasser – aber sehet, da ich den Wald nach und nach kennen lernte, und einsah, wie wunderbar er sei, ohne daß die Menschen erst nöthig hätten, ihre Fabeln hinein zu weben – und da mir viele klare Wässerlein auf meinen Wanderungen begegneten, alle von einem Punkte der Höhen herabfließend, und deutlich mit kindlichem Rieseln und Schwätzen von ihrem Vater erzählten, – so stieg ich herauf und sehet, an dem Platze, wo wir eben sitzen, kam ich heraus und fand mit eins das schöne liebliche Wasser."

„Und hat es euch nicht geängstet und gegraut?" fragte Johanna.

„Geängstet?" entgegnete der Alte, „geängstet? – gefreut habe ich mich der schönen Stelle; denn ich wußte dazumal schon sehr gut, daß der Wald keine frevlen Wunder wirke, wie es gehässige und gallige Menschen gern thäten, hätten sie Allmacht, sondern lauter stille und unscheinbare, aber darum doch viel ungeheurere, als die Menschen begreifen, die ihm deßhalb ihre ungeschlachten andichten. Er wirkt sie mit ein wenig Wasser und Erde und mit Luft und Sonnenschein. Sonst ist kein anderes da, noch je dagewesen, glaubet es mir nur. Auch auf dem Berge der drei Sessel war ich oben – nie saß ein König dort, so wenig als hier jemand gefischt hat. Wohl stehen die drei steinernen Stühle, aber nicht etwa einfältig eben und geglättet, wie die hölzernen in eurem Hause, sondern riesengroß und gefurcht und geklüftet, die leichten Finger des Regens haben daran gearbeitet, und das weiche, aber unablässige Schreinerzeug der Luft und der Sonne haben sie gezimmert – ich saß darauf, und schaute wohl stundenlang in die Länder der Menschen hinaus – und wie ich öfter hier und dort war, erkannte ich gar wohl, daß dieß alles nur Gottes Werk sei und nicht der Menschen, zu denen sich nur die Sage davon verlor. Sie können nichts bewundern, als was sie selber gemacht haben, und nichts betrachten, als in der Meinung, es sei für sie gebildet. Hat Gott der Herr dem Menschen größere Gaben gegeben, so fordert er auch mehr von ihm – aber darum liebt er doch auch nicht minder dessen andere Geschwister, die Thiere und Gewächse, er hat ihnen Wohnungen gegeben, die dem Menschen versagt sind, die Höhen der Gebirge, die Größe der Wälder, das ungeheure Meer und die weiten Wüsten – dort, ob auch nie ein Auge hinkomme, hängt er ob ihnen seine Sterne auf, giebt ihnen die Pracht ihrer Gewänder, deckt ihren Tisch, schmückt sie mit allerlei Gaben, und kömmt und wandelt unter ihnen, gerade wie er es hier und unter den Menschen macht, die er auch liebt, obwohl sie ihm, wie es mir oft gedäucht hat, seine Thiere und Pflanzen mißbrauchen, weil sie im Hochmuthe sich die einzigen wähnen, und in ihrer Einfalt nie hinausgehen in die Reiche und Wohnungen derselben, um ihre Sprache und Wesenheit zu lernen – – – – ."

Während er noch so redete, fuhr jenseits von der Wand des Heidenkönigs ein leichter Blitz auf, und der Geier stürzte pfeilgerade in das Wasser – im Momente rollte auch der Schuß die klippige Wand entlang und murmelte von Wald zu Wald.

Die Mädchen sprangen erschrocken auf, und Gregor schaute starren Auges hinüber, als wollte er die harte Wand durchbohren.

In der Todtenstille der Wälder war die Lufterschütterung fast grauenhaft gewesen – – und wieder war es nun todtenstille und reglos, wie vorher, selbst die Leiche des Geiers lag ruhig auf ein und derselben Stelle des Wassers. Es vergingen angstvolle Minuten der Erwartung; denn wer konnte das sein?!

„Seht ihr etwas!“ flüsterte Johanna mit zitternder Stimme.

„Nein,“ antwortete der Jäger, – „der Schuß kam dort von den Stämmen, die von der Seewand gebrochen sind und am Ufer liegen, aber ich sehe niemanden.“

„Laßt uns eilig überfahren,“ meinte Clarissa, „das Haus steht ganz leer – auch nicht eine Seele ist darinnen.“

„Mit nichten, Kind,“ sagte der Jäger, „wenn Gefahr ist, wären wir eine schlechte Besatzung des Hauses, geht in euer Floßhäuschen, ich werde das Fahrzeug ein Stück in den See hinausfahren, und dort bleiben wir stehen. Niedergelegt längs dem Baume der Schutzwehre will ich hinübersehen, und da wollen wir abwarten, wie er es beginnen wird, das Thier aus dem Wasser zu holen.“

Aber sie warteten vergeblich. Minute an Minute verging. Ruhig, wie ein gemordeter König, mit verschobenem Gewande und geklebtem Federschmucke lag der Geier auf dem Wasser – der Rauch des Schusses hatte sich längst verzogen, und im lieblichen Nachmittagslichte glänzend schaute ihr verlassenes Wohnhaus herüber. Kein Laut regte sich, und wie die Augen auch angestrengt an dem Blokensteiner Vorsprung hafteten – nichts war dort ersichtlich, als das Gewirre der bleichen herabgestürzten Bäume, wie ihre Aeste lange weiße Reflexe in den dunklen Wasserspiegel sandten.

Gregor begann nach und nach die Hand nach dem Ruder zu heben, und dem Vogel langsam näher zu fahren.

„Etwa sind die Knechte schon zurück,“ meinte Clarissa.

„Das war kein Knall aus einer unsrigen Büchse,“ sagte Gregor.

In dem Augenblicke wurden die zwei Mägde auf dem hölzernen Balkone des Hauses sichtbar, die in dem Geklippe der Wand und an den Ufern der Gerölle Brombeeren gesucht hatten. Sie hielten wahrscheinlich den Schuß für Gregor's, und winkten häufig auf eine Stelle, vielleicht weil sie meinten, man sehe vom Schiffe aus den Vogel nicht.

Mittlerweile blieb der See und Wald ruhig, wie er des ganzen Tages war, die Sonne, eine weißglühende Lichtkugel lag schon am Rande der Felsenwand, breite Schatten rückten über Haus und Rasenplatz auf den See heraus, dieser war glatt und schwarz, nur auf dem Schiffe lag das müde Nachmittagslicht, ebenso, wie ein weißer Punkt, auf dem todten Vogel, und im grünrothen Schimmer fließend um das Gehäge der Fichten. Indeß war man, dem Thiere näher rückend, auch bereits dem sumpfigen Ufer, wo das Gewirre der Baumstämme lag, so nahe gekommen, daß man jeden kleinsten Zweig ausnehmen konnte, ja in der Stille der Luft und des Wassers sah man es sogar deutlich, wenn ein Frosch, der sich sonnte, von einem Stamme in das Wasser sprang, und die leichten Wellenringe fast bis auf den Floß auseinander trieb, aber nicht das geringste Anzeichen eines Menschen wurde sichtbar, so daß der Glaube immer mehr an Wahrscheinlichkeit gewann, es sei nur irgend ein Schütze durch Zufall so tief in den Wald gerathen, und an den See verschlagen worden, habe sein gutes Auge an dem Federthier versucht, und dann, da er das Fahrzeug und das Haus erblickte, aus Aberglauben die Flucht ergriffen, namentlich, da er mußte gesehen haben, wie sich das Schiff bewegte, ohne daß er Menschen darauf wahrgenommen. Endlich mit einigen langsamen Ruderschlägen war man dem Thiere so nahe gekommen, daß es Gregor mit der langen Hakenstange des Flosses herbei fischen konnte. Es war ein sonderbarer Anblick, wie die langen triefenden Schwingen hinabhingen, wie die nassen klebenden Federn den sehnichten Körperbau bloslegten, und die Wunde zeigten, die mitten in die Brust ging. Gregor untersuchte sogleich die Wunde, und zog mit einem Instrumentchen seiner Waidtasche eine sehr kleine Kugel daraus hervor. – Johanna fuhr vor Schreck zusammen – und auch Clarissa sah gespannten Auges und klopfenden Herzens auf das Angesicht des

Jägers – dieser aber, nicht eine Miene verziehend, steckte die Kugel gelassen zu anderm in seinen ledernen Beutel – ja er stand sogar seiner Länge nach auf dem Flosse auf, und fuhr unbefangen dem Landungsplatze am Hause zu, wo man Abends anlangte.

Als sie ausgestiegen waren, fragte Clarissa geradesweges, was er von der Sache halte?

„Freilich kenne ich den Schützen," sagte er, „es sind allerlei Thoren auf der Welt – und er mag ein großer unter ihnen sein – – von ihm ist euch keine Gefahr – – ich irre mich nicht, ich kenne die Kugel – aber es ist grundlos thöricht, warum er hier sein mag – – die Sonne scheint auf Eitelei und Thorheit – ich habe viele Tage gesehen, und so ist der Mensch, der sucht den Schimmer und will das Irrlicht greifen – – "

„O Gott! ihr wißt mehr, als ihr uns sagen wollet," rief Johanna angstvoll.

„Ich habe euch gesagt, Jungfrau, daß ihr möget ohne Sorgen sein – ja ich kenne vielleicht den Mann, obwohl mir seine Anwesenheit unbegreiflich ist – er begeht lauter Dinge, die sonder Ziel und Zweck sind, und strebt nach Unerreichbarem, er hat manchmal wollen den Sonnenschein auf seinen Hut stecken, und die Abendröthe umarmen – es regnet viele Tropfen, ehe man Einsicht gewinnt, und Jahre vergehen, ehe man weise wird. Dringt nicht, Kinder, ihr habt keine Gefahr – und wenn ich etwas wüßte und euch verbergen wollte, so würden meine Zähne verschlossener sein, als die Steinthore des Heidenschatzes, die kein eiserner Balken aufzuzwingen vermag. Schlafet ruhig – jedes Haar meines Scheitels ist ein Wächter für euch – ich liebe euch, ihr seid gut und unschuldig, und fast so schön als Martha." – – –

Ein erkennbares Zucken spielte bei dieser Erinnerung um seinen alten harten Mund, aber sogleich fuhr er fort: „Ich liebe euren Vater, und werde in Zukunft das Plätzchen hier noch mehr lieben, als früher, wenn ich wieder einmal heraufkomme – das Haus längst nicht mehr steht, der Krieg seine Endschaft erreicht, und euer Schloß euch wieder aufgenommen hat. Seid sorgenlos, meine lieben Töchter, und schlafet süß, wie vor vielen Jahren in eurem Kinderbettlein."

Die Mädchen sahen gerührt und ängstlich auf ihn, wie sie mit verschlungnen Armen vor ihm standen, und es mochte ihnen fast unheimlich dünken, daß er, an der äußersten Gränze menschlichen Hochalters stehend, dennoch von Plänen und Zeiten rede, die weit in die Jahre hinaus lagen. Johanna suchte vergeblich ihre aufsteigenden Furchtgedanken zu dämpfen, die sie sich nicht zu sagen getraute.

„Sehet, da geht der blutrothe Vollmond auf," begann er wieder, „sehet nur hin auf das düstre holde Licht, wie es am Waldesrand erglimmt, und fast schon sichtbar die langen Schatten über den See streichen – ich hab' es hundert und hundert Mal gesehen – aber immer gefällt es mir – ich habe so stets meine eigenen Gedanken gehabt über das Mondlicht – es ist ein wundervolles Licht."

„Ein schmerzlich schönes Licht," sagte Clarissa.

„Und nirgends seht ihr es so schön, als im Walde," fuhr Gregor fort, „manche Nacht habe ich es schlummern gesehen über den Forsten, wenn ich auf den Höhen gegangen bin – da glänzte alles und flimmerte und glitzerte so ruhevoll – daß ich so manche Gedanken hatte über diese Einrichtung, daß Nachts an dem Himmel diese glänzenden Scheiben hingehen – – aber zum Nutzen ist es sichtbarlich; denn seht, wenn er so oben steht mitten über den Wäldern und weit und breit sein Licht niederrieselt in die Zweige – wie sie da so froh sind im Nachtlichte, und Blätter und Nadeln auseinanderlegen, wie man eine Hand aufmacht – – – geht schlafen, Kinder, geht schlafen – es droht euch gar keine Gefahr, ich muß hier die Knechte erwarten, daß ich ihnen den Floß hinüberrudere, wenn sie das Zeichen geben. Und ihr," sagte er zu den dastehenden Mägden, „nehmt das Federthier hinein, und trocknet es sorglich, vielleicht, daß die Schönheit des Gefieders wieder etwas herzustellen ist."

„Gute Nacht, Vater,“ sagte Clarissa.

„Gute Nacht, Tochter,“ erwiederte der Greis.

Und somit stiegen die Schwestern die Treppe zu ihrem Gemache hinan, angstvollen und harrenden Herzens, und als sie ihr mäßig Abendmahl verzehrt, sich entkleidet und die Magd entlassen hatten, schlossen sie besorgt doppelt Schloß und Riegel vor die Thüren, setzten sich auf ein Bette zusammen, und redeten noch vieles und manches, sich tröstend und liebversichernd, auch daß sie morgen wieder nach Wittinghausen blicken, und daß sie nie mehr ohne das Fernrohr einen Spaziergang machen wollen. So koseten sie noch lange, bis die rothe Scheibe des Mondes längst zur goldenen geworden war, hoch ob dem Horizonte schwebend, und Johanna am Busen der Schwester, wie ein Kind entschlafen war. Clarissa ließ sie sanft auf die Kissen gleiten, und suchte auch ihr Lager – noch hörte sie in ihre beginnenden Träume hinein das Jauchzen der zurückkehrenden Knechte jenseits des Seees herüber, und das Plätschern des abfahrenden Gregor's, der sie holte.

Dann sank tiefe, feste Ruhe über die schönen Augenlieder.

5.

Waldwiese.

Des andern Tages stand schon die Sonne am Morgenhimmel, als Clarissa erwachte, und an das Bett Johannens trat, die noch tief schlummerte, und sich ein ganzes Morgenroth auf ihre unschuldigen Wangen geschlafen hatte. Dann ging sie leise an das Fenster, das im Morgengold wallte, sah einige Augenblicke auf den Wald, der mit Reif bedeckt war, und Funken warf, und kniete endlich auf ihren Schemel nieder, um ihr Morgengebet zu verrichten. Als sie aufstand, sah sie auch Johannen an ihrem Schemel knieen, daher wartete sie ruhig, bis auch diese aufgestanden war, und dann, noch den Abglanz des gläubigen Gebetes in den Augen, grüßten sie sich heiter und freudig, und scherzten fast über ihre gestrige Angst. Man ließ die klopfende Magd herein, und diese berichtete, daß die Knechte erzählt hätten, wie draußen bereits Kriegsvölker ziehen, und daß es über die Wasserscheide oft wie Ameisenzüge gehe, alles gegen die oberen Donauländer. An den Waldrändern ist es so einsam und stille wie immer. Von Wittinghausen wußten sie nichts. Man beschloß, Gregor zu bitten, daß er sie, sobald die Gräser und Gebüsche etwas trocken geworden wären, auf den Blokenfels geleiten möge.

Als sie angekleidet waren, und die hohe Sonne schon Reif und Thau von ihrer Wiese gezogen hatte, wollten sie auf selber ein wenig lustwandeln gehen. Wie sie die Treppe hinabkamen, fanden sie Gregor, wie er eben einige lockere Breter und Balken festnagelte, auch befremdete es sie, daß das äußere Thor an den Palissaden, das bisher immer ganz und gar offen gestanden, nicht nur eingeklinkt, sondern auch verriegelt war. Gregor ließ sogleich von seinem Geschäfte ab, und zeigte ihnen den getrockneten Geier, dessen Federn er in schöne Ordnung gebracht habe, und von denen er sie bat sich die schönsten als ein Angedenken ihres Waldlebens auszusuchen, indeß wolle er hineingehen, und sich richten, um sie begleiten zu können. Er ging, aber anstatt sich Federn auszulesen, standen die Mädchen und sahen sich befremdet an; denn heute war alles neu, sonst hatte er sie ganz allein auf ihrer Wiese weit und breit bis an das Gerölle gehen lassen ohne sich weiter zu bekümmern. Susanna, die Magd, die eben dastand, erzählte auch, daß, als sie erfahren, daß nicht Gregor den Geier geschossen, sondern ein anderer Schuß, man wisse nicht woher, sie vor Angst fast die ganze Nacht nicht geschlafen, und da sei sie spät nach Mitternacht, als bereits die zurückgekommenen Knechte längst schliefen, durch ein seltsames Geräusch erschreckt worden, als ob ein Schloß raßle – und da sie nun behutsam zum Fenster hinausgesehen, habe sie wirklich gehört, wie das Schloß am äußeren Thore gesperrt werde, und sodann eine Gestalt, die sie für Gregor's hielt, dem Ahornwäldchen zuschritt. Fast eine Stunde verging, ehe die Gestalt wiederkam, aufsperrte, und hereintrat, hinter sich sorgsam verriegelnd – es war nun, wie er zum Hause kam, deutlich erkennbar, daß es Gregor sei. Diese Thatsache war nun nicht geeignet, die Unruhe der Mädchen zu vermindern – allein wie Gregor die Thüre heraustrat, und sie den schönen Greis ansahen mit der aufrichtigen Stirne, und darunter dem glänzenden dichterischen Augenpaare, so folgten sie ihm willig durch das Thor, das er hinter sich wieder schloß. Keine, als wie durch Verabredung, that der neuen auffallenden Vorkehrungen Erwähnung. Er schwieg auch darüber.

Nachmittags, d. h. nach damaliger Sitte schon um zwölf Uhr, stieg man auf den Blokenstein. Zwei bewaffnete Knechte begleiteten sie, der dritte hütete den Floß. Das Rohr wurde befestiget, und rein und klar, wie immer, stand das kleine Nachbild des Vaterhauses darinnen. Wie ein Vorgefühl, als sähen sie es zum letzten Male so, überkam es die Herzen der Mädchen, und es war ihnen, als könnten sie sich gar nicht davon trennen, und als müßten sie den geliebten schönen Vater oder den unschuldigen Knaben Felix auf irgend einem Vorsprunge stehen sehen.

Wahrscheinlich waren es die neuen Anstalten Gregor's, die ihnen dieses Unruhegefühl einflößten.

Endlich, da immer dasselbe längstbekannte und unbelebte Bild im Glase stand, und nach tausend Grüßen, die laut und heimlich hinübergesendet wurden, nahm man das Rohr ab, und trat den Rückweg an. Zu Hause wählten sie sich noch einige Federn des Geiers, und begaben sich wieder in ihre Zimmer.

Kein einziger Vorfall geschah dieser und der folgenden Tage, außer daß man wieder einmal wollte bemerkt haben, daß Gregor in der Nacht das Haus verlassen habe: aber eine gewisse Schwüle und Angst lag über dem Thale und den Herzen, als müsse jetzt und jetzt etwas geschehen. Seltsam – als ob die unsichtbaren Boten schon voraus gingen, wenn ein schweres Ereigniß unserm Herzen nahet. – –

Es war die fünfte Nacht nach dem Schusse des Geiers – der abnehmende Mond stand am blauen Nachthimmel, und malte die Fenstergitter auf die Sessel und Bettvorhänge der Mädchen – da saß Johanna am Rande des Bettes ihrer Schwester und mit dem Finger sanft ihre entblößte Schulter betupfend suchte sie dieselbe zu wecken, indem sie angstvoll leise die Worte hauchte: „Hörst du nichts?“

„Ich höre es schon lange,“ antwortete Clarissa, „aber ich wollte dich nicht wecken, daß du keine Angst habest.“

Nun aber richtete sie sich auch in ihrem Bette auf, und von dem einen Arme Johanna's gehalten, auf die Bettkante gestützt, saßen sie da, keinen andern Hauptschmuck, als das schöne Haar, den Körper im Horchen sanft vorgebogen, unbeweglich, wie zwei tadellose Marmorbilder, um die das milde Licht der Herbstnacht fließet.

Es war, als hörten sie undeutlich in der Ferne eine Stimme, schwebend zwischen Rufen und Gesang – es war aber weder die eines Knechtes, noch Gregor's.

Sie horchten lautlos hin, aber hörten gerade jetzt nichts. Auf einmal ganz deutlich, wie herausfordernd, – schwärmerisch wild kam ein Gesang einer Männerstimme herüber folgende Worte tragend:

Es war einmal ein König,
Er trug 'ne gold'ne Kron'.
Der mordete im Walde
Sein Lieb – und ging davon.

Da kam ein grüner Jäger:
„Gelt, König, suchst ein Grab?
Sieh' da die grauen Felsen,
Ei springe flugs hinab."

Und wieder war ein König,
Der ritt am Stein vorbei:
Da lagen weiße Beine,
Die gold'ne Kron' dabei.

Die Stimme schwieg, und die Stille des Todes war wieder in Luft und Wald, und in den Herzen der Mädchen – und als es draußen schon längst geschwiegen, trauten sie sich noch nicht, sich zu regen, als sei die Scene nicht aus, und müsse noch etwas kommen.

Aber sie war aus. Kein Laut, kein Athemzug regte sich in der stummen funkelnden Mondluft. – Da nach langem Warten drückte sich Johanna sanft und langsam rückwärts aus der Umarmung, und sah der Schwester in das Angesicht – :

Es lag so bleich vor ihren Augen, wie der Mond auf der Fensterscheibe. –

Nicht eine Sylbe sagten sie beide –

Johanna, wie im Instinkt des Guten und hier Zuständigen, wendete ihre Augen wieder ab, und barg ihr eigenes Antlitz in das Nachtgewand der Schwester – und so viele, viele Augenblicke lang aneinandergedrückt, wie zwei Tauben hielten sie sich, daß Johanna Clarissens Herz pochen fühlte, und diese das Zittern des Armes der andern auf ihrem Nacken empfand. – – Endlich furchtsam leise fragte die jüngere: „Clarissa, fürchtest du dich?"

„Fürchten?" – sagte diese, indem sie sich sanft aus der Umarmung lösete – „fürchten? nein, Johanna – das Räthsel ist klar, dessen dunkler Schatten uns dieser Tage ängstete – ich fürchte nichts mehr."

Und dennoch bebte ihre Stimme sichtbar ängstlich, als sie diese Worte sagte, und Johanna konnte selbst bei dem schwachen Mondlichte bemerken, wie allgemach ein feines Roth in die vorher so blassen Wangen floß und darinnen sanft bis zur schönsten Morgenröthe anschwoll. Ein ungeheuer Empfinden mußte in ihrer Seele emporwachsen, wechselnd in Wohl und Weh; denn ein fremder Geist lag auf diesen sonst so ruhigen Zügen, und goß eine Seele darüber aus, als glühete und wallete sie in Leidenschaft.

„Johanna," sprach sie, „es ist wunderbar, sehr wunderbar, wie die Wege der Vorsehung sind. Wer hätte gedacht, daß das, was ich neulich an der Felsenwand zu dir sprach, so nahe sei – in der schönen Einöde hat mich Gott der Herr gefunden – mag es sich erfüllen, wie es muß und wird – fürchte dich nicht, liebes Kind – auch mitten im Walde ist der Herr ob uns. Du kennst das Lied, du ahnest auch, wer es sang – er hat es gut gewählet – er wird mich sehen, ja, aber nicht in unserem heiligen Hause – Gregor und du werdet mich begleiten – sieh mich nicht so erschrocken an – wenn selbst die kleine Kugel von ihm kam, und wie er auch mit diesem Walde zusammenhängt: Gefahr solcher Art droht uns nicht – – ja, ja, den Sonnenschein hat er wollen auf den Hut stecken und die Abendröthe umarmen – – ja, es ist seine Art so zu erscheinen, wie er hier that, das Lied hat mich herausgefordert – gut, aber jetzt ist es kein Kind mehr, hülflos gegeben in die Allgewalt der eignen Empfindung: eine Jungfrau, stark und selbstbewußt – sie wird kommen, statt der Lilie das Schwert des Herrn in ihrer Rechten – ja sie wird kommen!!"

Ihr Antlitz strahlte – eine solche Schönheit überging ihre Züge, daß selbst Johanna scheu zu ihr hinüberblickte – mit Inbrunst schwärmte ihr dunkles Auge hinaus, angeglänzt von dem Lichte der Nacht – auf die Stirne flog es wie ungeheurer Stolz und Triumph – – so saß sie und badete das gehobne Antlitz in den Strahlen des Mondes – – – bis sie endlich in einen Strom siedend heißer Thränen ausbrach, und sich wie ein Kind an das Herz der Schwester legte.

Wer sie in dieser Nacht gesehen hätte, der hätte begriffen, wie denn diese sanfte ewig ruhige Gestalt zu den tiefschwarzen lodernden Augen gekommen.

Johanna schlang ihre beiden Arme um sie, und obgleich sie die Gewalt dieser Thränen nicht begriff, so wurde sie doch selbst bis zu dem heftigsten Schluchzen gerührt – und die Last der Herzen lösete sich durch diese milden Perlen.

Der Morgen fand sie, Johannen an dem Busen der Schwester mit den müde geweinten Augen tief und fest entschlummert. Clarissa wachte schon längst, aber da der Schwester Haupt ihr zum Theil auf Busen und Schulter lag, so regte sie sich nicht, um ihr nicht den Morgenschlaf zu stören, der mit so sichtbar süßer Hülle auf dem geängsteten Herzen lag. Endlich da sich die braunen Augen langsam aufthaten, und befremdet auf Clarissen sahen, wie sie denn in ihr Bett gerathen; so strich diese sanft mit der Hand über die Scheitel der goldblonden Locken, und sagte: „Guten Morgen, liebes, liebes Kind."

Aber mit einer Art Beschämung über die Lage, in der sie sich fand, sprang Johanna auf, und begann sich anzukleiden, indem ihr nach und nach das Bewußtsein der vergangenen Nacht kam, und der Wichtigkeit des heutigen Tages.

Auch Clarissa kleidete sich schweigend an, und ließ dann durch die Magd den alten Gregor rufen. Er kam.

„Ihr habt heute Nacht singen gehört," redete sie ihn an.

„Ja."

„Ihr kennt den Mann sehr gut, welcher gesungen?"

„Ich kenne ihn sehr gut."

„Er wünscht dringend mit uns zu reden."

Der Jäger sah sie mit betroffnen Augen an: „ich weiß es," sagte er, „aber daß auch *ihr* es wisset?!"

„Wir wissen es, und *wollen* ihn auch sprechen, und zwar,

wenn es möglich ist, noch heute, aber nicht hier – in unser Haus soll kein fremder Mann kommen – sondern an der Steinwand bei den letzten Ahornen soll er uns erwarten. Johanna und ich werden kommen, und ihr seid gewiß so freundlich uns zu begleiten. Wenn der Schatten der Tannen von dem See gewichen ist, möget ihr uns abholen, wenn es bis dahin geschehen kann."

„Es kann geschehen – aber bedenket, daß ihr selbst es seid, die es so wollen."

„Bereitet es nur, Gregor – ich kenne auch den Mann, und wir wollen ihn fragen, warum er unsere Ruhe und Zuflucht störet."

Gregor ging.

Der Vormittag war vorüber, der Schatten der Tannen war von dem See gewichen, und man sah Gregor mit der Büchse auf der Schulter die zwei Mädchen dem Ahornwäldchen zuführen. Johanna war, wie gewöhnlich, in ihrem weißen Kleide, aber Clarissa hatte all ihren Schmuck, und ihre schönsten Kleider angethan, so daß sie wie eine hohe Dame war, die zu einem Königsfeste geführt wird. Es liegt etwas Fremdes und Abwehrendes in Schmuck und Feierkleid der Frauen, sie sind gleichsam der Hofstaat ihrer Seele, und selbst der alte Waldsohn, der nie andere Juwelen sah, als die des Morgens in den Tannen, fühlte sich von Clarissens Schönheit gedrückt und fast unterthänig; denn auch in ihrem Angesichte lag ein fremder Schimmer und ein strahlender Ernst.

Johanna's Herz klopfte ungebändigt, und obwohl sie sich's zu sagen schämte, die kleine Kugel, und der Jägerbursche, der von dem furchtbaren Wildschützen erzählt hatte, wollten ihr nicht aus dem Sinne kommen, und es war ihr dunkel drohend, als ob etwas Entsetzliches kommen würde.

So war man bis gegen die letzten Ahornen gelangt. Ein Mann in einfache ungebleichte Linnen gekleidet, einen breiten Hut auf dem Haupte, eine Flinte in dem Arme, saß auf einem der grauen Steine. Wie man ganz in die Nähe gekommen, stand er auf, zog ehrerbietig den Hut, und wies sein Antlitz – Johanna hätte fast einen Schrei gethan – so schön war er – auch Clarissa wankte einen Moment. Wie er den Hut abgenommen und das Angesicht mit einem schnellen Ruck ihnen zugewendet, warf sich eine Fluth von Haaren, wie ein goldner Strom auf seine Schultern, darlegend das lichte Antlitz, fast knabenhaft schön und fein, daraus die zwei großen dunkelblauen Augen hervorsahen, wie zwei Seelen, die auf Clarissen hafteten – – auch sie vergaß ihr dunkles Auge secundenlang auf seinen Zügen, den wohlbekannten, vielgeliebten, vielgekränkten, – bis sie plötzlich hocherröthend einen unbeholfenen Schritt seitwärts that, gleichsam gegen die Bank hin, die in der Nähe stand, als wollte sie sich darauf setzen. Johanna, blos diese Absicht vermuthend, war ihr behülflich, und setzte sich neben sie. Er noch immer kein Wort redend, ließ mechanisch seine Blicke ihren Bewegungen folgen, als sei er betreten, daß eine ganz andere Gestalt gekommen, als er erwartet. Endlich legte er seine Flinte seitwärts, und setzte sich den Mädchen gegenüber auf denselben grauen Stein, auf dem sie ihn gefunden.

Die hohen Bäume, die graue Felswand, und die weißen Nachmittagswolken sahen stumm auf die seltsame, ebenfalls stumme Versammlung. Gregor ging abseits von den Ahornen, anscheinend so hie und da das fortschreitende Vergelben der Blätter betrachtend.

Endlich thaten sich Clarissa's Lippen auf, und sie sagte: „Ihr habt uns aufgefodert – – ihr wolltet, mein' ich, mit uns reden – wir sind gekommen – so redet.“

„Ja,“ antwortete er, „ich bat euch um eine Unterredung, aber nur euch; denn ich kenne die andere Jungfrau nicht.“

„Es ist meine Schwester Johanna.“

Mit Verwunderung blickte er nun auf Johannen, und sagte trübselig lächelnd: „Sie ist aus einem Kinde nun eine schöne Jungfrau geworden – – – o Clarissa, wir haben uns sehr lange nicht gesehen. Damals war sie ein Kind, das selten sichtbar wurde, daß ich ihrer schon ganz vergaß – kennet ihr mich, Johanna?"

Sie schüttelte mit dem Kopfe.

„Nun, Clarissa," fuhr er fort, „verzeihet, daß ich gekommen, und auch die Art, wie ich es that. – Seht, ich wollte nicht plötzlich, wenn ihr lustwandeln ginget, vor euch treten – ich hätte es einige Male gekonnt – sondern erst euren Begleiter, den ich seit Langem kenne, sprechen, aber er war stets an eurer Seite und verließ sonst nie das Haus, daher sandte ich ihm durch den Geier meine Kugel, die er wohl kennt, auch suchte er mich sogleich, und fand mich, aber keine Macht der Ueberredung konnte ihn dahin bringen, daß er euch von mir eine Botschaft brächte – – ja er verrammelte und bewachte das Haus nun vorsichtiger, als je, so daß ich ihn, der mich einst so liebte, gar nicht begriff – ich selbst mußte mir nun, sei es auch auf die Gefahr hin, daß mich einer eurer Knechte erschieße, Gelegenheit verschaffen, euch meine Anwesenheit kund zu thun, ob ihr etwa freiwillig gewährtet, was ich nicht rauben wollte, und von ihm nicht erbitten konnte. Ich sang das Lied, das ihr kennen müsset."

„Ich kannte es," sagte Clarissa, „und sei es nun auch Unrecht, daß ich kam, ich wollte euch nicht fortweisen, da ihr so viel Anstalt machtet, mich zu sprechen – – und nun redet, warum seid ihr hier, die Zuflucht und Ruhe zweier Mädchen zu unterbrechen, die so kindisch sind, daß sie oft das unversehene Rauschen eines Blattes schreckt, sagt, warum seid ihr hier?"

„Clarissa, – ihr fragt das," sagte er, +indem ein leichter Hauch von Roth über sein Gesicht flog, „wisset ihr selber denn das nicht?"

„Nein ich weiß es nicht," antwortete sie mit unsicherer Stimme.

„Ihr wißt das nicht," wiederholte er zweimal, „ihr wißt das nicht –" und er warf sein Haupt, wie im Schmerz empor, so daß auf einen Augenblick der Glanz der Herbstsonne auf die schwärmerischen Züge fiel, und sie verklärte – – „ihr wißt das nicht!! sehet, ich bin in Frankreich gewesen – ich war weiter, in dem neuen Lande war ich jenseits des großen glänzenden Meeres – ich kam wieder, ich suchte euer Schloß, es ist bedroht, ihr seid geflüchtet, niemand weiß, wohin – ich kundschaftete auf allen Straßen, eine führt gegen den Wald, sie sah euch ziehen, – ich suchte Gregor's Hütte, er ist nicht da – durch alle Wälder und Schluchten, lebend von dem, was mir meine Büchse erwarb, ging ich tagelang, wochenlang, bis – es war eine lichte schöne Stunde – dieser See, wie ein Blitz in meine Seele fuhr, wie ihn mir einst Gregor zeigte, und die Worte sagte: „Auf diesem Anger, an diesem Wasser ist der Herzschlag des Waldes, mir ist, als müßte ich ihn hören, so lieblich und treu, und fester als die Burg eines Königs“ – ich kam hieher – am Rande jener Felsenmauer herüberkletternd erblickte ich das hölzerne Haus, auf einem Felsensteige (Gregor weiß ihn) – euch wäre er tödtlich – stieg ich nieder – dort, wo die Sandriesen beginnen, im Schatten des Felsens ruhte ich ermüdet aus, wischte mir das Blut von den Händen – und wie ich nach diesem Geschäfte aufblicke – kaum hundert Ellen von mir am Rande des Gerölles saßet ihr mit Johannen, beide in weißen Gewändern, und vertraulich redend – – ich erschrak, daß sich der See und die Bäume drehten – das schreiende Herz drücke ich nieder, ja in meiner Thorheit halte ich den Athem an, daß er euch nicht erreiche, obwohl ich nicht eure Worte hören konnte – aber hold und süß müssen sie gewesen sein; denn ihr saßet und sprachet lange, legtet endlich eure Hände in einander und sahet schweigend in die Luft hinaus, mir wollte es bedünken im Uebermaß der Rührung und der Liebe und des Vertrauens – als es Abend wurde, ginget ihr – diese Bäume hier verschlangen den letzten Schimmer eures Gewandes – ich blieb sitzen und stillte meinen Hunger mit einer Hand voll Brombeeren. Wieder sah ich euch – gehen durch den Wald, wandeln an dem See, ruhen auf diesem oder jenem Steine – ich war euch oft so nahe, daß ich euch greifen konnte – eure Harfe hörte ich des Nachts – – seht ihr, dort oben, wo der dürre Sandstrom um die zwei Felsenhäupter quillt, steht ein Baum, es ist nur mehr der Strunk einer Schwarzföhre, die der Blitz einst zerschlug, bei Tage ist er ein mißfärbig Grau, aber in der Nacht beginnt er zu leuchten blau und grün und weiß – stundenlang saß ich an dem Felsen und sah auf das stille nächtliche Glimmen desselben – – Clarissa! und ihr fragt, weßhalb ich gekommen!!"

„O übt ihn nicht," sagte sie mit innig flehender Stimme, „o übt ihn nicht, den alten Zauber, deß Gewalt ihr kennt, und einst erprobtet gegen ein thörichtes Mädchen – o übt ihn nicht, es ist nicht redlich."

Es war seltsam anzuschauen, wie die entschloßne Jungfrau zu schwanken begann, und fast eingeschüchtert war einem Manne gegenüber, dessen Mienen doch so offen lagen, wie die eines Kindes, aber wenn man ihn ansah, wie er auf ihre Rede schwieg, und hinaussah in die Räume, so war es, als sähe man den Geist aufleben, dem sie sich beugte: eine wilde Hoheit, eine schwärmerische Poesie lag in diesen Zügen, im Auge etwas, was fleht und herrschet – ein Schmelz von Zärtlichkeit, unsäglich bindend das geliebte Herz, es selbst unsäglich liebend, und doch hinaus verlangend ins Unbekannte, ein aufquellend Herz, nach Thaten schmachtend. Und gerade das letzte, jeden Augenblick Liebeverlust drohend war es, was sie so zauberisch band.

„Ja, ja," begann er wieder sanft, „Clarissa, süßer Engel, es ist redlich; ich bin nicht toll und ohne Zweck gekommen; denn wisset, seit jenem Tage, wo ich fortging, theils gedrängt, theils selbst hinausschwärmend, war es doch nur ein Gedanke, dem ich nachhing, dem ich glühend nachstrebte – damals lebte er noch, der befehlen konnte, laß fahren das Phantom – – ich schlug es los, in alle Winde wollte ich es streuen, ich ging Monate lang durch diese Wälder, dem wilden Hange folgend – da fand ich Gregor –

wie ein Sohn liebte ich den phantastischen Alten, obwohl er ein Kind war gegen mich in Schwärmerei und Wagniß – das Phantom aber trug ich im verschwiegenen Herzen – dann sah ich jene schimmernde Stadt, ich sah gränzenlose Wildnisse des neuen Landes – ich kam wieder, als er todt war, aber ich brachte das Phantom wieder mit – – Clarissa, nun aber ist alles gut – ein Jahr hab' ich gearbeitet, ein mühselig Jahr, berghohe Hemmnisse hinweggewälzt – alles ist eben – ich bin frei – – wie keine Mutter ihr Kind hab' ich dich gesucht, die Geliebte, die Verlassene, die Unvergeßliche, um dir alles, alles mitzutheilen – – o Clarissa, ich bitte dich, denke zurück, blicke in dein Herz, und um der Güte Gottes willen frage nicht mehr, warum ich gekommen!!"

Ehe sie es ahnen und hindern konnte, stand er auf, und auf die harten Steine zu ihren Füßen sinkend, nahm er ihre Hand, schloß sie in seine, die großen blauen Augen angstvoll auf ihr sterbebleiches Antlitz heftend.

„O steht auf," sagte sie, in der Ohnmacht ihrer Seele mit den Augen herumirrend – „so steht doch auf – – ich kam gewaffnet hieher, die Gewalt eures Herzens soll mir diese Waffen nicht ablösen – nein sie soll es gewiß nicht – – denket nicht mehr, ich sei noch das Kind, das ihr einst kanntet – – wie ihr damals in unser Schloß kamet, wie der Vater euch lieb gewann – – ihr waret so schön, mein Auge konnte fast nicht ablassen von dem euren, ein ganzes Meer von Seele und Gemüth gosset ihr in mein dunkel bewußtes Herz, meine hülflose Kinderseele zwanget ihr an eure Lippen zu fliegen – ich fragte nicht, woher ihr kamet, wer ihr seid – ich hing an euch – im Wahnsinne von Seligkeit hing ich an euch, sündhaft vergessend meinen Vater, meine Mutter, meinen Gott – – da ginget ihr fort – – – nun, es ist alles überstanden: ich erkannte die Sünde, Gott gab mir die Gnade sie zu bereuen und zu vergessen – die Seele wandte sich wieder ihrer reinen Liebe zu: seht, dieß unschuldige Mädchen hier, meine Schwester, dann mein Vater und der Bruder Felix zu Hause – diese sind meine Geliebten – und der Herr im Himmel, der ist mein Gott – – es ist überstanden."

Thränen brachen aus ihren Augen und schimmerten neben den Diamanten des Stirnbandes.

„Nein, Clarissa, es ist nicht überstanden," sagte er, zu ihr emporblickend, indem ein Entzücken durch den Himmel seines Auges ging, „nein, es ist nicht überstanden – goß ich auch ein Meer von Gemüth und Seele in dein Kinderherz, so goß ich es auch in meines – es ist wahr, anfangs reizte mich blos die ungewohnte Fülle und Macht, aufsprossend in deinem Kinderherzen, daß ich prüfend und probend an sie trat, daß ich die Kinderlippen an mich riß – aber eine Seele, tief, wild, groß und dichterisch wie meine wuchs an mich, daß ich erschrak, aber nun auch mich im Sturme an sie warf, namenlos, untrennbar Gluth um Gluth tauschend, Seligkeit um Seligkeit – – Weib! du warest damals ein Kind, aber die Kinderlippen entzückten mich mehr, als später jede Freude der Welt, sie glühten sich in mein Wesen unauslöschlich – ein Königreich warf ich weg um diese Kinderlippen, nicht Jahre, nicht Entfernung konnten sie vertilgen – und nun bin ich hier, abgeschlossen mit der Welt, um nichts auf der ganzen Erde mehr bittend, als wieder um diese Kinderlippen."

Er blieb knieen, das geliebte Antlitz schaute zu ihr empor, vergessend seiner selbst und der Umgebung – – sie aber fühlte sich verlieren, um ihre Stirne irrte es wie dunkle Wonne, wie Morgenröthe des Gefühls – einen Moment noch sah sie hülflos +umher ringend mit dem eignen Herzen, das in so ganz anderer Absicht hergekommen war – dann überzog neuerdings ein feuchter Schleier ihr Auge, aber es war darinnen süße düstre Zärtlichkeit, wie es auf ihn niedersank, und sie fast unhörbar und zitternd die Worte sagte: „Und doch, Ronald, bist du fortgegangen!!"

„Ja," rief er, indem eine schnelle, schwärmerische, fabelhafte Freude über seine Züge flog, „ja, ich ging fort, weil es einer befahl, der mächtiger war, als ich und du, und als dein Vater und dein König – aber nicht weil er es befahl, ging ich, sondern weil er bat, weil er sagte, es sei zu deinem und zu meinem Heile – – und, Clarissa, weil mein eigen tobend Herz mich hinausriß thöricht schweifend in das Leere, als seien draußen namenlose ungeheure Dinge zu vollführen – – aber, bin ich gegangen, so bin ich ja auch wieder da, und ich gehe nie, nie mehr von dir – du bist mein Athem und mein Pulsschlag – draußen ist es dürre, wie Sand, und unersprießlich alle Welt gegen dein schlagend Herz, gegen deine Güte und gegen deine Liebe – – siehe er hat mich groß machen wollen, wie einen seiner Helden, oder gar wie sich selbst, er hat mich abgöttisch geliebt als das Ebenbild meiner Mutter, in unser schönes fernes Land, sagte er, werden wir zurückkehren, dort wolle er es heben zu einem der ersten der Welt, ich werde ihm zunächst stehen, und an mir wolle er es gut machen, was er an meiner armen Mutter verschuldet – er, der Starke gegen alle Welt, war schwach gegen mich, er ließ meine Jugend schwärmen, in die ganze Welt wollte ich fliegen, weit und breit selbst in Feindes Lande ging ich herum, auf eurem Schlosse lebte ich Monate lang – – als ich ihn glühend um dich bat, sagte er, du bist noch ein Knabe, gehe fort, gehe in die Welt, gehe hin, wo du willst, selbst über das Meer, und wenn du wieder kömmst, und sie noch willst, sollst du sie haben, und in unser Land führen – · aber geh, und laß lieber fahren das Phantom – – – aber, o Clarissa, als ich wiederkam, war er längst todt – von all denen, die um ihn trauerten, waren zwei Augenpaare, die gewiß am heißesten weinten, meines, und sicher auch das meiner fernen Mutter. Ich hab' ihn noch einmal gesehen, ich brachte es dahin, daß mir Gruft und Sarg geöffnet wurde. – In den Busen des Kanzlers hatte er die Pläne über mich niedergelegt, mit diesem, den Führern und andern mußte ich ein Jahr kämpfen, ein mühselig schleppend Jahr, bis ich mir Freiheit errang, zu thun, wie ich wolle – und dann mein erster Gang – nein, es war ein Fliegen: zu dir – zu dir, um zu fragen, ob du mich hassest – ob du verzeihest – – ob du noch liebest, zu dir ging ich zuerst, dann aber muß ich meine Mutter suchen.“

Seine Augen schwammen in Thränen, welche die fernere Rede erstickten, er wischte mit der Hand darüber und sagte dann unsäglich mild: „Clarissa, du hast dich sehr verändert, und bist größer und stattlicher geworden, und fast schöner, als damals, so daß ich beinahe den Muth verlor, da ich dich heute sah – Clarissa, thue ab den starren Schmuck, der so traurig um dein liebes Antlitz funkelt, sei wieder das Kind, das mich einst so selig machte – nicht wahr, Clarissa, du liebst mich noch? – – – – Liebst du mich noch – du, mein schüchtern, mein glühend Kind!“ – – Er sah so treuherzig zu ihr hinan, und eine so weiche unschuldige Seele in seinen Zügen, – – daß ihr ganzes Herz voll alter Liebe hinschmolz.

Wie schwach und wie herrlich ist der Mensch, wenn ein allmächtig Gefühl seine Seele bewegt, und ihr mehr Glorie und Macht verleiht, als im ganzen andern todten Universum liegt! – Der ganze Wald, die rauschenden Ahornen, die glänzende Steinwand, selbst Johanna und Gregor versanken um Clarissa, wie wesenlose Flitter, nichts war auf der Welt, als zwei klopfende Herzen, – allvergessen neigte sie das liebeschimmernde Antlitz und die dunklen strömenden Augen immer mehr gegen ihn, und in Tönen, worüber Johanna erschrak, sagte sie: „o Ronald, ich liebe dich ja, ich kann mir nicht helfen, und hättest du tausend Fehler, ich liebte dich doch – ich lieb' dich unermeßlich, mehr als Vater und Geschwister, mehr als mich selbst und alles, mehr als ich es begreifen kann . . . . “

„Und ich,“ erwiederte er, ihr in die Rede fallend, – – „siehe, tropfenweise will ich dieses Blut für dich vergießen, ich will gut werden und sanft, wie das Lamm des Feldes, daß ich dich nur verdiene – gehe mit mir in mein Vaterland, oder bleibe hier, ich will auch bleiben – – nimm mir mein Leben, nimm mir die Seele aus dem Leibe, damit du nur siehest, wie ich dich liebe. – – “

Er zog sie gegen sich – machtlos folgte sie – und beide zitternd vor Uebermacht des Gefühles stürzten sich in die Arme, so fest umschlingend und klammernd, daß seine blonden Locken auf das Samtkleid ihrer Schultern niederwallten.

Die beiden Zeugen dieser Scene sahen sich verwirrt und staunend an – aber Johanna, die bisher mit steigender Angst zugehört hatte, sprang plötzlich auf und mit den zornesmuthigen Thränenfunken in den Augen rief sie: „Clarissa, was thust du denn!?“

Diese, wie aufgeschreckt, fuhr empor, wendete sich um, und wie sie das Kind, dessen Lehrerin und Vorbild sie bisher war, vor sich stehen sah – nein, nicht mehr das Kind, sondern die Jungfrau mit der Purpurgluth der Scham im Gesichte, so warf sie sich demüthig, und doch strahlend von Triumphe an ihre Brust. – –

Es war eine stumme Pause, man hörte ihr Schluchzen, und das sanfte Wehen des Waldes. –

Wie sie endlich das milde Haupt wieder aus der Umarmung hob, erleichtert und verschönert, und wie sie mit den selig schönen Augen Johannen voll Liebe in das Gesicht schaute, diese aber noch immer dastand mit Thränen kämpfend: so trat Gregor hinzu und sagte zu ihr: „Beruhiget euch nur, liebe Jungfrau, es ist in dem Ganzen kein Arg; denn es ist so der Wille Gottes – darum wird der Mensch Vater und Mutter verlassen und dem Weibe anhängen – es ist schon so Natur – beruhiget euch nur, und sehet sie freundlich an, die immer so mütterlich liebreich gegen euch gewesen ist. – Aber du, Ronald, zu dir sage ich ein Wort, du weißt es, wie du in den Wald gekommen bist, wie du mich gefunden hast, wie ich dich lieb hatte, wie wir jagten, Kräuter suchten, Felsen bestiegen, wie wir uns ergötzten, als draußen die Sage ging von dem furchtbaren Wildschützen und seiner kleinen Kugel – ich habe dich damals nur um deinen Namen gefragt, daß ich dich damit rufen könne – du hast mir nie von dieser da gesagt, daß du ihr so in Liebe zugethan bist, es war auch keine Ursache dazu, jeder Mensch hat sein Herz, wie jedes Kraut seine Blume, und jeder mag es geheim halten für sich – du gingst fort von mir – ich habe deiner oft gedacht und es war mir, als gingest du mir ab. Jahre vergingen – da kamest du plötzlich an diesen See, und trachtetest stürmisch darnach, mich zu verlocken, daß ich dich mit den Jungfrauen sprechen ließe, auch da noch fragte ich nach keiner Ursache: aber jetzt, siehe einmal, der Vater dieser Mädchen ist ein hochansehnlicher Mann, ein Mann guten Herzens und trefflicher Gaben, er hat so weiße Haare, wie ich, er ist mein Freund, und ein viel älterer, als du – er hat mir diese Kinder gegeben, daß ich ihnen Vater sei, so lange sie im Walde leben, bis er sein Schloß aus der Gefahr gerissen – und da will es mich nun bedünken, daß ich dich fragen müsse, wer bist du denn, daß du um diese freiest, weß Volkes und Geschlechtes, daß ich es ihm vermelden lassen kann, und wo steht deine Hütte?"

„Meine Hütte, Alter, hat tausend Fenster, und ihre Dächer könnten so viel Land beschatten, als jener See dort deckt, aber sie steht weit, weit von hier, und der sie mir gab, und der mir alles gab, hat sich ein Grab ersiegt in eurer Erde – diese ist nun mein Vaterland – o Clarissa, dieser unheilvolle Krieg wird enden, muß bald enden, und dann ist kein Unterschied mehr zwischen schwedisch und deutsch, eure Nordlandsbrüder werden euch lieben, und ihr sie; denn alle sind sie Kinder desselben Stammes – sieh mich an, trag' ich nicht Zeichen und Abbild an meinem Körper, daß ich ein Germane +bin, so rein vielleicht, wie die, die uns jener alte Römerheld beschrieben hat – dein Vaterland wird fortan meines sein. – Schaue an diesen schönen, ernsten, schweigenden Wald um uns – o wie lieb' ich ihn, wie ergriff er schon, da ich ihn zum ersten Male betrat, mein Herz, das noch in sich trug das dunkle dämmerhafte Bild jener weiten Fichtenhaine, in denen meine Mutter meine ersten Kindertage erzog – und nun mitten in seinen Schossen erblüht mir die süße, zaubervolle, märchenhafte Waldblume meines Glückes, du – – o Clarissa, warme dunkle Blume, wie neigt sich dir mein Herz, o lehre es das Wort, daß du liebst, das Wort seiner Liebe auszusprechen, daß es nicht daran verschmachte."

Er war wieder ihr gegenüber gesessen, sein leuchtendes Antlitz zu ihr emporgewendet, umwallt von dem flüssigen Gold der Haare, angeschaut von den zwei vollen Sternen ihrer Liebe. – Sie war mit jenem schönen Takte, der Frauen selbst in der Gluth des Gefühles nicht verläßt, zu Johannen gesessen, und war fortwährend mehr ihr, als ihm zugewendet. Bei seinem letzten Worte that sie ihre Lippen auf und sagte halb zärtlich, halb schamvoll: „Ronald, schone Johannen."

„Nur noch einen Augenblick, süße Blume, laß mich schauen in dein Auge," entgegnete er, „nur einen Augenblick noch, daß ich mir mein Glück einpräge und nur ein Tausendstel davon mit forttragen kann – ich weiß nicht, geht von dir aus dieser Zauber der Verwandlung oder von dem Walde – mir ist, als wär' ich ein anderer, als wäre draußen nicht der Sturm und die Verwüstung, sondern, wie hier, die stille warme Herbstsonne, siehe die Steinwand schaut festlich flimmernd nieder, der Ahorn läßt Zeit um Zeit ein Blatt fallen, dort zirpt die Herbstheuschrecke, die sanfte Luft vermag nicht einmal jene glänzenden Fäden zu zerreißen, und die Wärme des Nachmittages sinkt zitternd längs des grauen Gesteines nieder – – mir ist, als gäbe es gar kein Draußen, gar keine Menschen, als die hier, die sich lieben, und Unschuld lernen von der Unschuld des Waldes – lasse es mich noch einen Augenblick genießen, wer weiß, ob wieder ein solcher kömmt; denn der Mensch ist vergänglich, wie das Blatt des Baumes, ja noch mehr, als dieß; denn dasselbe kann nur der Herbst abschütteln, den Menschen jeder Augenblick."

Bei diesen Worten sah selbst Johanna, die liebevoll Wandelbare mit Freundlichkeit und Theilnahme auf den schönen Jüngling, und selbst mit schwach aufsteigender Neugier, wo es denn liege, was ihren größten Schatz dieser Erde, Clarissa's Herz, gewonnen.

„Lasse diese Wiese," fuhr er fort, „diese schöne Wiese, auf der wir sitzen, unbedeutende Geschöpfe vor dem Herrn, wie die andern, die da spielen und athmen in den Gräsern und Gesteinen, umwehet von den Wäldern Gottes, in denen kein Rang und Stand ist – lasse sie den Verlobungssaal sein – und alles, was uns umringt, sei Zeuge – reiche mir die Hand, Clarissa, so mir Gott gnädig sein wolle, bin ich dein für alle Zeiten in Leid und Freud, und sollte dieß Auge unversehens der Schatten des Todes berühren, so weine ein kleines Thränlein als meine Wittwe."

Ein leichter Schauder ging über Clarissen, sie war in höchster Erschütterung aufgestanden, und unfähig, nur ein einzig Wort zu sagen, legte sie furchtbar ernst, wie mit kirchlicher Andacht ihre Hand in seine. Johanna athmete bange auf, daß sich ihr Busen hob und senkte, und die angerufenen Zeugen standen todesstumm herum, nur der Fichtenwald streute seinen Harzgeruch als Weihrauch darauf, und die Grillen zirpten leichtsinnig fort.

Der alte Jäger stand auf seine Büchse nach vorn gekehrt, wie ein Standbild, und keine Fieber an ihm verrieth, was in ihm vorgehen könne. Ronald griff mit der linken Hand umher, als suche er Johanna's ihre – diese in ein krampfhaftes Schluchzen ausbrechend, reichte sie ihm, und drückte sie lange und fest, gar nicht loslassend, gleichsam eine stumme hülflose Bitte um Clarissa's Glück.

Nach einigen Secunden sprachloser Gemüthsbewegung lösete sich sanft die Gruppe, und der schöne Schwedenjüngling trat an Clarissa, neigte seinen Mund auf ihre Stirne und küßte sie ernst und ruhig, die demüthig, wie eine erglühende Blume unter seinem Hauche dastand. Dann aber trat sie zu Johannen und nahm sie wie in den schönsten Tagen des vergangnen Schwesterglückes bei der Hand, wohl fühlend, was das unschuldige Herz neben ihr in diesem Augenblicke verlor. Zu ihm gewendet aber sagte sie beklommen die Worte: „Ronald, wird es gut sein, was wir thaten – ach ich dachte nicht an meinen Vater! – sage, wird es gut sein, und was wird nun ferner zu thun sein?!“

„Höre mich, mein Herz,“ antwortete er, „was längst beschloßne Sache war. Ich gehe fort, und zwar augenblicklich. Mit deinem Herzen bin ich verständigt, nun zu deinem Vater. Euer Schloß ist in Gefahr. Unter Torstensohn's Befehlen steht das Corps, das bestimmt ist, bei Gelegenheit seines Durchzuges Wittinghausen zu nehmen. Torstensohn und ich lieben uns seit früher Zeit, und gewiß bringe ich es dahin, +daß man euer harmlos Haus ganz unangetastet läßt, und daß auf dem hochverehrten Haupte, das mir und dir heilig ist, kein einzig Härchen gelüftet werde. Ich weiß, daß in dieser Zeit der Uebergang geschehen werde, und sollte doch eine Belagerung statt finden, so werde ich dabei sein, um deine beiden Geliebten zu schützen. Wenn nicht alle Zeichen trügen, so naht dieser Krieg schnell seinem Ende, in der Zeit lege ich deinem Vater alles vor, was er über mich zu wissen braucht, und wenn sich die versöhnten Völker umarmen, und ein Schrei des Jubels durch die Länder geht, dann, Clarissa, falle unser kleines Fest in das große allgemeine – ich suche meine Mutter, bringe sie in euer Land – – und, Clarissa, hier an dieser Stelle, auf dieser heiligen Insel des Waldes lasse uns ein lieblich Haus bauen, und wohnen wir gleich nicht immer da, so besuchen wir doch die zauberhafte Stelle oft, und sind wieder, wie jetzt, die einsamen losgebundnen Kinder des Waldes – und nun, mein Herz, der Augenblick, daß du dich an dieser Blume noch erlaben wolltest, ist vorüber, rüste dich – – und gebe Gott der Herr Gedeihen und ein frohes Wiedersehen – – noch in dieser Minute gehe ich, die Zeit ist maßlos dringend, darum drang ich so stürmend nach dieser Unterredung, und führte sie mit Gewalt herbei. – – – Noch einen Blick in dein Auge, – – – so – ach es deucht mir gar nicht möglich, daß ich fort soll gehen. – “

Thränen umflorten seinen Blick, aber sich schnell fassend, reichte er die Hand an die Mädchen: „Lebe wohl, Clarissa, Braut!

lebt wohl, Johanna, und du, Gregor, Gott schütze dich, hüte diese Beiden, wie die Sterne deiner Augen" – und somit wollte er sich wenden, aber Gregor hielt ihn auf und sagte: „Ronald, in allem, was du sagtest, ist Vernunft, ich lobe dich deßhalb, nur in einem ist Thorheit, wie du sie öfter hattest: baue an dieser Stelle kein Haus, du thätest dem Walde in seinem Herzen damit wehe, und tödtetest sein Leben ab – ja wenn diese Kinder wieder in ihr Schloß gehen, dann zünde jenes hölzerne Haus an, streue Kräutersamen auf die Stelle, daß sie wieder so lieblich und schön werde, wie sie es war seit Anbeginn und der Wald über euer Dasein nicht seufzen müsse. – So, jetzt gehe, halte dich von dem Seebache rechts durch die Buchenlehnen, du gewinnst an Weg – steige die Felsenleiter wieder hinauf, ich ließe dich überführen, aber unsere Leute sollen nicht wissen, daß du da warest – so gehe einmal, Knabe!"

Dieser aber blickte wie aus Träumen auf, und noch ein Händedruck – ein secundenlang Zögern – dann nahm er die Flinte und schritt entschlossen der Felswand zu.

Die Mädchen sahen ihn noch lange, wie sich die graue Gestalt in dem grauen Gesteine regte, winzig klein, bis nichts mehr sichtbar war, als die ruhige schon im Nachmittagsschatten stehende Wand.

Man +sah sich wechselweise an. War's ein Traum, daß in der Wildniß nur eben eine andere Stimme erklungen war, als die ihre – die Sonne schien, wie immer, die Vögel zwitscherten und der blaue Waldhimmel sah hernieder. Gregor's Stimme tönte plötzlich recht sanft in die Träumerei: „Der Mann muß euch sehr lieben."

Ihr Auge schlug mit einem schönen Blicke auf ihn, den väterlich Verehrten, aber Johanna sagte schmerzvoll: „Möge sich alles zum Glücke enden."

Diese Worte waren die einzigen, die von der Gesellschaft über die seltsame Verlobung gesprochen wurden, die eben, wie ein unheimlich Schattenspiel auf ihrer Wiese vorübergeglitten war, nichts zurücklassend, als den schönen prangenden Boden, auf dem sie noch standen, und über den sie drei so oft in Lieb' und Eintracht geschritten. Auch heute ging man an den Ruhebänken, an den Ahornstämmen vorüber, und dem Wasserfaden ihrer Quelle entlang, wie immer.

Die im Hause sahen gegen Abend den Jäger und die Mädchen von ihrem Spaziergange aus dem Ahornwäldchen zurückkehren, und wunderten sich nur über die eigensinnige Vorsicht des Alten, daß er sie alle zur Bewachung des Hauses innerhalb der Palissaden hereingesperrt habe.

Sie traten von der Waldwiese in das Haus. – Clarissa war nicht mehr ruhig – Johanna nicht mehr glücklich.

6.

Waldfels.

Und die alte Ruhe war wieder über dem Walde. – – Zuweilen, wenn das silberne Schiff, die Wolke, einzeln durch die Bläue zieht, so geht unten ein Schatten über den Wald, und dann steht wieder dasselbe feste Licht auf seiner ganzen Breite – – oder wenn das Stahlgrau des Spätherbstes fest über die ganze Himmelskuppel gegossen liegt, so tritt ein Sonnenstrahl heraus, und küsset aus dem fernen Buchenhange ein goldnes Fleckchen, das gegen den Rand zieht, und von ihm unsichtbar in die Luft tritt, nachher ist dasselbe Grau über alle Weiten. Und so war es mit den Schwestern. –

Sonnen waren wieder gekommen und waren wieder gegangen, aber sie wurden immer kürzer und kühler. Gregor traf allerlei

Vorkehrungen. Das Thor an den Palissaden stand nachgerade wieder offen, weder gesperrt, noch eingeklinkt, und die Mädchen konnten wieder gehen auf ihrer Wiese weit und breit, und sie thaten es auch – am Hause sammelte sich gemach eine Schicht Brennholzes nach der andern, von den Knechten aus den Gaben des Waldes gelesen; denn Gregor ließ nicht zu, daß ein frischer Baum gefällt werde – eine Mooshülle begann über die Wände gewebt zu werden, das Winterkleid des Hauses – der zarte schwerfällige Sohn des Spätjahres hatte sich bereits eingestellt, der Nebel, und oft, wenn die Schwestern an der noch immer sonnenwarmen Wand ihrer Felsen saßen, die einzlen Glanzblicke des Tages genießend, so wogte und webte er draußen, entweder Spinnenweben über den See und durch die Thäler ziehend, oder silberne Inseln oder Waldesstücke wälzend, ein wunderbar Farbengewühl von einem Weiß und Grau und der rothen Herbstgluth der Wälder, dazu mischte sich die Sonne und wob heiße weißgeschmolzne Blitze und kalte feuchte blaue Schatten neben einander, daß ein Schmelz quoll, schöner und inniger, als alle Farben des Frühlings und Sommers. Und wenn die Mädchen dann so schweigend hinaussahen, so rieselte es neben ihnen leise, und ein oder zwei blutrothe Blätter des Waldkirschbaumes fielen zu ihren Füßen. Sie saßen da und sahen selber herbstlich trauernd dem Schauspiele zu, ahnend, wie majestätisch der Winter hier sein müsse, da sich ihm ihre Wildniß mit solcher Feierlichkeit und Stille entgegenrüste. Im Hause wurden Hauen, Schaufeln, Schneereife, Schlitten und andere Geräthe angehäuft, um nicht eingeschneit zu werden, oder durch Schneemassen von der Welt abgeschnitten.

Seltsam ist der Mensch und seltsamer sein Herz. Wie einförmig waren vor Ronald's Ankunft die Tage einer um den andern im Walde hingegangen, täglich dieselben Farben, dieselben Stimmen, dieselbe Feierlichkeit, und auf dem See dieselbe Windstille, daß es öfters war, als hätten sie lange Weile – nun war eine Fülle, ja ein Schauer von Wonne über Clarissa's Herz gegangen, ausströmend von jenem unbegreiflichen Gefühle, wodurch der Schöpfer die zwei Geschlechter bindet, daß sie selig seinem Zwecke dienen – aber dennoch war ihr nicht, als sei sie selig, ja ihr war, als seien jene einförmigen Tage vorher glücklicher gewesen, als die jetzigen, und als habe sie sich damals mehr geachtet und geliebt – sie blickte fast mit Wehmuth darnach zurück, wie sie so gegangen war durch die Stellen des Waldes mit Gregor, mit Johannen, unschuldig plaudernd, selbst so unschuldig wie die Schwester und der Greis, die so schön an sie geglaubt hatten, dann Abends kosend und lehrend und einschlafend mit Johannen, deren einfältigem Herzen sie Schatz und Reichthum dieser Erde gewesen – – und jetzt, ein schweres süßes Gefühl trug sie, hinweggehend von den zwei Gestalten an ihrer Seite, den sonst geliebten, und suchend einen Fremden, und suchend die Steigerung der eignen Seligkeit – – o du heiliges Gold des Gewissens, wie schnell und schön strafst du das Herz, das beginnet, selbstsüchtig zu werden.

Johanna, wie überschüttend auch die Liebesbeweise ihrer Schwester waren, und vielleicht eben darum, fühlte recht gut, daß sie etwas verloren – nicht die Liebe der Schwester, diese war ja noch größer und zarter, nicht ihr früher gegenseitig Thun und Wandeln, das war wie ehedem – was denn nun? sie wußte es nicht, aber es war da, jenes Fremde und Unzuständige, das sich wie ein Todtes in ihrem Herzen fortschleppte, – sie liebte Clarissen noch heißer, als früher, weil sie ihr erbarmte, aber oft überkam ihr Herz wie ein Kind ein Heimwehgefühl nach der Vergangenheit, und dieß trat dann zuweilen bei den geringfügigsten Dingen hervor, die sich mit ein paar Fäden zurückspannen in die Zeit, die einzig schön und einfach war. So kamen sie eines Tages ob dem See über den Verhau herüber, und traten auf ein Birkenplätzchen hinaus, das sie im Sommer seiner Hitze wegen geflohen hatten; denn es lag in eine Felsenbucht hinein, von der die Sonnenstrahlen siedend wiederprallten. Jetzt floß, wie süße Milch, der laue Nachsommer um die weißen Stämme, und ihre einzelnen goldgelben Blätter, wärmer, und schmeichelnder als an jeder andren Stelle, und wie sie vorwärts schritten, gewahrten sie, ordentlich sonderbar in so spätem Herbste, eine ganze Versammlung jener schönen großen Tagesfalter, die von den vier dunklen, beinah schwarzen Flügeln mit den gelben Randbändern den Namen Trauermantel erhalten haben, theils auf dem weißen Stamme sitzend, die dürftige Sonne suchend, und nach Art dieser Thiere in derselben spielend, indem sie die Flügel sachte auf und zu legten – oder mit den unhörbaren Flügelschlägen um denselben Stamm herumflatterten, auf dem die andern saßen. Die Mädchen blieben überrascht stehen, und betrachteten das seltsame Schauspiel. Die zarten Mäntel waren von so weichem unverletzten Sammte, die Bänder von so frischem dunklem Gelb, daß Johanna augenblicklich ausrief: „O ihr armen betrognen Dinger, ihr seid noch Kinder, und alle noch in eurer Kinderstube versammelt, die warme Herbstsonne dieses Platzes log euch heraus, und nun seid ihr da, unheimliche Fremdlinge dieser Sonne, trägen Flügelschlages in diesem Afterfrühlinge, und gewiß sehr hungrig; denn wo sind die Blumen und die Lüfte und die summende Gesellschaft, die euch das Herz eures Raupenlebens verprach, und von denen euer Puppenschlaf träumte – sie werden alle kommen, aber dann seid ihr längst erfroren.“

„Da irret ihr euch, Jungfrau,“ fiel der alte Jäger ein, „es kömmt nur darauf an, ob sie sich vermählen oder nicht. Diese Thierchen sterben bald nach ihrer Hochzeit, und wie oft habe ich nicht eine Mutter todt an demselben Zweige hängen gefunden, um den sie ihre Eier gelegt hatte. Wenn sie sich aber nicht vermählen, so erstarren sie, und seht, in einer Felsenritze geduckt, oft in Eis und Schnee gefroren, überdauert dieses zerbrechliche Wesen den harten Winter des Waldes, und erlebt dann seinen versprochenen Frühling. Habt ihr noch nie schon beim ersten Sonnenblicke, wenn noch kaum Halm und Gras hervor ist, eine Falter fliegen sehen mit ausgebleichten zerfetzten Flügeln, wie ein vorigjährig verwittert Blatt? – dies ist so ein Ueberwinterer."

Aber Johanna antwortete nicht, die Rede des Alten fiel ihr wie Stein auf das Herz, es wurde ihr fast so weh, daß sie nichts redete, und der armen Schwester nachsah, die vorausging, und ihre Gedanken längst schon von den Faltern abgewendet hatte.

„Die in unserem Garten zu Hause sind aber auch viel lustiger und schöner," sagte sie endlich zu Gregor, „sonst hätte Clarissa schon mehr auf sie geachtet, und auf unsere Rede."

Aber ein Thränentropfen kam ihr in die Augen.

Gregor schwieg und schüttelte den Kopf.

Schon früher einmal, da sie es selbst nicht wußte, hatte er ihr schweres Herz bemerkt. Zwei Sperlinge waren die Veranlassung gewesen. Als nehmlich Johanna einmal nach dem Mittagessen auf den Balkon trat, um den Hühnern die Brosamen hinabzuwerfen, so bemerkte sie unter ihnen zwei dieser menschenliebenden Vögel, mit hastigem Hunger von den Körnern pickend, die für die Hühner dalagen. Sie erschrak beinah freudig, denn sie meinte, sie können nicht anders, als vom Vaterhause gekommen sein, und eine solche Wehmuth kam über sie, daß ihr fast ein Weinen ankam!! –

„Gregor, verscheucht sie nicht," rief sie hinab, „daß sie ihr Mittagbrot verzehren können, ehe sie ihre weite Reise wieder antreten."

„Sie reisen nicht," antwortete er, „denn sie sind schon drei Tage hier. Dieser Vogel sucht den Menschen, und findet ihn selbst in der Wildniß, um in seinem Hause zu wohnen. Wenn wir über Winter da sind, diese bleiben gewiß auch da."

Johanna schaute zärtlich hinunter, und ließ Brosamen und Thränen fallen, – sie wußte nicht, warum ihr Herz bedrängt sei – – du ahnungsvolle Unschuld! – der glänzend weiße Seraph deiner Schwesterliebe fühlt sich bedrückt durch den, der seine dunklen Schwingen im Herzen der Schwester reget.

Und dennoch ging sie hinein und zog Clarissen heraus, um ihr die Sperlinge zu zeigen.

Gregor führte „seine Kinder“ wie vor und ehe durch die Wälder und zeigte ihnen das allgemache Winterrüsten, das langbärtige Moos der Birken- und Tannenäste, die fliegenden Waldsamen, unter die dürre Hülle der Gräser und Blätter schlüpfend, das Abfallen der letzten Himbeeren und das Verkümmern der noch nicht gezeitigten, er zeigte ihnen an den Laubzweigen schon jetzt die Vorbilder der künftigen Frühlingsknospen in ihren braunen Panzern. Die Fichtengeschlechter standen unverändert im düstergrünen Mantel eingehüllt, auf Eis und Schnee harrend, und der Eichbaum hielt sein raschelnd Laub fest in den tausend zähen Fingern. Ja Gregor malte ihnen schon die künftige Winterschönheit vor: an heiteren Tagen das Glänzen und Flimmern, das Leuchten, Spiegeln hier und dort und oben und unten, ein durchbrochner Eispallast der ganze Wald, zart wie Spitzengewebe ihres Kragens, ja tausendmal zarter hängend von Zweig zu Zweig, dann das Krachen, wenn eine Schnee- oder Eislast bricht, und die feste kalte Luft erschüttert – oder wenn sie Nachts bei Lichte in der warmen Stube sitzen, kein Lüftchen um das Haus, oben aber Thauwind geht, daß die Wälder seufzen, und sie das ferne Wehen und Sausen bis in ihr Bette hören, oder das Knarren und Girren der reibenden Stämme, und vom Felsen das Brechen und Fallen der Lawine – oder im Frühlinge, wenn die neugebornen Bäche nächtlich allüberall von den Höhen rauschen, und ahnungsreich ans Ohr schlagen – – – es ist keine Jahreszeit, in der er nicht die Pracht des Waldes gesehen.

Er dichtete und erzählte auf den Wanderungen wie früher, und schwärmte sich in Phantasieen und Gefühle der Einöde hinein, wie früher, aber der dichterischen Rede fehlte jetzt das dichterische Ohr; denn er in seiner Einfalt wußte nicht, daß Clarissa viel öfter an Ronald denke, als er selber, und Johanna an Clarissen. Dafür aber, w e n n sich jetzt ein Ohr für ihn aufthat, so fielen seine

Worte in empfänglichere schwülere Herzen, und lockten aus ihnen Blumen empor, größer, dunkler, duftender, als je zuvor.

Vom Vater war seit langem gar keine Botschaft gekommen, Gregor's Enkel blieb aus, und zu ihrer Unruhe dauerte schon die Verschleierung des Himmels über vierzehn Tage, so daß man nicht gegen Wittinghausen sehen konnte.

Die Kohlmeise wurde nicht mehr gehört, der Krametsvogel war fort, und täglich fast zog sich durch den grauen Himmel der graue Faden der Wandergänse, nach Süden ziehend.

Oft, wenn der Nachtnebel über den See sank, riesenarmige Schatten durcheinander griffen, unten am Wasser gestaltlose schwarze Dinge standen, und die sanfte Mondesscheibe über all den Perlenflor ein trübes gehauchtes Gelb goß: saß das schöne Paar in dem bereits geheizten Zimmer, durch dessen Fenster ihr Lampenlicht goldne Fäden hinausspann in die Silbernacht des Nebels, und Clarissa goß all ihr Lieben und ihr Hoffen in die Harfentöne, und Johanna sah sie liebreich und erbarmend an, in ihrem Herzen denkend, o es ist nicht gut so, mir ahnt, es ist nicht gut so . . .

„Wie schön er ist, und wie hold er unsere Sprache redet," sagte Clarissa plötzlich.

„Aber," entgegnete Johanna, „eines Tages wird er fortgehen und ein Held werden, wie sie sagen, d. h. er wird Menschenblut vergießen, wie die anderen, ohne um den Grund zu fragen, wenn nur Abentheuer und Gefahr dabei ist, und da wird er sich erst groß und würdig dünken. Klebt auch, wie du sagst, kein Tröpflein deutsches Blut an seinen Händen, so wissen wir nicht, ob es nicht in dem Augenblicke der Fall sein kann, als wir hier reden, oder morgen oder übermorgen – – es ist ein hartes gewaltthätiges Geschlecht – o wie hasse ich sie, diese Männer!"

Clarissa lächelte selig und schüttelte sanft das Haupt.

Endlich war ein Abend gekommen, der ungleich seinen grauen Vorgängern so rein und kalt, wie eine aus Gold gegoßne Kuppel über dem Walde stand, und auch blieb, ja des Nachts sich mit einem Uebermaß der Sterne füllte, daß man meinte, sie hätten nicht Platz und einer berühre den andern. Eine sehr kalte Nacht folgte, und als die Sonne aufgegangen, stand der ganze Wald in weißem Reife da in lauter weißen Funken brennend und glitzernd, so dicht, als wäre Nachts der ganze Sternenhimmel auf ihn herabgesunken. Gregor gab nicht zu, daß man im Reife und der Morgennässe aufbreche, sondern erst gegen Mittag, als der ungewöhnlich kalten Nacht eine ungewöhnlich heiße Sonne gefolgt war, traten sie den Weg auf den ersehnten Blokenfels an.

Sie waren jetzt lange nicht dort gewesen. Wie verändert war der Wald – bis ins fernste Blau zog sich das Fahlroth und Gelb des Herbstes, wie schwache blutige Streifen durch das Dämmerdunkel der Nadelwälder gehend, aller Glanz war abgemattet, das Sommerleben verbraucht, und nun alles ruhig, gleichsam ergeben harrend, daß es einschneie. Nur der Himmel, so lieb und rein wie einst, ohne ein einzig Wölklein, zog über die schweigsame Waldestrauer hinaus. Johanna fand durchaus den kleinen blauen Würfel nicht am Waldesrande, wie sehr sie ihr Auge auch anstrengte, und wie klar und fast wesenlos die Herbstluft auch war. Clarissa, wie gewöhnlich, richtete das Rohr – – aber auch sie fand das Schloß nicht, sondern rückte und rückte am Waldessaume entlang, und wieder zurück, sie sah wohlbekannte Biegungen und Linien, in deren Nähe das Schloß sein sollte, – – endlich erklärte sich das Räthsel: wenn auch nicht am ganzen Himmel, so lag doch an dem fernen Waldsaume ein kleines Wölklein gerade da, wo sie das Vaterhaus sehen sollten. Gregor glaubte, sie sollen ein wenig warten, etwa vergehe es bald, wenn es nicht sei, wie im Herbste so oft, daß der Nebel an einem einzigen kleinen Punkt anzuschießen beginne, wie ein unbedeutend Wölklein, das herein hängt, bis er sich schnell vergrößert, und endlich ganze Waldstrecken einhüllt. Wenn letzteres der Fall ist, wird morgen gewiß schlechtes Wetter sein, und dann harren sie vergebens.

Sie warteten. –

Aber weder vergrößerte sich das Wölklein sonderlich, noch auch verzog es sich, bis sogar der Greis darauf drang, die Sache für heute ganz aufzugeben, da der Nachmittag jetzt so kurz sei, und sie doch bei zwei Stunden brauchen könnten, bis sie in ihr Haus kämen. Morgen sei gewiß allen Anzeichen nach ein noch schönerer Tag, und er werde sie sodann so früh, als möglich heraufführen. Noch drei-, noch viermal sahen sie durch das Rohr, aber ohne Erfolg, und sie trennten sich endlich ungern und unruhig von dem Platze. – Man langte zu Hause an. Dieselbe goldne wunderschöne Kuppel, wie gestern, baute sich auch heute Abend über die dunklen abendfrischen Waldhöhen auf und dasselbe Wimmeln der Gestirne folgte, wie gestern, aber fast noch dichter, als sänke der ganze Himmel in einem leisen lichten Schneeregen nieder, woraus der Alte einen noch klareren Tag prophezeihte.

Alles suchte die Ruhe. Gregor verbrachte eine schwere kummervolle Nacht.

Endlich kam der Morgen. Dieselbe spiegelreine Sonne stieg herauf, wie gestern, und beleuchtete denselben Reif, der schnell so Blatt als Gras der Veralterung und dem Verfalle entgegen führte. Die Mädchen drängten ihn, aber er hieß sie die reine Mittagsluft erwarten.

Endlich brachen sie auf, wieder von einer fast heißen Sonne geleitet. Im Emporsteigen konnten sie recht die Verwüstungen des Frostes betrachten, wie noch rückgebliebne Blätter rostbraun oder blutroth oder vergelbt am Strauchwerk hingen, und wie die Farren und Blätter der Beeren und aufgeschoßner Schafte wie gesotten und schmuzig schlapp herabhingen.

Johanna war die erste am Gipfel des Felsens, und erhob ein lautes Jubeln; denn in der glasklaren Luft, so rein, als wäre sie gar nicht da, von keinem Wölklein mehr verdeckt, stand der geliebte kleine Würfel auf dem Waldesrande, so deutlich schwebend, als müßte sie mit freiem Auge seine Theile unterscheiden, und der Himmel war von einem so sanften Glanze, als wäre er aus einem einzigen Edelsteine geschnitten.

Clarissa hatte inzwischen das Rohr befestigt und gerichtet. Auf einmal aber sah man sie zurücktreten, und ihre Augen mit sonderbarem Ausdrucke hefteten sich auf Gregor. Sogleich trat Johanna vor das Glas, der Würfel stand darinnen, aber siehe, er hatte kein Dach, und auf dem Mauerwerke waren fremde schwarze Flecken. Auch sie fuhr zurück – aber als sei es ein lächerlich Luftbild, das im Momente verschwunden sein müsse, drang sie augenblicklich ihr Auge wieder vor das Glas, jedoch in derselben milden Luft stand dasselbe Bild, angeleuchtet von der sanften Sonne, ruhig, starr, zum Entsetzen deutlich – und der glänzende, heiter funkelnde Tag stand darüber – nur zitterte es ein wenig in der Luft, wie sie angestrengten Auges hineinsah, dieß war aber daher, weil ihr Herz pochte, und ihr Auge zu wanken begann.

Als sie sich nun ohnmächtig zurücklehnte, hörte sie eben, wie Clarissa mit schneebleichem Antlitze sagte: „Es ist geschehen."

„Es ist geschehen," erwiederte Gregor, „mir ahnete es gestern schon aus dem sanften unbeweglichen Wölklein – aber lasset mich es auch erblicken."

Mit diesem Worte schaute er in das Rohr, aber ob auch sein Auge durch Uebung vielmal schärfer war, als das der Mädchen, so sah doch auch er nichts anders, als sie: in schöner Klarheit einen gewaltigen Thurm von dem Waldrande emporstehen ohne Dach und mit den schwarzen Brandflecken, nur schien es ihm, als schwebe noch eine ganz schwache blaue Dunstschicht über der Ruine. Es war ein unheimlicher Gedanke, daß in diesem Augenblicke dort vielleicht ein gewaltiges Kriegsgetümmel sei und Thaten geschehen, die ein Menschenherz zerreißen können: aber in der Größe der Welt und des Waldes war der Thurm selbst nur ein Punkt, von Kriegsgetümmel ward man gar nichts inne, und nur die lächelnde schöne Ruhe stand am Himmel und über der ganzen Einöde.

Es ergriff hart das Herz des alten Mannes, daß er mit den Zähnen knirschte, jedoch er that nicht den geringsten Schmerz laut, sondern vom Rohre wegtretend sagte er: „Da haben sie etwas davon, wenn sie das alte Dach abbrennen, wo man ohnedem bald ein neues hätte setzen müssen. – Was er doch für ein erfahrner Kriegsmann ist, euer Vater, er hat es gerade so vorausgesagt. Tröstet euch nur, meine Kinder, – Clarissa, schaut nicht so schreckhaft auf einen Punkt hinaus!"

„Ja," erwiederte sie langsam, „das Dach ist verbrannt worden, das sehen wir, aber was noch geschehen ist, das sehen wir mit diesem Rohre nicht – – sagt, warum kömmt euer Enkel Raimund nicht, warum keine Botschaft schon seit Wochen?"

„Weil nichts entschieden war," fiel Gregor ein, „gestern, vorgestern kann der Brand erst stattgefunden haben, darum wird und muß morgen oder übermorgen Botschaft eintreffen, ja wer weiß, ob sie nicht schon unser im Hause harret. Kommt, – es geschah, was wir voraus wußten – daß ein Haus verbrannt wurde von durchziehenden Heerhaufen, ist nichts absonderliches, und war von je Brauch in diesem Kriege."

„Aber zwei Menschen waren in diesem Hause . . . :"

„Und einer davon," unterbrach er, „war einst ein großer Krieger, der gewiß für Abzug und Geleite, oder für ehrliche Haft unterhandelt haben wird."

„Und ein andrer war dabei," fuhr Clarissa fort, „der sagte, daß auf dem hochverehrten Haupte kein einzig Härchen sollte gelüftet werden."

„Und es wurde auch kein einziges gelüftet, wenn Ronald zugegen war, oder . . ."

„Oder?"

„Es ist auch auf seinem Haupte kein einziges mehr lebendig."

Zwei angstvolle Gesichter sahen in maßloser Bestürzung auf ihn.

„Macht mich nicht selbst zum Thoren," rief er unwillig aus, „und jagt mir kindische Angst ein – ich sag' euch ja, es ist nichts geschehen, weil's zu unvernünftig wäre – – darum gebt eure Sorge und euer Herz in Gottes Hand, und harret nach eures Vaters Willen auf die Entscheidung. Kommt, nehmt weg das Rohr, und lasset uns den Heimweg suchen."

Aber sie nahmen das Rohr nicht weg. Clarissa warf sich neuerdings vor das Glas, und sah lange hinein – aber dieselbe eine Botschaft war immer darinnen, doppelt ängstend durch dieselbe stumme Einförmigkeit und Klarheit. Auch Johanna sah hindurch, um ihn nur gewöhnen zu können, den drohenden unheimlichen Anblick: denn sobald sie das Auge wegwendete, und den schönen blauen Waldduft sah, wie sonst, und den lieblich blauen Würfel, wie sonst, und den lachenden blauen Himmel gar so prangend: so war es ihr, als könne es ja ganz und gar nicht möglich sein – und wenn sie wieder in das Glas sah, so war's, als sei selbst das heitre Firmament düster und schreckhaft, und das Walddunkel ein riesig hinausgehend Leichentuch.

Endlich – Clarissa faßte sich zuerst, und den Gedanken verwerfend, den die erste Fieberhaftigkeit eingegeben, nehmlich alsogleich aufzubrechen, und koste es, was es wolle, das Vaterhaus zu suchen, schlug sie vor, ohne Säumen in das Haus zu gehen, und, sogleich einen der Knechte auf Kundschaft auszusenden, und bis er zurückkehre, oder ein anderer Bote eintreffe, bei vorsichtigster Bewachung der Zugänge im Hause zu verharren. Sogleich nahm sie auch das Rohr ab, und schob es in einander, sich selbst und Johannen jeden ferneren Blick strenge versagend, um nicht länger den unthätigen Schmerz und die vielleicht unnöthige Angst zu nähren.

Johanna, mit einem Schmerzblick, ließ es geschehen, aber es loderte in ihr auch Bewunderung Clarissens auf, die wieder ihre schöne starke Schwester geworden, der sie sich sonst so gerne und so liebend unterworfen hatte.

Gregor billigte alles, nur nicht das Wegsenden eines Knechtes.

„Euer Vater," sagte er, „weiß, daß ihr dieß Rohr habt, und von dem Stande der Dinge unterrichtet sein müsset, er wird daher keine Minute säumen, euch das Nähere kund zu thun – der Knecht könnte in Feindeshand gerathen, und in der Angst euren Aufenthalt offenbaren."

Die Mädchen sahen es ein, und gaben nach.

Noch einen traurigen Blick über Weite und Breite ihrer herbstlichen Wildniß, und sie verließen den Gipfel ihres vielgeliebten Felsens mit Gefühlen, so ganz anders, als sie sonst immer herabgestiegen waren – mit Ahnungsgefühlen, die jede heimlich angstvoll wälzte, und der andern verbarg und sie an ihr bekämpfte.

Am See standen die zwei ruhigen dunklen Gestalten der Knechte, die auf sie warteten, man bestieg den Floß und fuhr über, Gregor ließ das Fahrzeug anbinden, und als man durch das Palissadenthor eingegangen war, wurde es eingeklinkt und mit den Riegeln verschlossen. Nachts löseten sich die Knechte im Wachen ab.

– – –

Morgen kam und verging, aber kein Bote war gekommen. Eben so übermorgen.

Und so verging Tag um Tag, bis ihrer eilf vorüber waren, ohne daß Botschaft gekommen. Gregor gab nach, und geleitete sie noch einmal auf den Felsen: mit derselben starren Einfachheit stand die Ruine am Waldrande, wie des ersten Tages, aber nicht ein Hauch einer andern Nachricht war von ihr herübergekommen. Die Angst mit breiten schwarzen Flügeln senkte sich auf Thal und Wald.

Endlich sanken die ersten weißen zarten Schneeflocken in den dunklen See – und man hatte einen Knecht auf Kundschaft ausgesendet. – –

Aber auch er ist nicht wieder gekommen.

7.

Waldruine.

Auf grünem Weidegrunde stand ein gewaltiger viereckiger Thurm, von zerfallendem Außenwerke umgeben. Er hatte kein Dach, wie er noch heut zu Tage steht, und seine Ringmauern hatten keine Thore – aber er trug noch nicht die verwitterte graue Farbe seiner blosgelegten Steinmauern, wie heute, sondern war noch bekleidet mit Anwurf und Tünche, nur war deren Reinheit beschmuzt mit häßlichen schwarzen Brandesflecken, aus den Fenstern ausgehend, und wie Kometenfahnen aufwärts zielend. Auch war in dem äußern Mauerwerke manch tiefe Verwundung ersichtlich. Der Rasen umher war verschwunden, und glich einer gestampften Tenne, von tiefen Räderspuren durchfurcht, und hie und da bedeckt mit einem verkohlten Baume oder Trümmern unbekannter Geräthe. Die größte Stille und ein reiner Himmel mit freundlicher Novembersonne schaute auf diese Todesstelle nieder. Kein Gedanke eines Feindes war ringsum zu erschauen, aber auch kein einzig anderes lebendes Wesen stundenweit in die Runde; die Hütten waren verbrannt, und der Ort Friedberg lag in Trümmern. Gleichwohl stieg ein dünner blauer Rauchfaden aus der Ruine zu dem dunklen Himmel hinauf, als wäre sie von irgend einem menschlichen Wesen bewohnt. Ja man sah sogar über den Weideboden, der zwar noch nicht beschneit, aber fest gefroren war, einen Reiter eilig dem Trümmerwerke zureiten. Er zwang das Pferd durch den weit klaffenden Thorweg über herabgestürzte Steintrümmer hinein, band es, nachdem er abgestiegen, an die Stange eines eisernen Fenstergitters, von dessen Simse noch das geschmolzene Glas wie schmuziges Eis herabhing, wandte sich dann schnell weg, und drang durch das halbverschüttete Thor in das Innere des Thurmes. Hier durch ausgebrannte

Thüren und Fenster glotzten ihn Gänge und Gemächer an, die ihm schauerlich fremd vorkamen, und aus ihren Höhlungen wehte eine ungastliche Luft. Dennoch entdeckte er bald eine hölzerne Treppe, noch aus frischen Bäumen gezimmert, und mit gehauenen Pfosten überdeckt. Er stieg sie hinan, und in einen Gang und in ein Vorgemach, dessen Decke nicht eingestürzt war. Wie er durch den finstern Gang schritt, sah er einen alten Mann stehen, aber er achtete dessen nicht, sondern pochte an das Gemach. Ein weibliches Gesicht wurde durch das geöffnete Schubfach der Thüre sichtbar. „Susanna," sagte der Fremde mit sanfter Stimme, „darf ich eintreten?" Die Magd öffnete sogleich die Thür, führte ihn durch das Gemach, und öffnete ihm gegenüber wieder eine Thür, die in ein weiteres erhaltenes Zimmer führte. Er trat ein.

Eine der zwei darinnensitzenden schwarzgekleideten Gestalten erhob sich sogleich und trat ihm mit den Worten entgegen: „Seid uns von ganzem Herzen willkommen, Ritter."

Er heftete sein dunkles Auge mit melancholischem Glanze auf ihre blassen Züge – – ja es war Clarissa, die vor ihm stand, und von deren schöner Gestalt das schwarze Trauerkleid herniederwallte. Seitwärts saß Johanna – ein Antlitz weiß, wie Alabaster, sah aus der schwarzen Florhülle zu dem Ritter herüber, und die Tropfen, die auf die Wangen flossen, jagten sich schneller, seit sie ihn sah, und sich nach Sprache bemühte, ihn zu grüßen. Er mit dem düsterschönen Ausdrucke seines Wesens, stand auch einige Augenblicke sprachlos, und blickte auf das mit schlechtem Papiere verklebte Fenster, unfähig ein einzig Wort herauszubringen, da auch Clarissa schwieg, und ihr Mund und ihre Wimpern vergeblich zuckten, um die Thränen zurückzuhalten. Sie schob ihm einen Stuhl hin, er aber trat zu Johannen, und ergriff ihre Hand, sie sanft und fest in seine drückend.

„Weil ihr nur da seid," sagte diese endlich schluchzend, „weil nur einmal ein Mensch da ist."

„Zürnet mir nicht," entgegnete er ihr, „es sind erst fünf Tage, seit ich frei bin, und diese bin ich fast unausgesetzt geritten, um euch zu suchen.“

„So waret ihr gefangen?“

„Ich war gefangen, sonst wäret ihr nicht so lange ohne Hülfe geblieben – nun aber bin ich da, und bitte euch inständig, nehmet alles, was ich bin und habe, zu eurer Hülfe und zu eurem Dienste. Meine Burg an der Donau ist zwar auch verbrannt, und noch mehr zusammengestürzt, als diese – es thut nichts, ich brauche sie nicht, und baue sie auch nicht mehr, bis einmal Friede im Lande ist. Einige Mittel aber habe ich geborgen, und die wollen wir vorerst anwenden, um dieses euer Haus in etwas wohnlicheren Stand zu setzen; denn hieher wird nicht so leicht mehr ein Feind kommen; denn der Uebergang war höchst schwierig, und von unbedeutenden Folgen. Sie stehn jetzt alle in den Winterquartieren.“

Mit einem schmerzhaft freundlichen Schimmer ihrer aufrichtigen Augen reichte ihm Clarissa die Hand hin, indem sie sagte: „So seid ihr wieder der erste, wie immer, der da kommt zu helfen, ihr, gegen den ich von je so undankbar gewesen bin.“

„Lasset das jetzt, Clarissa,“ erwiederte er mit trübfunkelnden Augen, „lasset das, es ist vorüber, und ich bin nichts, als euer Vetter und Bruder – – wie hätte ich auch ahnen können – – wäret ihr von je her vertrauender gegen alle gewesen, so hätte ich euch nie mit Werbung gequält, und wahrscheinlich wäre das Letzte auch nicht geschehen. – – “

„So wisset ihr – – ?“

„Ich weiß, Clarissa, ich weiß – – – .“

„Auch er – ist es so – auch er!?“

„Auch er.“

Clarissa's Antlitz zuckte jäh hinüber, und haschte nach Athem, ein maßloser Schmerz lag darauf, ja sogar etwas, wie Grimm, als sie es hinüberwarf gegen das Fenster, wie gegen einen blinden Himmel – und secundenlang starrte, weil sie kämpfte. – –

Noch war es fast wie Hohnlächeln in ihren Zügen, unheimlich anzusehen, als sie das Angesicht zurückwendete und mit fast ruhiger Stimme sagte: „Ritter, wenn ihr etwas näheres wisset, so sagt, so erzählt es uns; wir wissen nur das eine - - sagt, Ritter, woher wißt ihr das nähere?“

„Ich war dabei.“

„Ihr waret dabei, Bruno,“ schrie Johanna aufspringend, „ihr seid dabei gewesen, Bruno,“ rief sie mit den schmerzlichsten Tönen ihrer Seele, „um Gottes willen, o so saget, wie war es, erzählt - nehmt diese furchtbare Last von meinem Herzen, mir ist, als wär' mir leichter, wenn ich alles wüßte.“

Da er unschlüssig zauderte, sagte Clarissa: „Ritter, seid barmherzig und erzählet.“

„Ein Wald,“ begann er, „war das eigentliche Unglück - euer Haus - - kein Finger hätte es angerührt - weit links davon sollte der Zug gehen - aber Gallas hatte Völker gesandt, mich auf eignes Ansuchen mit, um in jenem Walde (er zieht sich rechts von hier gegen das Moldauthal ab) Schanzen aufzuwerfen, und den Feind zurückzuweisen. Friedbergs unglückliche Bewohner, die graben mußten, werden zeitlebens an den Schanzwald denken, und den Namen ihren Enkeln und Urenkeln einprägen; denn er war ihr und unser Unglück. Ich sah es voraus, wie es kam, und bat euren Vater noch Tags zuvor, er möge die Burg preisgeben, und zu euch flüchten, aber er verwarf den Antrag mit Entrüstung, weil ein Haufe Kaiserlicher unter seinem Befehle die Burg besetzt hielt. Harmlos, wie eine Schaar Wallfahrer, mit klingenden Liedern stiegen die Schweden den schönen Wald heran. - - Es war schrecklich anzusehen, wie mit eins ein Rauchwall längs des ganzen Waldhanges lag, und da er sich verzog, ihre zerfetzten und blutenden Linien zurücktaumelten. Kein Angriff ward gewagt, die Kurzsichtigen unter uns jubelten, aber noch diese Nacht sahen wir den Brand Friedbergs, und des andern Tages, da die Schaaren schwollen, ward im furchtbaren Morden die Schanze gestürmt. Die Unsern zerstäubten, wie zerbrochnes Glas, ein Theil warf sich nach Wittinghausen, ich mit ihnen. O Clarissa, alles wäre noch gut geworden, der erste siegestrotzige Anfall wurde zurückgeschlagen – eine Woche verging schon – und noch eine, – der Feind bereits abgekühlt, und einsehend, wie wenig ihm eigentlich an dem Hause gelegen sein könne, hatte nur den Schein von Ehre zu wahren, und bot willig die Hand zur Unterhandlung. Da, eines schönen Morgens, sahen wir, gleichsam wie einen neuen Befehlshaber einen jungen Mann in prachtvollen Kleidern durch die Reihen der Belagerer reiten, gleichsam, wie Anordnungen treffend.“ – Clarissa mit halbgeöffnetem Munde, athemlos, mit gespannten dürstenden Augen horchte hin. – „Wir begriffen nicht, was er wollte, die Anführer alle, Sture an der Spitze, standen ehrfurchtsvoll vor ihm. Es war gerade Waffenstillstandstag. Am andern Morgen ritt derselbe Mann – ach wie wir glaubten, um zu recognosciren, ungewöhnlich nahe an die Mauern – und, wie es manchmal der Zufall will, der Helm entfiel ihm – ein ganzer Wall von blonden Locken rollte in diesem Momente über seinen Nacken – – . . . “

+„War es nun Verblendung, war es Verhängniß, das sich erfüllen mußte, wir verstanden die Zeichen des Jünglings nicht, wie er so zuversichtlich vorritt, ja euer Vater mit allen Zeichen der Ueberraschung sah lange und unverwandt auf ihn hin – da sah ich nach und nach ein Roth in seine Wangen steigen, bis sie dunkel, wie in Zornesgluth brannten. Ohne eine Sylbe zu sagen schleuderte er mit einemmal seine Lanze gegen den Reiter, nicht bedenkend, daß sie auf diese Entfernung gar nicht treffen könne – jedoch war sie das Signal zu vielen andern, die Augenblicks von unsern Leuten flogen, auch hörten wir sogleich das Krachen unserer Doppelhaken hinter uns, von den Schweden sahen wir nur noch, wie viele vorsprengten, um den Reiter in ihre Mitte zu nehmen, wie er sank – und dann, ehe uns noch kaum Besinnung wiederkehren konnte – – war schon Sturm hier, dort, überall, wüthend von der

Schwedenseite, wie nie, Rauch, daß kein Antlitz auf drei Schritte erkennbar war – man sagt, er sei der Sohn ihres Königs gewesen aus einer sehr frühen unglücklichen Jugendliebe – Clarissa, höret ihr?"

„Weiter, weiter," sagte sie angstvoll vorgebogen.

„Es ist nichts mehr weiter – die Burg brannte, wir mußten ausfallen – – – ich wurde verwundet, besinnungslos, gefangen. – – – – – – "

„Und . . . ?!"

„Clarissa – Johanna – – Sture selbst ließ beide kriegrisch ehrenvoll unter der Steinplatte vor dem Altare der Thomaskirche begraben, die freilich auch abgebrannt war – ich, verwundet und waffenlos, erhielt Erlaubniß, beizuwohnen."

„Und ich," rief Clarissa zurücksinkend, „ich war es, ich, die Vater und Bruder erschlagen" – und sie brach, beide Hände vor ihre Augen drückend, in ein wildes Schluchzen aus, daß ihr ganzer Bau darunter erzitterte. Johanna, selbst kaum ihrer Kräfte mächtig, und schön, wie ein gestorbner Engel, stand doch sogleich auf, und drückte Clarissen an ihren Busen, das Haupt derselben an ihr Herz legend, und es ausweinen lassend, während sie ihre Hände lieblich zärtlich um dasselbe legte, und selbst die heißen Thränen auf sie niederfallen ließ.

Der Ritter wischte sich das Wasser aus seinen schönen dunklen Augen und stand in tiefem männlichem Schmerze da, aber er bereute nicht, daß er ihren Schmerz durch die Erzählung hervorgerufen; denn er wußte wohl, wie herzzerreißend diese Thränen auch seien, daß ihnen Lindrung folgen werde, unsäglich süßer und heilsamer, als all ihre frühere dumpfe Ergebung. Auch lösete sich bald das erste laute krampfhafte Schluchzen, und nur mehr ein leises, kaum hörbares Weinen rieselte durch das todtenstille verdunkelte Zimmer, und endlich auch dieß nicht mehr. Clarissa, ohnmächtig schmiegsam, lag kindlich an Johannens Herzen, von ihr, wie früher, umschlossen – und wie bitter auch die ersten

Thränen beider hervorgepreßt waren, so flossen sie doch jetzt leicht, reichlich und wie von selbst, ja sogar linde süß, wie das letzte Blut eines getödteten Geschöpfes.

Endlich nach langer Stille hob Clarissa wieder ihr Haupt und Auge müde und verklärt zu dem Ritter empor und sagte leise: „Bruno, sagt uns, wo ist sein Grab, und wie . . . . . ?“ Ihre Stimme erstickte neuerdings.

„Forschet nicht, Clarissa, wer enträthselt das Wirrsal jenes Augenblicks - - er hatte eine Kugel in der Brust, seinen Körper brachten sie weg, wohin, - ich weiß es nicht. Erst bei den Schweden erfuhr ich, daß er als Vermittler gekommen, daß er vorschlug und durchsetzte, daß man die kaiserliche Besatzung frei abziehen, und euren Vater ungestört in seinem Hause lassen solle. - - Sein Tod war die Losung des Sturmes - Sture und alle liebten ihn sehr.“

„Alle liebten ihn sehr,“ sagte sie vor innigem, ausschweifendem Schmerze lallend, „alle liebten ihn sehr - - - - o du schöne, du schöne, du unglückliche Waldwiese!!“ Sie verbarg wieder ihr Haupt an Johanna's Herzen, fast kindisch furchtsam die Worte sagend: „Johanna, du zürnest - Johanna, ich liebe dich, jetzt nur dich - - o Kind, liebe mich nun wieder.“

Diese im Unmaß des Schmerzes und der Zärtlichkeit wußte nicht, was sie thun solle, sie drückte die Schwester an sich, sie umschlang sie mit einer Hand, und streichelte mit der andern über die glänzenden dunklen Haupthaare derselben, wie man todtbetrübte Kinder beschwichtiget - - sie selbst bis zu Tode betrübt, erhielt nur Kraft durch die noch größere Betrübniß der Schwester, die sie lindern wollte. Zu dem Ritter aber sagte sie leise: „Erzählet nichts mehr.“

Dieser aber beugte sein Haupt im Schmerze vorwärts, und sah mit dem verdunkelten von Thränen zitternden Auge auf das schöne vor ihm vergehende Geschöpf, das er so lange geliebt, das sein Herz so lange begehrt hatte, es wollte ihm vor Mitleid zerspringen, und es war ihm, als drehe sich mit ihm der Fußboden des Gemaches. Sachte wollte er hinausgehen, um den Schwestern Zeit zu gönnen, aber Clarissa hörte seine Tritte, und sah plötzlich auf, und sagte: „Bruno, geht nicht, es ist hier so dunkel, und wir haben niemand, als einen alten Mann und seinen Enkel - - Bruno, lasset uns ein Fenster machen."

„Alles, alles, Clarissa, werden wir machen lassen. Sehet ich werde noch heute um Arbeiter fortreiten, wir werden für den Winter ein Nothdach auf einige Gemächer setzen, Fenster, Thüren, Stiegen, alles anfertigen - eure Harfe werde ich aus dem Waldhause holen lassen - eure Bücher, daß ihr dem Winter getrost entgegensehen könnet."

„Wir sehen jetzt allem getrost entgegen," sagte sie, indem sie wieder ihr Antlitz auf Johannens Schultern legte.

Der Ritter ging stille hinaus. Er sprach mit Gregor, Raimund und den Mägden, und nach einiger Zeit sah man ihn wieder über den grauen gefrorenen Boden davon reiten.

Ein Nothdach war gesetzt, Thore, Stiegen, Gemächer wieder eingerichtet, aber immer sah die Burg wie eine Ruine aus. Jahre kamen und vergingen, und immer sah die Burg wie eine Ruine aus. Alle Zeichen Ronald's trogen, und der Krieg, statt ein Ende zu nehmen, dauerte noch in die Jahre und Jahre, aber nie mehr erschien ein Feind vor Wittinghausen; ein Theil wußte, was sie für Ronald bedeutete, ein Theil kannte weder Ronald, noch die Feste.

Die Schwestern lebten fortan dort, beide unvermählt. Johanna war eine erhabne Jungfrau geworden, rein und streng, und hatte nur eine Leidenschaft, Liebe für ihre Schwester. Clarissa liebte und hegte Ronald fort und fort, in den goldnen Sternen sah sie seine Haare, in dem blauen Himmel sein Auge, und als einmal ein Zufall jenes feenhafte Gedicht des brittischen Sängers auf ihre Burg herüberwehte, so sah sie ihn dann oft als den schönen elfigen blondgelockten Knaben auf seinem Wagen durch die Lüfte schwimmen, den Lilienstängel in der rechten Hand, ihr entgegen, der harrenden Titania. Selbst, als sie schon achtzig Jahre alt geworden, und längst ruhig und heiter war, konnte sie sich ihn nicht anders denken, selbst wenn sie ihn noch lebend träumte und einmal kommend, als daß er als schöner blondgelockter Jüngling hereintrete und sie liebevoll anblicke. Wenige Menschen besuchten die seltsame verwitterte Burg, nur ein Ritter ritt zuweilen ab und zu. Eines Tages blieb er aus – er war gestorben. Daß die Schwestern sehr alt geworden, wußte man bis in die neuesten Zeiten, und der Hirt zeigte die Kammer der Schwestern, aber kein Mensch kennt ihr Grab, ist es in der verfallenen Thomaskirche, oder deckt es einer der grauen Steine in der Burg, auf denen jetzt die Ziegen klettern? Die Burg hatte nach ihnen keinen Bewohner mehr.

Westlich liegen und schweigen die unermeßlichen Wälder, lieblich wild, wie ehedem. Gregor hatte das Waldhaus angezündet, und Waldsamen auf die Stelle gestreuet, die Ahornen, die Buchen, die Fichten und andern, die auf der Waldwiese standen, hatten zahlreiche Nachkommenschaft, und überwuchsen die ganze Stelle, so daß wieder die tiefe jungfräuliche Wildniß entstand, wie sonst, und wie sie noch heute ist.

Einen alten Mann, wie einen Schemen, sah man noch öfter durch den Wald gehen, aber kein Mensch kann eine Zeit sagen, wo er noch ging, und eine, wo er nicht mehr ging.

Die Narrenburg

von

Adalbert Stifter.

1.

Die grüne Fichtau.

Hans von Scharnast hatte ein lächerliches Fideicommiß gestiftet. Seine Burg Rothenstein sammt Zugehör an Unterthanen, Jagd- und Fischgerechtigkeit solle sich in gerader Linie immer auf den ältesten Sohn forterben; ist kein Sohn da, auf Töchter, und in Ermanglung dieser auf die älteste Seitenlinie und so fort, bis irgend einmal weder ein Cognat noch ein Agnat von besagtem Hause vorhanden ist, wo sodann die Burg sammt Zugehör an den Fiskus fällt. Bis hieher wäre alles richtig; aber eine Bedingung fügte er dem Fideicommiß bei, welche der ganzen Sache eine andere Wendung gibt. Jeder nämlich, dem die Burg als Erbschaft zufiel, mußte, ehe sie ihm ausgeantwortet würde, zweierlei Dinge leisten: erstens, mußte er schwören, daß er getreu und ohne geringsten Abbruch der Wahrheit seine Lebensgeschichte aufschreiben wolle, und zwar von der Zeit seiner ersten Erinnerung bis zu jener, da er nur noch die Feder zu halten im Stande war. Diese Lebensbeschreibung solle er dann Heft für Heft, wie sie fertig wird, in dem feuerfesten Gemache hinterlegen, das zu diesem Zwecke in dem rothen Marmorfels gehauen war, der sich in der Burg erhebt – zweitens mußte er schwören, daß er sämmtliche bereits in dem rothen Steine befindlichen Lebensbeschreibungen lesen wolle, wobei es ihm aber nicht gestattet ist, irgend eine von dem Gemache ihrer Aufbewahrung wegzutragen. Wer eine von diesen zwei Bedingungen nicht erfüllen könne oder wolle, der wird betrachtet, als sei er im Augenblicke des Anfalles des Fideicommisses gestorben, und dasselbe geht auf seinen fideicommissarischen

Nachfolger über. Für jeden minderjährigen Fideicommissar müsse das Erbe so lange vormundschaftlich verwaltet werden, bis er großjährig geworden, und sich erklären könne, ob er schwören wolle, ob nicht. Bei wessen Tode sich der Fall ereignen sollte, daß man von ihm gar keine Lebensbeschreibung in dem rothen Steine finden könne, der wird als gar nicht geboren betrachtet, also ist auch seine ganze Nachkommenschaft nicht geboren, und das Fideicommiß geht an ihnen vorüber den Weg Rechtens weiter.

Der Grund, der Hansen leitete, eine so seltsame Klausel an sein Fideicommiß zu hängen, war ein zweifacher. Obwohl er nämlich ein sehr frommer und tugendhafter Mann war: so hatte er doch in seinem Leben so viele Narrheiten und Uebereilungen begangen, und es war ihm daraus so viel Beschämung und Verdruß zugewachsen, daß er beschloß, alles haarklein aufzuschreiben, ja auch seinen Nachfolgern die Pflicht aufzulegen, daß sie ihr Leben beschrieben, damit sich jeder, der nach ihnen käme, daran zu spiegeln und alle Thorheit zu meiden vermöge, wodurch sich seine Vorgänger etwa in Ungemach gestürzt hatten.

Der zweite Grund war: daß sich jeder, der nur die entfernteste Anwartschaft auf Rothenstein hätte, wohl vor Laster und Unsitte hüten würde, damit er nicht dereinst in die Lage käme, entweder schändliches von sich selbst niederschreiben zu müssen, oder es doch indirect einzugestehen, wenn er sich weigere, den Eid zu leisten.

Was nun den ersten Punct anlangt, so hatte Hans das Unglück, das schnurgerade Gegentheil von dem zu erreichen, was er erzielen wollte. Es mußte nämlich von ihrem Ahnherrn her so viel tolles Blut, und so viel Ansatz zur Narrheit in den Scharnasts gelegen haben, daß sie, statt durch die Biographieen abgeschreckt zu werden, sich ordentlich daran ein Exempel nahmen, und so viel verrücktes Zeugs thaten, als nur immer in eine erkleckliche Biographie hinein geht – ja selbst die, welche bisher ein stilles und manierliches Leben geführt hatten, schlugen in dem Augenblicke um, als sie in den Besitz der verwetterten Burg kamen, und die Sache wurde immer ärger, je mehr Besitzer bereits gewesen waren, und mit je mehr Wust sich der neue den Kopf anfüllen mußte. Der Stifter würde sich im Grabe umgekehrt haben, wenn es durch die dicken Felsenwände in seine Gruft gedrungen wäre, was die Leute sagten; nicht anders nämlich, als „die Narrenburg" nannten sie den von ihm gerade in dieser Hinsicht so wohl verklausulirten Rothenstein.

Wie es in Bezug des zweiten Punktes beschaffen war, konnte nicht ermittelt werden, da im Publicum nichts davon verlautete; nur die negative Thatsache stand fest, daß man nicht gerade etwas direct Böses wußte, daß man sich aber auch keiner Zeit entsinnen konnte, in welcher einer der Scharnaste als ausnahmsweises Muster der Tugend wäre aufgestellt worden.

Heut zu Tage liegt die Burg beinahe in Trümmern, und seit der letzte Scharnast in Afrika erschossen worden ist, wo er unter Abd-el-Cader gegen die Franzosen diente, kann man auch gar keinen Anwärter mehr auf den Rothenstein auftreiben, und es warf sich bereits die lächerliche Rechtsfrage auf, ob nun auch der Fiskus seine Biographie werde schreiben müssen.

Woher ich das alles weiß.

Die Sache trug sich lächerlich zu, und war so: Eines schönen Sommertages gegen Abend im Jahre 1836 schritt ein junger, leidlich schmucker Bursche das romantische Waldthal der Fichtau an dem Flusse Pernitz entlang. Dieser Mann war trotz des jungen, freundlichen Gesichtes lächerlich anzusehen; denn er war confus angezogen und mit den seltsamsten Dingen bepackt. An einem um die Schulter gehenden Lederriemen hing eine große, flache Seitentasche, wie ein Ofenschirm, der ihn am Gehen hinderte; an diese Tasche war ein Holzfuß geschnallt, der, auseinander gelegt, das Gerüste zu einem Feldsessel abgab. Auf dem Rücken trug der Mann ein Ränzlein, das ebenfalls wieder so breit war, daß es rechts und links an seiner Person hervorstand; davon hing ein langstieliger Hammer, und eine abenteuerliche Hacke herab, und ein großer grauer Regen- und Sonnenschirm, und eine lange Blechbüchse war darangeschnallt, welche beide wagrecht so sehr über seine Schultern hinausragten, daß er von ferne anzusehen war, wie ein wandelndes Kreuz. Die Hand hielt einen Alpenstock mit mächtiger Eisenspitze – des übrigen hatte er einen breiten Strohhut auf, eisenbeschlagene Stiefel an, und sein Rock schlug bei jedem Schritte so pendelmäßig gegen seine Füsse, als trüge er beide Säcke voll Eisen oder Gestein. So hatte man ihn schon mehrere Wochen in den Bergen der Fichtau herumgehen und herumsitzen gesehen.

Die Fichtau aber ist ein schönes Bergrevier voll sanftblickendem, rothbrüchigem Marmor, frischem Waldesgrün und eiskalten, abschießenden Quellen. Die Pernitz lauft unten voll Lärmen und Gepränge durch, bis sie draußen ein zahmer Fluß wird, Wiesen wässert, und Walkmühlen treibt. Die Fichtau ist ein paar Tagreisen östlich von dem freundlichen Pfarrdorfe Grünberg, und dem schönen Markte Pirling, welche beide an demselben Flusse Pernitz liegen. In der ganzen Fichtau ist kein einziger Ort, aber dafür ist sie gleichsam besäet mit einzeln liegenden Häusern und Gehöften, und mancher Landmann, wenn er seiner Arbeit nachging, sah obbesagten Wanderer, wie er sammt seiner Bepackung entweder an einer Felsenwand kletterte, und Steine herabschlug, mit denen er sich dann belastete, und sie seines Weges mit fortschleppte – oder man sah ihn auf seinem Feldsessel sitzen; den eisenspitzigen Stock hatte er in die Erde gebohrt, den Stiel seines Sonnenschirmes darauf geschraubt, und im Schatten desselben zeichnete er Wälder oder Blöcke ab, auf die sonst keiner geachtet hatte, ob sie auch schon sein Lebtage in dem Thale gelegen waren – oder man sah ihn gehen, wie er einen schweren Strauß von Blumen und Kräutern in der einen Hand vor sich her trug, während er in der andern nebst dem Alpenstocke noch einige Ruthen und anders Zeugs hinter sich herschleifte.

Des Abends nun an jenem schönen Tage, dessen wir oben erwähnten, ging er schleuniger, als gewöhnlich neben der Pernitz hin, und machte mit Händen und Armen allerlei Bewegungen, wie einer, der ungeduldig und hastig ist, oder mit sich selbst redet. – Freilich war der Mann schon in seiner Jugend mit diesem Uebel der lauten Selbstgespräche behaftet, und was noch ärger ist, er agirte auch immer mit den Händen dazu, besonders, wenn er von Eifer oder Ungeduld gestachelt war, in welche beide er übrigens sehr leicht gerieth.

Er hatte eine Gruppe Häuser vor sich, auf die er zusteuerte. An einer Stelle nämlich, wo sich das Thal am meisten erweiterte, und der Fahrweg ordentlich in eine breite Straße auseinander ging, stand das Wirthshaus der Fichtau, zur grünen Fichtau geheißen, zwar nur aus Holz gezimmert, aber mit einer glänzenden Fensterreihe auf den Strassenplatz heraussehend, der so groß und eben war, daß hundert Wägen hätten darauf stehen können. – Mit Scheunen und Schoppen, und einem großen Garten ging das Haus in den geräumigen Winkel eines Seitenthales zurück, aus dem ein starker Bach hervorsprudelte. Jenseits des Baches steht eine Sägemühle, dann ist noch eine Schmiede, und weiter zurück hinter dem Wirthsgarten sind vier oder fünf Häuser mit blanken Fenstern und dem schönen flachen Gebirgsdache.

Dieser Häusergruppe eilte unser Wanderer zu, als hätte er noch so wichtiges auf dem Herzen, und immer schleuniger ging er, je näher er kam, so daß er fast in ein halbes Laufen ausartete, da er vor dem Wirthshause anlangte.

„Gott grüß euch, Vater Erasmus," sagte er eilig zu dem Wirthe, der mit seinem großen Hunde auf der Gasse stand, und mit dem Schmiede und einem Fuhrmanne plauderte, welcher Fuhrmann eine Art Wochenbote war, und alle Sonnabend bei dem Wirthe zur grünen Fichtau anzukommen pflegte, wo er alles abgab, was immer für die Fichtauer aus dem Flachlande eingelaufen sein mochte. Sein Schecke stand im Stalle, sein Wagen im Schoppen, und er saß in der Abendsonne auf der langen Gassenbank des Wirthshauses, seine Gebirgspfeife rauchend, und Neuigkeiten aus dem Lande draußen auskramend. – „Gott grüß' euch, Vater Erasmus," sagte also der angekommene Wanderer, „ich werde nur schleunig diese Sachen auf mein Zimmer hinauftragen, und sogleich wieder herabkommen, und euch eine Menge ausfragen. Ich habe heute die wundervollsten Ruinen entdeckt, und sie sogar gezeichnet." Und somit ging er die Treppe hinan.

„Nun das geht dem noch ab, daß er das verrückte Schloß gefunden hat," sagte der Wirth zu den zwei andern, aber der hinauflaufende Mann hatte diese Worte mit seinem scharfen Gehöre vernommen, und wurde dadurch nur noch mehr gespannt. Nach abgelegtem Gepäcke und mit einem gehörigen Hausrocke angethan, kam er in dem Augenblicke wieder herunter, ein Papier in der Hand tragend, auf dem ein weitläufiges auf Felsen herumgruppirtes Mauerwerk mit Bleistift sauber skizzirt war.

„Das ist doch ein höchst merkwürdiges Gebäude," sagte er, „ich bin vollständige vier Stunden selbst mit Anlegung meiner Steigeisen +rings um dasselbe herumgeklettert, und habe durchaus keinen Eingang entdecken können."

„Ei so," sagte der Wirth, und sah die andern zwei pfiffig an.

„Was denn, ei so? die Sache ist haarscharf, wie ich sage, und ich sehe nicht, was sich dazu eiso hat?"

„Ich meine nur," antwortete der Wirth, „daß das jeder Mensch in der Fichtau weiß, und daß es wunderbar ist, daß ihr allein es nicht wisset."

„Wisset, – ich sehe nicht ein, woher ich es wissen sollte, ich sage euch ja, ich habe heute das Schloß gerade erst so frisch erfunden, als hätte ich vor dritthalbhundert Jahren Amerika entdeckt. In eurem Lande unterstützt man Forschungen so wenig, daß sie den schönsten Marmor unbeachtet liegen lassen, oder höchstens Schweinetröge daraus machen. Ihr selbst habt eure Mistjauche hinten mit Stücken des feinsten Kornes eingedämmt."

„Hab' ich das? ei, ei, Oheim, wenn ihr weiter forschen werdet, so werdet ihr auch Thürstöcke und Wasserkufen davon finden, und wenn ihr dort überhaupt forschen dürftet, so fändet ihr in Annens Schlafkammer die feinsten Fenstersimse davon gemeisselt, und +einen Waschtisch und Weihbrunnenkessel und ich weiß nicht, was noch, und in der Pernitz liegen noch unzählige Stücke und +Blöcke, auf die Niemand achtet, als die Forellen, die drunter aus- und einschliefen."

„Hab' alles schon gesehen und beobachtet," entgegnete der Wanderer, „außer dem Waschtische und Weihbrunnenkessel, die Fenstersimse sah ich von außen – aber da habt ihr wohl Thürpfosten, das ist gut, allein eines eurer Herdecken ist auch von rothem Marmor, während das andere von Ziegeln ist; – aber das ist Nebensache – ihr sagt da von Forellen – haben wir morgen welche? ihr habt sie uns auf Sonntag versprochen."

„Eine Million ist unten im Fischtroge, Oheim, eine Million."

„Ich möchte wohl auch ein Dutzend," sagte der Schmied. +„Es kommt morgen mein Schwiegersohn, der Stadtschreiber."

„Sollst haben, schwarzer Ohm," sagte der Wirth, „sollst haben, sende nur herüber – also der Stadtschreiber kömmt, und also auch die schneeweiße Thrine mit – schau, schau, – ei, ei, ei, ei . . . . – ."

Und mit diesen Worten wiegte er verwunderlich den Kopf hin und her, in sich hineinlächelnd, und sein unmäßig großer, graugetigerter Hund saß mit dem Rücken gegen die untergehende Sonne, daß seine Rückenhaare wie feurige Spieße glänzten, und schaute seinem Herrn altklug in's Gesicht: aber auch der junge Wandersmann stand noch immer trotzig mit seiner Schloßzeichnung da, und schaute ihm auch in's Gesicht und sagte: „Das mit den Forellen ist nun gut, Vater Erasmus, – den Stadtschreiber und die schneeweiße Thrine werden wir morgen begrüßen. Ich will selber einen schönen Rock anthun und mit in die Kirche hinausfahren: aber nun gebt mir auch ein klein Gehör. – Der Abend ist so schön als einer, wir haben uns alle bei Tage geplagt, morgen ist Sonntag, und da mag heut noch so recht eine plaudergünstige Dämmerung kommen, lasset mir den Wein auf den Gassentisch stellen, ich setze mich zu Boten-Simon auf die Bank, und wenn er euch alle Getreidepreise von draußen gesagt, und die Pferde-, und Wein-, und Criminal- und Unglücksgeschichten erzählt hat: dann schaut aber auch auf mein Papier her, und sagt, was es mit diesem Schlosse ist, das da so, ohne daß Jemand etwas davon weiß, mitten in der Fichtau steht, mit Abenteuerlichkeit geziert, und so gut, als in gar keinem Style gebaut."

„Das ist recht schön, Oheim, daß die Thrine herauskömmt," sagte der Wirth, „aber wenn sie nur nicht wieder eine Fracht Bücher bringt, und bei Annen abladet – das ist des Teufels Unkraut – – und – und da müssen wir ja doch noch vor Sonnenaufgang sehen, daß wir einige Saiblinge fangen, und Nachmittags ein Scheibenschießen machen – oder was – damit sich alles recht gut unterhalte, – ei es freut mich – – und was euer Schloß anlangt, junger Ohm, so würdet ihr Style genug sehen, wenn euch Ruprecht einmal hineinließe, ja ihr würdet Schlösser genug drinnen sehen, eine Sammlung von Schlössern, eine halbe Stadt von Schlössern, wie sie da herum auf allerlei rothe Steine angeklebt sind."

„Wer ist denn dieser Ruprecht, und wie macht man es denn, daß er einen hineinläßt?"

„Das wäre sehr leicht," antwortete Vater Erasmus, „wenn er nur selber einmal herauskäme."

„War gleichwohl gestern in Prüglitz," sagte der Schmied, „und redete mit meinem Schwiegersohne, dem Stadtschreiber; ich stand selber dabei, und er machte ein fratzenhaft weinerliches Gesicht, als ihm der sagte, daß noch immer kein Herr aufgetrieben sei – und es sind nur mehr sieben Monate Frist."

„Ich habe ihn auch gesehen," redete jetzt der Bote Simon darein, +„es ist wirklich so, und ein erstaunlicher Fall ist es, daß ein so herrisches, verbreitetes Geschlecht ganz und gar ausgestorben sein soll – keine Maus hat sich gemeldet. Das Schloß, lieber junger Herr, das euch so anliegt, daß ihr es gar auf Papier abgerissen habt, das Schloß ist jetzt zu haben, und Einkünfte genug dazu; es kommt nur darauf an, daß ihr von einer recht närrischen Familie abstammet."

„Ich gehöre selber unter den Rothenstein," sagte der Wirth, „und das ganze rechte Pernitzer Viertel sammt Zehent und Gebühren, dann das linke Viertel bis in die Hazleser-Gräben, und ich glaube auch noch die Waldhäuser bis zum Ottostift hinauf, und bis an den Asang."

„Der Asang gehört auch noch dazu," sagte der Schmied, „er ist nur seit dem alten Julian an die Prüglitzer verpfändet, mir hat es mein Schwiegersohn, der Stadtschreiber erzählt."

„Das ist nicht war," rief der Boten-Simon, „ich bin von Asang, und ich und mein Vater und Großvater, und wieder dessen Vater haben immer an die Prüglitzer gesteuert, und keinen Hut vor dem Rothensteine gerückt."

„Das ist," entgegnete der Schmied, „weil der alte Julian älter ist, als ihr Alle, dein Scheck dazu gerechnet, und weil ihr eher an Prüglitz verpfändet waret, als ihr geboren wurdet. Mein Schwiegersohn, der Stadtschreiber, hat mir einmal die Urkunde auf dem Stadthause gezeigt, und gestern hat er gesagt, daß jetzt alles kaiserlich wird, weil die Familie ausgestorben ist, und dann wird der Pfandschilling hintangezahlt, und der Asang wieder an das alte Eisen angeschweißt. Der alte Julian war sonst ein entsetzlicher Herr; er hat seinen leibeigenen Bruder erschlagen."

„Nicht erschlagen," sagte der Wirth, „sondern nur um das Erbe der Mutter hat er ihn gebracht, weil er nie genug hatte, obwohl ihm auch der Rothenstein zugefallen war. In unserem eigenen Hause war es, wo sie die Zusammenkunft hatten – mein Großvater war damals noch ein Bube, und er hat es uns wohl hundertmal erzählt – es war das letzte Mal, daß sich die Brüder gesehen hatten. Sie hießen Julius und Julianus. Julianus war der ältere, und da ihr Vater starb, war Julius in weiten Ländern, und kam auch gar nicht auf den Rothenstein, sondern auf unserer Gasse sahen sie sich zum erstenmale seit Jahren wieder, und da hatten sie sich umarmt, daß die Schwerter an ihnen rasselten, und dann sind sie in die grüne Oberstube hinauf gegangen, und die Pferde blieben auf der Gasse stehen, und mein Großvater und seine Mutter und Schwester saßen beängstigt herunten in der Schenkstube, weil ihnen gleich nichts Gutes ahnte, und anfangs hörten sie nichts über sich, als den ruhigen Schritt der beiden Männer, wie sie oben tactgemäß auf und nieder gingen; dann war es stille, als ständen sie und als ob Einer nur spräche. – Mein Urgroßvater, der damalige Schenke kam kreideweis zu den Kindern in die Stube, und sagte, als er oben nur zur Thür hineingeblickt, ob sie nichts brauchten, so hätten sie ihn gleich fortgeschafft, und der Julius stehe an dem Tische, und schütte entsetzlich viel Wein hinunter, und von da an blieb der Urgroßvater auch bei den Kindern in der Schenkstube und horchte – aber oben blieb es stille – – lange stille – – doch einmal geschah ein Fußtritt, daß man meinte, alle Tragbalken müßten knacken, und im Augenblicke, aber nur einige Secunden, rasselten wieder die Schwerter – dann ward's todstille. – Sogleich aber rannte der Julius die Treppe herunter, schwang sich mit glühenden Augen auf seinen schwarzen Hengst, warf ihn herum, und jagte so schnell dort an der Steinwand hinab, daß mein Großvater meinte, er sehe ordentlich ohne Unterbrechung die Hintereisen blitzen, als wolle sie der Rappe rücklings in die Luft schleudern, und Stücke rother Straßensteine flogen in die Pernitz. Alle aber liefen ungesäumt in die Oberstube, um dem gemordeten Julianus beizuspringen – dieser aber stand lebendig am Tische, und strich sich furchtbar mit der Hand den großen, rothen Schnurbart, den er immer trug – dann aber goß er einen ganzen Krug Wein in sich hinein, warf ein Stück Geld auf den Tisch, ging hinab, und ritt gelassen auf den Rothenstein zu. Er war von nun an Herr des Schlosses, wie es dem Erstgebornen auch gebührt, allein er war und blieb auch Herr der Schätze und Einkünfte Seitens der früher verstorbenen Mutter, was von Rechtswegen dem jüngeren Julius gehört hätte. Von diesem aber ist seit jener Zeit kein Faden seines Gewandes mehr in der Fichtau sichtbar geworden."

„Weil ihn doch der Julianus irgendwo erschlagen hat," versetzte der Schmied.

„Dann müßte er ihn tiefer begraben haben, als Regen und Thau dringen können," versetzte der Wirth, „daß ihn nicht die Pernitz oder unsere Bergwässer zu Tage gewaschen hätten – geht, geht, Ohm, das steht nur so in den Ritterbüchern eurer Thrine."

„Mein Schwiegersohn, der Stadtschreiber," sagte der Schmied, „meint selber – seit der letzte Abkömmling des Julian todt ist, und nun bereits das Schloß mit Lieg- und Fahrnissen in die Jahre lang allerwärts ausgeschrieben ist, sei es seltsam, daß sich keine Klaue, und kein Hufnagel gefunden, der Anspruch machen könne – also ist der Julius damals erschlagen worden."

„Das ist nur so, Kinder," sagte der Boten-Simon, indem er die Pfeife ausklopfte, und wieder anstopfte, und alles umständlich that, und seine Rede beim Wiederanzünden durch kräftige „Paff, Paff," häufig unterbrach – „das ist nur so: im Lande draußen erzählte mir vor langen Jahren ein Krämer, daß der Julius in Kriegsdienste des französischen Königs gegangen sei – aber da widerredete es ein alter Stelzfuß, und sagte, der Julius habe gar nicht weit von der Fichtau gelebt, aber eine Bauerndirne geheirathet, und seine Tochter wieder an einen niedrigen Mann gegeben und dieser wieder an einen solchen, und so sei das Geschlecht wiederum im Volke verloren gegangen, wie es auch einst daraus entstanden war."

„So mag es sein," sagte der Wirth, „oder es mag auch anders sein, jedoch schlecht gewiß nicht; denn schlecht war kein einziger, nur närrisch alle."

Der Wandersmann hatte bisher mit steigendem Interesse zugehört; nun stellte er seinen Krug zurück, stand auf, und sagte: „Wie meint ihr das, Vater Erasmus? närrisch sagt ihr?“

„Nun Gott sei Dank,“ antwortete der Wirth, „närrisch genug, junger Oheim; habt ihr denn das nicht schon an dem Schlosse erkennen mögen, da es weder Thor noch Eingang hat, und in keinem Style gebaut ist, wie ihr selber sagt. Oder ist es etwa vernünftig, wie der letzte Zweig aus dem Stamme des Julian that, oder wie sein Vater, der Vorletzte that? Mit unserem letzten Herrn war es so: Da haben die Franzosen, um die Unbill gut zu machen, die sie vordem an unsern Ländern verübt, Kriegsvölker in das Mohrenland geschickt, um Alles in Bausch und Bogen christlich zu machen, und da ließ Graf Christoph eines schönen Tages das Schloß zumauern, und ritt dann den Berg hinab gerade in das Mohrenland, um die Heiden gegen Christum zu unterstützen, und da haben sie ihn denn auch glücklich niedergeschossen, man weiß nicht, die Christen oder die Heiden. Sein Vater, Graf Jodock, war noch ärger. Ich habe ihn noch recht gut gekannt; er hat sich im Alter den Bart wachsen lassen, wie einer der heiligen drei Könige – und da sah ich ihn oft, nachdem er das Schloß angezündet hatte, vor seinem kleinen Häuschen unten am Berge in der Abendsonne sitzen.“

„Das Schloß hat er angezündet?“

„Ja er selber hat es am Pfingstsonntage angezündet, und wehrte allen denjenigen, die da zu löschen kamen, weil er sagte, daß hundert Centner Pulver in den Gewölben seien, und los gehen würden, aber es ging nichts los, und das Gebäude brannte friedlich und fast lieblich nieder. Er hatte die vielen Jahre vorher ganz ruhig und ordentlich darinnen gewirthschaftet, nur daß über dem Thore die Aufschrift stand: Hier wird keinem Bettler etwas gegeben.“

„Ist denn nicht die Herrschaft ein Fideicommiß? Wie durfte er denn das Schloß zerstören?“

„Freilich ist sie eines, aber da hat er innerhalb der Schloßfriedigung abseits den andern Gebäuden einen seltsamen Tempel aufgeführt mit vielen Säulen, wie man es oft als Lusthaus in hochherrschaftlichen Gärten sieht, und in diesem Tempel hat er gewohnt, wie man sagt, in ungewöhnlicher Pracht und Ueppigkeit, mit seiner Frau, einer wunderschönen Zigeunerin, die er einmal brachte – und dieses Bauwerk hat er dann angezündet. Es war freilich sein Eigenthum, aber man erzählt, er habe für diese That viel Geld in dem Lehenhofe niederlegen müssen. Unten am Berge hatte er sich schon vorher ein kleines, steinernes Haus mit zwei Zimmern gebaut, und daselbst verlebte er die ferneren Tage seines Alters, bis er starb. Sein Sohn, Christoph, war bei Lebzeiten des Vaters nie anwesend, nach seinem Tode ist er gekommen, und hat sich wieder an einer andern Stelle innerhalb der Schloßmauer ein anderes Gebäude aufgeführt, aber ein Theil davon ist bereits vor drei Jahren wieder eingestürzt. Und so hatten alle einen Sporn im Haupte. Mein Großvater hat uns erzählt, daß der Vater des Julius und Julianus, Graf Prokopus, oft ganze Nächte auf einem hohen Thurme saß – der Thurm steht noch – dort habe er lange Röhre auf die Sterne gerichtet, oder auf einem Instrumente musicirt, das lange, furchtbare Töne gab, die man Nachts weit im Gebirge hörte, als stöhnten alle Wälder.“

„Und Grafen waren die Besitzer des Rothensteines?“ fragte der Wandersmann.

„Grafen Scharnast seit dem Hussitenkriege, und sehr reich dazu, wenn nicht der Julian so viel verschleudert hätte.“

„Da muß ich gleich einen Brief in dieser Geschichte schreiben,“ sagte der närrische Wandersmann, „und ihr müßt ihn heute noch durch einen eigenen Boten nach Prüglitz hinaus schicken.“

Alle, selbst der Boten-Simon, der neben ihm auf der Bank saß, schauten bei diesen Worten dem Wanderer in's Gesicht, und hoben an zu lachen – der Wirth aber sagte: „wenn ihr das Schloß und die Grafen beschreiben wollt, so ist es freilich mehr der

Mühe werth, als wenn ihr unsere Feldsteine und die Pernitz oder gar das Heu beschreibt, wie bisher; aber da kann euch nur der uralte Ruprecht die beste Auskunft geben – – – .“

„Nichts will ich davon beschreiben.“

„Nun so meint ihr vielleicht gar ein Nachkomme des Julius zu sein,“ versetzte der Wirth verschmitzt.

„Das könnte weit eher der Fall sein, Vater Erasmus,“ erwiederte der Mann ganz ernsthaft.

Der Wirth, an die kollossalsten Aussprüche seines Miethmannes schon seit Wochen gewöhnt, lachte blos recht herzlich über diese Worte, und sich selber gerne gelegentlich eine Freiheit nehmend, pflanzte er nun in diesem Augenblicke seine Gestalt vor den wieder ruhig auf der Bank Sitzenden, und sagte mit glänzendem, freundlichem Gesichte: „Wenn das ist, lieber theurer Oheim, dann ist es freilich nicht mehr wahr, was ich mir eben dachte; wenn nämlich der Julius eine Bauerndirne geheirathet hat, so könnte uns leicht von ihm her ein vernünftigerer Herr kommen, weil die Art gewechselt wurde, wie man es mit dem Samenkorn der Felder thun muß, daß es wieder frisch anschlägt.“

„Das habt ihr gedacht, Vater Erasmus?“ – sagte der Wanderer, „schau was ihr alles denkt! indessen geht doch und besorgt mir den Boten nach Prüglitz.“

„Auch das, Ohm; es ist heute Samstag, und da müssen Abends die Holzknechte aus den Bergen kommen; ich erwarte sie jeden Augenblick, und um Geld und gute Worte geht wohl einer hinaus.“

Er hatte noch das Wort im Munde, als eben Zweie jener malerischen Gestalten, wie wir sie so gerne als Staffage auf Gebirgslandschaften sehen, um die Ecke bogen, und fröhlich ihre Siebensachen, als da sind: Aexte, Sägen, Alpenstöcke, Steigeisen, Kochgeschirre, u.s.w. auf die Gasse oder auf die lange Bank niederwarfen, und sich anschickten, ebenfalls Platz zu nehmen. Die abendliche Scene auf der Gasse vor der grünen Fichtau begann sich nun zu ändern, und jener Lebhaftigkeit zuzuschreiten, die unser Wanderer an jedem Samstage zu erleben gewohnt war, und die er so liebte. Er saß bereits bei den zwei Knechten, und war schon in lebhaftem Gespräche mit ihnen begriffen. Sie hatten den grünen Hut mit Federn und Gemsbart abgelegt, den grauen Gebirgsrock zurück geschlagen, und zwei verbrannte, lustige Gesichter sahen mit dem gesundesten Durste dem Wirthe entgegen, der ihnen eben zwei Gläser voll jenes unerbittlichen Gebirgsweines brachte, den nur ihre harte Arbeit bezwinglich, ja sogar wirklich zum erquickenden Labsale macht.

„Laßt Klöße durch eure Wirthin richten," rief einer, „aber viele; denn der Melchior und die andern kommen nach – und fett genug laßt sie machen, daß sie euren Wein bändigen. – Auch die aus den Laubgräben kommen, und aus der Grahnswiese; ich sah sie drüben den Hochkogel niedersteigen, als wir gegen die Pernitz herausgingen, und hörte ihr Jauchzen. Dem Gregor ist ein Lamm gestürzt, hinten beim schwarzen Stock; er hat darum fast geweint, und trägt es jetzt auf seinen Schultern die Riese herab."

+„D'rum kömmt er wieder so langsam hervor," sagte der Wirth, „ich höre das Heerdeläuten schon eine halbe Stunde."

„Das wirft nur die Kaiserwand und der Grahns so herüber; er ist noch weit hinten. Wir gingen im Fichtauergraben bei ihm vorbei, wie eben die Böcke das Gerölle niederstiegen, und die Rinderglocken noch weit oben längs dem Gesteine läuteten."

Wieder kam eine Gruppe, während er noch redete, jodelnd und singend die Straße an der Pernitz heraus, und sammelte sich an dem Gassentische der grünen Fichtau, um einen Labetrunk zu thun, und fröhlichen Wochenschluß zu feiern, da ihnen der Holzmeister Geld gegeben, und sie sechs Tage lang nur grüne Bäume und graue oder rothe Steine gesehen hatten.

„Gott zum Gruß! – Gott zum Dank!" scholl es hin und wieder.

„Habt viel Arbeit gethan: die Kaiserwiese liegt wie überschwemmt von Scheitern."

„Geht an, geht an, über die Hochkogelwand warfen wir noch einige Klafter mehr herunter."

„Schöne Tage, wir waren auf dem Grat des Kogels, ich habe seit fünfzehn Jahren nicht so weit gesehen; die Ebene lag wie ein Bild da, und in der Stadt hätte ich fast die Fenster zählen können, euren Rauch sahen wir aus den Laubgräben steigen."

„Ich bin nicht gerne in den Laubgräben, man erzählt da allerlei Dinge, und sie sind zu niedrig, man sieht nicht in's Land hinaus. Der alte todte Prokopus geht auch wieder um, ich weiß es nun gewiß, er hat in der Nacht wieder musicirt, ich hörte es selber, und auch heute Nachmittags hörte ich es, da so um vier Uhr herum ein schwacher Wind aufstand und durch die Föhren sauste, da trug er deutlich den langsamen, schwerfälligen Ton von dem zerfallenen Schlosse herüber."

„Hab' auch schon davon reden gehört, aber glaub' es nicht."

„Der Wein ist wie Enzian," rief wieder einer.

„Trink' ihn nur, Gevatter Melchior," sagte der Wirth, „du trinkst Gesundheit hinein, wie Stahl und Eisen."

So scherzten und lachten sie. Mehrere neue waren gekommen, auch zwei Gebirgsjäger, ihre Sachen lagen herum, und füllten die Gasse, ganze Haufen und Bündel von Steigeisen, eine Garbe Alpenstöcke, lodene Ueberröcke, Gebirgshüte, eiserne Kochschüsseln und anderes, und wieder anderes – Krüge und Gläser mußten herbei, die Klöße kamen und wurden verzehrt, und da abgeräumt war, erschienen zwei Zittern auf dem Tische, die zusammen spielten, und die braunen Gesellen mit dem Blicke des Gebirges saßen herum, und thaten sich gütlich – und erzählten von ihren Fahrten und Tageserlebnissen. Und ein prachtvoll herrlicher Abend war mittlerweile über das Gebirge gekommen. Die Sonne war über die Waldwand hinunter, und warf kühle Schatten auf die Pernitz; im Rücken der Häuser glühten die Felsen, und wie flüssiges Gold schwamm die Luft über all den grünen Waldhäuptern weg. Alles schien sich zur Wochenruhe und zur

Feier des Sonntags zu rüsten. Die Jäger waren aus dem Gebirge gekommen, die Bergarbeiter waren auf dem Heimwege, und mancher sprach in der grünen Fichtau ein wenig vor – Weiber und Mägde und Töchter wuschen am Bache Fenster, Schemmel und jede Gattung hölzerner Geschirre – das Rauschen der Sägemühle hatte aufgehört, und die Heerde, deren Geläute man schon so lange einzeln oder harmonisch aus dem Gebirge herab gehört hatte, war nun endlich auch angekommen – aus dem Seitenthale ging sie manierlich hervor, eine Sammlung der unterschiedlichsten Hausthiere, fast das gesammte Eigenthum der Fichtau. Vorerst kam das leichtfüßige und leichtfertige Geschlecht der Ziegen und Böcke von allen Flecken und Farben, fast jede eine Glocke um den Hals, so daß nun ein mißtönig Geklingel war, was von ferne so wunderschön klang – dann kamen Schafe, schwarz und weiß, schmächtiger, aber schlauer, als die des Flachlandes, und unter sie gemischt der so schöne, glänzende, ernsthaft kluge Schlag der Gebirgsrinder in allen Sorten und Größen. Mägde, Knechte, Buben, wie es eben kam, empfingen die Thiere, die hierher gehörten, und ihren Ställen zuschritten; die andern gingen ihres Weges weiter, oder blieben gelegentlich stehen, oder traten gar zu der zechenden Gesellschaft, sahen traulich herum und ließen sich schmeicheln, daß die Halsglocke erklang. – Zuletzt erschien auf der Wirthsgasse auch der verwitterte, gebirgsgraue Hirtenhund und sein Herr, der Hirte Gregor, mit einem Bündel Steigeisen beladen, und einem jungen, todten Lamme, das er auf den Armen trug, gefolgt von dem Mutterschafe, das wedelnd und blöckend zu ihm aufsah. In seiner Person war der letzte Gast gekommen, der Samstags in der grünen Fichtau zu sein, und sein bescheiden Glas Wein zu trinken pflegte – aber heute war er traurig; denn das gestürzte Lamm war das seinige, er hatte es auf die Bank gelegt, und sah unverwandt darauf, wie dessen Mutter davor stand, es beleckte und beroch.

„Vertrinkt den Aerger, Gregor," sagte der Wirth, „heute kostet euer Wein nichts, und das Lamm kaufe ich euch morgen um gutes Geld ab.“

„Es ist nicht wegen dem,“ antwortete Gregor, „aber es war gar ein so schönes, munteres Thier.“ Und er setzte sich doch nieder und führte das Glas Wein langsam zum Munde.

Und immer feierlicher floß die +Abenddämmerung um die dunklen Häupter der Gebirge, immer abendlicher rauschten die Wasser der Pernitz, und immer reizender klangen die Zittern.

Der Wanderer saß mitten unter diesen Gebirgssöhnen. Er hatte sein Abendmahl verzehrt, und sprach und scherzte bald mit diesem bald mit jenem. Er freute sich immer auf diese Samstagabende, und ob man gleich sein Thun und Treiben für nutzlos und lächerlich hielt, so hatten ihn doch alle lieb, weil er so sehr in ihr Wesen einging und zu Zeiten recht vernünftig sprach. Vater Erasmus war bald hier, bald da, sprach zu allen, und trank gemessen sein abgesondertes Glas guten, alten Gebirgswein. Seine Leute und Mägde hatten das Haus für den Sonntag gescheuert und geputzt, frische Fenstervorhänge eingehangen, und die Feiertagskleider für morgen herausgelegt. So ging es lustig fort, ein gut Stück in die Nacht hinein. Der erste war der Boten-Simon, der aufbrach, und in den Stall zu seinem schnaufenden Schecken ging, sein Heulager suchend – gleich darauf ging der Schmied über den Steg – und so bald der eine, bald der andere, sein Geräthe aufraffend, und den oft langen Weg antretend, den er noch zurück zu legen hatte, ehe er zu den Seinen gelangte – und ehe der Mond, dessen Silberschein schon lange an den gegenüberliegenden Felsen glizzerte, auch auf die Häuser hereinschien, war nur mehr einer da, der blos auf den Brief wartete, den der Wanderer in der Oberstube schrieb, daß er noch heute in der Nacht nach Prüglitz getragen würde. Aber auch der Brief erschien, sein Träger verschwand in den Schatten der Steinwand, an der der wüthende Julius fortgeritten war, und die vorher so belebte Gasse der grünen Fichtau war leer und finster, nur in der

Schenkstube brannte noch ein trübselig Nachtlicht, bei dem der Wanderer dem Wirthe seine Wochenrechnung auszahlte, die dem Gebrauche nach nie auf den Sonntag stehen bleiben durfte.

„Und nun gute Nacht, Vater Erasmus."

„Gute Nacht, Ohm, und rechnet ein andermal besser nach, daß ihr mir nicht wieder zu viel gebt, es ist frevelhaft, mit dem Gelde und Feuer nicht vorsichtig umzugeh'n – gute Nacht. – Geht ihr morgen in die Kirche hinaus?"

„Ja freilich, ich fahre sogar mit dem einen eurer Füchse, um die Thrine abzuholen, falls ihr nichts dagegen habt."

„Gar nichts, und somit schlaft wohl."

„Gute Nacht."

Und nach einer halben Stunde war es finster und still im ganzen Hause der grünen Fichtau, als wär' es im Tode begraben. Die Stunden der ersten süßen Nachtruhe begannen zu fließen – die Nacht rückte immer weiter auf ihrem Wege gen Westen, und zog sich immer stiller über den Häusern und Bergen hinweg und über den tausend darin schlummernden Wesen; nur daß die Wässer, wo sie hinter die Felsen rannen, unaufhörlich plätscherten und rieselten – aber ihr eintönig Geräusche war zuletzt auch wie eine andere Stille, und so war jene Einfachheit und Pracht der Nacht gekommen, die unserem Gemüthe so ernst und so erschütternd ist. Der Mond stand senkrecht über der Häusergruppe, und legte einen fahlgrauen Schimmer über die Bretterdächer, und blitzende Demanten auf den Staubbach. – In dem Garten stand jedes Gräschen und jedes Laubblatt stille, und hielt eine Lichtperle, als horchten sie dem in der Nacht weithin vernehmlichen Rauschen der Pernitz: da ging den Gartenweg entlang eine weiße Mädchengestalt, und hinter ihr der riesig große Wirthshund, ruhig und fromm, wie ein Lamm, und an Beiden floß das volle, stille, klare Mondlicht nieder. Das Mädchen schien unschlüssig und zaghaft, sie ging zusehends langsamer, je weiter sie kam, und einmal blieb sie gar stehen, und legte die weiche Hand auf das struppige Genick ihres Begleiters, als horche sie oder zage – – dicht neben ihr in der Laube hielt sich ein Athem an – aus Seligkeit oder Bangen – – der Hund schoß eines Satzes hinein, und sprang freundlich wedelnd an dem Erwartenden empor.

„Anna!“ flüsterte eine gedrückte Stimme.

„Um Gottes willen, ich bin ein schlechtes, unfolgsames Kind!“

„Nein, du bist das süßeste, geliebteste Wesen auf der ganzen weiten Erde Gottes – Anna! fürchte dich nicht vor mir.“

„Ich fürchte mich auch nicht vor euch, das weiß ich ja, daß ihr gut seid, aber schon, daß ich gekommen bin, ist schlecht, und macht mich fürchten.“

„Es ist nicht schlecht, weil es so selig ist, es ist nur +anders gut, als dein Vater und deine Mutter meinen.“

„Gut ist es wohl nicht, allein ich kam, weil ihr so sehr darum batet, und weil ihr so seid, daß ihr Jemanden brauchet, der euch gut ist.“

„Und also darum bist du mir gut? – bist du Anna?“

„Ich bin es freilich, obwohl es mir zu Zeiten recht Angst macht – und all das Heimliche dazu – – und sagt nur, warum muß ich denn jetzt in später Nacht bei euch in dem Garten sein?“

„Du frägst?! – schon daß du fragen kannst, macht mir Schmerz – siehe mit Worten weiß ich es selber nicht, warum du da bist – freilich, ich habe etwas sehr wichtiges mit dir zu reden, aber das ist es nicht – nein es ist etwas anderes, wenn das Herz reden könnte, so sagte ich es, das Herz, das nun seit Wochen und Monaten endlich diesem Augenblicke entgegen dürstete – nicht was ich sagen werde, ist Zweck, obgleich es unendlich viel ist – sondern, eben daß du hier bist, daß ich dich bei der Hand fasse, und fühle, wie du sie mir nicht gerne lässest, und sie mir doch gerne lässest, daß ich dein Kleid streife, daß du neben mir niedersitzest, daß du redest – – und daß es so wäre, immerfort und immerfort – – siehe! schon daß ich deinen Athem höre, dünkt mir lieblich, – ist es dir denn nicht auch so – ist es nicht so?“

Sie antwortete nicht, aber die Hand, die er ergriffen hatte, ließ sie ihm, zu dem Sitze ließ sie sich niederziehen – und wie das Luftsilber des Mondes durch das Zweiggitter auf ihre beiden Angesichter hereinsank, so sagte ihm ihr Auge, das nachgebend und zärtlich gegen seines blickte, daß es so ist.

Er zog sie gegen den Sitz nieder, und +sie folgte widerstrebend, weil fast kein Raum war; denn Anna hatte den Sitz einst nur für sich machen lassen, zu einer Zeit, wo man noch nicht weiß, wie selig es zu zweien ist. Jetzt aber wußte sie es, und in höchster Beklommenheit, mehr schwebend als sitzend, stützte sie sich auf das zu kleine Bänkchen – und auch der Mann war fast beklommen und gepreßt, so daß er eben kein Wort vorzubringen vermochte; denn in beiden wallte und zitterte das Gefühl, wodurch der Schöpfer seine Menschheit hält, das Gefühl so zaghaft, daß es sich im Beginne mit aller Kraft in die tiefste Falte des Herzens verkriechen will, und so allmächtig, daß es doch am Ende Vater und Mutter und Alles besiegt und verläßt – das Gefühl, das Gott nur an dem Menschen so über allen Ausdruck holdselig gemacht hat, weil er seiner Gewalt eine andere reizend und gewaltig beimischte: die Scham. Darum, was das Thier erst recht thierisch macht, das hebt den Menschen zum Engel des Himmels und der Sitte, und die rechten Liebenden sind heilig im menschenvollen Saale, und in der Laube, wo blos die Nachtluft um sie zittert – ja gerade da sind sie es noch mehr, und bei ihnen fällt kein Blättchen zu frühe oder unreif aus der großen Glücksblume, die der Schöpfer ihnen zugemessen hatte, es fällt nicht, eben weil es nicht fallen kann. Es war ein rührender Anblick, wie selbst dem Manne die Bedeutung des Augenblickes, den er doch selbst herbeigeführt, übermächtig wurde, so daß er unbeholfen und linkisch darnach rang, endlich einmal seine Rede schicklich zu beginnen. Sie fühlte es ihm an, und dennoch konnte auch sie das Wort nicht vorbringen, das ihm das seine erleichtert hätte. Ihr dritter Gesellschafter blickte zu ihnen auf, als begriffe er alles, und es war komisch, wie er, obwohl er beide liebte, doch auf beide eifersüchtig war, und sich stets bemühte, sein ungeschlachtes Haupt zwischen sie zu drängen.

Anna in der Güte ihres Herzens sah freundlich auf ihn, ja sie legte ihre Hand auf seine Stirne, weil er sie dauerte, daß sie ihm nun – ja nicht nur ihm, sondern auch dem Vater und der Mutter fast alle Liebe entzog und einem fremden Manne zuwende.

Dieser fremde Mann aber sagte mit gedämpfter Stimme: „Damit du weißt, Anna, warum ich dir das Briefchen zustellte, und doch gar so dringend bat, heute in die Laube zu kommen, so wisse, es hat sich etwas sehr wichtiges zugetragen, was auf mein, und auf dein Schicksal großen Einfluß haben kann, aber vorher muß ich wissen, und ich frage dich darum, ob es denn wirklich, ob es denn möglich ist, daß du mich so sehr liebest, wie ich dich – – du schweigst – Anna, so sage doch –“

„Wäre ich denn sonst gekommen?“

„Du liebe Blüthe – wie bin ich in der Welt schon so viele Tage unnütz herumgegangen, und da kam ich in dieses Thal, um Steine und Pflanzen zu suchen, und fand dich, die +liebliche, die seltene Blume der Erde.“

„Redet nicht so,“ antwortete Anna; „denn es ist nicht so – jetzt sagt euch blos eure Empfindung dieses vor, aber in der That ist es doch anders, draußen in den Städten werden viele herrliche Jungfrauen sein, gegen die ich nur ein dürftiges Blatt bin, das ihr von den Steinen unseres Thales löset, um euch etwa einige Stunden daran zu erfreuen.“

„Du ahnest nicht,“ entgegnete er eifrig – „du Alpenblume, – o wenn du nur wüßtest, wie hoch du über ihnen stehst, – aber wenn du es wüßtest, so stündest du ja schon nicht mehr so hoch – – aber lasse dieses, nur das eine wisse, daß ich dich mehr liebe, als alles dieser Welt, und daß ich dich in alle Ewigkeit lieben werde – doch das alles ist natürlich und kein Wunder, du wirst es selbst begreifen, wenn du die Welt dereinst wirst kennen lernen: aber eines ist ein Wunder, und erkläre mir es du, wie kam es denn, daß du mir gut wurdest, mir, den sie hier alle mißachten, und an dem auch nichts ist, als ein unauslöschlich gutes Herz?"

„Wie ich euch gut wurde – – – "

„Höre, Anna, nenne mich auch du."

„Nein laßt mir das, ich kann nicht du sagen, es ist mir, als schicke es sich nicht, und könnte dann nicht so frei und freundlich reden."

„Nun so rede frei und freundlich."

„Wie ich euch gut wurde – seht! ich weiß nicht, wie es kam, als ich es merkte, war es eben da. Ich will euch etwas von meiner Kindheit erzählen, vielleicht daß ihrs dann herausfindet. Mein Vater sagte immer, ich sei ein sehr schönes Kind gewesen, und da ich sein einziges bin, so that er mir immer viel Liebes und Gutes, und ich und Schmieds Katharina bekamen schönere Kleider, als die Nachbarskinder und die der ganzen Fichtau, deßhalb wurden sie uns gram, und wir mußten immer allein gehen, und dies thaten wir auch gerne, und da sassen wir oben auf der grünen Halde jenseits des Baches, über den der Vater den gedeckten Steg bauen ließ, daß wir nicht hineinfielen – da saßen wir, und machten Grübchen in die Erde, oder pflückten Gras und Blumen, redeten mit den Käfern oder horchten den Erzählungen der alten Plumi*) . . . . "

„Wer ist die Plumi?"

+„Ei die alte, schwäbische Amme Thrinens, die sie bekommen hat, weil ihre Mutter bei der Geburt gestorben ist, und die nach ihrer Heirath mit in die Stadt gezogen ist. Sie erzählte uns von Goldfischchen, die gefangen war, und Prinz Heuschreck, der klein und grasgrün +war, und sieben Jahre durch fremde Länder hüpfen mußte, bis er beide erlöste, wo er dann ein schöner Prinz

*) Appollonia.

ward, und die schöne Prinzessin Goldfischchen heirathete – und von andern Prinzen in Sammt und Seide, in Sammt und rothem Gold, so schön, wie Milch und Blut – dann von klingenden Wäldern, redenden Karfunkeln – von den sieben klugen Hähnen – von dem armen Huhn, das auf dem hohen Nußberge erdurstete – und von tausend und tausend andern Dingen, täglich etwas neues und täglich das alte. – – Denkt nur, als ihr vor dreizehn Wochen zum ersten Male in unser Haus tratet, hielt ich euch im ersten Schreck selber für einen solchen Prinzen – weil ihr so jung und mit so närrischem Zeug beladen waret – – und wie wir größer wurden, bekam ich vom Vater schöne Fabelbücher, und oben eine eigene Kammer mit schneeweißen Vorhängen und Simsen, und Tischen von schönem rothen Steine. Er verbot mir in die Schenkstube zu kommen, und von der Stadt erschien eine Frau, die uns die Fabelbücher lesen und selber schöne Dinge schreiben lehrte – nur leider ist sie zu früh gestorben, und ließ uns nur einige Bücher zurück, die wir immer lesen – ach da standen euch Dinge darinnen, daß mir oft das Herz zerspringen mochte vor lauter Schmerz und Sehnsucht – und die alte Plumi kroch auch wieder aus ihrer Hinterstube hervor, in die sie sich seit der Ankunft der fremden Frau versteckt hatte, und erzählte wieder, und ging mit uns in's Gebirge, die einsamen, heißen Steinriesen empor, Erdbeeren oder Haselnüsse suchend, oder Blumen, deren oft eine bei diesem oder jenem Steine stand, so prachtvoll, und wildfremd, daß ihr erschrocken wäret, ihr habt vielleicht gar keine solche in euren großen Blumenbüchern – und wenn wir tief genug in der Grahnswiese zurückgingen, daß wir weder den Bach noch die Schmiede und Sägemühle hören konnten, und bei dem wilden Schlehenbusche kauerten, und sie nun erzählte, und immer tiefer hineinkam und unter den grauen Haaren hervor die pechschwarzen Augen in unsre Gesichter bohrte: da fuhr ich auch entsetzt zusammen, wenn sich von der Wand daneben ein Steinchen löste, und zu dem andern Gerölle niederfiel – und es hätte mich gar nicht gewundert, wenn die Krüppelföhren zu reden begonnen hätten, und der Fels sich zu neigen, namentlich wenn gar zuweilen der schwache weinende Ton durch die Luft herüberschnitt, da der alte, todte Graf Prokopus auf dem Sternenthurme musicirte – – aber was wollte ich euch denn eigentlich erzählen?"

„Wie es kam, daß du mir so gut geworden bist."

„Ach die arme Thrine mußte den Stadtschreiber heirathen – sie ging wohl gerne, und die Plumi auch: aber ich war dann so arm, daß ich es euch gar nicht beschreiben kann – – – und da kamet ihr und habt mich mit so guten Augen angeschaut, und mit so schönen, und seid dann wieder so traurig geworden, daß es ordentlich ein Schmerz und eine Seligkeit war – – höret, wenn ihr falsch sein könntet, das wäre nun recht abscheulich . . . ."

„Nein, Anna, du unschuldsvoller Engel, sei mir gut, so lange mir dieses Leben währt; ich kann mir kein größeres Glück und keine größere Freude denken und wünschen, du bist viel besser als ich – und wenn du mein Weib bist, und wenn wir immer und immer beisammen sein +werden, dann will ich ihnen in der Stadt zeigen – – nein, wir gehen gar nicht in irgend eine Stadt; unter Blumen und Bäumen will ich dich hüten, daß du bleibst, wie du bist, du holde, liebe Dichtung . . . ."

„Laßt diese Dinge, und hört nur" – fiel sie ihm in die Rede, „es war fast närrisch, wie sehr ich euch gut ward – die Hühner, und die Blumen, und die Tauben halfen doch alles nichts, ich konnte die Thrine nicht vergessen, und sie kam kaum jeden Sonntag heraus. – Der Vater ließ mich nichts arbeiten, und ich that auch nichts im Hause, als unnützes Zeug, höchstens die Küchlein füttern, weil sie meinten, ich sei ihre zweite Mutter, und die Blumen begießen, und diese Laube zimmern lassen. – – Und wenn ich dann in meiner Kammer das Abendgebet verrichtet hatte, und der Wind in die Fenstervorhänge blies, da war ich recht traurig. – Die Bücher, welche mir Thrine immer schickte – – sagt, habt ihr auch schon einmal bei einem Buche geweint?"

„Wohl, Anna, wohl."

„Seht, ich hab' es gleich gedacht, daß ihr das gethan habt – wie ihr so die allerlei Steine in unser Haus truget, und mit ihnen lateinisch redetet, und wie ihr die Blumen, wie Augen, so schön in die großen Bücher legen konntet, und sie oft recht lange ansahet, so dachte ich, sie können ihn doch nicht wieder lieben, weil sie trotz ihrer Schönheit nur unvernünftige Dinge sind, und wer weiß, wie weit seine Mutter entfernt ist – und ihr saht aus, als müßtet ihr gar so unendlich gut sein, noch besser, als Thrine selber – und wenn sie euch schalten, daß ihr so unnütze Dinge treibt, so dachte ich, ich weiß es schon, weßhalb er dieses thut; denn die Leute hier kennen die Blumen und Steine nicht – und wenn mein Vater in früheren Zeiten auf die Bücher Thrinens schmälte, und sagte, es sei lauter Narrheit in ihnen, und obwohl ich es selber schon zu glauben anhob: so war es mir doch dazumal – – aber das ist zu lächerlich – – Nun? – Es war mir öfters, als seid ihr in einem solchen Buche gestanden, und daraus in unsern Garten getreten – und wenn ihr hinten saßet, und das Antlitz, so wie nachdenkend in eure beiden Hände drücktet, so dachte ich, dieß sei meinetwegen."

„Es war auch deinetwegen – es war auch deinetwegen."

„Seht ihr? – und darum wars auch so: da ich mir dann dachte, ich will ihm recht gut werden, war ich es schon, mehr war ich es, als es nur ein Mensch aussprechen kann, und ich dachte, ihr müßtet mich ja auch so unaussprechlich lieben, es könne ja gar nicht anders sein, es sei so gewiß, als wenn ihr es schon selber gesagt hättet."

„Und wenn es nun nicht gewesen wäre?"

„Es mußte ja, weil sonst alles ein Unding gewesen wäre, das nicht sein kann – ich weiß nicht, warum der Bach in die Pernitz fließen muß, aber ich weiß, daß er es muß."

„O du ahnungsreiches Herz! er muß es, und er ist selig, daß er es muß. – Das Ziel und Ende seiner Wanderung findet er dort –

was weiter sein wird, ist ungewiß, nur eins ist sicher: das Beisammensein, und dies Eine ist Alles, ob nun gezählte Jahre fließen, oder die ungezählte Ewigkeit, ob die Körper sich berühren, ob nicht – es bleibt so – – die Leute nennens sonst auch Treue. Aber siehe, der häßliche Fliederschatten deckt dir deine Stirne, und das süße Auge – neige das Haupt – so – noch ein wenig mehr gegen mich – so – ich möchte den Mond dort an jenes blaue Fleckchen festbannen, daß er immer her schiene, und immer deine reine Stirne, und das rührend schöne Auge beleuchtete – – ."

Und er nahm ihre Hand, drückte sie gegen sein pochendes Herz, gegen seine Lippen, gegen seine Augen – und seltsam – ihren Mund zu küssen, wagte er nicht. – Ihr Auge aber voll scheuer, unbewußter, heißer Zärtlichkeit blickte auf ihn, und sie sagte mit vor Rührung zitternder Stimme: „Da ich euch nun so schnell und so sehr liebgewonnen, und es euch gesagt habe; da ich gar in der Nacht herausgekommen bin, weil ihr so sehr batet: so dürft ihr nun nicht falsch sein, ihr dürft es durchaus nicht mehr."

„Gegen die Natur, geliebtes Herz, kann man gar nicht falsch sein – man ist es nur gegen Wiederfalsches – man verläßt nur den, der uns verließ, noch ehe er uns fand, weil er in uns nur s e i n e Freude suchte: du liebst, wie die Sonne scheint, du siehst mich an, wie sich das gränzenlose Himmelblau der Luft ergießt, du kömmst, wie der Bach zum Flusse hüpft, und wandelst schuldlos, wie der Falter flattert: und gegen den schönen Falter, gegen den Bach, die Luft und gegen das goldne Sonnenlicht bin ich nie falsch gewesen, und gegen dich vermöcht' ich's nicht zu sein um alle Reiche dieser Erde – siehe Anna, es ist so: – – Aber Anna! sage, liebst du mich denn auch wirklich so, so unaussprechlich, und über alles Maß, wie ich dich liebe, – so sag' es doch Anna – – nicht??"

Aber sie sagte nichts, nicht eine Sylbe; das naturrohe Herz, das nie gelernt hatte, mit seinen Gefühlen zu spielen, und sie zu lenken, war bereits von ihrer Allmacht überwältigt, und sie konnte nichts thun, als das unsäglich gute Antlitz gegen ihn emporheben, und den Mund empfangen, der sich gegen ihren drückte, und so süß war dieser Kuß, daß sie mit der einen Hand den sich ungestüm empordrängenden Hund wegstemmte, während sie hinübergebeugt, emporgehobnen Hauptes die Seligkeit von den Lippen des theuren Mannes saugte. Er hielt sie mit beiden Armen krampfhaft umschlungen, und fühlte ihren Busen an seinem klopfenden Herzen wallen.

„Heinrich," flüsterte sie, „ich möchte dich doch du nennen."

„So nenne, mein Herz, nenne."

„Und eine Bitte habe ich – – ."

„So rede."

„Die Bitte, daß du nie, nie mehr auf dieser Erde ein anderes Mädchen so liebst, wie mich – – und daß ich – – ."

„Was, Engel, daß du . . . . ?"

„Nicht wahr, Heinrich, du nimmst kein anderes Weib? ich müßte mich dann recht schämen."

„Und ich! bei dem lebendigen Gotte mich noch mehr. Anna höre mich: jetzt lieben wir uns blos, das ist leicht und süß, aber es muß mehr werden. Ich werde dich von hier fortführen, und bald, du mußt meine Gattin werden, ich dein Gatte, das ist schwer, aber unendlich süßer: immer an demselben Herzen, losgetrennt von Vater und Mutter und von der ganzen Welt – du mußt lieben, was ich liebe, du mußt theilen, was ich teile, du mußt sein, wo ich bin, ja außer mir muß dir nichts sein: ich aber werde dich ehren bis in's höchste Alter, werde dich schätzen, wie den Schlag meines eigenen Herzens, werde dein Geliebtes lieben, werde außer dir nichts haben – – und wenn Eines stirbt, muß das Andere Trauer hegen bis zum Grabe. Anna willst du das?"

„Ja, sagt einmal, kann es denn anders sein?"

„Freilich, wo es recht ist, kann es ja nicht anders sein: das andere ist eben keine Ehe."

„Und wohin werdet ihr mich denn führen? – – aber ach Gott,

wie wird es denn sein können? Der Vater wird in Ewigkeit nicht einwilligen, und die Mutter auch nicht. – – Ihr seid so gut, ganz lieb und gut, aber ihr thut ja nicht, wie alle andern Männer, die ein Weib nehmen. Sie haben Haus und Hof, oder sind, wie Thrinens Stadtschreiber: aber ihr geht in den Bergen herum, schlagt Steine herab, bringt Blumen in's Haus – – .“

„Siehe das ist +so: Wie du in deinen Büchern liesest: so lese ich im Buche Gottes, und die Steine und die Blumen, und die Lüfte und die Sterne sind seine Buchstaben – wenn du einmal mein Weib bist, wirst du es begreifen, und ich werde es dich lehren.“

„O ich begreif es schon, und begriff es immer; nur daß ihr es jetzt ganz klar gesagt habt. – Das muß wunderbar sein!“

„O du unbewußtes Juwel! freilich ist es wunderbar, unausstaunlich wunderbar!! – – was deinen Vater und deine Mutter anlangt, so sei außer Sorge, ich werde ihnen zu rechter Zeit ein rechtes Wort sagen, und sie werden plötzlich und mit Freude einwilligen, ich muß nach einigen Tagen fort gehen, dann wird sich bald alles lösen. Ich mußte nur eher wissen, daß du mein werden willst. Ich will dir's sagen, darum bat ich dich eigentlich zu mir – – ich will dir's sagen, holde Unschuld, aber du darfst es keinem Menschen verrathen.“

„Nein! sagt es lieber nicht, ich verriethe es vielleicht doch. – Sagt es nur einst dem Vater, daß es gewiß wird, daß ich euer Weib werde – es ist ohnehin schon hart genug, daß ich es verschweigen muß, daß ich euch so gut bin. – – Denkt nur, neulich hab' ich es gar dem Philax in's Ohr gesagt: ich lieb' ihn von Herzen, von Herzen, von Herzen – aber der Thrine darf ich es morgen sagen?“

„Wenn du mich liebst ....“

„Nein, ich sag's ihr auch nicht. Wenn ihr nur nicht zu lange ausbleibt, werd' ich es schon überdauern.“

„O du schönes, naturgetreues Herz, wie werd ich dich verdienen," sagte er nach einer Weile mit gerührter Stimme, und wenn seine Augen nicht im Schatten gewesen wären, so hätte sie sehen können, wie fast Thränen in dieselben getreten waren. – Sie aber nahm seine Hand in ihre beiden, und hielt sie fest und herzlich. – – Und wie sie so schwiegen, und wie um sie die ganze glänzende Nacht schwieg – da krähte hell und klar der Hahn, die Trompete des Morgens, der Herold, der da sagt, daß Mitternacht vorüber, und ein neuer Tag anbricht.

Anna sprang auf: „Um Gottes willen, seht, der Mond steht so tief, daß er in den Laubeneingang scheint, und die Luft wird lichter – ich muß zurück in's Haus, lebt wohl."

Er stand auch auf: „Nur noch eine Minute, Anna, noch eine Secunde, nur diesen Kuß – so – – aber du sagst ja schon wieder: ihr."

„Nun denn: du, so lebe wohl, lieber, theurer Mann, und komme doch recht bald, und sage das Wort zum Vater."

„Und die Tage, die ich bleibe – kommst du noch einmal zur Laube, Anna?"

„Nein Heinrich, es ist nicht recht, ich will euch unter Tags in dieser Zeit recht freundlich anblicken, wenn auch der Vater scheel sieht, aber kommen kann ich nicht mehr, es ist doch nicht recht; sagt nur bald das Wort, dann bin ich immer bei euch Tag und Nacht."

Noch einmal, auf die Spitzen ihrer Zehen gestellt, empfing sie seinen Kuß, „lebe wohl," sagte er, „du innig süßes Herz – gute Nacht." „Gute Nacht," sagte sie, und verschwand in dem Schatten des Laubes.

Er war allein.

Frischer, gleichsam dem Morgen zu, rauschten die Wasser der Pernitz, und die Blätter der Zweige begannen sich in einem kühlen Nachmitternachtlüftchen zu rühren. Der Wanderer aber ging tiefer in den Garten zurück, schwang sich über die Einfriedigung, und schritt über den mondhellen Wiesenhügel dem Walde zu, als sei es ihm nicht möglich, in diesem Augenblicke seine Schlafstelle zu suchen. Die glänzende Nachtstille blieb ungestört, und nichts rührte sich, als unten die emsig rieselnden Wasser, und oben die Spitzen der flimmernden Sterne.

2.

Das graue Schloß.

Es war ein Klingeln und Läuten und ein freudiges Brüllen und Meckern durcheinander, als am andern Tage die Morgensonne aufging, die Bergthäler rauchten, und die Heerde wieder zu den Triften hinanstieg. Aber der Hirt Gregor ging nicht mit, sondern er stand in steifem Sonntagsputze auf der Gasse, und sonnte sich, nur der graue Hund in seinem ewigen Werktagswamse und der Hirtensohn begleiteten die Heerde, der eine freudig sein Halsband schüttelnd, der andere rüstig den Bündel Steigeisen, und das Griesbeil*) schulternd, die einzigen zwei Wesen, welche heute arbeiten mußten; denn alles andere ging der Feier und Ruhe nach. Auch der alte Boten-Simon stand schon mit einem glänzenden Gesichte, von dem er den zolllangen Wochenbart geschoren, und mit noch glänzenderer Jacke auf der Gasse da, und schaute herum, recht behaglich die Wonne des einzigen Ruhetages der Woche fühlend, an dem er sonst nirgends hin, als in die Kirche zu gehen brauchte, was er sehr gerne und immer mit vieler Salbung that. Die Pfeife dampfte bereits, und auf dem Hute hatte er ein ganzes Gebüsche von Gebirgsfedern stecken, nebst einem riesenhaften Fächer eines Gemsbartes. Die warme Sonntagssonne

*) Alpenstock.

stand bereits am Himmel, und warf eine freudenreiche Strahlenmenge in das Thal, an den Bergen blitzte der Thau, und die Pernitz rollte lauter Gold und Silber durch die Felsen. In allen Häusern rührte und rüstete es sich sonntäglich, und die Waldhöhen standen in einem wahren Lauffeuer vom Singen und Schreien der Vögel.

Oben im +Stockwerke der grünen Fichtau öffnete sich ein Fenster, und das Antlitz des Wanderers blickte heraus, die Haare von der freundlichen Stirne zurückstreifend, und die Augen nach Himmel und Wetter richtend. Beides ward genügend befunden, und er wollte eben wieder zurücktreten, als auch Vater Erasmus aus dem Hause schritt, zunächst an seinem Leibe schon die schimmernde Sonntagswäsche und die Sonntagskleider tragend, darüber aber noch die Werktagsjacke geworfen und die Alltagskappe auf:

„Guten Morgen, Simon," rief er, „guten Morgen! Ein schöner Tag das, es sind Tage zur Flachsblüthe."

„Blüht bereits wie ein blaues Meer im Asang draußen," sagte Simon.

„Ich habe ihm den handigen Fuchs in die Gabel zu spannen befohlen, redete hierauf der Wirth durch die Thüre des Gassengärtchens hinein; denn er ist gelassener, als der andere, aber ich sage dir, Anna, daß du dich nicht etwa verleiten lässest, wenn er dich einladet mit ihm zu fahren; der Fabelhans würfe dich am Ende sammt sich in einen Graben – fahre mit mir, wer weiß, wie bald ohnehin Einer kömmt, der dich auf immer und ewig davon führt."

Anna, die im Gärtchen Rosen und anderes zum Sonntagsputze schnitt, wurde in diesem Augenblicke unter der Gartenthüre sichtbar, und ihre schönen braunen Augen gegen den Vater hebend, sagte sie: „Ei, er wird mich nicht einladen, und der andere wird auch nicht kommen, lieber Vater."

Sie war wieder gar so schön in dem Morgenkleide; denn wenn

sie auch öffentlich immer im Landesschnitte ging, so trug sie doch zu Hause Kleider nach eigener fantastischer Erfindung, und Vater Erasmus, einst ein Kenner weiblicher Schönheit, und heute, weiß Gott, warum, besonders gut gelaunt, wurde vollends schalkhaft, indem er sagte: „Nun, nun du Narre, er wird nicht ausbleiben, aber wenn er kömmt, – ein ganz auserlesener Bräutigam muß es sein, sonst lasse ich dich nicht von hinnen, ein ganz ungeheurer Prinz von einem Bräutigam muß es sein."

„Wenn ich aber nicht gerne, so ganz recht gerne fortgehe," erwiederte sie treuherzig, „nicht wahr Vater, so soll mich Keiner aus der schönen Fichtau fortbringen?"

Und wie sie so nun ihre Augen, in denen, wie in ihrem Herzen eine dunkle Gewalt der Dichtkunst lag, die sich aber nicht anders zu äußern vermochte, als in der süßen, mährchenhaften Schönheit des Blickes, von der sie aber so wenig wußte, wie ein Kind, das im Sande mit zwei Diamanten von Golkonda spielet, – als sie diese Augen scheu und demüthig, weil ihr das Herz pochte, gegen ihren Vater richtete, so rieselte es ihm, der ohnedem närrisch über sie war, wie von einem plötzlichen, lächerlichen Stolze und von lächerlicher Freude durch die Glieder, und er platzte los: „Das soll +er auch nicht, ja ich sage dir, wenn du nicht ein Glück machst, daß du ordentlich darnach zitterst, so darfst du nicht aus dem Hause, ein Glück mußt du machen, daß die ganze Fichtau die Hände zusammen schlägt." Ueber Annas Angesicht floß bei diesen Worten ein Purpur, so tief und schön, wie der der Rosen in ihrer Hand; denn in ihrem Herzen regte es sich bereits von einem Glücke, das so dunkel und selig war, und weit, weit über das des Vaters hinausging, ein Glück, so süß, so knospend und drängend, und ach so angstvoll, daß sie meinte, es stehe ihr im Antlitze geschrieben, und Jeder werde es herauslesen – darum vermochte sie auch nicht, weil sie von dem eignen Herzen überfallen war, das centnerschwere Augenlied zu heben, sondern sie ging augenblicklich wieder in den Garten, weit zurück, und trat vor den Flieder, aber sie schnitt nichts ab, sondern stand davor, und sah ihn an sinnenden, verwirrten, gedankenvollen Auges – oben im Gemache aber stand Einer und legte sich die Hand, wie in tiefer Reue an die Stirne – nur die zwei arglosen alten Männer standen auf der Gasse und plauderten fort.

„Ihr habt da eine gottlose und hoffärtige Rede gethan, Erasmus," sagte der Boten-Simon, „wenn ihr eurer Tochter ein so vermessenes Glück erzwingen wollet, daß es über alle Menschlichkeit hinaus geht, seht zu, daß euch Gott nicht mit ihrem Unglücke strafen möge."

„Nun es ist nicht so gemeint," fiel ihm der Fichtauer Wirth in die Rede, „wenn's nur ein tüchtiger Mann ist, kein so Haselant, wie der Stadtschreiber, mit dem der Schmied so dick thut, sondern ein franker Biedermann, der sein Geschäft rasch weg thut, schön und jung und freundlich ist, und die Anna ein wenig hätschelt, weil sie's gewohnt ist. Ein paar Pfennige muß er haben, und dann legt sie das ihrige dazu; denn mein einziges Kind geht nicht leer aus der grünen Fichtau – und verdient sie es denn nicht? sagt Simon, ist sie nicht ein Ding, daß es ordentlich eine Schande ist, daß ich ihr Vater bin? – – Nur meinen Kopf und Sinn hat sie nicht, der ist nie auf solche Faselei und Narrheit gegangen, das hat sie von der Mutter."

„Ja, ja," sagte Simon, „sie ist absonderlich geworden; ich dutze sie schon seit einem Jahre nicht mehr, aber ich glaube immer, ihr habt sie vermessen über ihren Stand erzogen."

„Das soll sie auch," sagte Erasmus, „sie soll über ihren Stand, darum that sie noch keinen Schritt in die Schenkstube – und somit holla!"

Mittlerweile war der eine oder andere jener einspännigen Gebirgswägen vor die Gasse der grünen Fichtau gefahren, welche an Sonn- und Feiertagen gewöhnlich die wohlhabende Klasse in ihre Kirche führen, während die Andern den oft mehrere Stunden langen Weg zu Fuße machen. Dabei ist es Sitte, daß man gerne ein wenig an der grünen Fichtau anhält, und seine Gespräche und Ansichten austauscht, da es den im Gebirge zerstreuten Bewohnern selten zu Theil wird, daß sie sich sehen und besprechen können.

Nach und nach standen bereits mehrere Gruppen von Menschen und Wägen auf der Gasse, und sowohl da, als auch in der Gaststube waren lebhafte Gespräche, da sich auch mancher Fußgänger hinzu gesellte, von Sprechlust getrieben, oder von dem Wunsche, ein kleines Frühstück einzunehmen.

Das Zimmer des Naturforschers im oberen Stockwerke erglänzte indeß freundlich von den Strahlen des Morgens, und sein Schimmer fiel auf die allerlei Stufen und Steine, die umherlagen und düster funkelten, oder auf Kräuterleichen, deren dürre und spröde Gerippe die wohlthuende Helle und Wärme nicht mehr empfanden, die durch die Fenster hereinwallte, und die ihnen einst auf ihren freien Bergen so herrlich war – der Mann aber ging unter diesen Sachen herum und sah sie nicht an; denn auf seinem Herzen lag es, wie alle Erze und Berge der Welt – wie war ihm denn!?? – War's denn nicht ein schönes Thal voll grüner Pflanzen und freundlichen Gesteins, in das er gekommen, ein Thal so reich zur Sammlung, und mit einem schmucken Mädchen obendrein, um zeitkürzendes Liebesspiel zu beginnen – und nun stand er da – das Spiel war im andern Herzen zu so rührendem Ernste erwachsen, daß es ihn erschütterte – wie kam es denn?! – die Tage waren so linde, schmeichlerisch und so unschuldig über sein Haupt gegangen – und da er aus ihnen emporblickte, so war er übermannt von der Gewalt des Gewordenen, und von der Verantwortlichkeit der Zukunft – welche Waffen waren es denn, die ihn besiegten? Gerade, daß es keine waren, waren die fürchterlichsten – sie heischte nicht, sie forderte nicht, hoffte nicht, sondern liebte nur, und hatte nichts, als die Hilflosigkeit und Schönheit ihres Herzens, daß er sie lieben mußte mit allem Schmerze und aller Gewalt, dessen sein Wesen fähig war, und daß, wenn er sie so stille und sinnend und brütend sah, ein solches Unmaß von Erbarmen in sein Herz kam, daß er sich sogleich alle seine Adern hätte öffnen lassen, wenn es nur ihr, nur ihr Linderung zu verschaffen im Stande gewesen wäre. – Er wäre gerne an's Fenster getreten, aber er fürchtete sich, sie noch immer am Flieder stehen zu sehen.

„O heilige Gewalt der reinen Natur!“ sagte er zu sich, „wie hab' ich dich immer und so lange in Steinen und Blumen gesucht, und nun doch in einem Menschenherzen gefunden – und welch ein Eigensinn, welch eine närrische Laune des Glückes gehörte dazu, daß alles so wurde? Ich mußte in dieß abgelegene Thal kommen, dort mußte einem tollen närrischen Manne eine Tochter geboren sein, mit Gaben, die ihm und ihr ein Räthsel sind, der tolle Mann mußte aber wieder in seiner verblendeten Zärtlichkeit auf den Gedanken kommen, an ihr nichts erziehen zu wollen, als was sie selbst wurde, damit sie naturrecht, unverbildet, ihrem inneren Gesetze treu herankeimte zu einer Knospe, in der alles ist und die jetzt und jetzt, wie ihr's eben anfasset, zu einer Blume auseinanderbrechen kann, daß ihr selbst erschrecket. – – O wie will ich alles, was gut und schön ist auf dieser Erde, an dein Herz legen; wie wird's ein Fest sein, lebelang eine Schönheit nach der andern aus deiner Seele zu locken! – – – Aber wenn nun meine Vermuthung doch nichts wäre – wenn mich das nächste Jahr so fände, wie jetzt?! – – und wenn auch – dann auf! und strenge deine Kräfte, die so sündlich verschleuderten, an, daß etwas werde, wovor der tolle, gute, derbe Vater Ehrfurcht hat – – .“

„Nun da hast du ja einen ganz gewaltigen Pack von Blumen und Kraut aus dem Garten geplündert, und trägst dich damit, wie unser verrückter Gast, wenn er das Heu von allen unseren Bergen zusammenschleppt,“ hörte man den Vater Erasmus unten rufen, und der nachsinnende Wanderer trat augenblicklich an's Fenster.

„Es ist nur, +Vater,“ sagte Anna, „weil ich Thrinen einen recht vollen Strauß mit in die Stadt geben will, wo sie so arm an Blumen ist, in dem großen widerwärtigen, steinernen Hause – und wie man die Blumen in einen Strauß ordnet, habe ich von unserm Gaste gelernt, der mehr von Blumen und Gewächsen versteht, als wir alle zusammen im ganzen Fichtauer Thale; es ist auch ein Leben, ein wundervolles, in ihnen, hat er gesagt, und ich glaube es auch, und gewiß haben sie auch noch recht liebe, kleine Seelen dazu – er weiß schon, warum er sich so mit ihnen abgibt."

„Nun der steht zu deinen Büchern," erwiederte der Vater, „aber siehe zu, daß ihr bald mit eurem Kirchenputze fertig werdet; denn in einer halben Stunde wird abgefahren."

Anna ging in's Haus und nur dem Ohre Heinrichs war ihr leichter Tritt auf der Treppe vernehmlich, wie sie die Blumen auf ihr Zimmer trug.

Nach einer halben Stunde waren die schlanken glänzenden Füchse des Fichtauer Wirthes jeder an seinen Wagen gespannt, Erasmus in einem feinen fast städtischen Sonntagsrocke steckend, ging unruhig hin und her, weil sein Weibsvolk in alle Ewigkeit nicht fertig wurde. Boten-Simon hatte zu einem riesenlangen +Stocke gegriffen, um seine Kirchenwanderung zu beginnen; denn der Schecke mußte am Sonntage Ruhe haben. Andere Wagen warteten auch, um sich dem Zuge anzuschließen; der Schmied saß in lächerlichem Putze da, und hatte eine flammendrothe Decke auf den Wagensitz gebreitet, und auf das Geschirr des Pferdes gesteckt, um den Stadtschreiber würdig zu empfangen. Auch der Wanderer stand schon da in seinem schönen Gewande, daß er ordentlich wie der vernünftigste Mensch aussah – – siehe, da erschien endlich auch Anna und die Mutter auf der Treppe herabschreitend, die abseits der Gastzimmer von Annas Stube in den Garten führte.

Die Mutter, eine sehr schöne Frau, mittlerer Jahre, mit Gesichtszügen, deren Ausdruck über ihrem Stande zu sein schien, war in dem gewöhnlichen Sonntagsanzuge der wohlhabenden

Gebirgsbewohner, obwohl alles an ihr von besserem Stoffe und feinerem Schnitte war; denn Erasmus setzte seinen Stolz darein, die Früchte seiner guten Wirthschaft an den Seinigen zu zeigen – Anna war so gekleidet, daß man durchaus nicht sagen konnte, es sei an ihr etwas anders, als an den andern Mädchen des Thales, und doch, wenn man sie so über die Gasse sittsam dem Wagen zuschreiten sah, so hätte man geschworen, sie sei aus einem ganz andern Lande, und trage eine Kleidung, die sie sich erfunden, weil sie in derselben am schönsten sei. Da sie an Heinrich vorüber kam, überzog ein feines Roth ihre Wangen, und ihres Versprechens eingedenk, richtete sie ihre schönen Augen voll treuherziger Liebe auf ihn, so daß jeder, nur ihr Vater nicht, erkennen mußte, daß hier mehr, als bloße Freundlichkeit im Spiele sei.

Der Naturforscher nöthigte aus Gutherzigkeit den Boten-Simon zu sich auf den Wagen, welcher aber sehr mißtrauisch war, und nur gegen das Versprechen der Einladung folgte, daß er selber die Zügel des Fuchses ergreifen dürfe, sobald sich zeige, daß der Naturforscher dem übernommenen Geschäfte nicht gewachsen sei; aber zum Erstaunen des Wirthes und der andern fuhr er vor ihren Augen so geschickt von der Gasse weg, und so rasch der Steinwand entlang, daß dem Vater Erasmus das Herz im Leibe lachte, wie er seinen Fuchs so tactsicher dahin tanzen sah, und daß er ordentlich eine Hochachtung für seinen Gast zu fassen begann.

Da es außer unserm Zwecke liegt, das Weitere der Fahrt zu schildern, so beschränken wir uns darauf, ehe wir zu Wichtigerem übergehen, noch ein weniges über den Empfang in Prüglitz und über den weitren Verlauf des Tages zu melden.

Noch ehe unser Zug um den letzten Hügelkamm der Fichtau herumbog, wo dann dem Reisenden der schlanke, spitze Thurm von Prüglitz aus dem breiten Thale entgegensteigt, fuhr ein rascher Wagen gegen sie heran, aus dem, wie er an das Fahrzeug des Naturforschers gelangte, pfeilschnell ein junger Mann sprang – und mit den Worten: „Heinrich, du holdester aller Vagabunden!“ den Naturforscher am Halse nahm, der seinerseits aus dem Wagen heraus mit dem Rufe: „Gott grüße dich, Robert,“ die Umhalsung erwiederte – und ehe sich die Umarmung löste, vermißte auch schon der besagte Robert auf seinem Wagensitze seine Begleiterin; dafür balgte sich Anna an dem Wagen ihres Vaters, von dem sie herabgesprungen war, mit einer weißen Gestalt, und sie küßten und herzten sich, als wollten sie sich todtdrücken – es war Thrine, und wahrhaftig war sie eine schneeweiße Thrine; denn ihr ganzes Kleid war von dem untadelhaftesten Weiß, und das Frauenhäubchen um das junge schöne Angesicht war dem reinsten, weißesten Mittagswölkchen des Hochsommers vergleichbar – sie drückte Annen von sich, sah sie an, und küßte sie dann wieder, und sah sie wieder an, und konnte sich nicht satt an ihr sehen, daß sie denn in so kurzer Zeit gar so schön geworden sei – Anna langte den mächtigen Blumenknäuel, den sie im ersten Schreck weggeworfen hatte, aus dem Wagen, und drang ihn Thrinen auf: „du mußt ihn zu Hause auflösen; denn die armen Stengel sind von den Fäden wund gedrückt, und dann mußt du die Sache ordnen und in deine schönen Blumenbecher stellen,“ sagte sie, und hätte noch mehr gesagt, aber Robert der Stadtschreiber rief mit seiner klingenden Simme darunter: „Nun, ihr Weiberindividuen! auf! und jegliche suche ihren Sitz; denn sie haben schon das Erste geläutet, und wir müssen rasch zulegen, wollen wir noch zur Kirche zurecht kommen – Gott zum Gruß, Herr Schwiegervater! Nach dem Gottesdienste fahren wir Alle in die lustige Fichtau, ich fuhr euch nur zum Willkomm ein wenig entgegen.“

„Schön Dank, Herr Sohn, schön Dank,“ entgegnete der Schmied, aber seine Worte fielen schon in das Rasseln der Wägen; denn der Naturforscher fuhr bereits mit dem alten Simon bergab, als wollte er ihn an’s Ende der Welt entführen, so daß alle Federn auf dessen Hute flatterten, und der Gemsbart sauste;

hintendrein Robert, der inzwischen umgewendet, und seine Thrine wieder aufgepackt hatte, dann folgte Erasmus, der Schmied und die andern.

Nach dem Gottesdienste war bei Robert ein Glas Wein, wie gewöhnlich, Thrine und Anna liefen Thür aus Thür ein, der Schmied saß im Ehrenstuhle, Annas Mutter bekam süßes Gebäcke, die Studienfreunde Robert und Heinrich sprachen zehn Minuten angelegentlich in der Fenstervertiefung, und dann fuhr Alles der grünen Fichtau zu.

Da uns der Stoff drängt, so sind wir nicht im Stande, in die Trefflichkeit der Forellen, die Vater Erasmus herbeigeschafft, noch in die Ergötzlichkeit des Scheibenschießens, das er angeordnet, näher einzugehen, so gerne wir es thäten, weil beides für Erasmus weitaus das wichtigste war: sondern wir beschränken uns, nur zu bemerken, daß die beiden jungen Männer wohl eine Stunde im Garten auf- und abgingen, und in das tiefste Gespräch versunken waren, und daß Anna im Verlaufe des Abends einmal der schneeweißen Thrine ohne allen Grund um den Hals fiel, und in Thränen ausbrach, und daß die Stadtleute erst nach Hause fuhren, da schon alle Sterne am Himmel standen.

Diesem lustigen und bewegten Sonntage folgte die ganze langweilige und arbeitsvolle Schleppe der Woche: Simon und der Schecke fuhren landaus, landein, die Sägemühle kreischte, die Schmiede tosete, Erasmus handthierte und wirthschaftete, Anna ging und lief, oder stand und brütete. – Freilich hielt sie treu ihr Wort in Hinsicht des freundlichen Anschauens ihres Freundes, aber zu einer Stunde von solch süßer Herrlichkeit, wie jene Mondnacht im Garten, kam es nicht wieder – der Naturforscher schien zehnmal närrischer, als je, er hieb toll und thöricht in den Gesteinen herum, und trieb alles in fiebrischer Hast und Ungeduld, und +schleppte er ganze Bürden von Gesträuchen nach Hause, so warf er am Ende Abends alles in die Pernitz.

Der Flachs blühte im Asang draußen immer blauer und blauer,

die Tage wurden einer schöner, als der andere, und so kam endlich auch, wie es in jeder Woche gebräuchlich ist, der Samstag, und mit ihm kam der Schecke und Simon, und dießmal auch ein Brief an den Gast der grünen Fichtau. Dieser, als er das Schreiben gelesen, warf alle Stufen und Kräuter durcheinander, kleidete sich um, und lief von dannen, ohne Jemand zu grüßen, und ohne auch nur, was er sonst nie vergaß, seine Wochenrechnung zu berichtigen, was ihm Erasmus, nicht, als ob er Zweifel in seine Rechtlichkeit gehabt hätte, aber der Unordnung wegen, sehr übel nahm, insbesondere, da der Gast auch die Nacht hindurch nicht wieder kam. Des andern Tags, als man, wie Sonntags gewöhnlich, nach Prüglitz zur Kirche fuhr, erfuhr man, daß er über Nacht bei Robert gewesen, und daß Beide mit Tages Anbruch fort gefahren seien, mit der Weisung, sie würden erst spät Abends zurückkehren.

Wo sind sie hin?

Die Sache war die: Fast erst zur Zeit des Schlafengehens war Heinrich auf einmal in die Stube des jungen Ehepaares zu Prüglitz gepoltert, und mit den Worten: „Gott grüße euch schönstens und bestens, liebe schöne Frau! – aber erlaubt, daß ich mit eurem Manne sogleich einige Worte insgeheim in dringenden Amtsangelegenheiten rede,“ zog er Robert in dessen Schreibstube, und sagte: „Nun, geliebtester aller Sindicusse, höre nur alsogleich dieses Schreiben an; das Herz bricht mir ohnehin beinahe aus einander vor Freude und +Erwartung.“

„Lieber Sohn! Du schreibst ohnedem so selten, und dann entweder so kurz oder so verworren, daß uns beides nicht recht ist. Der Herr Pfarrer läßt dich grüßen, und dir sagen, daß es wirklich in der Traumatrikel der Kirche zu Grünberg verzeichnet steht, daß im Jahre Christi 1739 dein Urgroßvater der Doctor mit der ehr- und tugendsamen Jungfrau Margarita Scharnast, der Tochter des Obristen Julius Scharnast, ehelich copulirt worden ist, und der Obrist ist gar ein Graf gewesen, aber er hat es nie gesagt;

denn er war nicht einmal so reich, als wie unser Doctor selber. Wenn es dir zu deinem Fortkommen dienlich ist, alles zu wissen, wie es sich begab, so steht es im Amte zu Grünberg aufgeschrieben, und der Herr Pfarrer läßt dir sagen, du sollst kommen und es dir aufschlagen lassen – auch habe ich mit dem Herrn Sindicus geredet und er sagt, daß von dem Obrist versiegelte Papiere in dem Schriftgewölbe des Amtes liegen. Komme also, und deine Schwester, die Anna, war sehr krank, ist aber schon besser. Die Kiste mit den Kräutern haben wir an den Boten abgegeben, aber es wäre uns lieber, wenn du doch etwas anderes thätest, und dein verstorbener Vater sagte immer, du solltest dich zu etwas Besserem wenden. Nun lebe wohl, und ich grüße dich recht schön und verbleibe deine treue Mutter, Magdalena."

„Das liebe, gute, treue Mutterherz," sagte Heinrich sehr gerührt, – „und nun Robert rede."

„Wenn es ist, wie es jeden Anschein hat," entgegnete Robert, „so segne Gott den Tag, der dich in die Fichtau führte, es ist doppelt gut; denn siehe, du sagtest nichts, und sie sagte nichts, aber ich weiß alles."

„Schweig davon, freilich weißt du alles, und es wird schon gut werden – aber nun sage, wirst du dein Versprechen halten, gehen wir hinauf?"

„Nun ja, sobald du willst."

„Morgen also."

„Sonntags? man wird es übel nehmen, wenn wir nicht in der Kirche sind."

„Ich bitte dich, nur morgen keine Kirche; mir brennt die Erde unter den Füßen, bis alles im Reinen ist; mich zieht es nach dem verzauberten Schlosse, als wäre jede Minute ein unersetzlicher Verlust."

„Gut, also morgen."

Und am andern Tage, ehe noch die Dämmerung anbrach, fuhren die Freunde durch den Schwibbogen des schwarzen Thorthurmes von Prüglitz, und ehe die Sonne die Hälfte ihres Vormittagsbogens erklommen hatte, stiegen sie zu Fuße den steilen Weg zu dem Schlosse Rothenstein hinan. Eine Allee uralter, dichtbehaarter Fichten führte gegen die graue eisenglatte Mauer, und die laue Vormittagsluft seufzte schwermüthig in den Zweigen. Wohl gelangten sie zu dem Thore, aber es war von unten bis oben vermauert, die Tünche der neuen Mauer stach gespenstig ab gegen die verwitterte Kannelirung des Flachbogens, und darüber starrten mißstimmige Trümmer eines Wappens. Robert duckte sich unter das Haselgebüsche, das an der Ringmauer wucherte, und tappte einige Schritte vorwärts, dann drückte er gegen einen hervorragenden eisernen Knopf, und eine grelle Glockenstimme ertönte im Innern in wackelnden, unaufhörlichen Tönen. Und immer noch ein Schlag folgte, und noch einer, und noch einer dröhnend auf das widerwärtige Metall – endlich aber war es stille – allein auch diese Stille dauerte nun fort, durch kein Lebenszeichen von innen unterbrochen, nur von außen durch das tausendstimmige Grillenzirpen des Berges.

Die Freunde harrten.

Endlich, beinahe nach einer Viertelstunde hörten sie über sich eine Stimme: „Nun?“

„Ich bin’s, Ruprecht,“ sagte Robert, „öffne die Pforte; denn ich bringe, was dich freuen wird.“

„Bringt ihr, gestrenger Sindicus? – ei da müßt ihr es aus dem Grabe bringen,“ rief die Stimme wieder, und in dem Augenblicke wurde am oberen Mauerrande ein Haupt sichtbar, dessen Haare und Gesicht dieselbe graue Farbe zeigten, wie daneben die uralte Steinmetzarbeit des Schwibbogens. Heinrich sah hinauf, und erblickte, wie die blaßblauen Augen des alten Hauptes starr verloren auf ihm hafteten. – – Dann aber regte es sich in der Luft, wie ein unheimliches, blödsinniges Murmeln, und das Haupt verschwand. Gleich darauf hörte man ein seltsames Knarren und Aechzen, und zum Erstaunen des Naturforschers schob sich ein

Stück Mauer gleichsam in einander, und die dunkle Mündung eines Pförtchens wurde seitens des vermauerten Thores sichtbar, und in demselben, wie in einem Rahmen, erschien eine riesengroße Gestalt mit Gesichtszügen, als wären sie im Mittelalter verschollen, und würden hier zur Unzeit gefunden. Und ein Lächeln und Rieseln floß über die starren Falten, daß es aussah, wie, wenn im Herbste aus dem Himmel urplötzlich das Sonnenlicht über die düstre Pracht einer Felsenlandschaft gleitet.

„Es erfüllt sich alles, und endlich alles," sagte er kindisch und träumerisch. +„Gehet augenblicklich, und nur sogleich, in den grünen Saal."

„Sei gegrüßt, alter Ruprecht," sagte Robert, „lasse uns alles sehen, den rothen und grünen Saal und das andere; denn es thut noth, daß wir's sehen – wenn du es nämlich zugibst."

„Ja, es thut noth, daß ihr es sehet, es thut noth – es thut noth" – sagte der Alte zögernd – „und ich bin eine Pforte; etwa haben sie dieselbe schon vor hundert Jahren gebaut, und nach dem es einer anhebt, geht Jeder hindurch, oder Keiner – so kommet nur – so kommet – – ."

Der Mann wich zurück, und sie traten ein, und in demselben Augenblicke ging ein fürchterlicher, ein zärtlich gewaltiger Ton über ihren Häuptern durch die Luft.

„Es ist nur die Geige des Prokopus," sagte Ruprecht, „er grüßt euch, Erlaucht – schreitet nur herein in diese alte Stadt des alten Geschlechtes." Bei diesen Worten verbeugte er sich ernsthaft und tief, aber gegen Stellen, wo Niemand stand, und dann richtete er den Mechanismus der Mauer, daß es wie eine ablaufende Thurmuhr zu schnarren anhob, und sich herumschwenkte und schloß, so daß der Ort kaum zu erkennen war, durch den sie hereingekommen.

Sie traten auf einen lichten, geräumigen, gepflasterten Platz, auf den die heiße Sommersonne niederschien, und üppiges Gras aus den Fugen der Steine hervortrieb. Es war kein Schloßhof, sondern ein räthselhaftes Vieleck, der Senkung des Berges abgewonnen, worauf zwei schwarze Sphinxe lagen, mit den ungeheuren, steinernen Augenkugeln glotzend, und zwischen sich das ausgetrocknete Becken eines Springbrunnens hüthend – aber der Wind hatte das Becken halb mit feinem Sande angefüllt; aus den Randsimsen quollen Halme und dürre Blümchen; die Spitze des hintenstehenden Obeliskes war herabgestürzt, und um die Busen der Sphinxe liefen glänzende Eidechsen.

„Der Graf Johannes ist schon vor dreihundert oder vierhundert Jahren gestorben," sagte Ruprecht, und machte mit seiner Rechten ein Kreuz in die Luft.

Die zwei Freunde stiegen indeß den verwahrlosten, ausgewaschenen Weg zu dem eigentlichen Schlosse empor; denn hinter der Gruppe der Sphinxe hob sich der Berg noch weiter hinan, und zerfiel in Gruppen von Büheln und Blöcken, die ein zerstreutes Geschlecht von Mauerwerk trugen, mancherlei Thäler und Gebäude und Terassen zwischen sich lassend, auf denen Gestrüppe und Kraut aller Art wucherte, und mitunter ganze Wuchten verwilderten Weinstockes, der, seiner Zucht entronnen, sich längs des Bodens hinwarf, und um die überall hervorstehenden Marmorblöcke rankte, sein junges, frühlingsgrünes Blatt gegen das tiefe uralte Roth derselben legend. Mancher schreiende Vogel flog empor, wie die Freunde weiter schritten, und schwang sich über die fahlen Mauern gegen den blauen, lächelnden Himmel.

Freilich war es eine halbe Stadt von Schlössern, wie Vater Erasmus es gesagt hatte. Dieß wurde dem Naturforscher immer klarer, je weiter sie vorwärts kamen, und je mehr sich die Werke hinter einander verschoben. Niedere Mauern liefen, Brüstungen bauschten sich, Flügel sprangen vor, seltsame Zacken ragten empor, ein Thurm stand, wie ein Stift, auf einem furchtbaren, rothen Felsgiebel; die Anmuth griechischer Säulen blickte durch eine Schlucht sanft herüber, Brücken spannten sich, Thore wölbten sich, und tausend anderes Werk war da, scheinbar ziel- und zwecklos, aber doch ein Geschichtsdenkmal, wie ein viele Jahrhunderte altes, vielleicht närrisches, vielleicht geniales Geschlecht wunderbar auf diesem wunderbaren Berge gehauset und gegraben und gebaut hatte. Noch dazu nicht ein einziges menschliches Wesen auf ihrem ganzen Wege, als der unheimliche Greis, den Heinrich mehr als einmal versucht wurde, für ein abgeschiedenes Wesen aus längst vergangenen Jahrhunderten zu halten, so widersinnig benahm er sich; denn bald blieb er stehen, und machte mit den langen Armen Zeichen in die Luft, bald murmelte er, bald ging er schnell und redete plötzlich laut und fröhlich zu Heinrich, als ob er ihn lange kennte; dann nannte er ihn aber Sixtus, bald sprach er zu Wesen, die nicht da waren – und auf einmal erzählte er ihnen wieder ganz ordentlich, und nannte ihnen die Flügel und Bauten. Thiere waren genug auf dem Berge. Ganze Schaaren von kreischenden Mauerschwalben flogen um die Thürme und aus den Fenstern; Sperlinge balgten sich auf den Dächern, wo nämlich noch solche vorhanden waren – Hasen hüpften, alle Sorten Schmetterlinge und Insekten flogen, eine Lindengruppe hing ganz voll von summenden Bienen, und zuletzt kam ihnen noch ein Hund nach, ein Bullenbeisser der größten Art, den Ruprecht auch Sixtus nannte, und streichelte.

„Sehet, Erlaucht," sagte er, „wir haben euch die Dinge bewacht, die ihr uns gabet, und er da hat mir geholfen, sie zu bewachen. Es sind immer mehr geworden. Im Sixtusbaue, wo die Zellen ausgehauen sind, fließt alles von Honig; ich habe ihnen nie einen genommen, und der Wein im Keller muß in seiner eigenen Haut liegen. Ich habe es gut gemacht; denn man kann nur durch die Klausur der Nonnen hinein, und da suchte das Gericht nicht. Sehet, das dort ist der Thurm des Prokopus, aber geht nur in den grünen Saal – ihr werdet erfahren, Graf Sixtus, wie gut der Mann conterfeit hat."

„Du hast wieder einen deiner bösesten Tage, altes Rüstzeug," sagte plötzlich Robert zu ihm, und fixirte ihn mit den Augen.

Der alte Mann schwieg augenblicklich, und nachdem er den Sindicus wie fragend angesehen, schlug er die Augen nieder, und Heinrich hätte sehen können, wie sich sogar durch die versteinerten Züge ein feines Erröthen zog, weil der arme, alte Mann oft plötzlich seinen Zustand einsah, und sich dann, wie ein Kind schämte, das Unschickliches that. Er ging von nun an demüthig hinterher, und schüttelte nur zuweilen mit der Hand den Schlüsselbund, den er hielt.

„Die Freude hat ihn aufgeregt," sagte Robert, „oder sonst etwas; denn er ist nicht immer so sehr aus dem Zeuge."

„Und du, wenn du mich lieb hast," erwiederte Heinrich, „so lasse ihn gewähren. Er scheint mir eine Chronik zu sein, in der nur die Blätter durch einander geworfen sind."

Dieß hatten sie lateinisch gesagt; denn der alte Mann heftete mißtrauisch sogleich die Augen auf Robert, sobald er zu reden begann.

Nun hatten sie endlich den Berggipfel erreicht, und Heinrich sah, wie erst eigentlich gegen die andere Seite hinab in einem sanftgeschwungenen Thale der größte Theil der Bauwerke lag: der griechische Bau des Grafen Jodok sah aus einem Schooße dichten Gebüsches herüber; ein edles Geschlecht weißer, schlanker Säulen, und es war auch so grün herum, als zöge sich ein jonischer Garten von ihm sanft gegen die andern barbarischen Werke hinan; denn wie ein verdichteter, zusammengebundener Blitz sprang der Thurm des Prokopus zackig und gothisch empor; der Felsen selbst, auf dem er stand, ragte aus einem Fichtenwalde heraus, der, durch den Borkenkäfer abgestorben, wie ein weißes Gegitter da stand – hinter ihm lagerte sich breit und massiv, ohne die geringste Verzierung, der bleifarbene Sixtusbau mit noch vollständigem, grünem Kupferdache. Breite Treppen, große schwere Thorbogen und Quadern, ungeheure Fenster, flach und ohne +Sims in der Mauer stehend, und eine solche Glätte und Festigkeit zeichneten das Schloß aus, daß man meinte, es sei ein einziger ausgearbeiteter Granit – lange Mauern, Terassen und Gartenbauten gingen von da gegen Westen, wo der Berg erst anstieg, dann eine schöne Ebene bildete, die immer schmäler und länger, wie eine Zunge hinauslief, an deren Rändern der Fels steil gegen die Fichtau abfiel. Hier standen die neueren Gebäude, ein noch wohlerhaltener, moderner Flügel des letzten Besitzers, ein Gartenhaus, allerlei Lusthäuschen, Ruhesitze, mit und ohne Geschmack; hier war es auch, wo man die schönste Aussicht auf die Fichtau genoß, die grün und weich und ruhig in der wohllüstigen Sommervormittagsluft unten lag – noch einen andern Bau voll von Balkonen, Giebeln und Erkern sah man um einen Eichenbestand herüberblicken; er lag am weitesten ab, und war gräßlich zerfallen, auch in der Umgegend standen lauter dachlose zerfallende Trümmer, – es war die Wohnung des alten Julian gewesen. Ein Gedränge uralter, riesenarmiger Eichen schritt von da gegen den Neubau herüber, und man sah zwischen den Stämmen Dammhirsche wandeln, und grasen.

Heinrichs Herz klopfte hoch und seltsam, als er auf einer vorspringenden Platte stand, und den Complex dieser Bauwerke und Gärten und Wälder übersah, zum Theil frei daliegend, zum Theil durch Buschwerk, Wölbungen oder Vorsprünge gedeckt, das ganze durch eine klafterdicke, hohe Granitmauer umfangen, an der, nach der Bauart zu schließen, viele Geschlechter gearbeitet hatten, und die er thörichter Weise bei seiner Entdeckung des Schlosses für die äußere Mauer desselben gehalten, weil er unten und dicht an ihr herumgeklettert war.

Alles das ist vielleicht in wenigen Tagen sein, und ein unabsehliches Feld von Wirken und Schaffen that sich ihm auf, und von Genießen und Schwärmen für seine arbeitende närrische Phantasie, der ein solches Dichtungschaos, wie dieser Berg, gerade willkommen war. Er mußte von der Platte weggehen; denn ein Wirrsaal und ein Getümmel von Plänen und Gedanken kam schon in sein Haupt, die sich schoben und drehten und noch keine Gestalt hatten. Wie viel tausendmal, wenn er so durch die Welt ging, in der kein handgroßes Fleckchen sein war, hatte er gedacht: wenn ich nur so viel vor mich bringen kann, daß ich nicht muß nach Hause gehen, das magere Feld meiner Mutter, wenn sie einmal die Augen zuthut, nehmen, und darauf mir im Schweiße des Antlitzes harte Schwielen und schwarzes Brod erarbeiten; sondern daß ich mir kann ein Stückchen dieser Erde erwerben, wie und wo es mir gefällt, und dort pflanzen und graben und wirken, und es so schön und so närrisch einrichten, als ich immer will, und als es die Menschen nicht wollen – und daß ich dort kann denken und ausbrüten – – und freilich wäre es gut, wenn ich von diesem Neste dann auch zuweilen ausfliegen und ein gut Stück dieser Welt durchschwärmen könnte, um mir ihre Schönheiten nach Hause zu tragen, und sie dort im Herzen zu verarbeiten: dies hatte er gedacht: – und nun ist das alles auf einmal wahr, und noch mehr dazu; das Nest liegt vor ihm, viel überschwenglicher, als er es sich je gedacht hatte, und seine romantischen Vorfahrer hatten ihm bereits trefflich in die Hand gearbeitet, und hinwieder so viel liegen gelassen, daß ein körniger Geist hier noch lebelang zu schaffen hat – und außer diesem Neste: die ganze, schöne, ihm so lieb gewordene Fichtau ist unmittelbar sein mit allem, was darin athmet und lebt – es ist seinem Schutze, seiner Förderung anvertraut – ungeduldig, wie er war, kam ihm schon vor, als müsse er nun dreihundert Jahre leben, um all das Geziemende in's Werk zu setzen – ja manches bereits Bestehende sah ihn so bekannt an, als hätte er es selbst vor hundert Jahren begonnen.

Neben ihm stand der klare, milde, practische Mann, Robert, und sah mit Wohlgefallen auf den Freund und auf die Sache, und die beiden Männer sahen, gegen einander gehalten, aus, wie der Nutzen, und wie die Dichtung – – und können sie sich vereinigen, so kann der eine von dem andern gewinnen.

Die Sage, der alte Ruprecht, stand märchenhaft und mythisch hinter ihnen.

„Das ist ja ganz auserlesen herrlich," rief Heinrich, „ich weiß gar nicht mehr, wie mir ist. Der ganze Berg erscheint mir, wie eine Tradition, davon ich selbst ein Glied bin, und von der Fichtau mein' ich, sie liege gar nicht mehr unten – komm, lasse uns gar auf die Landspitze dort vorwärts gehen, ehe wir in all das Mauerwerk kriechen, und laß uns schauen, ob denn das Land unten noch so aussieht, wie gestern."

Und sie gingen vorwärts auf die Spitze der Landzunge bis an den äußersten Punkt, wo die Wand schwindelsteil abstürzt, und man über die Ringmauer hinaus wohl hundert Klafter tief hinabsieht – und dort war auch ein Bauwerk zur Aussicht aufgeführt, fast wie eine Moschee aussehend, aber statt der Wände waren nur schlanke Säulen mit breiten Zwischenräumen zur Umsicht, und mit umlaufenden +Sitzen von dem rothen Landesmarmor gehauen.

Freilich lag das Land unten, wie gestern: ein sanftes Hinausschwellen von Hügeln und Bergen, in der ruhigen Mittagsbläue der Luft schwimmend, mitten drinnen der glänzende Faden der Pernitz, alles bekannt und vertraut, eine milde Gegenwart, hold herumliegend um die unklare Vergangenheit, auf der sie standen. Von der grünen Fichtau war nichts ersichtlich, nur der Felsengipfel des Grahns blickte röthlich blau, und schwach durch die dicke Luft herüber, und Heinrichs Auge haftete gerne und mit Rührung auf ihm, als einem Denkzeichen des Herzens, das an seinem Fuße schlägt, und das ihm so über Maßen lieb und theuer geworden ist.

Die Freunde sprachen nur wenige Worte, indem sie ihr Vergnügen ausdrückten, und sich die verschiedenen Bergformen zeigten und erklärten, während der Alte noch immer stumm und unbeweglich hinter ihnen stand – nur die auf dieser Höhe ziehende Mittagsluft regte die dünne, graue Locke seiner Schläfe; denn er hatte das Barett von beiden unbemerkt noch immer in den Händen.

Nach einigen Minuten Herumschauens gingen sie wieder zu den Gebäuden zurück, und Heinrich schlug vor, gleich die neuen aufschließen zu lassen, da sie einmal in der Nähe seien, aber Robert erklärte ihm, daß dies unmöglich sei; denn Graf Christoph hatte, ehe er in den afrikanischen Krieg geritten, alle Thore versiegelt, mit dem Bedeuten, daß vor seiner Zurückkunft nichts berührt werden dürfe, im Falle seines Todes aber der neue Besitzer erst am Tage seines Antrittes die Gebäude öffnen möge. Heinrich schaute daher mit einer Art neugieriger Scheu, da sie dicht an den weitläufigen Werken vorüberkamen, an den großen Spiegelfenstern empor, aber es waren an allen, ohne Ausnahme, grünseidne Vorhänge niedergelassen, und diese hingen so ruhig und schwer hinter dem glatten, glänzenden Glase, daß es ihm ordentlich war, als lausche dahinter irgend ein seltsames, oder düsteres Geheimniß. Auch die Siegel, von denen Robert gesprochen hatte, waren an allen Thüren und Thoren sichtbar, sie waren grün, ungeheuer groß, und mit dem Scharnastischen Wappen versehen. Das Gebäude, obwohl neu, war doch nicht in neuem Style gebaut, aber auch nicht im alten – und einen ganz sonderbaren Eindruck machte der Umstand, daß, obschon das Aeußere allerorts von innerer Pracht redete, doch das Ziegeldach in einem Zustande war, wie das einer verwitternden Ritterburg; der Wind hatte den einen und andern Ziegel herausgenommen, worauf bald mehrere oder wenigere seiner Nachbaren folgten, so daß nun an manchen Stellen die nackten Sparren und Latten lächerlich und ungastlich in die Luft hinausstarrten. Der alte Mann sah alles das mit so ruhigen und heitern Blicken an, als wäre es in der schönsten Ordnung. Der Kiesplatz vor dem Portale war von altem Regen zerwaschen, keine Spur von Rädern oder Hufen ersichtlich, und überall zwischen den Quarzkörnern sproßte zartes Gras hervor.

„Und wie lange ist dein letzter Herr schon weg vom Hause?“ fragte Robert, „aber setze doch dein Barett auf, alter Mann.“

„Ja, die Sonne ist heiß," erwiederte Ruprecht, „und eine Pelzhaube ist gegen sie so gut, wie gegen den Winter."

Und wirklich sahen die Freunde, daß sein Barett, das er bisher immer in den Händen gehalten hatte, trotz des heißen Sommertages eine tüchtige Pelzhaube war.

„Nach der großen Krankheit, die im Lande draußen war," fuhr er fort – – „nein, es war ja vor der Krankheit, und Narcissa starb an ihr, weil sie sich so kränkte; aber eigentlich hieß sie gar nicht Narcissa, sondern Tiburtia, aber weil sie so hoch gewachsen war, weil sie so zart und schön war, und weil sie den Kopf stets ein klein wenig gesenkt trug, so hat er sie immer Narcissa genannt – der junge Graf war aber auch so schön, wie kein einziger im ganzen, grünen Saale – der Herr vergebe ihm, er war sehr stürmischen Gemüthes und doch gut wie ein Kind; denn ich habe ihn selber weinen gesehen, daß man meinte, das Herz werde ihm aus dem Leibe springen, und dann ließ er die grünen Vorhänge nieder, siegelte alle Thore zu, und ritt davon, weil er auch trotzig war, wie Graf Julius, der auch fort ging, und noch nicht wieder gekommen ist. Das Drehthor hatte er noch machen lassen, und das große daneben zugemauert – und alle Diener und Jäger und die Hunde und die Pferde, Alles flog des Tages davon, und er sagte: Hüte das Werk, wie den Stern deiner Augen, und halte die Brut ferne von meinem Horste, bis ich komme, zu sagen, daß ich nun mehr gethan, als sie alle, und daß ich nun auch leben wolle nach dem Schlage meines Herzens. – Und ich hab es auch gehütet; sehet, Graf Sixtus, nur die Vögel des Himmels mochten hereinfliegen, und eine solche plötzliche Stille ward es im Sonnen- und Mondscheine, nur daß die Todtengeige des Prokopus zuweilen tönte und läutete; denn er hatte sie wieder richten lassen, ehe er fortging – und es waren fünf, sechs, acht Jahre, bis ihr mit dem großen Pergamente kamet, und viele Herren mit euch, und ihr alles untersuchtet, auch das Papier, so er mir gegeben – – und da sagtet ihr ja selber, wie es in eurem Pergamente geschrieben stehe, daß sie ihn in der heidnischen Stadt so schön begraben haben. Die Narcissa liegt in der Schloßkapelle, der Dechant war selbst herüber gekommen, und hatte gesagt: ich will sie gesegnen. – – Denn, seht, sie konnte nicht mehr warten und das Herz war ihr stehen geblieben. – – Aber trauert nur nicht, Graf Julius, er kömmt doch noch wieder, so wie ihr gekommen seid – – .“

Die zwei Männer sahen sich verständigend an, und schritten weiter. Keiner mochte dringen und forschen, keiner aber war mehr unbefangen. Man war mittlerweile durch den Eichenhag bis nahe an die Ruinen des Grafen Julian gekommen, und wie man aus dem dunkeln Waldesschatten auf den glänzenden Rasenplatz hinaus getreten war, wo mit einem Male die mächtigen Trümmer in die Augen springen – denn sie stehen und liegen auf dem reinlichen, weichen Rasen herum – so sprang der große Hund Ruprechts plötzlich gegen den Anger vor, und wedelte und scharrte und trieb ein Freudengebelle in die Luft – – und Ruprecht schrie empor: „Daß du stürzest, Pia, du fürcherliches Kind, – Pia, Pia, – – siehe, mein Herz, komme eilig herunter – – ich habe dir ja gesagt, du sollest bei den Ringelblumen sitzen bleiben, und sollest zählen, wie oft die Schwalbe zugeflogen kömmt – – .“

Und ein feines, klingendes Silberstimmchen ertönte in der Luft: „Sie flog fünfmal und zwanzigmal, und immer – und von den Ringelblumen ist die erste gelb, und die zweite – und sie waren alle gelb. Ich falle nicht, sieh nur Vater, sieh, ich falle nicht.“

Die Freunde blickten empor, und auf einem der höchsten Balkone des zerfallenden Schlosses, auf einem Balkone, der so in der Luft draußen hing, als klebe er nur an einem einzigen Steine – nein nicht auf dem Balkone, sondern auf dem Geländer desselben ritt ein Kind, dem Anscheine nach ein Mädchen; denn es wallte eine Fülle der schönsten gelben Ringellocken um den Nacken und das glühende Gesichtchen, sie mochte zehn bis eilf Jahre alt sein, oder auch noch jünger – am äußersten Geländer ritt sie und jauchzte, und wie ihr Ruprecht hinauf zugerufen hatte, so wurde sie erst recht freudig, daß Jemand ihre Heldenthat sehe, und so wie sie ihr Stimmchen +hatte erklingen lassen, so stand sie gar auf, und stand oder schwebte auf dem unsichtbar schmalen Stege des Geländers, und ging vorwärts, und ging rückwärts, und neigte sich, und beugte sich über, daß den Männern unten ein Schwindel und Grauen ankam, und ihnen die Augen vergingen.

Und sie rief dem Hunde zu: „Hüon, Hüon, komm herauf.“ Und da dieser sich wälzte und plump in die Luft sprang und abenteuerliche Freudentöne gab, so wußte sie sich nicht zu helfen vor Lachen.

„Es ist meine Enkelin,“ sagte Ruprecht, „ich werde mir noch die Haare ausraufen müssen, wenn mir einmal der Hund ihre zerschmetterten Glieder nach Hause schleppen wird; denn er hat sie lieb und sie folgt ihm auch am meisten.“

Und da die drei noch immer gebannt standen, und hinaufsahen, warf sie die Arme empor, und zeigte hierhin und dorthin, und rief: „Ich sehe alle Mauern und alle Bäume, und die ganze Welt, o, das ist herrlich!“

Und so trieb sie es noch einige Augenblicke, daß es oft schien, als hänge ihr lichtes Kleid, wie eine weiße Sommerwolke im Himmelsblau draußen – die Männer standen regungslos, um sie nicht zu erschrecken und zu stören – aber endlich schien sie ihres Spieles müde, und sie verschwand plötzlich oben; aber schier in demselben Augenblicke wurde sie unten sichtbar, wie sie durch eine kleine Bresche der Mauer neben Himbeergebüsche heraustrat. Allein da sie die Fremden erblickte, die sie während ihrer Seiltänzerkünste oben nicht bemerkt zu haben schien, so blieb sie stehen, und sah dieselben eine Zeit lang mit wilden, schwarzen Augen an, dann aber ging sie zuerst langsam um die Mauerecke, scheu und wild, wie eine junge, schlanke Pantherkatze, dann fing sie an, den jenseitigen Rasenhang hinabzulaufen – der Hund hinter ihr her, und die Freunde sahen noch, wie sie weiter unten das mächtige Thier mit beiden Armen umschlang, und sich mit ihm durch Gras und Gebüsche hinabschleifte, bis sie beide nicht mehr sichtbar waren, und nur die Büsche wogten.

Der alte Ruprecht stand da, und in den tiefen Falten seines Antlitzes schlotterte geisterhaft Zorn und Todesblässe. „Wir werden jenes Loch zumauern, Erlaucht," sprach er gedämpft, „im Parthenon liegen noch Ziegel – – aber da müßte ich die ganze Welt zumauern – – die Raben des Grahns werden kommen, über meine Hütte fliegen, und mir Botschaft bringen, wenn sie schon Tage lang nicht nach Hause gekommen ist – die gierige Kohlmeise wird ihre lieblichen Aeuglein ausgehackt haben, und die Fische der Pernitz werden emsig herumschwimmen um ihre zarten Glieder, daran die Welle wäscht, und sie werden hastig zupfen an dem Fleische, und sich balgen um das Stück, das einer erwischte – – und ich werde sie suchen, und suchen – nicht finden, und dann werde ich zu dem fürchterlichen Himmel empor heulen, daß die Sterne daran zittern; denn sie ist so schön, sie ist das allerschönste auf der ganzen Erde, das schönste zwischen Sonnen und Sternen."

Dann warf er die Augen furchtsam gegen Heinrich, und sagte: „die Treppe ist noch recht schön und breit, Erlaucht, die uns zum Portale führt. Ich halte es immer gesperrt – soll ich öffnen? und das Loch werde ich mit diesen meinen eigenen Händen zumauern."

Und er öffnete, aber es war lächerlich zu schließen, wo nichts zu verschließen war; denn durch alle Fenster wehte die Luft, kein Getäfel und Holz war mehr zu erschauen, der Marmor der Gänge und Säle erblindet; steinerne Stiegen hingen in der Luft, Schutt rollte und rieselte allseits, ein buntes Lichterspiel flimmerte, und hellgrüne Pflanzen taumelten und schossen allerorts, wo nur ein Lüftchen zog und ein Strahl hin küßte. Das Haus war sehr alt, und es soll schon die Wohnung des alten Hans gewesen sein, und

Julian war der Letzte, der in seinen Trümmern wohnte, obwohl damals der Sixtusbau schon längstens stand, und selber sein Vater Prokopus den gothischen Thurm gebaut hatte. Man sah deutlich die Spuren neuer Reparaturen, die aber nun selber schon wieder Ruinen waren. Es mußte viel Getäfel und Holzbaute da gewesen sein; denn manches Mauerwerk stand so seltsam und unbefriedigt in die Luft, daß man leicht sah, es fehle die Ergänzung – und mit Entsetzen bemerkten die Freunde, daß über die hängende und zum Theil schon schief gesunkene Stiege das Mädchen zu dem hohen Balkone gelangt sein müsse. Heinrich sagte zu Ruprecht, daß er ja jede Oeffnung zu dem Trümmerwerke undurchdringlich verlegen möchte, und er nahm sich vor, sollten je diese Besitzungen sein werden, sogleich die gefährliche Stiege abbrechen zu lassen. Ruprecht führte sie bei einem andern Thore hinaus, als wo sie herein gekommen waren; jedoch sie gelangten hier nicht in's Freie, wie Heinrich gehofft hatte, sondern in einen großen lichten Hof, es war aber doch wieder kein Hof, sondern es lief ein heller, freundlicher Säulengang, von hinten durch einen großen Marmorfels geschlossen. Mitten lag eine Art Garten. Wenn ein Wald oder Garten auch eine Ruine sein könnte, so wäre es dieser gewesen, aber sonderbar: mittendurch lief ein breiter, schöner Weg, als wäre täglich Jemand darauf gewandelt, oder als wäre er gestern erst gemacht worden. Zu seinen Seiten jedoch waren eingesunkne Gartenbeete mit blechernen Blumentafeln, und einer fröhlichen Wildniß von Unkraut, eine Mischung von Obstbäumen, aber der eine, eine schwarze verdorrte Ranke, der andere ein Pflock mit zwei grünen Wasserschößlingen, der dritte herrlich und mit beginnender Frucht überfüllt, eine zwecklose späte Gabe und so ging es fort – die Pfirsiche an der Wand, einst die Liebe und der Stolz des Herrn, hingen seitwärts, unfruchtbar, und kläglich verkommen, daß sie eher wilden Schlehenbüschen ähnlich sahen. Eine Ulme war empor geschos[illegible]nd streckte ihre Zweige lustig in den Säulengang hinein.

Und tausend Bienen und Käfer summten und arbeiteten in den üppigen Blüthen des Unkrautes.

Und wie sie im heißen Sonnenscheine immer weiter gingen, so stiegen ihnen die rothen Felsen immer größer entgegen, und Heinrich bemerkte endlich, daß in dieselben eine hohe Pforte gehauen war, mit einem eisernen massiven Thore verschlossen, daran eiserne Schlösser hingen, und wie man näher kam, so sah man auch die gräflichen und die Gerichtssiegel auf den Schlössern. Heinrich erkannte augenblicklich hieran den rothen Stein der Scharnast, dessen Bedeutung ihm Robert heute Nachts auseinandergesetzt hatte; es überflog einen Augenblick sein Herz, wie wenn die Schatten seiner vergangenen Tage um ihn flatterten, und alle die seiner Ahnen ob dem Gewölbe schwebten, wo sie ihre Seelen geschrieben niederlegen mußten.

Neben dieser Pforte war eine andere, aber sie war nicht in den Felsen gehauen, nicht massiv und nicht versiegelt, sondern sie war ein hohes und breites Eisengitter, durch das man auf einen andern fernen Garten sah, in welchem statt der +Blumen einige Kreuze standen, statt des Obeliskes ein weißes Crucifix in der Mitte von vier Linden, und statt des Gartenhauses eine Kapelle, von den Eichen überschattet, die ihre Riesenäste über die Gartenmauer hereinstreckten.

Hieher, dachte Heinrich, waren freilich viele Geschlechter gewandelt, die Einen mit schweren Worten im Haupte, die Andern mit ewigstummem Munde. Zuletzt mag wohl die räthselhafte Narcissa eingegangen sein, – – und wer wird dann kommen? – – sonderbarer Weise fiel ihm in diesem Augenblicke das Kind, Pia, ein, als ob er es mit dem inneren Auge schon irgendwo zerschmettert liegen sähe.

„Ich habe die Schlüssel nicht zu dem rothen Steine," sagte Ruprecht, „sie liegen im Christoph-Hause aufbewahrt, auch wißt ihr ja, gestrenger Sindicus, wie ihr damals mithalfet das Obrigkeitssigill hier anzulegen; denn die Bücher da drinnen reden nur zu Leuten, die aus dem Blute unserer Grafen sind, und jeder Tropfen ist aufgeschrieben, der seit siebenhundert Jahren aus einem ihrer Herzen rann, und keiner darf es lesen, der nicht ein Kind der Familie ist, aber zu dem andern Thore habe ich die Schlüssel."

Und er schloß das Gitter auf, und führte sie durch eine heitere Allee von Linden auf den Kirchhof. Es war der stillste Ort, den Heinrich noch auf dem Berge gesehen hatte, ordentlich zum Frieden und Schlummer ladend; denn von drei Seiten war er durch den Eichenwald des Julian umgeben, so daß fast kein Lüftchen, ja beinahe kein Ton von außen zu dieser Insel dringen konnte, und von der vierten Seite deckte die Lindenallee das alte Schloß so, daß nur hie und da graue Stücke desselben aus dem Himmelsblau hereindämmerten, der Rest aber von schönen, dunkelgrünen Kronen bedeckt war. So war der Ort, wie eine abgeschiedene Waldwiese, die zu Gefährten nur den blauen Himmel hat und das niederfliessende Gold der Sonne. Auch war jene wimmelnde Bevölkerung von Kreuzen und Zeichen nicht da, womit sonst so gerne die Erhabenheit eines Todtengartens zerstört wird, und womit der Mensch seine armen Flitter, mit denen er sein Leben behängt hatte, auch in dieses ernste Reich der Abstraction hereintrödelt: sondern es war nur dunkler, hingehender Rasen mit tausend Blümchen und Kräutern; nur einige Kreuze waren da, die Ruhestelle treuer Diener des Hauses bezeichnend, und ein anderes hohes vom weißen Marmor stand als allgemeines Simbol in der Mitte des Gartens zwischen alten, schöngewachsenen Linden. Einige Mitglieder des Geschlechtes ruhten ohne Zeichen und Monument, wie sie es verordnet, unter der allgemeinen einfachen Decke des Rasens; andere lagen mit Wappen, Emblemen, Ornamenten und Prunk, auch, wie sie es verordnet, in der weitläufigen Gruft unter der Kapelle. Ein einziger Sarg in der Gruft war ganz einfach von Eichenholz gezimmert, und es stand nicht das geringste Zeichen, ja nicht einmal ein Name darauf. Die

Freunde konnten nicht fragen, weil Ruprecht nicht mit ihnen in die Gruft hinabgegangen war, sondern an dem Thore oben ihrer harrte. Aber auch hier fragten sie nicht, weil ein anderes Ereigniß ihre Aufmerksamkeit ansprach, und sie der Frage vergessen ließ, nämlich, wie sie das dunkle Thor der Kapelle heraustraten, hörten sie es plötzlich rauschen, und sahen noch das Wegflattern des Gewandes, und den Sprung des Hundes: das wilde, scheue Kind, Pia, war in ihrer Abwesenheit bei Ruprecht gewesen, und hatte bei ihrer Ankunft die Flucht ergriffen; sie sahen nur noch, wie sie hinter einem Hollunderbusch, der an der Kirchhofmauer stand, verschwand, aber dort stehen blieb, und durch eine Oeffnung ihr schönes Gesichtchen herausbog und halb dreist, und halb geschreckt mit den übernatürlich glänzenden, schwarzen Augen, die Fremden anstarrte – aber wie sich Robert nur regte, so zuckte sie weg, und wurde erst viel später wieder gesehen, wie sie mit Hüon auf einer rothen Felskuppe stand, und dann sah man sie bis gegen Abend nicht wieder. Heinrich konnte sich eines unheimlichen Gedankens nicht erwehren, wenn er sich diese zwei Wesen als die einzigen Bewohner des Berges dachte; den mährchenhaft alten, blödsinnigen Mann, und das verwahrloste, zartgliedrige Wesen, das in seiner Gesellschaft zu einem Wüstenvogel aufwachsen muß, der kreischend und entsetzt aufflattert, wenn ihm die schöne Bildung eines Menschenantlitzes sichtbar wird.

„Sie ist auch stille und gut," sagte Ruprecht, nachdem er die Kirchenthüre gesperrt, und den Schlüssel wieder zu den andern genestelt hatte, „sie saß die ganze Zeit, als ihr in dem Gewölbe unten waret, hier auf dem weißen Steine und athmete ihr Laufen aus, und aus dem Händchen quoll ein Blutstropfen, weil ihr sie an den alten Mauern so erschreckt habt, und sie fragte, wer ihr seid, und warum ich euch denn nicht erschlüge, wie den Wolf, der auch im Winter hereingekommen ist, und mit Hüon spielen wollte. – – Ach sie wußte nicht, auf welchem traurigen Steine sie saß, und die Worte von Menschen und Wölfen redete – – ."

Er zeigte hiebei auf einen Würfel von weißem ungemein schönem Marmor, der seitens der Kapelle lag, aber weder Zeichen noch Inschrift trug.

„Er hat einen feinen Werkmeister gesendet," fuhr +er fort, „da er ihren Tod hörte, damit er dieses Ding meißle nach dem Vorbilde des, worunter Chelion liegt; aber als ihr das große Pergament brachtet, und von seinem Begräbnisse erzähltet, da raffte der Werkmeister den Hammer und Meißel zusammen, und ging fort, daß der +eichene Sarg ohne Namen und Zeichen unten stehen muß, und auch der Conterfeier ging fort, und ließ die schönen, grünen, seidnen Vorhänge hängen, und sie hängen noch dort; denn das Grüne hat er sehr geliebt – – und ihr müsset sie beide züchtigen, Erlaucht, die ungetreuen Knechte."

„Lasse uns um Gottes willen das andere schnell abthun, – mir wird es entsetzlich in der Gegenwart dieses alten Mannes," flüsterte Heinrich seinem Begleiter zu.

Aber in dem Augenblicke sah ihn der Alte mit so schönen treuen Augen an, mit dem Angesichte eines hundertjährigen Dieners des Hauses, dessen treuherzige Einfalt zuletzt identisch geworden mit den Steinen der Burg – – und wer weiß es, wie tief ihn der Schmerz und der Jammer des räthselhaften Hauses berührt hatte; denn diese Züge waren so furchtbar verwittert, als hätten Jahrhunderte des Elendes und des Entzückens hineingeschnitten. Heinrich bereute augenblicklich seine innerliche Härte gegen den Greis, und nahm sich vor, ihn von nun an recht aufmerksam zu behandeln, die arme hundertjährige Waise dieses Berges – namentlich, da er eben mit tiefster Ergebung sagte: „Wir kommen jetzt durch die Eichen zum Sixtushause herum, ich werde euch die Clausur der Frau Hermengild aufschließen, aber es sind jetzt die Bienen d'rin – sie thun nichts, und sind nicht wild; denn ich habe ihnen nie Honig genommen, sie tragen viel aus den Linden der Gräber herüber – – ich werde euch auch den Wein zeigen."

Und er führte sie im Bogenwege durch den Eichenhag, und es stieg ihnen der wohlerhaltene Sixtusbau entgegen.

Wirklich sehen sie hier den seltsamsten Haushalt der Welt: ein schmaler, langer Glasgang mit erblindeten regenbogenfarbigen Scheiben lief neben wucherndem Gebüsche hin, von einem breiten Ueberdache beschattet, nur einige Scheiben fehlten, und eben da wogte es von Bienen aus und ein, und so viel man durch das trübe Glas erkennen mochte, war der Gang, insbesondere die Nischen abenteuerlich mit riesenhaften Waben bebaut, und die allergrößte Thätigkeit herrschte fort, daß es einem ordentlich wirrte und schwirrte im Kopfe, je länger man diesem Treiben dieses Knäuels von Republiken zusah, an einem zu solchem Haushalte so unpassenden und ungewöhnlichen Orte.

„Die Nonnen gingen sonst immer durch den Gang ein," sagte Ruprecht, „aber das ist nun nicht mehr möglich wegen der Bienen, ich werde hier öffnen, wo wir durch die Zellen der heiligen Frauen kommen. – Im Winter gebe ich ihnen immer Stroh; Graf Christoph nahm ihnen noch Honig, denn er war ihr Herr; aber ich lasse sie fortbauen, und es sind schon manche Schwärme in die Fichtau hinausgeflogen, weil die Thoren meinten, es sei hier zu enge, oder weil sie thaten, wie die Jugend überhaupt zu thun pflegt. Die Frau Gräfin Hermengild, als ihr Herr, Ubaldus, im heiligen Kriege gefallen, hat diese Zellen eingerichtet, und Frauen berufen, die in Anbetung Gottes, mit ihr als Nonnen lebten, und kunstreiche Arbeiten machten, die im +rothen Saale sind; aber weil sie nicht von dem heiligen Vater geweiht waren, so wurde es nach dem Tode der Frau Gräfin untersagt, daß sie weiter bestehen; und die letzte starb, da mein Urgroßvater ein Kind war. Er ist auch Kastellan gewesen."

Wir wollen unsere Leser nicht ermüden mit den weiteren Reden des Alten, der seine ganze frühere +Scheu vergessen hatte, und ein lebendiges, redendes Buch wurde, als er sie so durch Zellen und Gemächer, durch Refectorium und Sprechsaal führte;

und als sie all das dumpfe bestaubte Geräthe, die schwarzen Bilder, blinden Fenster, zerfetzten Tapeten und dergleichen sahen: aber zwei Dinge müssen angeführt werden, da sie wesentlich zu unserer Sache gehören.

Als sie nämlich aus der Clausur getreten waren, drang der Alte darauf, daß Robert hier ein wenig warten solle; er müsse dem Andern etwas zeigen. Anfangs zauderten die Männer, aber dann verstanden sie sich hierzu: Robert trat in die Vertiefung eines Fensters, und sah auf die Wolken hinaus, während Heinrich seinem Begleiter folgte. Dieser gab in Miene und Bewegung alle Zeichen der höchsten Freude zu erkennen, führte ihn Trepp auf Trepp ab, sperrte Thüren und Pförtchen auf und zu, machte endlich am Ende eines beinahe verfallenen Ganges Licht, und stieg mit ihm eine Wendelstiege tief hinab; dort öffnete er eine äußerst kleine Pforte, und führte Heinrich hinein: da lag weithin Faß an Faß, der Greis in höchster Freude zeigte darauf, und sagte: „Ich habe euch alles aufgehoben, Graf, der große Eingang ist verfallen, und die Treppe durch die Nonnenclausur wußten sie nicht, da sie kamen, um all das Eigenthum unseres Hauses zu beschreiben, und versiegeln, ich pflege den Wein, und habe noch keinen Tropfen getrunken, gebt mir nur ein klein wenig, wenn ich einst alt und krank werde – ich habe ihn dem Andern nicht gezeigt, ich hätte ihn auch gar nicht in das Schloß gelassen, wenn nicht i h r mit ihm gewesen wäret," und bei diesen Worten brach er in ein kindisches Schluchzen aus, und ehe es Heinrich hindern konnte, hatte er sich niedergebückt und dessen rechte Hand geküßt, indem er lallend und bittend sprach: „Seid nur nicht mehr zornig, daß ich euch so ungehorsam war, nun ist ja Bertha längst gestorben – und sehet, ich habe für alles und alles gesorgt und es gehütet, wie mein eigenes Herz."

Heinrich konnte seine Erschütterung nicht bergen, und wenn der Mann auch wahnwitzig ist, so müßte doch an ihm, den er nie zuvor gesehen, ein Grund vorhanden sein, der eben den Wahnsinn des alten Herzens so sehr aufzuregen im Stande war; jedoch Heinrich vermochte es nicht über sich, zu forschen; denn die Verrückung jener Gesetze, auf deren Dasein im Haupte des andern man mit Zuversicht baut, als des Einzigen, was er untrüglich mit uns gemein +hat, – diese Verrückung trägt etwas so unheimliches an sich, daß man sich nicht getraut, das fremdartige Uhrwerk zu berühren, daß es nicht etwa noch grellere Töne gebe, und uns irre an dem eigenen mache. Daher ließ Heinrich zurückhaltend den Alten gewähren, was und wie er wollte, auch war es merkwürdig, daß derselbe nie objective Zeichen und Antworten von Heinrich, als Sixtus oder Julius, oder wofür er ihn hielt, verlangte; sondern sich selber Rede und Antwort gab, weil er durch Wahnsinn oder die Hilflosigkeit des Alters in seine eigene Subjectivität untergesunken war, und nun ihren Bildern außer sich Gestalt und Wesenheit lieh.

Mit haushälterischer Geschäftigkeit führte er ihn von Faß zu Faß, zeigte die Neunziger, die Eilfer, den vom Rhein, die Ausländer, die Spanier, die Portugiesen – er zeigte ihm die Apparate, mit denen er nachfüllte, die Fässer rein halte, die Luft wechsle – – in allem diesen zeigte sich wieder die bewundernswertheste Zweckmäßigkeit, wie überhaupt in Theilen die untadelichste Klarheit war, nur nicht im Ganzen, in der Gegenständlichkeit der Dinge: über diese schwebte und webte der geheimnißvolle Fittig des Irrsinns.

Ob ihm auch Heinrich keine Antwort gab, so wurde er doch immer vergnügter über die Zufriedenheit seines Herrn, und da er ihn durch die wirklich erstaunliche Reihe von Fässern zurückgeführt hatte, näherte er sich vertraulich dem Ohre Heinrichs, und sagte heimlich: „das ist der neue Sindicus der schwarzen Stadt, sagt ihm kein Wort von dem vielen mächtigen Weine; denn sie versiegeln alles, bis Graf Christoph kömmt: aber der ist todt, und im Mohrenlande begraben – auch Steuer und Abgaben gehen immer ein, und werden im Rathhause der schwarzen Stadt aufgehoben. Jetzt aber gehen wir in die Stube, wo sie alle bereits warten."

„Wird aber nicht Pia Schaden nehmen, wenn wir so lange wegbleiben," sagte Heinrich versuchsweise.

„Wer!?" entgegnete der Alte mit allen Zeichen des höchsten Erstaunens, indem er seinem jungen Begleiter mit der Laterne ins Gesicht leuchtete. Heinrich fühlte augenblicklich, daß er eben einen falschen Griff in das Uhrwerk gethan habe; denn der Geist des Alten hatte in Jahren geschwebt, wo Pia nicht war; daher wurde er erschreckt über die Frage, und der Geier, der eigentlich an seinem Gehirn fraß, nämlich: das Mißtrauen in sein eignes Inneres und in seine eigene Existenz stand auf, und schlug ihm die düstern Flügel wieder um das Haupt. Er ging hastig den Gang zurück, löschte das Licht aus, verbarg mit größtem Scharfsinn die Laterne, führte Heinrich wieder Trepp auf Trepp ab, Gang aus, Gang ein, und sie standen endlich plötzlich bei Robert, der noch immer an seinem Fenster harrte. Es that dem Auge Heinrichs ordentlich wohl, daß er wieder im Tageslichte war, und durch das, obwohl milchtrübe Glas, das liebe Grün der Bäume herein scheinen sah.

Robert heftete einen festen Blick auf den Greis, weil er ahnte, daß etwas vorgegangen. Dieser aber, wie ein Knabe, der seine Lieblingsgedanken unterdrücken muß, denen er so gerne nachhinge, war ganz vernünftig, oder beherrschte sich, es zu sein. Er mißtraute oder fürchtete Robert; gegen Heinrich jedoch zog es ihn mit kindischer, zutäppischer Liebe, um auszuschütten, was er für das Wichtigste hielt, und was gerade das Aberwitzigste war – und beides, Furcht und Liebe, war die ganze Zeit her unverkennbar sichtlich.

„Herr Sindik, wir haben euch müssen warten lassen," sagte er, „was wollet ihr denn nun ansehen?"

„Siehst du, die Sonne ist schon ziemlich weit über ihren Mittagsstand hinab,“ antwortete Robert, „wir wollen nur noch das Wesentliche ansehen, dann müssen wir fort.“

„So wollen wir die Zimmer anschauen,“ sagte der Greis, indem er über einen Vorsaal schritt, aufschloß, und sich anstemmend, die eingerosteten Thürflügel öffnete. Eine Reihe von Zimmern empfing sie mit schwerer, verblichener Pracht; alterthümliche, geschnitzte Geräthe, wunderliche Tapeten, theils noch ganz, theils durch Moder und eigene Schwere zerrissen, Zeltbetten, Putztische, Sesselreihen, alles von altväterischem Prunke, kunstreich, und doch fest gearbeitet, aber bedeckt mit Massen von Staub und Spinnenweben, und ein trübes Licht fiel durch die blinden Scheiben von dem einsamen, funkelnden Tage draußen herein.

Mit den schwermüthigen Gefühlen menschlicher Nichtigkeit und Vergänglichkeit, die uns gerne in Ruinen beschleichen, und mit einer Art düsterer Rückliebe gegen vergangene Geschlechter gingen die Freunde durch diese Stätten versunkenen Glückes und Elendes, und in Heinrichs Herzen regte es sich noch dunkler und tiefer, wenn er dachte, das Blut derer, die hier lebten und litten, habe sich bis auf ihn vererbt, und er sei ein lebendiger Theil dessen, was nun alles da todt und verkommen vor ihm lag.

So hatten sie mehrere Zimmerreihen durchwandelt, einst zu dem verschiedensten Gebrauche bestimmt, von der Oede des Prunksaales an bis zur Heimlichkeit des einstigen Schlafgemaches. Der Alte war ohne viele Theilnahme schweigsam hinter ihnen gewandelt, aber, da sie wieder in einen Vorsaal gelangten, bog er plötzlich und mit Hast um eine Ecke, riß zwei riesengroße Flügel auf – und ein zauberischer Anblick schlug den Freunden entgegen: es war der grüne Saal; denn mit dem feinsten, dunkelsten Serpentin waren die Wände bekleidet, riesengroße Fenster von unten gegen oben zum Theil mit grauer Seide gedeckt, rissen sich gegen den glänzenden Himmel auf, und ihr Glas war glatt und spiegelhaft, als hätte man es in diesem Augenblicke gesetzt –

der Grund aber war, weil es der Alte immer putzte. – – Und in der Lichtfluth dieser +Fenster stand, in die dunkle Folie des Serpentins gerahmt, eine ganze Reihe der herrlichsten Bilder: es waren sämmtliche Scharnast, Männer, Frauen und Kinder, von Haupt- und Seitenlinien – und wie der erste Blick zeigte, von den besten Meistern gemalt. Man sah selbst Rubens und Van-Dyks Pinsel, die besten Deutschen, und sogar den Spanier Murillo. Heinrich, dessen Herz mit schwärmerischer Liebe an der Kunst hing, war erstaunt, ja er war betäubt über diese Herrlichkeit. – Da funkelte die Sonne, die doch nur als bescheidene Scheibe draußen im Blau stand, in wundervollem Schmelze auf jener Rüstung, jenem Goldgehänge, jenen Vasen und Geschirren, schwer und massenhaft an Metall, als müßte ihre Wucht von dem Bilde niederbrechen – auf jenem Antlitze, auf dem weichen Goldhaar der Frauen, in dem lieblichen Auge, auf dem Munde, der eben nur gesprochen haben muß, auf der Hand, die auf dem Marmortische ruhte, oder den schweren Sammt emporhielt – auf den Gesichtern der Männer, über die, obwohl in tausend Gedanken und Leidenschaften zersplittert, doch dieselbe Familienähnlichkeit vertraulich und gespenstisch hinlief: – von der furchtbaren Körnigkeit jener Menschen in Stahl und Eisen an, bis zu der Pedanterie und sanften Weichheit derer, die in Tressen und im schwarzen Fracke sind.

+Robert, der auch den Saal noch nicht gesehen hatte, stand eben so bezaubert, wie Heinrich – Ruprecht im Uebermaße der Befriedigung und des Stolzes stand da, und drückte sein Gefühl dadurch aus, daß er abenteuerlich, und ungeschickt mit seinen Fingern in dem großen Bunde Schlüsseln, den er trug, suchte und arbeitete und nestelte. Er hatte sein Barett abgenommen, als wäre er in der Kirche.

Nachdem der erste Eindruck dieser Einfachheit und Größe (denn selbst die Bilder waren weitaus über Lebensgröße) in etwas vorüber war, ging man zur Betrachtung der Einzelheiten über. Da hing gleich zu Anfang der alte Hans, ein frommer Herr und Ritter, daneben sein Eheweib Adelgund, ein ächt deutsches Gesicht, wie sie uns so gerne aus den Bildern Albrecht Dürer's ansehen. – Von ihm ab folgte die Reihe eiserner Männer und sittiger Frauen: Bruno und Benno – Brigitta und Irmengard, Wenzel und Mathildis, Kajetan und Agnes, – dann Ubaldus, dann Hermengild die Nonne, Johannes der Kreuzfahrer – – und andere und wieder andere – eine ganze Reihe. Vorzügliche Gemälde waren alle, obwohl sie augenscheinlich viel später gemalt wurden, als die Urbilder lebten, aber wahrscheinlich nach vorhandenen, wenn auch schlechten Originalen, denn dafür sprach der in allen Gesichtern der Männer fortgehende Familienzug. Die Namen standen in großen Goldbuchstaben auf dem dunklen Serpentine unter jedem Bilde. Was Heinrich ganz besonders wohl that, war, daß die Bilder ziemlich tief herab gingen, und von oben beleuchtet wurden, wie es denn überhaupt hervorging, daß der Gründer dieser Anstalt nicht die Bilder des Saales wegen aufgestellt, sondern daß dieser in seiner ungeheuren Größe und einfachen Pracht nur zur Verherrlichung jener dienen sollte. So war auch im ganzen wüsten Zimmer nicht ein einziges Geräthstück, blos an Fenstervorhängen waren die mannigfaltigsten behutsamsten Vorrichtungen, um theils die verschiedensten Lichterspiele auf die Gemälde wirken lassen zu können, theils dieselben vor directer Sonne zu schützen. Und wie sehr Ruprecht mit der Sache vertraut war, und sie liebte, zeigte der Umstand, daß er oft durch unbedeutende gelegentliche Züge an Schnüren oder Federn ganze entfernte Bilderreihen plötzlich in das zarteste Licht legte, da sie vorher in ungünstiger Dämmerung geschwebt hatten.

Von den Frauen war keine einzige unschön, manche voll herrlicher Anmuth, und einige Jungfrauen blendend und untadelig, Töchter des Hauses. – Von den Männern war keiner unbedeutend, viele schön, einige voll Schwärmerei oder Gewalt des Geistes; alle mit einem sonderbaren Zuge von Exaltirtheit, wie mit einem Familienzeichen behaftet: – da war Johannes, der Erbauer der Sphinxe und des Obeliskus – dann Sixtus, der Gründer dieses Baues, und wahrscheinlich auch des grünen Saales, dann Ubaldus, der strenge Krieger – und andere. – – Weit unten von denen saß ein alter Mann mit einem Blicke, als glühte Dichtkunst oder Wahnsinn drinnen: es war Prokopus, der Sterndeuter. Jungfrauen in sanfter Schönheit prangten neben ihm, seine Töchter, und hart daran ein seltsames Paar, zwei Männer: der Eine in reichem Goldkleide widrigen Antlitzes mit furchtbarem, rothem Barte, der Andere im armen grünen Jagdkleide, ein sanftes Bild der größten Jugendschönheit; es waren die Brüder Julianus und Julius, Söhne des Prokopus – – Heinrich erschrack fast; – – denn wenn es wahr ist, worüber fast nicht mehr zu zweifeln; wenn er ein später Sprosse all dieser Männer ist, so war es dieser Jüngling Julius, durch den der Strom in sein fernes abgelegenes Heimatthal abgeleitet wurde, daß er selbst nun heute nach mehr als anderthalb Jahrhunderten, ein verschlagner, unbeachteter, letzter Tropfen desselben, vor der reichen Quelle stehe, aus der er kam – wie seltsam die Schicksale der Menschen und der Geschlechter sind, daß er heute hier stehe, und auf die zarte Stirne, und die großen freundlich lodernden Augen eines Knaben schaue, der sein Ur-Ur-Großvater ist, und den er sich vorher nie anders, +denn als uralten, verkommenen Mann vorstellen konnte – daß er selber nun bestimmt sei, ein altes Geschlecht, das dem Erlöschen nahe war, auf's neue zu gründen und vielleicht in die Jahrhunderte fortzuleiten: dazu war nothwendig, daß dieses Bruderpaar zerfiel. – Sind doch die Bilder auf der Wand schon so verschieden, als müßten sie sich jeden Augenblick von einander wenden. – Daß dieser Jüngling in die weite Welt ging, ein thatenreiches Leben führte, als ruhiger und weiser Greis in ein Waldthal kam, dort unvergeßlich segensreich wirkte, und zuletzt sein liebstes Kleinod, seine Tochter Margarita, an einen unbeachteten Mann hingab, blos weil er ihn für vortrefflich hielt, und das

Paar sich in Liebe begehrte – das alles mußte geschehen, daß der heutige Tag würde – nein es mußte noch viel mehr geschehen: – – Heinrich mußte das verlorne lederne Buch seines Ahnherrn des Doctors finden, darinnen von dem sanftmüthigen Obrist und seiner Tochter Margarita lesen, daß er wisse, daß er von den Scharnasts abstamme – ja noch viel mehr; Gott mußte in ihm den abenteuerlichen Hang entzünden, Steine von den Felsen zu schlagen und Blumen zu sammeln, daß er eines Tages von der marmorreichen Fichtau höre, eiligst dahin gehe, Stufen und Erze suche, aber diesen Berg finde und das ganze todte Geschlecht seiner Väter, in deren Mitte er nun steht, der einzig Athmende und Lebende in der ganzen starren Reihe, der einzig Uebrige, um fortzuführen, was sie mit so viel Phantasie und Glut und Leidenschaft auf diesem Berge begonnen. Heinrich schwor es sich in diesem Augenblicke, aus dem Berge und der ganzen Fichtau ein Paradies zu machen.

Indeß blickte dasselbe Schwärmerauge des Prokopus aus dem Bilde, dieselben guten, sanften Blicke der Jungfrauen, und dieselben ungleichen Mienen der feindlichen Brüder – Robert, der seines Freundes Gedanken errathen mochte, stand ernst und in sich gekehrt, und der Greis Ruprecht blickte so gleichgiltig und blöde auf alles, als wisse und ahne er gar nicht den Zusammenhang dieses Bildes und seines jungen Gastes. In der That hatte auch Roberts Auge nicht die geringste Aehnlichkeit zwischen Julius und Heinrich entdecken können.

Man ging weiter.

Julianus war der letzte im Harnisch gewesen, aber auch dieser, ein leichtes vergoldetes Ding, war mehr Spielzeug, als Waffe. Nach ihm begannen die kleinen Degen und die Bordenkleider und Reifröcke, und merkwürdig – war es nun der widersinnige Kleiderschwulst jener Zeit, war es der erquickungslose Geist des vorigen Jahrhunderts, der mit seinem fahlen Fittige auch diesen entlegnen Berg überschattete – die bisherige Reihe bedeutungsvoller Köpfe brach hier ab, und es folgten einige von vollendeter Nichtigkeit, ein Gebäude von Borden und Locken und Angesichter voll Ceremonie und Leerheit. Erst gegen das Ende, bevor der ganze Bilderreigen überhaupt abbrach, gleichsam wie der letzte Glanzblitz einer erlöschenden Flamme, saß noch eine Gruppe, welche Auge und Ahnungsvermögen jedes Beschauers an sich riß; für unsere Freunde aber durch die aberwitzige Vermittelung des alten Mannes wahrhaft erschütternd wurde.

Die pedantische Zeit der Borden und Zöpfe hörte plötzlich bei einem Manne auf, der in ganz fremder Kleidung da saß, in einer Kleidung, die gar keinem Jahrhunderte der Geschichte angehörte; einer Gattung weitfaltigen, rabenschwarzen Mantels mit rother Seide ausgeschlagen – ein Kopf voll Schönheit und Bedeutung sah ernst, und doch sanft schwärmend daraus nieder: „Jodokus“ stand darunter. Die Männer sahen ihn neugierig an, den Menschen, von dem so abersinnige Gerüchte umgingen, und der doch so ruhig und gelassen-thatfähig aus dem Bilde sah, wie man es etwa von einem Epaminondas erwarten würde.

Auf einmal ertönte hinter ihnen eintönig, als ob er mit sich selber kämpfte, die Stimme Ruprechts, welcher sagte: „Er hat selbst den himmelblauen Vorhang im Testamente so verordnet, wie er ist, und daß er nur gehoben werde, wenn dringender Grund ist, das Bild zu sehen.“

Die Freunde blickten auf, und wirklich bemerkten sie, was sie im Augenblicke vorher nicht beachtet hatten, daß das Gemälde neben Jodokus mit blauer Seide verhängt war.

„Nun ist es dringender Grund,“ sagte Robert lächelnd, „enthülle das Ding.“

Aber der Alte achtete nicht auf die Rede dieses, sondern mit einem düstern, verzagten Seitenblicke Heinrich streifend, der es nicht sah, sondern unbefangen da stand, sagte er: „ja, ja, es ist dringender Grund – ein dringenderer kann gar nicht sein; aber, Graf Sixtus, ich warne euch – ihr werdet euch entsetzen.“

Dann zog er an einer seidenen Schnur; der Vorhang rollte sich von selber empor, klappte in eine Feder, blieb stehen – und der alte Mann trat weit in den Saal zurück, als wäre er von tiefster Erschütterung ergriffen – – und ein weibliches Antlitz – nein, es war eine Sonne; denn es wurde ja lichter in dem Saale, als der Vorhang aufging – – nein, Schönheit kann man da nicht sagen; dieses Antlitz wäre dadurch entweiht – man hat Schönheit oft, vielleicht reiner, aber nicht so gesehen: es war ein Kind in sanfter Trauer, nein, es war ein glühend Weib, das lichte Antlitz über dem schwarzen Seidenkleide haltend, wie eine Blume über dunklen Blättern, die Züge wildfremd, aber unsäglich prächtig, ihre Gestalt war klein, wenn ja überhaupt groß und klein dort anwendbar ist, wo völliges Ebenmaaß herrscht, ja sie war fast kinderhaft zart, und doch wohnte ihr eine Gewalt inne, als könnte sie Diamanten schmelzen, oder als wären ihre Augen selber flüssige Diamanten, die da verwundert und fremd herumblicken; die weiße kleine Hand lag auf Marmor und spiegelte sich drinnen – so saß sie da, hilflos, wie ein Wunderwerk fremder Zonen, das in unser Winterland verpflanzet wurde. Zu ihren Füßen schmiegte sich ein Goldfasan.

Unten im Serpentine stand: „Chelion."

Die zwei Männer ließen selbstvergessen ihre Augen auf dem Schmelze des Bildes haften; aber der greise Castellan blickte mit Verzückung nach dem Gemälde, und klapperte mit den Zähnen, – die Freunde sahen erschrocken um, und da sahen sie, wie sich sein Antlitz in der Macht seiner Krankheit abarbeitete, und durch die steingrauen Falten zuweilen dasselbe Roth zitterte, wie sie es heute schon einmal bei einer mächtigen Erregung an ihm gesehen hatten, wo es ihm einen Moment vorschwebte, daß er wahnsinnig sei, und daß sein Haupt Gestalten herbeschwor, die doch nicht da sind – und so mochte er auch jetzt kämpfen mit halbem Bewußtsein, wie einer, der im Fieber liegt, und sich fruchtlos gegen das Anfangen des Deliriums wehrt – aber plötzlich ging er, der bisher viele Schritte hinter ihnen im Saale gestanden war, eilfertig näher, warf den dürren Arm empor, daß er weit aus dem Aermel des alten abgetragenen Rockes herausragte, und daß die Schlüssel in seiner Hand rasselten – dann rief er mit vor Uebermaß des Wahnsinns funkelnden Augen: „Ja das ist entsetzlich, das ist ein Unglück, wie sie schön ist, wie sie über alle Beschreibung schön ist – – ich bitt' euch, wahrt eure Seele, Sixtus, auf den Knieen bitt' ich euch, wahret euch vor Versuchung; denn die +Hölle hängt nur an einem Haare – – alles ist gut abgegangen – er hat sie lieb gehabt, wie der Adler sein Junges fort und fort, aber da war sie weiß, ehe sie gestorben ist, so weiß war sie, wie die Lilien, die unten im Sumpfe wachsen, und die bleichen Häupter auf das schwarze Wasser legen – – und mich hat er oft angeschaut mit den glänzenden Augen – und da er schon den langen, weißen Bart hatte, hat er mich angeschaut mit den schwarzen Augen, wie Nachts die Eule blicket: – aber ich habe die Zähne meines Mundes zusammengeschlossen wie Eisen, und kein Wort gesagt, – und dann hat er mich auch wieder lieb gehabt, und da er unten am Häuschen saß, und die Sonne schien, da hat er meine Hand genommen, und sie gestreichelt, und gesagt: „lieber Ruprecht, lieber Ruprecht;" denn seht (hiebei neigte sich der Greis gegen Heinrichs Ohr, und flüsterte mit bedeutsamem Lächeln) er war seine letzten Tage blöd- und wahnsinnig."

Die zwei Männer schauderte es, und Heinrich trat einige Schritte weg, aber der wahnwitzige Castellan, mitten im Reiche seiner Todten schwebend fuhr fantastisch fort: „Er hätte euch über den Stein hinabgestürzt, ihr seid aber auch viel schöner, als er, gewesen – und ich sah ihn stehen bei Prokopus Thurme, es war Nacht, und sein schwarzer Mantel war so finster, wie die Wolken, die da draußen wehten und Blitze zogen, und es war eine so heiße Nacht, aber es wurde Morgen und klar, ihr waret fort – und es kamen so schwere, so schwere Zeiten, sie war so weiß, wie eine Lilie, und noch kleiner, als sonst immer, und alle sind gestorben, die arme Chelion starb, mein Weib Bertha starb, ihr starbet, und wie er das Schloß angezündet, und unten im Häuschen auch todt lag, lange, gestreckt, den weißen Bart, wie ein zerfetztes Banner haltend, da kam der arme Christoph, seht ihr ihn daneben, aber er ist auch todt, und Narcissa – und alle sind todt – – . . . "

Unwillkürlich sahen die Freunde auf das Nebenbild der Chelion, und wirklich stand ein junger Mann darauf, ihr vollendetes Abbild – wie sie, wunderbar und verführerisch schön, aber mit trüben, schwermuthsvollen Blicken; es war Christoph, ihr Sohn, der letzte Besitzer dieses Berges.

Zu einer andern Zeit und in anderer Lage würden sie lange vor diesen merkwürdigen Bildern und Naturspielen gestanden sein, aber in diesem Momente war es ihnen nicht möglich; denn der alte Mann neben ihnen war von einer so furchtbaren Erregung gefaßt, daß er bei seinen letzten Worten in ein convulsivisches Weinen ausbrach, die Hände vor das Gesicht schlug, und die überreichlichen Tropfen zwischen den dürren, faltigen Fingern hervorquellen ließ, so daß sein ganzer Riesenbau vor Schmerz zitterte, wie die See schwankt, wenn ein ferner Sturm tobt. Das Herz der Freunde that einen Blick in die Schlucht einer verworrenen, vielleicht grausenhaften That – sie konnten nicht forschen, und wollten es nicht; denn bereits funkelte der Wahnsinn, wie ein düstres Nordlicht, an allen Punkten des unglücklichen Wesens vor ihnen, und sie mochten ihn nicht steigern, daß er nicht etwa überschlage, und dem übergroßen, wenn auch uralten Körper Riesenkräfte gebe, und zu Entsetzlichem treibe – auch hat das Menschenherz eine natürliche Scheu, den dunkeln Spuren eines Andern nachzugehen, auf denen es zu Schuld und Unglück wandelte. Deßhalb, gleichsam wie durch Verabredung, schwiegen sie beide tief und ernst, selbst gegen einander, und blickten nur noch trübe auf die beiden Bilder: Mutter und Sohn. Chelion war schön, wie ein reiner Engel, und Christoph war es, wie ein gefallener. Neben ihm war kein Bild mehr, sondern die lange Reihe leerer Nischen für alle noch Ungebornen, als hätte der Gründer auf eine Ewigkeit seines Geschlechtes gerechnet – aber nein, nicht alle waren leer; denn, als sich die Freunde, denen die Luft des Saales bereits drückend wurde, zum Gehen wandten, und in dieser Absicht umkehrten und gegen Ruprecht schritten, so ließ dieser die Hände plötzlich von seinem Gesichte fallen, sprang vor, und ergriff Heinrich am Arme, daß dieser heftig erschrack, sich seitwärts drehte, und dem Greise in's Antlitz sah: aber in demselben war keine Spur einer Gewaltthätigkeit, sondern es glich vielmehr dem eines Kindes, dem man plötzlich die Thränen abschreckte, nur daß sie nicht so lieblich stockten, wie in dem Gesichte des erschrockenen Kindes, sondern hart und schwer, wie gefrorne Tropfen in dem weißen Reife seines Bartes hingen – rathloses Erstaunen und Befremden malte sich in seinen Zügen: „Aber, wie seid ihr denn?“ rief er, „wozu habe ich euch denn hergeführt, oder weßhalb seid ihr denn zurückgekehrt? wozu habe ich denn die Geduld gehabt, als ihr immer auf dem andern Berge herumginget, als weil ich auf die Freude harrte, euch zu zeigen, was ich that, und was euch freuen wird. Alle sind sie da, alle, die da lebten und athmeten auf dem rothen Steine – nur Einer war verworfen – aber er soll es nicht sein; denn seht nur, schon während seinem Leben noch standet ihr da, aber er wußte es nicht, er ging hinüber, und wußte es nicht. – – Wartet nur, ich will zuerst den blauen Vorhang herablassen, weil er nicht offen stehen bleiben darf . . . .“

Diese letzten Worte hatte er beschwichtigend und vertraulich gesagt, und dann lief er gegen Chelions Bild: „Hüll' dich ein, hüll' dich ein,“ sagte er murmelnd, „du schöne Sünde, hüll' dich ein, du Apfel des Paradieses“ – – und er zog wieder an der Schnur, und freiwillig, wie hinauf, rollte sich auch der Vorhang wieder herunter, Stück um Stück den Schimmer deckend, bis nichts mehr sichtbar war, und wieder die unschuldige Seide matt glänzend und straff auf dem geheimnißvollen Bilde stand. Dann aber von der vorigen grausen Erschütterung plötzlich zu unheimlicher, vielleicht eben so grauser Freude übergehend, sprang der Greis zu der Nische neben Christoph, drückte gegen eine Feder, und der Serpentin sprang los, und in das Krachen mischte sich das triumphirende Kichern und Lachen des Greises. Der Stein war nur auf eine Kupfertafel gemalt, und noch ein Bild wurde sichtbar, ein Männerbild, „Sixtus der Zweite" stand darunter. – – Heinrich war weniger, weil er sich selbst nicht so kannte, aber Robert im höchsten Grade betroffen; denn das Bild stellte eines jener Naturwunder dar, und erklärte wenigstens eines der Räthsel; es war nämlich bis zum Ununterscheidlichen Zug für Zug Heinrich, der auf der bemalten Leinwand stand, nur in abenteuerlicher, fremdartiger Kleidung. Heinrich fühlte es auch augenblicklich, nur nicht so, wie Robert, weil er nicht vergleichen konnte. Beide aber waren sehr erschüttert, theils, weil es nun über allen Zweifel klar war, daß Heinrich Einer dieses Geschlechtes sei, theils weil uns jedes unerklärliche Wirken der Naturgesetze mit einer Art Schauer erfüllet.

Es geschieht oft in Familien, daß nach einiger Unterbrechung sich bis zum Erschrecken dieselbe Bildung wiederholt, worauf dann wieder, vielleicht ewige Unterbrechung folgt. So mußte es auch hier sein. Schon bei Julius und Julianus hatte sich die Linie gespaltet, und da stehen sich nun zwei Gestalten aus Nebenlinien gegenüber, die so vollkommen identisch sind, daß sie auch in dem Haupte des Greises, trotz der großen Verschiedenheit der Zeit, in der sie lebten, in eine zusammenfloßen, und er den jungen Mann vor sich zu seinem Jugendgenossen machte, zum Theilnehmer seiner Thaten, vergessend, daß er sich selber ja schon mehr an das hundertste Jahr hingelebt hatte, und lange, lange schon eine andere Zeit über seinen Berg heraufgegangen war, und daß schon andere Geschlechter über den Gräbern derer wandelten, mit denen er immer noch in seinem Wahne leiblich und wahrhaftig umging.

„Lasse ihn in seiner Ahnung," sagte Robert, „es dürfte unmöglich sein, und eher sein Gehirn zersprengen, ehe wir ihm begreiflich machten, daß du nicht Sixtus seiest."

Auch hatte den Greis das unverhohlene Erstaunen, das die zwei Männer in Mienen und Worten zeigten, in das größte Entzücken versetzt; und was zur Vollendung der Täuschung noch fehlte, das setzte er selber gutmüthig und blödsinnig dazu.

„Ich habe euch nach dem kleinen Bilde machen lassen," sagte er, „das so nett und rund im Deckel eures Reisekästchens war, – ihr müsset den Mann belohnen, er hat euch sehr geliebt. – Des ganzen, langen Tages Länge, saß er oben über die sinkende Stiege hinauf, wo Pia das Kind hinauflief, im Julianusschlosse, und malte an dem Conterfei; und ich brachte ihm Essen, und viele Wochen vergingen, ehe ihr so herrlich wurdet – der arme, alte Mann; ich mußte ihn immer beinahe die Treppe hinauftragen – – Gott lohne es, sagte er, Ruprecht, wenn ihr alt werdet. – – Ihr müßt ihm lohnen; er hat noch keinen Heller für das Bild, und sein Alter ist darbend und verachtet."

„Der ist wohl schon im Lande jenseits aller Heller und Millionen," sagte Heinrich, „wenn er damals schon alt war, und die Schuld mag seinem Enkel oder Urenkel zu Gute kommen, wenn einer zu finden ist."

„Und nun," fuhr der Castellan mit Feuer fort, „muß das falsche Kupfer fort; wir werden euch neben Jodock und Chelion setzen, weil ihr früher seid, als Christoph, und dieser muß auf euren Platz herunter. – Fürchtet euch nicht, Graf Sixtus, der andere ist schon gestorben – er ist alt, sehr alt gewesen, und hat einen langen weißen Bart gehabt; und, „lieber Ruprecht," hat er gesagt, wenn er auf der Bank des kleinen Häuschens saß – und Christoph ist auch todt. – +Narcissa darf nicht in den grünen Saal; sie ist aber auch +nicht fertig. Er war ein barscher Mann, ihr Conterfeier, und ging fort, als Christoph todt war – und ihr aber, Erlaucht, kommt nun, und bringet Diener und Leute auf den Berg, daß es wieder lebe und wimmle, und eine Nachkommenschaft werde, den ganzen Saal zu bemalen und die ganze Zukunft zu erfüllen, bis zum jüngsten Tage, und, flüsterte er heimlich, ich werde, ich werde Bertha freien.“

Heinrich sah ihn wehmüthig an, diese eingesunkene, starrende Ruine, trübselig von der Sonne eingebildeter Freude beschienen – er mochte ihm nichts zerstören, sondern er legte ihm die Hände auf die Schultern, und sagte gerührt – es war ihm selbst, als sei es wahr: „Ich danke dir recht herzlich, und tausendmal für alles, was du hier für mich gethan hast, Ruprecht; ich werde für dich sorgen alle deine künftigen +Tage.“ Und ein Zucken und allerlei Bewegungen und Regungen liefen emsig durch die Falten des verfallenen Angesichtes des Greises, Zeugen der Schwäche und der kindischen, inneren Empfindsamkeit des Alters. Er beugte sich mehrmal, und beugte sich tief, bald nach dieser Seite und bald nach jener – es wäre lächerlich gewesen, wäre es nicht schauerlich erschienen. Dann aber schloß er mit allen Zeichen der höchsten Befriedigung, und mit einer gewissen Würde in seiner Gestalt den Kupferdeckel des Bildes, und führte sie aus dem Saale.

Das Gehirn der Freunde war schon beschwert und unruhig durch die vielen seltsamen und widerstrebenden Eindrücke, die sie bereits erfahren; daher schenkten sie dem, was unmittelbar kam, wenig Aufmerksamkeit. Sie gingen noch durch mehrere Abtheilungen des Sixtusbaues. An den grünen Saal stieß ein rother, gefüllt mit den tausenderlei Arbeiten der Frauen des Rothensteines, namentlich mit einer Unzahl Spielereien der Nonnen. Sonst möchte es nicht ohne Interesse sein, diese Zeugen so vieler vorübergegangener glücklicher oder darbender Herzen zu betrachten – aber die zwei Männer eilten vorüber. Ehe sie den Bau verließen, führte sie ihr Weg noch durch ein seltsames Gemach, es war ein Malersaal, die Staffelei stand noch da, selbst ein Bild darauf mit einem Rahmen, auf dem +künstlicher Serpentin gemalt war; die Fenstervorhänge waren niedergelassen bis auf einen, um das Licht auf das Bild zu concentriren; schwere, schön geordnete, grünseidne Draperieen hingen an der Marmorwand nieder, um auf das Bild gemalt zu werden, aber ihre Falten lagen voll dichten alten Staubes, und waren auf dem Bilde erst untermalt, und gerade bei ihnen hatte der Künstler abgebrochen, und alles stehen gelassen, daß alles eingetrocknet und bestaubt war. Doch die Figur war fast vollendet, Heinrich wischte mit seinem Tuche den Staub von ihrem Haupte, und ein schönes, schlankes Weib, wie eine Narcisse, sah demüthig und selig aus der Fülle der schönsten, blonden Locken heraus.

„Geht vorüber, geht nur eilends +vorüber," sagte der Greis, „ich bitt' euch inständig, geht vorüber – es ist nur mein armes Kind – ich habe ohnedem schon um sie geweint. – Sie sollte einst in den grünen Saal kommen, wie euch schon der gemalte Stein um ihr Bild andeutet, aber es konnte nicht mehr sein; sie starb, ehe der grüne Vorhang fertig wurde, und er wurde erschlagen im Lande der Heiden – dann ging auch der Maler davon. – Er wollte erst das Bildniß mitnehmen, ich aber sagte, ich würde ihn erstechen, wenn er's thäte – dann ging er, und kam nicht wieder – ich bitte euch, geht, und laßt sie stehen, wie sie steht. Alles nicht zu Ende, alles falsch, ihre Ehre und Erhebung falsch, wie der Stein, den sie um ihr Bildniß malten. – – Es hat sich viel geändert, als ihr fort waret: Graf Jodok hat seinen Sohn Christoph verfluchet, und dieser ist nicht gekommen, bis der Vater todt war, und dann kam er, und war wie eine scheue Amsel auf dem Berge, und gesellte sich zur schlanken Ammer, die immer erschrocken das Köpfchen warf – – Aber sie beide waren so schön, wie gar nichts auf Erden, und lauter Friede und Heimlichkeit war auf dem Berge. – – Laßt sie ruhen – laßt sie ruhen – hier ist das Thor, das in den Garten führt."

Und fast hastig sperrte er auf, und war sichtlich erleichtert, als die Freunde hinausgetreten waren; denn mit Kraft und Schnelle drehte er dreimal den Schlüssel im großen Schlosse, und schlug noch mit der Faust auf das eiserne Thor, recht freudig, daß es einmal zu sei. Aber auch die Männer waren erleichtert, als der düstre, schwarze Bau gleichsam hinter ihren Rücken zurückwich, und die helle, grüne Landschaft glänzend in der Nachmittagsonne vor ihnen lag, und sich die Fluth des lieben vertrauten Sonnenlichtes wieder um sie ergoß. Es war ein reicher, lieber Garten, durch den sie gingen, voll der sanftesten Sträuche und Bäume nebst Resten verkommener, ausländischer Gewächse. Mitten in dem Garten stand ein großer, weißer Würfel aus dem feinsten Marmor, auf welchem die Worte: „Jodokus und Chelion" standen. Dann gelangten sie auch in den griechischen Säulenbau des Jodok, das sogenannte Parthenon: die Säulen standen hoch und prächtig in die Lüfte, und Gemächer und Corridore liefen; aber die Keuschheit des Marmors war häßlich von Rauch und Flamme geschwärzt, und verödet – eine Schicht unreiner Ziegel lag zwischen den beschmutzten Säulen, und schändete die edle Leiche des Gebäudes. Von dem Parthenon gingen sie durch Obstgärten und einen abgestorbenen Fichtenhain empor zum Thurme des Sterndeuters Prokopus. Er war leer, nur daß noch Reste von Postamenten zu astronomischen Geräthen herumstanden: aber eine riesenhafte Aeolsharfe war von dem Steinboden bis zu seinem Gipfel gespannt, und ihre Saiten wogten leise und tief und zart im Hauche der leichten Luft, als die Freunde eben davor standen, gleichsam als redete sie jetzt freundlich zu ihnen, während sie öfter unter Tags einen lauten, langen Ruf über die Berge gethan.

Mit dem Thurme des Prokopus war die andere Seite des Schloßberges erreicht, und sie begannen endlich den Rückweg, und zwar auf einer andern Seite, als sie heraufgekommen. Sie trafen hier, ehe sie zu den Sphinxen kamen, die Wohnung des

Castellans, wo sie noch einmal das Kind Pia sahen, wie es mitten in Ringelblumen und anderer verwahrloseter Gartenwildniß schlief. – Ein steinaltes Mütterchen, wahrscheinlich die Magd Ruprechts, saß bei ihr und wehrte die Fliegen, auch der Hund saß nebenan und betrachtete klug die Gruppe.

Ruprecht, der den ganzen Weg vom Berge herab, wie ein Lamm hinter den Männern gegangen war, lud sie gar nicht hinein, sondern ging zur Ringmauer voraus, schloß ohne Zeichen von Antheil die Drehpforte auf, und ließ glanzlos, als wisse er durchaus nicht, was er thue, seine blauen Augen auf den Freunden haften, da sie durch die Pforte schritten, und ihm Lebewohl sagten. Er gab auch keine Antwort – nur das Thor hörten sie hinter sich knarren, und den Schlüssel rasseln. – Wahrscheinlich war auf die große Erregung des Alten die entsprechende Erschlaffung gefolgt.

Sie aber gingen mit allerlei Gefühlen die Fichtenallee hindurch, die wieder freundlich seufzte, wie, als sie heraufgegangen waren, gelangten den Berg hinab, und sahen unten in dichtem Gebüsche das Häuschen des Grafen Jodok stehen und das steinerne Bänkchen davor, auf dem er seine letzten Tage gesessen. Bald darauf erreichten sie das Dorf, wo ihr Wagen und ein Mahl ihrer harrte. Der Dinge voll, die sie gesehen und gehört, redeten sie lange und innig darüber, bis die Kühle des Abends kam. Dann saßen sie ein, und fuhren rasch den Rückweg nach Prüglitz zu. Oefter, wenn es die Berge zuließen, sahen sie noch auf die alte Burg zurück, und spät als schon längst die Sonne untergegangen, und sie eben um den Winkel in das Hauptthal der Pernitz einbogen, und von Heinrichs künftiger Wirthschaft redeten, riß noch einmal ein grüner Hügel auseinander, und ließ den verlassenen Zauberberg durchblicken, wie er fahl, gleich einem Lufthauche, weit draußen in der mattdämmerigen Nachtluft hing – dann schloß sich das Thor. Sie flogen um die Ecke, das weite Pernitzthal mit seinen dunkeln Bergen nahm sie auf, und sie rollten lustig den breiten Weg an dem rauschenden, bekannten Wasser entlang. Erst nach Mitternacht wurden sie von der lieben, klaren, freundlichen Thrine empfangen.

3.

Der rothe Stein.

Mehrere Jahre waren vergangen. Ein junger kräftiger Mann saß in einem düstern, weiten Gewölbe, von dessen Decke eine goldene Ampel hing, aber die Ampel brannte nicht; sondern er hatte an der Decke die eisernen Lehnen geöffnet, und durch die kleinen Fenster spannen sanfte Lichtbäche herein, und beschienen die ernsten eisernen Kästen, die zahlreich längs der Wand liefen. Einige standen offen, und in jedem lag eine Pergamentrolle. Der Mann, sonst ein Sohn der freien Luft, wie das tiefe Braun seiner Wangen zeigte, saß aber heute, wie in einer Gruft auf einem hochlehnigen Stuhle uralter Arbeit, und war tief in sich gekehrt und sann. Dann aber neigte er sein Haupt sachte vorwärts gegen den Steintisch, schlug ein Blatt des Heftes um, und las weiter:

„Und ich kann euch keinen Dank haben, Ubald und Johannes und Prokopus und Julian .... und wie ihr heißet; denn der Dämon der Thaten steht jederzeit in einer neuen Gestalt vor uns, und wir erkennen ihn nicht, daß es einer sei, der auch schon euch erschienen war. Jeder Mensch ist ein neuer, und was er fühlt und thut, ist ihm zum erstenmale auf der Welt: ein entzückend Wunderwerk, das nie war und nie mehr sein wird – aber wenn er vorüber ist, legen es die Söhne zu dem andern Trödel der Jahrtausende, und es ist eben auch nichts, als ein Stück dieses Trödels. Wenn ein später Nachkömmling dieses Geschlechtes einmal diese Buchstaben liest, und wenn er unsere Sprache noch versteht: was wird ihm von mir übrig sein? – Ein geschriebenes Schattenwesen mit zwei, drei trockenen Thaten, die ihm unnütz sind, und doch war's ein Ocean von Leben, in dem dies Schattenwesen schwamm; ein Herz war es, ohnmächtig staunend vor seiner eigenen Pracht und Fülle. Sein ganzes Universum warf Gott an dieses Herz, daß es erdrückt würde vor Erstaunen, aber es wurde nicht erdrückt; denn es nahm das Universum auf, und das andere, was um dieses Universum ist, und dann noch ein anderes, und immer mehr .... es flog durch den leeren Raum, der um das Universum liegt, – es flog immer fort .... und dürstete noch. – – Ich verlangte die ganze Erde, alle Sterne, diese andern tausendmal größern Erden, ich verlangte die Liebe aller Menschen, der lebenden und der vergangenen, ja die der künftigen auch noch, ich verlangte die Liebe Gottes und aller seiner Engel, um es nur zu sättigen, dieses Herz – ich war der Mittelpunkt des All, der Schlußstein des millionenjährig bisher Geschehenen, so wie du es auch sein wirst, mein einstiger tausendjährig später Sohn, und dein Sohn nach wieder tausend Jahren wird es ebenfalls sein – – aber da rollt die Welt um eine Axe, sie rollt auch gerade aus fort in's Ungeheure, und alle Menschenherzen mit, und alles geht fort, fort .... fort .... immer, immer!! wohin? – wir wissen es nicht; aber rollen muß das ungeheure, das unenthüllbare, das unerbittliche Schicksal, das wissen wir, und millionenmal Millionen haben mitgearbeitet, daß es fort rolle, und sie vergingen, sie wurden weggelöscht, sie wurden ausgetilgt aus dem Gedächtnisse der Jahrtausende – – und es ist gut so, daß es geschah; es ist eine entsetzliche, eine aberwitzige Lüge, wenn Trümmer und Reste eines Menschenlebens übrig bleiben, daß man sein gedenke, daß man sich einbilde, es bestehe noch etwas von ihm, und daß man eine erbärmliche Liebe an diesen Lappen fortfriste. – Was Bilder, was Monumente, was Geschichte, was Kleid und Wohnung und jede unmittelbare Spur des Dahingegangnen – wenn das Einzigste und das Allste, sein Herz dahin ist!! – – Ich bitt' euch, werfet alles nach, helft tilgen jedes Gräschen, das sein Fuß berührte, damit die Welt wieder jungfräulich sei, und nicht getrübt und beschmutzt von dem nachziehenden Afterleben eines Gestorbenen – und daß nicht Andere kommen, und gedankenlos zu Alltagskram zerschneiden, was einst an seinem Herzen lag, und nun mit Schmerzen an dem euern liegt; gebt es lieber dem reinen, dem goldenen, verzehrenden Feuer, daß nichts bleibe als die blaue Luft, die er geathmet, die wir athmen, Billionen vor uns geathmet, und die doch so unverwundet und glänzend über dir steht, als wäre sie eben gemacht, und du thätest den ersten, frischen, erquickenden Zug daraus. Dann aber schlage die Hände einen Augenblick vor deine Augen, weine, so tief du willst, und wirf dann auch sein Andenken aus deinem Herzen, springe auf und greife zu an der Speiche, und hilf, daß es rolle, und rolle . . . . , bis auch du nicht mehr bist, andere dich vergaßen, und auch ihr Theil sich abquälen, daß das Schicksal rolle – – . . . . und so weiter, und so +weiter.

Der alte, todte Hans, unser Ahnherr that in seiner Einfalt und Meinung etwas Gutes, aber mir däucht es beinahe frevelhaft. Da liegen sie um mich Alle, die auf diesem Berge lebten; in dem grünen Saale stehen ihre Bilder, die starren, fratzenhaften Lügen ihres Daseins; in diesen Rollen stehen ihre Seelen aufgeschrieben, wie es jeder vermochte, in einfältiger, unbeholfener, rührender Kürze, oder in Geziertheit, oder in Tugend und Thorheit, oder in Wahnsinn und Schmerzen – – und manches steht im Pergamente, was der Verfasser nicht ahnte, daß es darinnen stehe. Mit dem geheimsten Herzblute mußte er wider Willen das Blatt färben, daß der Nachkomme wisse, wer er war. – – Es ist eine schauderhaft durcheinander redende und erzählende Gesellschaft, die da in diesen stummen Rollen um mich herumliegt. – – Ihr armen Schläfer, euer Ahnherr hat euch die größte Wohlthat der Schöpfung entzogen: ihr könnt nicht sterben, und müßt eure

Thaten vor jedem noch so späten Ankömmling gleichsam immer wieder auf's neue thun; sie seien nun groß oder klein, diese Thaten, genug, euch waren sie das Leben, und verzehrten eben dieses Leben. Wenn es dein Gewissen, später Enkel, zuläßt, daß du gegen deinen Eid handelst, so verbrenne alle diese Rollen, und sprenge das Gewölbe in die Luft, daß sie bestattet werden, diese Scheintodten: ich thät' es selber, aber mich schauderts vor meinem Eide. Kannst es auch du nicht thun, so lese alles, aber vergesse es augenblicklich, daß all ihr Thun sich nicht in dein Leben mische, und es trübe, sondern daß du es rein und anfangsfähig aus der Hand des Schöpfers nehmest; denn siehe, mir ist gerade aus diesem Pergamente der Engel meiner entsetzlichsten That entgegengetreten, weil ich meiden wollte, was diese andern fehlten.

Meinem Eide getreu, den ich so leicht und freudig schwor, und nun so schwer halte, möge noch der Rest meines Lebensblutes, und zwar der heißeste, auf diese Blätter fließen, aber du, einstiger Sohn und Leser, achte nicht darauf, und wenn du die eiserne Thür dieses Gewölbes zuschlägst, lasse alles Gelesene hinter dir, damit du keinen Hauch, kein Atom desselben zu den Deinen nach Hause trägst, zu deinen Kindern, zu deinem schönen, unschuldigen Weibe.

Es war das Land Indien, wo mir der Engel meiner schwersten That erschien – unter dunklem Schatten fremder Bäume war es, an einem Flusse, der so klar floß, als walle nur dichtere Luft längs der glänzenden Kiesel. – Das Schlechteste und Verachtetste, was die Menschheit hat, war dieser Engel, die Tochter eines Paria, aber schön war sie, über jeden Ausdruck schön, den eine Sprache ersinnen mag, und über jedes Bild, das in Jahrtausenden einmal in eine wallende Phantasie kömmt. – – In jenen Pergamentrollen hatte ich gelernt, wie alles, alles nichtig und eitel sei, worauf Menschen ihr Leben und Glück setzen, wie eigentlich recht alles nichts war, was alle meine Ahnen thaten. – Ich hatte bereits einen großen Lebenskreis gemacht, ehe ich zu lesen begann; ich hatte den Ruhm des Krieges genossen, dies eckle, blutige Getränke; ich hatte die Kunst um ihren Inhalt gefragt, dies dürftige Surrogat des warmen, durstenden Herzens; ich ging durch die Wissenschaften, diese Spielmarken und Rechenpfennige der großen Schöpfung – ich fragte die Freundschaft und Liebe, aber sie waren Eigennutz und Sinnlichkeit. – – Um jene Zeit fiel dieses Schloß an mich, und ich mußte die Rollen lesen, aber sie machten mich nicht weiser, nur noch verwirrter; – ich verachtete und verfluchte unsere Civilisation, dieses Modergraben nach materiellem, rohem Trug unsres Fleisches; – ich verachtete unsäglich diese Menschlein, die ihr Leben und Herz an einen Stuhl hängen, an gewirkte Lappen, an rollende Wägen, und an Kram, den sie ausbreiten, daß Andere Neid empfinden mögen, und sie armselige Befriedigung .... Ich wollte das Weltmeer umarmen, ich wollte die riesenhaften, unschuldigen Pflanzen Gottes in fremden Zonen sehen; die Natur, die keusche Tochter Gottes, wollte ich anblicken in der Gestalt, ehe die Menschen mit ihr buhlen und sie schänden; – darum ging ich nach dem Himalaia und Kaschemir. Dort lernte ich die Hindusprache, und sah das Bramanenleben, ein anderes, als unsers, d. h. nur anders thöricht – und dort ging auch die Paria zwischen Riesenpalmen nach dem Flusse, um Wasser für den Vater zu schöpfen. Sie hat, seit sie lebte, sonst nichts gethan, als durch die Palmen zu gehen, um Wasser zu holen, und für den Vater Datteln und Kräuter zu pflücken. „Rühre mich nicht an, und rede nicht mit mir," hatte sie zu dem fremden Manne gesagt, als sie ihn plötzlich vor sich stehen sah, „daß du nicht unrein werdest," und dann stellte sie den Wasserkrug auf ihre Schulter neben den glänzenden, unsäglich reinen Nacken und ging zwischen den schlanken Stämmen fort. Und so ging sie Tage und Monden – kein Mensch war in dem Walde als ich; denn sie würden unheilig durch Rede und Berührung mit ihr geworden sein. Der Vater saß unter Feigenbäumen, und sah blöd und leer gegen die Welt, und als er eines Tages todt war, und sie nicht zu dem Flusse kam, so ging ich zu ihr, berührte sie doch; denn ich nahm ihre Hand, um sie zu trösten; ich redete mit ihr, daß sie erschrack und zitterte, und mich ansah, wie ein verwundertes Reh – – „Du mußt dich nun waschen," sagte sie, „daß du nun wieder rein seist."

„Ich werde mich nicht waschen," sagte ich, „denn ich will ein Paria sein, wie du; ich werde kommen zu dir, ich werde dir Früchte und Speise bringen, und du reichest mir den Krug mit Wasser."

Und ich kam auch, und kam wieder, und oft – ich redete mit ihr, ich erzählte ihr von unserm Brama, wie er sanft und gut sei gegen die Kinder seines Volkes, und wie er nicht den Tod des Weibes begehre, wenn ihr Gatte starb, sondern daß sie lebe und sich des Lichtes wieder freue.

„Wenn sie aber freiwillig geht, so nimmt er sie doch mit Wohlgefallen auf?" fragte sie unschuldig, und heftete die sonderbaren Gazellenaugen auf mich.

„Er nimmt sie auf," sagte ich, „weil sie es gut gemeint hat, aber er bedauert sie, daß sie sich ihr schönes Erdenleben geraubt hat, und nicht lieber geharret, bis der Tod selber komme, und sie zu ihrem Manne führe, der auch ihrer harrte."

„Siehst du, wie du im Irrthume bist," sagte sie rasch. „Es ist ja kein schönes Erdenleben, weil er schon wartete. – Wenn du auch wieder in dein Land gehst, das etwa gar jenseits der hohen, weißen Berge ist, so werde ich traurig sein, und meinen, daß ich dir folgen solle."

Und hier war es, wo ich zum ersten Male schlecht war. Ihr Wort entzückte mich, und ich beredete sie, mir zu folgen. Sie kannte kein anderes Glück, als im Walde zu leben, Früchte zu genießen, Blumen zu pflücken und die Pflanzenspeisen +zu bereiten, die ihr ihr sanfter, reinlicher Glaube vorschrieb: ich aber kannte ein anderes Glück, unser europäisches, und hielt es in Verblendung eben für eines. Ich der starke Mann konnte nicht leben in dem fremden Lande unter der fremden Sonne, und sehnte mich nach Hause – und sie, das weiche Blumenblatt, war ich hart genug aus Selbstsucht mit mir fort zu nehmen; sie folgte willig und liebend, nur blaß war sie sehr, als wir über das breite und endlose Salzwasser fuhren, wie sie das Meer nannte, und es machte ihr Kummer, wenn sie sich mit dem schmutzigen Schiffwasser waschen oder es trinken mußte, statt der klaren Quellen in Kaschmir. Sie liebte mich unaussprechlich und mit gänzlicher Hingabe ihres Willens, und gerade darum liebte ich sie wieder, und mehr, als es nur eine Zunge sagen kann, und ich that ihrem Willen nie Gewalt an, aber sie hatte auch keinen andern, als meinen; denn sie war ja mein Geschöpf, und mischte reizend mein Herz, das sie eingesogen, und ihren Hinduglauben durcheinander.

Als sie nach den Gesetzen unseres Landes mein Weib war, führte ich sie auf meinen Berg. Das Parthenon war in meiner Abwesenheit fertig geworden, ich richtete es +ein, daß es strozte von Pracht und Schönheit; dann ließ ich kommen, was ihr theuer und vertraut war, die schönsten Blumen ihres Vaterlandes, die weichsten Gesträuche, die lieblichsten Vögel und Thiere – aber ach! den dunkelblauen Himmel und die weißen Häupter des Himalaia konnte ich nicht kommen lassen, und so lebte sie fort. Sie aß auch kein Fleisch; an mir duldete sie blos, daß ich es thue, und mich mit dem Blute der armen Thiere beflecke. Aber höher, und reiner wäre ich ihr sicher erschienen, hätte ich es ebenfalls vermocht, nur ihre unschuldigen Pflanzengerichte, ihre Früchte und ihr Obst zu genießen. Oft in jenen Tagen, wenn ihr Mund an meinem hing, wenn ihre weichen, kleinen Arme mich umschlangen, und wenn ich in ihr großes, fremdes Auge blickte, und darinnen ein langsam Schmachten sah, – sie wußte selbst nicht, an welcher tiefen, schweren Krankheit sie leide – du armes Kind! das Heimweh war es – in jenen Tagen war es oft, als sagte eine Stimme ganz deutlich in mein Ohr: „Gehe wieder mit ihr nach Indien," aber mein hartes, eigensüchtiges Herz war befangen; es war nur auf sich bedacht, nur an seinem Europa hängend, und ahnete nicht, daß es anders sein solle, daß ich, der stärkere, opfern solle und könne, was sie, die schwächere, wirklich opferte, aber nicht konnte. – Ich hörte die Stimme nicht, bis es zu spät war, und eine That geschah, die alles, alles endete – – siehst du, damals rollte auch der Wagen des Geschickes, nur daß er über zarte Glieder ging und sie zerquetschte.

Ich hatte einen Bruder, Sixtus mit Namen, einen schöneren Jüngling kann man sich kaum denken, und dabei war er gut und herrlich, und ich liebte ihn, wie ein Stück meines eignen Herzens. Dieser Bruder kam von seinen weiten Reisen zurück, und wohnte einige Monate auf unserm Schlosse. Das sah ich gleich, daß er vor der Schönheit meines Weibes erschrack und zurückfuhr, und daß in sein armes Herz eine unglückliche Leidenschaft gleichsam wie geflogen kam – aber ich mißtraute ihm nicht, sondern er dauerte mich, ja ich sagte ihr sogar, daß sie ihm gut sein möge, wie man einen Bruder liebt; ich kam seinem Herzen zu Hilfe, ich war noch freundlicher, ich liebte ihn noch mehr, auf daß es ihn erschüttern möge, und er sich leichter besiege. Ich mißtraute nicht, – und dennoch schwirrte es oft mit dunklen Fittigen um mein Haupt, als laure irgendwo – ich weiß nicht wo, in der Luft, außer der Erde oder in mir selbst, ein Ungeheuer, welches mit Entsetzen hereinbrechen würde. Ich wußte bisher nicht, ob sie von dem damals eine Ahnung hatte, was wir Treubruch in der Ehe nennen; denn ich war bisher nicht darauf verfallen, ihr dies zu erklären: jetzt aber erzählte ich ihr davon, sie aber sah mich an mit nichtssagenden Augen, als verstände sie das Ding nicht, oder hielte es eben für unmöglich.

Er schwärmte wild in den Bergen, oder saß halbe Nächte an der Aeolsharfe des Prokopus, bis sich seine Abreise näherte: ich war gedrückt, wie ein Tropenwald, auf dem schon die Wucht unsichtbarer Gewittermaterien liegt, obgleich sich noch kein Wölklein gebildet hat, und die Sonne noch in dem dicken, schweren, trüben Blau des Himmels hängt.

So war es, als ich einmal in der Nacht von einer Reise zurück, die ich in einem Streite wegen schnöden Mammons thun mußte, gegen den Rothenstein angeritten kam. Es war eine heiße Julinacht, und um den ganzen Berg hing ein düsteres, electrisches Geheimniß, und seine Zinnen trennten sich an manchen Stellen gar nicht von den schwarzen Wolken. Die weißen, tröstlichen Säulen des Parthenon konnte ich gar nicht sehen, aber um den dunklen, grünen +Hügelkamm, der mir sie deckte, ging zuweilen ein sanftes, electrisches Leuchten. – Mir war, wenn ich nur einmal dort wäre, dann wäre alles, alles gut – aber je mehr ich ritt, je mehr war es, als würde der ganze Berg ordentlich von den Wolken eingetrunken, und ich konnte ihn nicht erreichen – und ich konnte ihn nicht erreichen! Auch mein Rappe, schien es, theile meine Angst; denn er war nicht, wie gewöhnlich, wenn er die Heimat witterte, freudig und ungestümm, sondern er stöhnte leise, und sein Nacken war feucht. Einmal war mir's, als höre ich auch meinen Diener nicht mehr hinter mir reiten, und wie ich anhielt, und umblickte, so stand doch seine dunkle Gestalt dicht hinter mir.

Nicht Eifersucht war es, die mich trieb – nein, nicht Eifersucht, es war etwas viel Entsetzlicheres, ich weiß den Namen nicht: aber es war mir immer, Chelion würde in dieser Nacht getödtet, wenn ich nicht zeitig genug käme. – –

Endlich, da wieder ein stummer Blitz durch den Himmel zog, stand ganz deutlich der Prokopus-Thurm darinnen, und im nächsten Augenblicke führte der Weg schon bergan. Ruprecht, der junge Sohn meines jüngst verstorbenen Castellans, öffnete das Thor, ohne daß ich ein Zeichen zu geben brauchte; es war, als hätte er schon meiner geharrt.

„Nichts Neues?“ fragte ich ihn.

„Nichts,“ sagte er.

Ich ritt den Berg hinan. Nichts rührte sich, als wäre alles in die Finsterniß eingemauert. Hinter den Trümmern des Julianhauses waren damals die Stallungen, ich warf meinem Knechte die Zügel des Rappen zu, und ging durch die Eichen gegen das Parthenon, aber da ich an dem Flügel des alten Sixtusbaues vorbeikam, in dem mein Bruder wohnte, und da ich Licht sah, ging ich hinein, um ihn zu grüßen. – Das Thor stand offen, sein Diener schlief auf einem Stuhle im Vorsaale, aber Sixtus war nicht zu Hause. Ich ging wieder weiter – durch die weichen, schönen Gesträuche Chelions ging ich. – – An den weißen, langen Säulen meines Hauses leckten die immer häufiger werdenden Blitze hinan – da war's, als gleite eine Gestalt schattenhaft längs des Corridors: „Sixtus," schrie ich, aber das Wesen sprang mit einem furchtbaren Satze herab, und seitwärts in's Gebüsche – mir war, als klapperten mir die Zähne, und ich eilte weiter – die Lavine hing nun; der feinste Hauch konnte sie stürzen machen, – und er blieb auch nicht aus, der Hauch. Von der allzeit fertigen Zunge eines Weibes kam er; Bertha war es, die Geliebte Ruprechts, die Dienerin meiner Gattin – sie stand unbegreiflicher Weise in tiefer Nacht vor dem Thore des Parthenon, und da sie meiner ansichtig wurde, stieß sie im Todesschreck heraus, was sie wahrscheinlich um den Preis ihres Lebens gerne verschwiegen hätte: „Graf Sixtus ist bei eurem Weibe."

Ich ergriff das Gespenst bei dem Arme, um zu sehen, ob es Leben habe. – „Es ist nicht wahr, Satan," schrie ich, und schleuderte das unselige Wesen mit meiner Hand rücklings in's Gesträuch, daß sie kreischte; ich aber ging durch das blos eingeklinkte Thor hinein und sperrte es hinter mir ab, daß sie mir nicht folgen konnte. Das Thor aber sollte nach meinem Befehl regelmäßig bei Einbruch der Nacht geschlossen sein – heute hatte es offen gestanden. – Die Teufel in mir begannen sich zu rühren, und flüsterten Rathschläge. Sachte, daß auch nicht *ein* Fußtritt schalle, ging ich durch den Gang längs der Gemächer meiner Diener zum zweiten Thore des Gebäudes, um mich zu versichern, ob es gesperrt sei – es war zu. Ich zog den innen steckenden Schlüssel ab, und ging dann eben so leise auf mein Zimmer. Immer riesiger wurde vor meiner Phantasie das Geschehene, und eine That, ohne Namen, ohne Gestalt, wie ein Berg von Finsterniß lag vor mir, dicht vor der nächsten Minute lag sie – und beides schwoll immer fieberhafter, je nebliger es war, und je weniger ich es fassen konnte. Zu ihr drängte es mich, und doch sträubte sich's wieder, als sei es gut, ich verschöbe es noch. – Es lebte ein alter, weiser Mann, bei dem ich einmal gelernt hatte, da ich noch mein Heil im Wissen suchte – er war in der Scheidekunst weiter, als alle seine Genossen – möge nie wieder erfunden werden, was er erfand und geheim hielt: ein klares, schönes, helles Wasser ist es, er erhielt es aus dem Blute der Thiere – aber nur ein Zehntel eines Tropfens von diesem Wasser auf die Zunge eines lebenden Wesens gebracht, ja nur sanft damit die Lippen befeuchtet, macht, daß augenblicklicher, süßer, seliger Tod die Sinne umnebelt, und das Wesen rettungslos verloren ist. Wir hatten es einmal an einem Kaninchen versucht. – Dieses Wasser schwebte mir unvertilglich vor Augen – ich hatte noch ein klein Theil davon – der silberne Schrein blinkte mich seltsam an; ich schloß seine dreifache Verrieglung auf – nahm die silberne Büchse heraus, in der es stand, daß es kein Taglicht treffe und zerstöre – dann zog ich das krystallne Fläschchen hervor: hell und klar, wie schuldlos Wasser, und prächtig, wie hundert Diamanten funkelte mich das wunderbare Naß im Lichte meiner Lampe an – – ich setzte es hin, und ging in der Stube auf und ab, weil mich innerlich fror. Dann nahm ich es wieder, trat zur Thür an der Seitenwand und öffnete sie – sanftes Lampenlicht floß mir aus dem letzten Gemache entgegen, in welchem Chelion schlief, und durch die hohen Glaswände, die den Gang von ihrem indischen Garten trennten, schimmerten zeitweise die lautlosen Blitze des Himmels.

Schläft sie? – –

Ich trat näher – ein schwaches Rauschen schreckte mich – es war aber nur einer ihrer Goldfasane, der entweder sich bei ihr verspätet hatte, und entschlummerte, oder der bei der ein wenig offenen Gartenthüre hereingekommen – warum war sie offen? warum gerade heute? – Fast ein Mitleid wollte mich beschleichen: – Also so unerfahren seid ihr beide im Verbrechen, daß euch nicht beikam, selbst die geringste Spur zu verwischen, um es zu verhüllen! – – Der Fasan scheute mich, und schlüpfte sachte bei der Spalte hinaus. – – Und seltsam – seltsam – mir war, wenn das Thier wieder da wäre, wäre es besser; denn ich fürchtete mich im Zimmer – es waren so viele Schatten da – ich drehte ein wenig den Schirm, daß das Licht gegen das Bett fiel – sie schlief wirklich – wie ein furchtsam Kind in die Kissen gedrückt schlief sie, ihre Hand, klein, zart und fremd, wie ein Blatt der Lotosblume, lag auf der reinen Decke ihres Lagers – mir wollte das Herz vor Mitleid zerspringen – der Mund war sanft geschlossen. – „Nur ein Tröpfchen, nur ein feuchter Hauch auf die Lippe – – es ist ja süßer, seliger Tod," flüsterte es in mir – – es schüttelte mir in den Gliedern – also darum hast du das arme, unwissende Geschöpf nach Europa gebracht – – also darum mußtest du so nach Hause eilen, daß du selber – – – Mir war, als träume ich unter einer Bleilast, und ringe furchtbar, zu erwachen, und es nicht zu thun. – – In diesem Augenblicke liebte ich sie mehr, als früher im ganzen Leben, und ihr Verlust erschien mir als das Unersetzlichste im ganzen Weltall. – O du schönes, du armes, du theures, theures Weib! Ein tiefer, tiefer Schmerz regte sich, und mit ihm kam Milde, ach Gott dem Herrn sei's noch jetzt dafür gedankt, daß sie kam, und daß er mich vor der größern Hälfte des Verbrechens wahrte. Ich trat näher, und berührte sanft ihre Hand – sie regte sich, öffnete die Augenlieder, und sah mich mit den schönen heimatlosen Augen an, aber es war kein Bewußtsein darinnen, und sie ließ die Wimpern gleich wieder schlaftrunken darüber sinken.

„Chelion,“ sagte ich sanft.

Der Ton ist dem Herzen näher, als das Bild – meine Stimme traf sie, sie fuhr erschrocken auf, und stieß heraus: „Jodock, bist du's?“

„Ich bin's Chelion,“ sagte ich – sie aber wandte sich ab, und vergrub ihr Haupt in die Kissen.

„Mein Weib, mein Kind,“ sagte ich noch einmal sanft. Sie aber kehrte sich gegen mich, sah mich verzagt an, und sagte: „Jodok du willst mich tödten.“

„Ich dich tödten, Chelion?“

„Ja, du bist so furchtbar.“

„Nein, nein, ich will es nicht sein,“ rief ich, „siehe, ich werfe alles hinter mich, sage mir nur du, Chelion – bei meinem und deinem Gotte bitt' ich dich, sag es nur, daß du unschuldig bist; ich will dir glauben, ich will wieder glücklich sein; du hast ja nie gelogen – – so sag' es doch!!“

„Nein, Jokok, ich bin nicht unschuldig,“ sagte sie sanft. „Wie du es meinst, bin ich nicht unschuldig – – aber ich liebe doch nur dich, nur dich allein – – Ach ihr Götter in den Wolken meines Landes! ich liebe nur ihn allein!!“

Und sie brach in ein Schluchzen aus, als wollte sie ihre ganze Seele heraus weinen, dann aber, als sich dies milderte, sagte sie: „Siehe! er ist spät Abends herein gekommen, ich weiß nicht wie; er war nie hier, aber ich hielt es nicht für Sünde, und da sagte er, er wolle Abschied nehmen, er werde mich nun nie mehr sehen, und dich auch nicht, und er liebe uns so unaussprechlich – und sein Angesicht war so unglücklich, daß es mich dauerte, und ich ihn recht heiß liebte; denn er ist ja dein armer, vertriebener Bruder. – Ich streichelte ihm die Locken aus der Stirne – er weinte, wie ein Kind, wollte aufstehen; denn er war bisher auf dem Teppich gekniet, – er wollte gehen – er weinte nicht mehr, aber seine Lippen zitterten noch vor Schmerz – er kam mir vor, als wäre er noch ein Knabe, der keine Mutter habe – und wie er seinen

Mund reichte, küßte ich ihn; er hielt meine Hand – und wir küßten uns wieder. – – Ach Jodok, dann küßte ich ihn nicht mehr, wie deinen Bruder – es wehte so heiß im Zimmer, das Fühlen seines Mundes war süß, das Drücken seines Armes süß, wie deines – – mir war, als seiest du's – – ach deine arme, arme Chelion! – Und dann war er fort, die Lampe brannte im Zimmer, draußen blitzte es, und mein Fasan saß auf dem Teppich, und blickte mich mit den schwarzen Aeuglein an – und wie ich schlief, träumte ich, du stündest vor mir, und hättest ein schönes Fläschchen in der Hand – und es sei schwere Sünde, was ich gethan – – und es ist auch Sünde; denn siehe, dein Auge, dein gutes Auge ist so krank, es ist so krank. – – Ich bitte dich nur um eine Wohlthat, Jodok, du wirst mich tödten, tödte mich sanft, daß ich nicht leide, und etwa im Körperschmerze versucht werde, dir zu fluchen."

Mir brach das Herz: „Chelion," rief ich, „stehe auf und folge mir nur weg, aus diesem schwülen Zimmer, in den Garten hinaus, ich thue dir kein Leid."

„Nein, du mußt mir eins thun," antwortete sie, „ich werde aus diesem Bette nicht weichen, sondern auf den weißen Kissen liegen bleiben, bis das rothe Blut darüber weg fließt, und sie purpurroth färbt – dann werden sie roth sein, und ich weiß – aber ich werde dann ruhig sein, nicht gequält, und nicht mehr fehlend, sondern ich werde sein, wie einer der weißen, marmornen Engel in deiner Kirche – – ."

Ihre Augen gingen irre und furchtsam umher, als suche sie das Schwert – das Fläschchen auf dem Tische hielt sie für etwas unschuldiges. – – Ich Satan quälte sie durch Schweigen, aber ich war selber gequält – – .

„Nur lasse mich," fuhr sie fort, „lasse mich noch ein wenig diese Luft athmen; das Athmen ist so gut, mir däucht, es müsse ängstlich sein, nicht mehr zu athmen . . . . "

Nun war es aber mit mir zu Ende, und Entsetzen packte mich – ich sah sie schon mit dem inneren Auge als Leiche vor mir liegen – meine Haare sträubten sich, ich sprang auf, nahm das Fläschchen, stürzte zur Thüre hinaus in die Glashäuser ihres indischen Gartens; sie standen alle offen, und eine heißere Luft, als sonst immer in ihnen war, strömte heute von außen herein; die Pflanzen ihres Vaterlandes standen in schwarzen Klumpen, und sahen mich vorwurfsvoll an – ich gewann das Freie, im Sixtushause standen alle Fenster schwarz und stumm, auf dem Berge war Todesschweigen, nur unten schien es, als würden Thüren zugeschlagen, und als tönte es von davonjagenden Hufen – ich betete inbrünstig, er möchte geflohen sein. Ich stieg aus dem Thale des Parthenon empor, und ein zerrissener Himmel flatterte um mich; es waren schwarze Fahnen, daraus feurige Zungen griffen – ich eilte, daß mir der Schweiß auf der Stirne stand, und wie ich die höchste Zinne erreicht, wo der Felsen jäh abstürzt, da hob ich meinen Arm, als müßte ich Lasten niederbrechen, und schleuderte das Fläschchen in den Abgrund – – ich horchte nach – – und ein zarter Klang kam herauf, wie es an den Steinen zerbrach – – – und ein Universum fiel mit diesem Klange von meinem Herzen. – O wie entsetzlich, wie ein furchtbar Raubthier ist der Mensch!! Ich wähnte mich jedes Vorurtheiles ledig, und bei einem Haare hätte ich dem härtesten, eigensüchtigsten Wahne falscher Ehre ein Wesen geopfert, das in der Hilflosigkeit seiner Menschennatur unschuldiger ist, als tausendmal Tausende, die so nicht fehlten, weil sie den Fehler schon vorher im Herzen trugen und ihn kennen – ein Wesen, das ich aus seiner einfachen Menschheit nach Europa zwang, und dort nach europäischen Begriffen schlachten wollte. – Du armes, du herrliches Herz, du wußtest nur, daß mein Gefühl gekränkt sein müsse, und das wolltest du ergeben mit dem Tode büßen – – o wie war ich erleichtert, als ich den furchtbaren Alp von mir geschleudert, – auch war mir, als höbe sich in diesem Augenblicke ein Lüftchen, und rausche freundlich in den Sträuchen – der harte Himmel löste sich, und floß in weiche Schleier in einander und einzelne Tropfen schlugen gegen die Baumblätter. Ich lief wieder hinab, ging in ihr Zimmer, trat zu dem Bette – sie lag noch immer darinnen, und wie ich eintrat, richtete sie die trockenen, entzündeten Augen gegen mich – ich aber nahm sie in die Arme, küßte sie auf den brennenden Mund, und sagte: „Schlafe nun ruhig, schlafe süß, ich krümme dir kein Haar, ich werde dich lieben fort und fort, wie mein Weib, wie mein eigenes einzig Kind – ich will dich noch zarter pflegen, als sonst, daß du diese Nacht vergessen mögest – – gute Nacht, liebe, theure Chelion! gute Nacht."

Sie hatte dies alles geduldet, aber nicht erwiedert. Ich mochte sie nicht weiter quälen, sondern ging zum Zimmer hinaus, und hörte nur noch, wie mir ein leises auflösendes Schluchzen nachfloß.

Des andern Tages kam ein kühler, heiterer Morgen. Ich erfuhr, daß Graf Sixtus in der Nacht abgereiset war – Ruprecht, sein junger Freund, Jagd- und Abenteuergenosse, hatte ihn befördert, ich wußte es wohl; denn sie hatten sich immer schwärmerisch geliebt – aber ich ließ mir nichts anmerken, obgleich mich Ruprecht mit der Angst des bösen Gewissens anblickte; mir war es wohl, daß er fort war; denn in Hinsicht seiner war ich meines Herzens nicht sicher – es war gut, daß er floh.

Als ich zu Chelion kam, kauerte sie eben auf dem Teppich, und drückte eine Taube an ihr Herz – ich that mir noch einmal innerlich den Schwur, die Qual dieser Nacht ihr durch lebenslange Liebe vergessen zu machen, wenn ja das Schrecknіß auszutilgen ist aus dem weißen, unbeschmutzten Blatte ihres Herzens – – aber es war nicht mehr auszutilgen – – sie hatte mich einmal mit dem Mörderauge an ihrem Bette stehen gesehen, und dies war nicht mehr aus ihrer Seele zu nehmen. – Sonst war ich ihr die sichtbare Gottheit auf Erden gewesen, nun zitterte sie vor mir. – – Wie kanns denn auch anders sein? Wer einmal den Arm erhob zum Todschlage eines seiner Mitgeschöpfe, wenn er ihn auch wieder zurückzieht, dem kann man nicht mehr trauen; er steht jenseits jenes Sittengesetzes, dem wir in unserer Brust Unverletzlichkeit zutrauten, und er kann das frevle Spiel jeden Augenblick wiederholen. Ich that das Uebermenschliche – durch Jahre hindurch that ich es – es war vergebens: sie that alles, was ein Weib nur immer aus Liebe zum Manne thun kann, nein! sie that noch mehr, ihr letztes Tröpflein Blut aus dem Herzen hätte sie für mich gegeben; die gänzliche Ergebung – die tiefste Demuth – Aufopferung bis zum Märchenhaften – ich weiß nicht, was alles hatte sie, nur das Eine nicht, das statt Allem gewesen wäre: die Zuversicht – sie klagte nie, aber sie hing in meinen Armen, wie die Taube in denen des Geiers, gefaßt auf alles – – und so gingen Jahre hin, und wieder Jahre – die kalte Sonne des Norden schien auf sie, wie mein Auge, beides kein Leben mehr spendend – – nie mehr seit jener Nacht ist die Röthe der Gesundheit wieder in ihr Angesicht gekommen – und so starb sie auch an einem Nachmittage, die brechenden Augen noch auf mich gerichtet, wie das arme Reh den Mörder anschaut, der ihm die Kugel in das furchtsame Herz gejagt hatte.

Ich wurde wahnsinnig vor Schmerz, als sie begraben war. Ich wußte nicht, sollte ich Bertha morden, die Kuplerin, oder Ruprecht ihren Mann – oder soll ich Sixtus suchen, und ihn langsam Faser für Faser martern – – – Aber er war mir zuvorgekommen, als er ihren Tod vernommen, hatte er sich mit einer Kugel das Hirn zerschmettert – Wuth und Verzweiflung kam auch in meines Castellans, Ruprechts Haus; denn er warf seinem Weibe, Bertha, den Tod des Sixtus vor – sie starb auch bei der Geburt eines Mädchens – ich aber sperrte das Parthenon zu bis auf ein Gemach, in dem ich wohnte; die Pflanzen ließ ich verkommen; die Thiere nährte ich, bis sie starben, und was von Chelion übrig war, jedes Stückchen Kleid, ihr Spielzeug, ihr Bette, den Fußboden und den Teppich, auf dem sie wandelte, das +Tischchen, an dem sie saß – – alles, alles hütete ich, daß es blieb, wie es an dem Tage ihres Todes war; – denn ich hatte Niemand – mein Sohn

Christoph, das Ebenbild Chelions, hatte er nun erfahren oder geahnt, was ich seiner Mutter gethan, war fort, und nie wieder gekommen – – und als ich alt geworden, und nun fürchtete, daß nach meinem Tode alles in entweihende Hände komme, da nahm ich das Geld, das ich zu diesem Zwecke zusammengespart, hinterlegte es als Ersatz, und zündete das Parthenon an, daß alles, und alles durch das Feuer verzehrt wurde, was von mir und ihr übrig war. – – Es war eine schöne, schmerzensvolle +Lohe – ich zog in mein steinern Häuschen am Fuße des Berges, und wenn ihr einst, Christoph, oder wer mir sonst folgen mag, dieses leset, so nehmt die Bilder aus dem grünen Saale – – oder laßt sie dort, aber folgt meinem Testamente: ein weißer Würfel, heißt es dort, mit beiden Namen ....“

Hier brach das Manuscript ab, wie jedes der andern auch; denn wenn der Mann dachte: „morgen, übermorgen schreibe ich weiter,“ so war er morgen oder übermorgen krank, und so und so viel Tage darauf todt.

Der junge Mann, der in der Pergamentrolle gelesen hatte, stand auf, fuhr sich mit der Hand über die Stirne, legte dann die Rolle in ihr eisern Fach, schloß dasselbe und die andern, ließ die eisernen Fensterlehnen zufallen, trat hinaus, riegelte alle Schlösser vor das Thor des rothen Steines, und wanderte in freundlichem Sonnenscheine den vielbetretenen Weg seiner Ahnen durch den alten gespenstigen Garten, durch den Juliansbau, durch den Eichenwald dem neuen Schlosse des Grafen Christoph zu.

Wie war alles seit den Jahren, als unsere Freunde das Schloß besucht hatten, anders geworden: das Christophschloß stand glänzend und wohnlich da, die grünen Fenstervorhänge waren alle aufgezogen, und die Sommerluft wehte lustig aus und ein – an das Haus stieß die lange spiegelnde Reihe der Glashäuser mit den tausend und tausend Pflanzen aller Länder und ihren barbarischen Namen auf blechenen Täfelchen – dann waren die Museen, Heerden ausgestopfter Vögel, alles was kriecht und fliegt –

dann glänzten düster die Kästen mit den Stufen und Mineralien und allem, was nur immer im Bauche der Erde glizzert und flimmert – und es wurde noch immer mehr; denn, obgleich der neue Schloßherr Tag und Nacht Thal aus, Thal ein ritt, um alles zu sehen, zu ordnen, zu verbessern, und obgleich seine Unterthanen sehr wohl wußten, daß er ihnen eigentlich sein rastloses Leben widme, und obgleich sie erkannten, daß in den letzten wenig Jahren mehr geschehen war, als in den frühern hundert: so meinten sie doch, ihr Herr sei ein Narr, wie alle seine Ahnen, und da sie ihn aber doch liebten, so brachten sie Käfer und Fliegen, und Vögel und Steine, und was sie erhaschten, auf das Schloß, und baten, es aufzubewahren, was er immer zusagte, wenn er es auch dann als schlechtes oder überzähliges Zeug wegwarf; denn es freute ihn, ob er sonst gleich den schärfsten Verstand hatte, daß eine solche Wißbegierde in seine Leute gefahren sei, und er hielt sie sämmtlich für lauter Naturforscher. – Nach dem Museum kam ein herrlicher Garten, überschüttet mit Blumen und Obst, und in diesem Garten stand ein junges, blühendes Weib, zwei Buben balgten sich zu ihren Füßen, sie rief dem ankommenden Manne zu: „Daß du doch endlich da bist, Heinrich, komme, wir haben Obst und Erdbeeren und Milch und alles in die Laube getragen, dort wird zu Abend gegessen.“ Niemand unsrer Leser hätte in der feinen, hohen Frau die unentwickelte naive Wirthstochter aus der grünen Fichtau erkannt – sie ist in Heinrichs Schule ein halbes Wunderwerk geworden, aber ein noch größeres, ein vollendetes Wunder steht neben ihr, ein Mädchen namenlos schön, wie ein Engel, und sanft und rein blickend, wie ebenfalls ein Engel: es ist Pia, die Tochter des unglücklichen Grafen Christoph – Heinrich hatte den Brief, den der Sterbende aus Afrika für seinen Nachfolger an das Gericht gesendet hatte, entsiegelt, und darinnen die flehentlichsten Bitten gelesen, der, an den das Schloß falle, möchte sich Pia's annehmen, sie sei seine und Tiburtias Tochter; hätte ihm Gott die Rückkehr aus Afrika gestattet, wohin er thöricht ging, um einem unterdrückten Volke Freiheit und sich Ruhm zu erwerben, so hätte er, auf seine Thaten gestützt, dem Geschrei der Welt getrotzt, und hätte Tiburtia geehlicht – aber so mußte er die Sünde gegen sie und sich mit zu Gott hinüber nehmen – und bitten um Hilfe für Pia.

Diese Hilfe gewährte nun Heinrich, der gute Mensch, in reichem Maaße – er nahm sie gerichtlich als seine Tochter an, dann zog er das scheue Kind, das seit den vielen Jahren, als das Schloß ohne Besitzer gestanden war, nie einen andern Menschen gesehen hatte, als ihre alte Magd, und den alten Ruprecht – er zog das scheue Kind an sich, bis es Zutrauen zu ihm, und noch mehr zu Anna gewann, auf ihre Liebe und ihre Worte horchte – die Süßigkeit und Seligkeit kosten lernte, und sich ganz mit Leib und Seele dem neuen, süßen Drange hingab, der dann die schöne Blume hervorlockte, als welche sie nun da stand. Durch ein seltsam Naturspiel war sie Chelion ähnlich, aber noch schöner war sie, als ihre Großmutter; denn sie hatte ihre Demuth in den Augen, aber auch die Stärke und Freiheit ihres Großvaters des Grafen Jodokus, dem sie gleichfalls ähnlich war, so daß man sie eher für Jodok und Chelions Kind hätte halten mögen. Die Strahlen ihres Wesens waren schon weit über den Rothenstein hinausgedrungen, und mancher Anbeter war den Berg hinangeritten, aber sie betrachtete dieselben bisher noch immer mit denselben geschreckten Augen, wie weiland die zwei Freunde, als sie sie zum erstenmale in den Ruinen Julians sah, wo sie auf dem Balkone geritten war.

Was mit den andern Personen unserer Geschichte geschah? –

Der alte Ruprecht lebt noch, er sitzt ewig hinten am Christophbaue in der Sonne, dreht lächelnd seinen Stock in den Fingern, und erzählt Geschichten, die Niemand versteht; er erzählt sie, wenn auch Niemand zuhört, und meint, er sei noch immer Castellan, obgleich ein anderer schon seit Jahren sein Häuschen und Amt geerbt hatte.

Robert und Thrine kommen häufig auf den Berg, und Heinrich und Anna in die Stadt.

Die ganze Fichtau schlug die Hände zusammen, als Annas Trauungstag war – Vater Erasmus sagt jetzt nie anders, als: „Mein Herr Schwiegersohn, unser gnädigster Herr Graf.“ Boten-Simon und der Schecke fahren Land aus, Land ein, und beide wundern sich über das, was sie erlebt. Der Asang ist wieder an das Stammgut eingelöset, und Segen und Gedeihen schwebt auf dem ganzen Berge.

Noch eine ganz neue Person müssen wir am Ende der Geschichte einführen, es ist Magdalena, Heinrichs Mutter. Sie kocht und fegt, und ist selig über das unsägliche Glück ihres Sohnes.

Im grünen Saale malt eben einer der ersten Künstler an den Bildern Heinrichs und Annas, die goldnen Namen aber stehen schon im Serpentine unter den leeren Nischen.

Und so, du glückliches Paar, lebe wohl, Gott der Herr segne dich, und führe noch unzählige, glückliche Tage über deinen Berg, und über dich und die Herzen der Deinen. Lebe wohl.

Die Ausgabe wurde begründet von Hermann Kunisch.

Mit Unterstützung der Deutschen Forschungsgemeinschaft, des Bayerischen Staatsministeriums für Unterricht und Kultus, des Österreichischen Bundesministeriums für Wissenschaft und Forschung und der Oberösterreichischen Landesregierung.

Verlagsort: Stuttgart
Gesamtherstellung: W. Kohlhammer GmbH,
Grafischer Großbetrieb, Stuttgart
Printed in Germany. ISBN 3-17-004232-7

CIP-Kurztitelaufnahme der Deutschen Bibliothek

Stifter, Adalbert:
[Sammlung]
Werke und Briefe : histor.-krit. Gesamtausg. /
Adalbert Stifter. Hrsg. von Alfred Doppler u.
Wolfgang Frühwald. – Stuttgart, Berlin, Köln,
Mainz : Kohlhammer.

Bd. 1. Studien / hrsg. von Helmut Bergner u.
Ulrich Dittmann.
1. Journalfassungen : Bd. 1. – 1978.
ISBN 3-17-004232-7